Die Loverboy-Methode in Deutschland

Erklärungsansätze emotionaler Abhängigkeit vor dem Hintergrund von Vulnerabilität und Täterstrategien im Deliktsfeld Zwangsprostitution

ISSN 1610-7500
ISBN 978-3-86676-795-9

Mascha Körner

Die Loverboy-Methode in Deutschland

Erklärungsansätze emotionaler Abhängigkeit vor dem Hintergrund von Vulnerabilität und Täterstrategien im Deliktsfeld Zwangsprostitution

Schriftenreihe Polizei & Wissenschaft

ISSN 1610-7500
ISBN 978-3-86676-795-9

Verlag für Polizeiwissenschaft
Prof. Dr. Clemens Lorei

Bibliografische Information der Deutschen Nationalbibliothek
Die Deutsche Nationalbibliothek verzeichnet diese Publikation in der Deutschen Nationalbibliografie; detaillierte bibliografische Daten sind im Internet über http://dnb.d-nb.de abrufbar.

Verlag für Polizeiwissenschaft, Prof. Dr. Clemens Lorei
Eschersheimer Landstraße 508 • 60433 Frankfurt
Telefon/Telefax 0 69/51 37 54 • verlag@polizeiwissenschaft.de
www.polizeiwissenschaft.de

Printed in Germany

Danksagung

„Wer sein Ziel kennt, findet den Weg“ (Laotse)

Die Promotion war und ist ein prägender Weg, der mir neben fachlichen und methodischen Kompetenzen auch ausdauernde Geduld, Selbstdisziplin und Willenskraft gelehrt hat. Der erfolgreiche Abschluss der berufsbegleitenden Promotion mit allen Höhen und Tiefen war nur möglich, durch die Unterstützung eines professionellen und privaten Umfelds – Ihnen gebührt ein herzlicher Dank!
Im Promotionskolleg *empirische Sicherheitsforschung* haben fachliche Diskussionen, kritische Impulse und alternative Perspektiven durch die Betreuenden Prof.'in Dr. Yvette Völschow und Prof. Dr. Sven Seibold sowie die Doktorand:innen Katharina, Frank und Miriam dazu beigetragen, dass ich mein Forschungsvorhaben stetig reflektieren und damit optimieren konnte. Ich erinnere mich mit Freude an den Mittagspausenaustausch in der Mensa in pre-pandemischen Zeiten zurück, der uns nicht nur zu Verbündeten mit einem gemeinsamen Ziel, sondern auch Freunden hat werden lassen.
Ich danke außerdem herzlichst meinem privaten Umfeld – insbesondere meiner Mutter, meinem Freund und meiner geschätzten ehemaligen Kollegin Julia – für das stets offene Ohr für Formulierungen, Interpretationen oder dem Blick aus einer fachfremden Richtung. Doch auch in Momenten des Zweifels, monotonen Fleißarbeiten oder temporärer Doppelbelastungen in berufliche Hochphasen, die die Drittmittelforschung regelmäßig parat hält, habe ich durch Eure bestärkenden Worte das Ziel des erfolgreichen Abschlusses meiner Promotion fest vor Augen behalten.

Inhaltsverzeichnis

1. Einleitung: gesellschaftliche Relevanz, Zielsetzung und Aufbau 9

2. Das Loverboy-Phänomen: Begriff, Problemfeld und bisherige Erkenntnisse 14

2.1 Begriffliche Klärung 14

2.1.1 Begriffshistorie und Definition 14

2.1.2 Sprachgebrauch in der vorliegenden Arbeit 20

2.2 Einführung in das Problemfeld 22

2.2.1 Daten und Fakten zum Loverboy-Phänomen 22

2.2.2 Folgen für die Betroffenen 27

2.3 Der Forschungsstand zum Loverboy-Phänomen 31

2.3.1 Übersicht bisheriger Studien und fachlicher Arbeiten 31

2.3.2 Bisherige Erkenntnisse zu Opfern und Tätern 41

2.3.3 Bisherige Erkenntnisse zum Fallverlauf 48

2.3.4 Forschungsdesiderate und forschungsleitende Fragen 52

3. Theoretischer Bezugsrahmen 55

3.1 Herleitung der Auswahl relevanter theoretischer Ansätze 55

3.2 Vulnerabilität aus lern- und entwicklungspsychologischer Perspektive 58

3.2.1 (früh-)kindliche Erfahrungen zu Bindungsverhalten und Selbstwirksamkeitserleben 58

3.2.2 vulnerable Jugendphase 65

3.3 Sozialpsychologische Betrachtung der Beziehungsebene 75

3.3.1 Erklärung wiederkehrender Gewalt in Paarbeziehungen 75

3.3.2 psychotraumatologische Erklärungen erschwerter emotionaler Loslösung 80

4. Forschungsparadigma und Untersuchungsdesign 85

4.1 Forschungsparadigma der Untersuchung 85

4.1.1 Einordnung in das interpretative Forschungsparadigma 85

4.1.2 Die Rolle der Forscherin – Reflexion der Einflussnahme auf den Forschungsprozess 88

4.1.3 Die Rolle der Befragten – Erhebung von impliziten und expliziten Wissen 92

4.2 Beschreibung der Vorstudie ... **95**
4.2.1 Zielsetzung ... 95
4.2.2 Erhebungsdesign ... 96
4.2.3 Ableitungen für die Hauptuntersuchung ... 99

4.3 Beschreibung der Hauptuntersuchung ... **102**
4.3.1 Zielsetzung ... 102
4.3.2 Erhebungsdesign ... 103
4.3.3 Reflexion der Gesprächsführung ... 108
4.3.4 Auswertungsvorgehen ... 113

5. Ergebnisse zu Vulnerabilität, Täterstrategien und emotionaler Abhängigkeit ... **122**

5.1 Die Anbahnungsphase: Emotionale Abhängigkeit als Ausgangspunkt ... **123**
5.1.1 Lebenshintergründe und -phasen als Vulnerabilitätsfaktoren ... 123
5.1.2 Anbahnungsphase: Entstehung emotionaler Abhängigkeit ... 132

5.2 Fallverlauf: Typisierung und Einzelfallbeschreibungen ... **141**
5.2.1 Fallmuster 1: Versprechen einer gemeinsamen Zukunft ... 143
5.2.2 Fallmuster 2: Aushelfen in einer Notsituation bzw. Forderung sich zu revanchieren ... 163
5.2.3 Fallmuster 3: Einsatz körperlicher Gewalt oder Erpressung ... 173
5.2.4 Kategorisierung der Täterstrategien ... 185

5.3 Untypische Elemente im Fallverlauf ... **191**

5.4 Zusammenfassung zentraler Ergebnisse ... **194**

6. Diskussion und Bewertung der Ergebnisse ... **198**

6.1 Entstehung emotionaler Abhängigkeit durch Instrumentalisierung von Vulnerabilität ... **198**
6.1.1 Betroffenen-Merkmale und erhöhte Vulnerabilität ... 198
6.1.2 Zusammenspiel von Vulnerabilität, Täterstrategien und emotionaler Abhängigkeit ... 203

6.2 Täterstrategien und abhängigkeitsfördernde Dynamiken im Loverboy-Fallverlauf ... **212**
6.2.1 Prostitutionszuführung und -aufrechterhaltung vor dem Hintergrund der Freiwilligkeit ... 213
6.2.2 Mechanismus emotionaler Abhängigkeit, Loslösungsprozess und Ausstieg ... 220

6.3 Bewertung und Ausblick **224**
6.3.1 Hinweise zur Aussagekraft und mögliche Limitationen 224
6.3.2 Beitrag zur Wissenschaft und Geltungsbereich 226
6.3.3 wissenschaftliche Anschlussfähigkeit 231

7. Verzeichnisse **233**

7.1 Abkürzungsverzeichnis **233**

7.2 Abbildungsverzeichnis **234**

7.3 Tabellenverzeichnis **235**

7.4 Literaturverzeichnis **237**

1. Einleitung: gesellschaftliche Relevanz, Zielsetzung und Aufbau

Durch die vergleichsweise einfache „Maximierung ihres Profits bei gleichzeitiger Reduzierung des Entdeckungsrisikos“ (BKA 2015: 5) erweist sich Zwangsprostitution als ein lohnenswertes Geschäft. 99 Milliarden US-Dollar werden schätzungsweise weltweit jährlich aus der sexuellen Ausbeutung erwirtschaftet, in den west-europäischen Staaten sind es 26,2 Milliarden US-Dollar (vgl. ILO 2014: 13). Hochrechnungen zufolge sind zu jedem Zeitpunkt 6,3 Millionen Menschen weltweit von kommerzieller sexueller Ausbeutung betroffen; fast vier von fünf Menschen, die diese schwere Form der Menschenrechtsverletzung erleben, sind Mädchen oder Frauen (vgl. ILO 2022; Rabe & Tanis 2013; Follmar-Otto & Rabe 2009). Die Folgen sexueller Ausbeutung umfassen nicht nur (kurzfristige) körperliche Schädigungen durch sexuell übertragbare Krankheiten oder Folgen körperlicher Misshandlungen, auch treten durch die mitunter jahrelang anhaltende sexuelle Ausbeutung psychische Traumatisierung oder andere andauernde psychische und/oder physische Beeinträchtigungen auf (vgl. Völschow et al. 2021; Gahleitner et al. 2017: 22ff.). Strafrechtliche oder beraterische Intervention gelingt zeitgleich nur schwer, da aufgrund von Scham, Angst vor Repressalien, Misstrauen gegenüber Dritten oder einem fehlenden Unrechtsbewusstsein selten eigeninitiativ Hilfe gesucht bzw. angenommen wird. Dies spiegelt sich nicht zuletzt auch in der geringen Anzeige- bzw. Aussagebereitschaft wieder, sodass es meist intensiver polizeilicher Aktivitäten bedarf, um einen Anfangsverdacht zu erhalten, mehr aber noch auf Basis des Personalbeweises ein stabiles Beweisfundament für ein Strafverfahren zu generieren (vgl. Helfferich et al. 2010: 1; BKA 2016: 2f.). Es ist im Umkehrschluss von einem hohen Dunkelfeld auszugehen (vgl. BKA 2019: 34; Völschow et al. 2021; Körner & Völschow 2018: 32f.; DIMR 2017; Follmar-Otto & Rabe 2009: 28, 61).

Armut und wirtschaftliche Perspektivlosigkeit gelten als zentrale Vulnerabilitätsfaktoren der sexuellen Ausbeutung. Über Versprechungen besserer Arbeits- und Verdienstmöglichkeiten im Ausland, Verpflichtungen die Familie im Heimatland finanziell zu unterstützen oder auch gewaltvolle Verschleppungen wird der Weg in die Prostitution geebnet (vgl. Prasad 2014: 87f.; Howe 2021: 50ff.; Zentner 2009: 29ff.). Komplett gegensätzlich – so scheint es – gestaltet sich die Anwerbung bei der sogenannten Loverboy-Methode[1]. Über eine vorgetäuschte Liebesbeziehung wird ein emotionales Abhängigkeitsverhältnis initiiert, auf dessen Basis der Zwangsprostitution zugeführt wird. Betroffen sind oft deutsche bzw. in Deutschland aufgewachsene junge Frauen und Mädchen (vgl. Müller-Güldemeister 2011: 22ff.; BKA 2017: 8f., 25; BKA 2018: 7, 10, 31; BKA 2019: 13, 29; BKA 2020: 9, 23). Menschenhandel in Form von Zwangsprostitution stellt also per se kein grenzüberschreitendes Verbrechen dar, sondern betrifft ebenso inländische Personen. Auch der Monitoring-Zusammenschluss GRETA (Group of Experts on Action against Trafficking in Human Beings) des Europarats zur Überwachung der Umsetzung der EU-Richtlinie 2011/36 stellt im zweiten Evaluationsbericht für Deutschland fest, dass die Loverboy-Methode eine erstzunehmende Bedrohung für (inländische) Minderjährige darstellt und identifiziert einen besonderen Sensibilisierungs-, Präventions- und Interventionsbedarf (vgl. Council of Europe 2019: 7, 16, 22, 65).

Bevor allerdings gezielte generalpräventive als auch selektive und indizierte Prävention entstehen kann, bedarf es eines umfassenden, empirisch basierten Verständnisses des Phänomens. Während in den Niederlanden, die die Loverboy-Methode bereits Anfang 2000 beschrieben und den Begriff geprägt haben, eine breite wissenschaftliche Auseinandersetzung existiert (vgl. z. B. Bovenkerk et al. 2004; Bovenkerk & Pronk 2007; Bullens & Van Horn 2000; Terpstra et al. 2005; van San & Bovenkerk 2013; Abschnitt 2.3.4), beschränken sich die empirischen Unternehmungen in Deutschland bislang auf kleinere Untersuchungen im Rahmen von Studienarbeiten oder auf Randprodukte anderer Fragestellungen zum Deliktsfeld Menschenhandel zum Zweck sexueller Ausbeutung (vgl. z. B. Scheer & Dufner 2015; Zietlow & Baier 2018; Abschnitt 2.3). Erfahrungsberichte und Einzelfallbeschreibungen ergänzen die Erkenntnisse zur Vorgehensweise (vgl. Bubenitschek et al. 2011; BKA 2020: 9). Nicht selten werden dabei lediglich einseitige Fallverläufe bzw. Täter-/Opfertypen reproduziert. Es fehlt im deutschsprachigen Raum – wie vielfach wissenschaftlich bestätigt (vgl. z. B. Müller-Güldemeister 2011; Baier et al. 2019: 695; Wulff-Besold 2020: 83) – an einer dezidierten empirischen Grundlage, die gezielt das Phänomen in Breite und Tiefe beleuchtet und dadurch das Spektrum möglicher Erscheinungsformen abbildet. Insbesondere für Erklärungsansätze

[1] Trotz teilweiser Kritik an der Bezeichnung ‚Loverboy‘ hat sich der Begriff im deutschsprachigen Raum etabliert (vgl. hierzu Abschnitt 2.1). In der Arbeit wird daher darauf verzichtet, den Untersuchungsgegenstand über einfache Anführungszeichen als wissenschaftlich unüblichen Begriff zu kennzeichnen.

bezüglich der Entstehung emotionaler Abhängigkeit und deren Auswirkung auf die Prostitutionszuführung, des Verbleibs in der Zwangslage sowie der Gefahr der Rückkehr zum Loverboy bedarf es außerdem eines theoretischen Bezugs.

Diese Forschungslücke soll im Rahmen des vorliegenden Promotionsprojekts für Deutschland geschlossen werden, indem explizites und implizites Wissen zum Loverboy-Phänomen systematisiert und theoretisch fundiert wird. Um das Zusammenwirken verschiedenster Aspekte zu analysieren und damit den Erkenntnisstand zum Loverboy-Phänomen in der Breite zu erweitern, wird in der Untersuchung die Beantwortung der Frage *Welche Vulnerabilitätsfaktoren und Täterstrategien zeigen sich bei der Loverboy-Methode in Deutschland und inwiefern bedingenden diese die Entstehung von emotionaler Abhängigkeit* angestrebt. Ziel ist es, bislang nicht oder nur oberflächlich vorhandene Informationen möglichst detailreich zu erfassen, diese in den bisherigen Erkenntnisstand einzuordnen und letztlich eine Systematisierung und theoretische Fundierung vorzunehmen. Dafür wird sich vor dem Hintergrund eines interpretativen Paradigmas, wie es Wilson (1973) beschreibt, den qualitativen Methoden der Sozialwissenschaft bedient. In 16 halbstandardisierten Interviews, die den Phasen des problemzentrierten Interviews (PZI) nach Witzel (1985: 227f.) entsprechen (vgl. hierzu Abschnitt 4.1), wurden Fallbeispiele durch langjährig im Deliktsbereich tätige Vertreter:innen von Fachberatungsstellen und spezialisierten Polizeidienststellen rekonstruiert und durch kontrastive Schilderungen aus deren Erfahrungsschatz zu anderen Loverboy-Fällen ergänzt. Durch diese Form der Erhebung gelang es nicht nur umfassendes explizites, sondern auch implizites Wissen zum Phänomen zu erfassen. Für die Beantwortung der gewählten Fragestellung ist die Befragung professionelle Akteur:innen als zielführender zu erachten, als beispielsweise die von Betroffenen oder Tatpersonen wäre, die ebenfalls eine mögliche Untersuchungsgruppe darstellen. Schließlich erhalten spezialisierte Vertreter:innen aus Strafverfolgungs- und Beratungspraxis umfassende Kenntnisse zum Gesamtkomplex eines Falls und verfügen zudem über Einblicke in mehr als einen Fall. Es ist außerdem davon auszugehen, dass Schilderungen weniger emotional gefärbt, rationaler und distanzierter erfolgen, als es bei ehemaligen Betroffenen oder auch verurteilten Tätern zu vermuten wäre (vgl. Kavemann 2016: 51ff.; Abschnitt 2.3.4). Am Ende des Forschungsprozesses steht erstmals eine empirisch-theoretisch basierte, umfassende Aufbereitung und Ergänzung des Erkenntnisstands zum Loverboy-Phänomen in Deutschland, in der sowohl verschiedene Ausgestaltungsformen des Fallverlaufs in Form von Typen dargestellt, als auch das Zusammenspiel von Vulnerabilität und Täterstrategien bei der Entstehung und Aufrechterhaltung von emotionaler Abhängigkeit detailliert analysiert und theoretisch bewertet wird.

Die Arbeit beginnt im *Kapitel 2* mit einer umfassenden Darstellung von Hintergründen und den bisherigen empirischen Erkenntnissen. Dafür erfolgt zunächst eine historische und rechtliche Betrachtung der Begriffsentstehung. Daten und Fakten zum Loverboy-Phänomen sowie die möglichen Folgen für die Opfer verdeutlichen einmal mehr die gesellschaftliche Relevanz vertiefter wissenschaftlicher Auseinandersetzung. Anhand des bisherigen Forschungsstands werden anschließend tiefere Einblicke in die bisherigen Erkenntnisse zu Täter:innen und den Betroffenen sowie zum Fallverlauf gewährt, um daraus Forschungsdesiderate und die Relevanz weiterer Forschung abzuleiten. Über die forschungsleitende(n) Fragestellung(en) findet eine Konkretisierung und Eingrenzung der Zielsetzung des vorliegenden Promotionsprojekts statt.

Für die Erklärung des Loverboy-Phänomens gilt es im späteren Verlauf theoretisches Wissen heranzuziehen. Die theoretische Grundlage wird im *Kapitel 3* gelegt, indem Entstehungsbedingungen einer emotionalen Abhängigkeit sowohl auf individueller als auch zwischenmenschlicher Ebene betrachtet werden. Dafür werden zunächst entwicklungs- und lerntheoretische Ansätze mit Blick auf mögliche Vulnerabilitätsfaktoren vertieft. Sozialpsychologische Ansätze erweitern die Betrachtung auf die Dyade und sollen einen theoretischen Rahmen zur Erklärung destruktiver Dynamiken auf der interaktionistischen Ebene schaffen.

Das zuvor bereits kurz skizzierte Untersuchungsdesign ist Gegenstand des *Kapitels 4*. Eine forschungsparadigmatische Einführung erläutert den interpretativen Ansatz der Forschung, woraufhin sich die reflexive Auseinandersetzung mit der Einflussnahme der Forscherin sowie der Wissensbestände der Befragten anschließt. Dezidierte Schilderungen zur Methodik der Vor- und Hauptstudie (leitfadengestützte Expert:inneninterviews nach Liebold & Trinczek (2009) und problemzentrierte Interviews nach Witzel (2000)) folgen. Dabei wird nicht nur die Methodik erklärt, es findet ebenso eine kritische Auseinandersetzung mit der Gesprächsführung statt. Die Auswertung der rekonstruierten Fallschilderungen erfolgt über eine inhaltlich strukturierenden als auch eine typenbildende qualitative Inhaltsanalyse nach Kuckartz (2018), wodurch eine methodisch gestützte Systematisierung der Erhebungserkenntnisse möglich wird. Im Auswertungs- und Interpretationsprozesses der Haupterhebung wurden die Ergebnisse abschließend kommunikativ mit den

Untersuchungsteilnehmenden validiert (vgl. u. a. Lincoln & Guba 1985: 314f.), um die inhaltlich-interpretative Ausrichtung rückzukoppeln und damit nicht zuletzt die Qualität der Ergebnisse zu untermauern.

Im *Kapitel 5* werden die Ergebnisse der Hauptuntersuchung dargestellt. Dabei wird zunächst die emotionale Abhängigkeit als Ausgangspunkt der Ausbeutung genauer betrachtet, indem das Zusammenspiel von Vulnerabilität und Umwerbungsstrategien herausgearbeitet wird. Mit der analysebasierte Konstruktion von typischen Fallmustern wird anschließend der Blick auf die Prostitutionszuführung und Einsatz verschiedenster Täterstrategien zur Aufrechterhaltung der Zwangslage gelenkt; die Skizzierung von Fallbeispielen ermöglicht ein plastisches Verständnis der Heterogenität zwischen den Fallverlaufstypen bei zeitgleicher Detailbetrachtung interner Subtypen (vgl. Kuckartz 2018: 145). Der Folgeabschnitt vertieft und systematisiert die Täterstrategien durch eine Kategorisierung. Elemente, die sich als nicht typisch erweisen, also kontrastiv zu typischen Fallverläufen stehen, bilden den Abschluss der Ergebnisdarstellung.

Das *Kapitel 6* dient der Diskussion und Bewertung der Ergebnisse, in dem einerseits ein Abgleich mit dem bisherigen Forschungsstand erfolgt, um mögliche Bestätigung, Konkretisierung, aber auch Korrektur und Ergänzung zu prüfen. Zeitgleich werden einzelne Aspekte, wie beispielsweise die Frage nach der Freiwilligkeit bei Prostitutionszuführung oder inwiefern Ausstiegsunternehmungen und emotionale Loslösung parallel verlaufen, vertiefend unter Einbezug bindungstheoretischer oder auch entwicklungspsychologischer Ansätze betrachtet. Die Diskussion endet mit einer kritischen Analyse möglicher Limitationen, der pointierten Darstellung des Beitrags zum aktuellen Wissenschaftsstand, einer Definition des Geltungsbereichs sowie einem Ausblick auf Anschlussmöglichkeiten ergänzender oder fortführender Forschung.

2. Das Loverboy-Phänomen: Begriff, Problemfeld und bisherige Erkenntnisse

Was beschreibt das Loverboy-Phänomen, wie wird es definiert und können wir überhaupt von einem Phänomen sprechen? Über diese Fragen wird sich dem Untersuchungsgegenstand genähert (Abschnitt 2.1), um im Anschluss die gesellschaftliche Relevanz und auch die Notwendigkeit wissenschaftlicher Auseinandersetzung zu verdeutlichen (Abschnitt 2.2). Für die Identifizierung von wissenschaftlichen Ansatzmöglichkeiten bzw. Forschungsdesiderate (Abschnitt 2.4), werden aus dem bisherigen Forschungsstand Erkenntnisse zu den Betroffenen, den Tatpersonen sowie zum Fallverlauf erläutert (Abschnitt 2.3).

2.1 Begriffliche Klärung

Mit der Definition des sogenannten Loverboy-Phänomens wird nicht nur begriffliche Eindeutigkeit innerhalb der vorliegenden Arbeit, sondern auch über die Grenzen dieser hinaus geschaffen. Dabei gilt es u. a. zu diskutieren, ob und inwiefern nach bisherigem Kenntnisstand von einem (neuartigen) Phänomen gesprochen werden kann. Abschließend wird der Blick auf weitere Begriffe, die teils kontrovers im (wissenschaftlichen) Diskurs verwendet werden, gerichtet, um auch hier Eindeutigkeit bei deren Verwendung sicherzustellen.

2.1.1 Begriffshistorie und Definition

Die Ursprünge des Loverboy-Begriffs liegen in den Niederlanden, in denen Ende der 1990er Jahren zuerst von einer gezielten Prostitutionsanwerbungsform über eine Liebesbeziehung gesprochen wurde (vgl. van San & Bovenkerk 2013: 67). Der Begriff *Loverboy* stellt kein englisches Synonym für Zuhälter dar. Vielmehr ist dies eine Wortschöpfung, die auf die romantische Erfindung von Opfern im Jahr 1995 zurückgeht und fortan von den Medien aufgegriffen wurde (vgl. Bovenkerk & Pronk 2007: 83; Bovenkerk & van San 2011: 189). Ausgangspunkt der Betrachtung war, dass vermehrt junge Frauen – direkt am Eintritt zur Volljährigkeit – in der Prostitution registriert wurden (vgl. van San & Bovenkerk 2013: 68). Mit der medialen Beachtung des neuartigen Loverboy-Phänomens wurde eine Veränderung der gesellschaftlichen Wahrnehmung initiiert, nach der bis dato erzwungene Prostitution allein mit ausländischen Opfer verknüpft war (vgl. Outshoorn 2012: 238ff.). Die mediale Aufmerksamkeit entwickelte sich zur *moral panic*, in dessen Mittelpunkt junge niederländische Frauen und Mädchen als Opfer und marokkanische und antillische Migranten als Täter porträtiert wurden (vgl. Bovenkerk & van San 2011: 185f.; Bovenkerk et al. 2006: 68).

Hunderte von Zeitungsartikeln und Fernsehberichterstattung schürten bei Eltern das Gefühl von Machtlosigkeit, „ihre Töchter davor zu bewahren, in die Hände dieser jungen Männer zu fallen" (van San & Bovenkerk 2013: 68).[2] Es blieb zunächst unklar, ob es sich hierbei um ein medial konstruiertes Phänomen handelt, sodass empirische Untersuchungen initiiert wurden, um das anscheinend neuartige Vorgehen zu analysieren und evidenzbasierte politische Strategien zu entwickeln (vgl. Bovenkerk & Pronk 2007: 83). In den Niederlanden wird unterschieden zwischen der klassischen Loverboy-Methode mit einer Anwerbung im realen Leben, der Anwerbung über das Internet, was als Loverboy 2.0 bezeichnet wird, und inzwischen vereinzelt auch einer weiteren Form – Loverboy 3.0 – bei der unter Verabreichung von Drogen sexuelle Handlungen vorgenommen und gefilmt werden, um diese als Druckmittel zu verwenden (vgl. CCV 2012: 17ff.; Scharlaken Koord 2019).

Eine aus dem Niederländischen übersetze umfassende Beschreibung des Phänomens stellt Müller-Güldemeister (2011: 24) bereit,[3] an der sich auch der (deutsche) Koordinierungskreis gegen Menschenhandel e. V. (KOK e. V.) in seiner Expertise zu deutschen Betroffenen orientiert:

> *„Ein Loverboy ist ein junger Mann, der durch Verführung, Versprechungen, Erpressung und Gewalt versucht, Mädchen in die Prostitution zu bringen, um sich damit einen finanziellen Gewinn zu verschaffen. Die Loverboys rekrutieren ihre Opfer im realen Leben oder im Internet. Jeder Loverboy tut dies auf individuelle Weise, aber es lassen sich einige Standardschritte nachvollziehen. Als Opfer von Loverboys werden vornehmlich minderjährige Mädchen angesehen."* (Müller-Güldemeister 2011: 24)

Die niederländische Handreichung des Centrum voor Criminaliteitspreventie en Veiligheid (CCV) fokussiert im Gegensatz dazu stärker den Aspekt der emotionalen Abhängigkeit und Gewaltanwendung und der daraus resultierenden Machtposition des Täters und erweitert zudem den potenziellen Opferkreis um männliche Personen. Auch werden hierin die möglichen Straftatbestände, die im Rahmen der Loverboy-Methode zur Anwendung kommen könnten, genauer benannt:

---

[2] Im Original: „because a number of parents found themselves powerless to prevent their daughters from falling into the hands of these young men" (van San & Bovenkerk 2013: 68)

[3] Die originalen Zitate stammen von Informations- und Aufklärungshomepages, die aktuell nicht mehr aufrufbar sind.

„Loverboys sind Menschenhändler, die Frauen und/oder Männer durch (das Versprechen), eine Liebesbeziehung einzugehen, emotional abhängig machen und dann – mittels Nötigung, (Androhung von) Gewalt oder anderen Gewalttaten, Erpressung, Betrug, Täuschung, Missbrauch einer aus den tatsächlichen Verhältnissen resultierenden dominanten Stellung und Ausnutzung einer schutzbedürftigen Position dieser Frauen oder Männer – ausbeuten, häufig in der Prostitution." (CCV 2012: 15)

Das Phänomen wurde hierzulande zunächst durch die niederländische Initiative StopLoverboys unter der Schirmherrschaft der pensionierten Kriminalhauptkommissarin Bärbel Kannemann präsent. In Medienberichterstattungen wurden das Vorgehen dabei vor allem anhand der „leidvolle Erfahrung junger Mädchen" (Müller-Güldemeister 2011: 39) in Einzelfällen abgeleitet. Die mediale Präsenz besteht weiterhin und wird von Fachkreisen ambivalent gesehen, da auf der einen Seite meist ein einseitiges Opferbild suggeriert und selten der Verweis auf Fachberatungsstellen Menschenhandel gegeben wird. Auf der anderen Seite entsteht hierüber zeitgleich ein Ansatz für Aufklärung und Prävention. Die Begriffe *Loverboy*, *Loverboy-Methode* oder auch *Loverboy-Phänomen* sind sowohl in der Öffentlichkeit als auch in Fachkreisen etabliert und viel genutzt, obwohl insbesondere von Beratungsseiten angemerkt wird, dass die Bezeichnung verharmlosend wirken könnte (vgl. Bock 2015; Schuer 2017; ARD | Das Erste 2020.; Kieter 2017; Bovenkerk & van San 2011: 189f.; Müller-Güldemeister 2011: 39ff.). Eine allgemein anerkannte Definition von der Loverboy-Methode für den deutschsprachigen Raum existiert bislang nicht (vgl. Bremische Bürgerschaft 2012: 2; Baier et al. 2019: 689). Deshalb werden bei der Aufarbeitung des bisherigen Forschungsstands auch Studien einbezogen, in denen nicht explizit von Loverboy-Methode gesprochen wird, sondern alternative Bezeichnungen wie *intime Beziehung* oder *Liebesbeziehung* zur Beschreibung des Anwerbungsvorgehens mit dem Ziel der Zwangsprostitution verwendet werden.[4]

[4] Herz (2005: 143) und auch Helfferich et al. (2010: 175) verwenden den Begriff Liebesbeziehung; Zietlow und Baier (2018: 54) nutzen die Beschreibung *intime Beziehung*, *Täuschung* bzgl. *Gefühlen* bzw. *Vortäuschung von Gefühlen*, ordnen darin aber auch auf die Bezeichnung *Loverboy-Fall* ein.

Im ersten Fachbeitrag, der sich ohne empirischen Bezug der Frage widmet, ob das Loverboy-Phänomen auch auf Deutschland übertragbar sei, wird die niederländische Referenz an der Fokussierung auf das junge Alter deutlich:

> *„Bei den sogenannten »Loverboys« handelt es sich um junge Männer, die insbesondere junge Mädchen, meist noch im Schulalter, durch eine Liebesbeziehung an sich binden, sie psychisch abhängig machen und dann in die Prostitution zwingen."* (Bubenitschek et al. 2011: 538)

Ähnlich definiert ist auch die begriffliche Auslegung vonseiten der Strafverfolgung, an der sich das Bundeskriminalamt (BKA) bei der Darstellung dieses Modus Operandi im jährlichen Bundeslagebild Menschenhandel orientiert:

> *„Bei dieser Methode werden weibliche Minderjährige und junge Frauen durch die ‚Loverboys' unter Vorspiegelung einer Liebesbeziehung in ein emotionales Abhängigkeitsverhältnis gebracht, um sie in der Folge an die Prostitution heranzuführen und auszubeuten.*" (BKA 2017: 9)

Es besteht Uneinigkeit, ob es sich bei der Methode um ein neues Phänomen oder eine bereits lang bekannte Vorgehensweise innerhalb der Zwangsprostitution handelt. Van San & Bovenkerk (2013: 68f.) verweise darauf, dass die Zuführung über eine Liebesbeziehung lange bekannt und damit keine neue Erscheinung in der (Zwangs-)Prostitution sei. Dem schließt sich auch das Landeskriminalamt (LKA) Nordrhein-Westfalen in einem Bericht an. Hierin wird erklärt, dass es „bereits seit langer Zeit […] im Bereich der (Zwangs-)Prostitution üblich [ist], Frauen durch emotionale Abhängigkeit und (dysfunktionalen) Liebesbeziehungen zu Männern, die bereits Bezüge ins Rotlichtmilieu haben, in die Prostitution zu bringen" (LKA NRW 2019: 1).

Im Kontext der Loverboy-Methode werden vereinzelt auch der Begriff (Cyber-)Grooming genannt, der jedoch nicht synonym zu verwenden ist. (Cyber-)Grooming beschreibt das gezielte Ansprechen Minderjähriger (im Internet) mit dem Ziel des sexuellen Missbrauchs (vgl. Bullens 1995: 56ff.; UBSKM 2021). Dieses Anbahnungsvorgehen bei Kindern ist gem. § 176 Abs. 4 S. 3 StGB strafbar. Vergleichbare Kontaktaufnahmen sind auch in der Loverboy-Methode wiederzufinden, allerdings weicht die dahinterliegende Intention – sexueller Missbrauch vs. Gewinnstreben durch sexuelle Ausbeutung – ab. In ihrem Beitrag zum Loverboy-Phänomen nähern sich Baier et al. (2019: 689f.) systematisch der Frage, welche Kriterien das Loverboy-Phänomen definieren und zu Menschenhandel zum Zweck sexueller Ausbeutung, sexueller Missbrauch, Förderung der Prostitution und Cyber-Grooming abgrenzen (vgl. Tabelle 1).

Tabelle 1: *Definitionskriterien der Loverboy-Methode im Vergleich zu anderen Phänomenen sexueller Gewalt* [modifizierte Darstellung nach Baier et al. (2019: 690)]

	Loverboy	**MH/S**	**Förderung Prostitution**	**Sexueller Missbrauch**	**Cyber-Grooming**
Rekrutierung: Risikogruppe, Schaffung von Abhängigkeit	ja	ja	ja	jein	ja
Vorspieglung falscher Tatsachen	ja	jein	jein	jein	ja
Etablierung eines Liebesverhältnisses	ja	nein	nein	nein	jein
Einvernehmlichkeit in Initiierungsphase	ja	jein	jein	nein	nein
Prostitution im Mittelpunkt	ja	ja	ja	nein	nein
Abgabe Geld	ja	ja	ja	nein	nein
Anwendung von physischer Gewalt in Initiierungsphase	nein	jein	jein	ja	nein
Isolation vom Umfeld	ja	ja	jein	ja	ja

Ob die Vorgehensweise als neues Phänomen zu werten ist oder bereits lang im Milieu zur Anwendung kommt, wird im wissenschaftlichen Diskurs kontrovers betrachtet (z. B. Bubenitschek et al. 2011; Verwijs et al. 2011; Bovenkerk & van San 2011; Baier et al. 2019; Bovenkerk et al. 2004). Anhand der vorliegenden Untersuchung werden ergänzende Hinweise und Einschätzungen zur Situation in Deutschland gegeben, die im Abschnitt 6 diskutiert werden.

Die rechtliche Definition und Einordnung des Vorgehens in den strafrechtlichen Kontext komplettiert die begriffliche Klärung zum Untersuchungsgegenstand. Die beschriebene Vorgehensweise oder – kriminalistisch ausgedrückt – der Modus Operandi ist nicht mit einem Straftatbestand gleichzusetzen, sondern bildet eine mögliche (Anwerbungs-)

Strategie im Deliktsbereich Menschenhandel (MH); konkret des Straftatbestands Zwangsprostitution (§ 232a StGB) (vgl. Abbildung 1).

> (1) Mit Freiheitsstrafe von sechs Monaten bis zu zehn Jahren wird bestraft, wer eine andere Person unter Ausnutzung ihrer persönlichen oder wirtschaftlichen Zwangslage oder ihrer Hilflosigkeit, die mit dem Aufenthalt in einem fremden Land verbunden ist, oder wer eine andere Person unter einundzwanzig Jahren veranlasst,
> 1. die Prostitution aufzunehmen oder fortzusetzen oder
> 2. sexuelle Handlungen, durch die sie ausgebeutet wird, an oder vor dem Täter oder einer dritten Person vorzunehmen oder von dem Täter oder einer dritten Person an sich vornehmen zu lassen.

Abbildung 1: *§ 232a StGB - Zwangsprostitution* [Quelle: eigene Darstellung]

Dieser Straftatbestand ist gemeinsam mit weiteren Regelungen zum Menschenhandel mit dreieinhalb-jähriger Verzögerung als Umsetzung der EU-Richtlinie 2011/36/EU des Europäischen Parlaments und des Rates am 16.01.2016 in Deutschland in Kraft getreten.[5] Ziel dieser Ratifizierung war es, alle Formen des Menschenhandels zu berücksichtigen und damit die Straftatbestände stärker an der international anerkannten Definition der Vereinten Nationen (vgl. United Nations 2000) zu orientieren. Um die für den Untersuchungsgegenstand zentralen Elemente zu unterstreichen, wird nachfolgende lediglich eine komprimierte Version der Definition im Sinne des Artikel 3 des sogenannten *Palermo Protokolls* präsentiert. Menschenhandel bezeichnet demnach die „Anwerbung [...] von Personen durch die Anwendung von Gewalt oder anderen Formen der Nötigung, [...] Täuschung, Missbrauch von Machtpositionen [...] zum Zweck der Ausbeutung. Ausbeutung umfasst mindestens die Ausnutzung der Prostitution anderer oder anderer Formen sexueller Ausbeutung, [...].“
Ordnet man nun die Loverboy-Methode in den Straftatbestande des Menschenhandels bzw. konkreter der Zwangsprostitution ein, so entspricht beispielsweise der vom Täter initiierte Kontakt, die Phase der Umwerbung und Vortäuschung einer Liebesbeziehung bis hin zur Prostitutionszuführung der Handlungen der Anwerbung. In diesem Kontext findet unter Umständen auch eine Beförderung statt, wenn gemeinsam

[5] Bei der nachfolgenden inhaltlichen Vertiefung wird der Fokus ausschließlich auf Inhalte gelegt, die für den Modus Operandi der Loverboys relevant sind. Ausführliche Erläuterungen zur historischen Entwicklung der Gesetzgebung auf nationaler wie internationaler Ebene, deren juristische Interpretation sowie Hintergründe zur Umsetzung der EU-Richtlinie in das nationale Recht sind bei Vogeler (2018) nachzulesen.

nach Deutschland gereist wird. Spätestens mit der Zuführung zur Prostitution wird der Zweck der sexuellen Ausbeutung deutlich. Geschieht dies über Versprechen oder eine fingierte finanzielle Notsituation wird als (Tat-)Mittel die Täuschung angewendet. Es können aber auch Anwendung bzw. Androhungen von Gewalt, Nötigung, Missbrauch oder auch Missbrauch von Macht zur Zielerreichung eingesetzt werden. Die darin benannten Handlungen, (Tat-)Mittel und auch der Zweck finden sich also mehrheitlich auch in der Loverboy-Methode, sodass die strafrechtliche Einordnung in den Deliktsbereich Menschenhandel gut erkennbar wird.

2.1.2 Sprachgebrauch in der vorliegenden Arbeit

a) Geschlechtersensible Schreibweise

Die Wahrnehmung von Personen, die außerhalb eines binär geschlechtlichen Kategoriensystems zu verorten sind, entsteht nicht zuletzt durch Sprache. Obwohl im Zusammenhang mit der Loverboy-Methode vorwiegend von einem männlichen Täter und einem weiblichen Opfer ausgegangen wird (vgl. Abschnitt 2.1.1), soll in der vorliegenden Arbeit bei Personenverweisen ohne bekanntes Geschlecht (wie z. B. Berater:innen, professionelle Akteur:innen) eine Schreibform gewählt werden, die nicht nur das männliche und weibliche Geschlecht repräsentiert (wie Adressatinnen und Adressaten, Adressat/innen, AdressatInnen), sondern auch Geschlechtsidentitäten außerhalb einer zweigeschlechtlichen Kategorisierung berücksichtigt. Neben den Schreibvarianten Gender-Gap (_) und Gender-Stern (*), die sich – aus einem aktivistischen Kontext stammend – inzwischen auch im akademischen Kontext etablieren konnten, zeitgleich nicht frei von Kritik sind (vgl. AG feministisches Sprachhandeln 2014: 13ff.), findet im deutschen Sprachraum seit 2018 eine weitere Schreibform Anwendung, in der eine Trennung mittels Doppelpunkt (:) erfolgt. Neben eines insgesamt gut leserlichen Textbilds ist diese Schreibweise auch barrierefrei, da bei sogenannten Screenreader-Programmen – zu Deutsch: Vorleseprogramme – eine Sprechpause bei Doppelpunkten gelesen wird; so wie auch in einer gendersensiblen Sprechweise der Einbezug vielfältiger Geschlechtsidentitäten verbalisiert wird. Diese Schreibweise gilt als (noch) wenig politisiert, hat bereits Einzug in die behördlichen Strukturen Deutschlands erhalten (vgl. Aus- und Fortbildungszentrum für den bremischen öffentlichen Dienst im Auftrag des Senators für Finanzen 2020: 11) und wird daher als gendersensible Schreibform dieser Forschungsarbeit gewählt. Ausgenommen davon ist der konkrete Verweis auf den Loverboy als einen männlichen

Täter und die Opferwerdung von Mädchen und Frauen in der bisherigen Forschung, statistischen Bezügen oder dem Interviewmaterial.

b) Betroffene – Opfer – Prostituierte

Ebenso vielfältig wie kontrovers im Professions- bzw. Disziplinendiskurs der Sozialen Arbeit diskutiert sind die Bezeichnungen des ‚Gegenübers', also der Zielgruppe des Unterstützungsangebots. Über Klient:innen, Betroffene und Adressat:innen bis hin zu Nutzer:innen oder Kund:innen sind je nach fachlicher Ausrichtung und Selbstverständnis verschiedene Bezeichnungen gängig (vgl. Wagner 2017). Da dies jedoch kein zentraler Gegenstand der vorliegenden Forschung ist, wird für umfassende historische Herleitungen und Bezüge zum theoretischen wie fachlichen Selbstverständnis z. B. auf Großmaß (2011), Schaarschuch (2008), Homfeldt et al. (2008) und Wagner (2017) verwiesen und an dieser Stelle nur kurz mit dem Ziel, die in der Arbeit verwendeten Begriffe einzuführen, skizziert.

Um eine begriffliche Nähe und damit authentische Darstellung zu ermöglichen, wird sich in der Arbeit an den im Handlungsfeld Menschenhandel – konkret bei Fachberatungsstellen Menschenhandel (FBS), dem Dachverband Koordinierungskreis gegen Menschenhandel (KOK e.V.), aber auch den Strafverfolgungsbehörden – etablierten Bezeichnungen orientiert. Der KOK e.V. beschreibt die Zielgruppe nahezu ausnahmslos mit *Betroffene* bzw. *Betroffene von Menschenhandel* und weicht nur im rechtlichen und Strafverfolgungskontext auf die dort gesetzlich verankerte Bezeichnung *Opfer* aus (vgl. z. B. KOK e.V. o.J.). Die bundesweit agierenden FBS verwenden ebenfalls überwiegend die Bezeichnung *Betroffene*, wobei ebenfalls *Opfer von Menschenhandel/Zwangsprostitution* und auch *Prostituierte* durchaus gängig in deren Namen, auf der Angebotsdarstellung im Internet oder auf Broschüren sowie in deren Tätigkeitsberichten sind (z. B. Dortmunder Mitternachtsmission e.V. 2022; Kobra e.V. o. J.; FIZ 2021). Der Begriff *Opfer* ist nicht frei von Kritik, da dieser nicht selten abwertend und mit Schwäche und Passivität assoziierend verwendet wird (vgl. z. B. Mandl & Planitzer 2021: 41ff.). Gleichzeitig ist er ein im Strafverfolgungskontext feststehender Begriff, der sowohl in polizeilichen Statistiken wie auch mit rechtlichem Bezug Anwendung findet. Nachfolgend wird daher vor allem im Zusammenhang mit der Strafverfolgung und rechtlichen Auseinandersetzung auf die Bezeichnung *Opfer* zurückgegriffen, in allen anderen Zusammenhängen werden die Bezeichnungen *Betroffene* bzw. *Prostituierte* präferiert (vgl. Abbildung 2).

c) Loverboy – Zuhälter – Tatverdächtigter – Beschuldigter – Angeklagter – Täter

Je nach Stand des Strafverfahrens werden im polizeilichen wie rechtlichen Kontext die Bezeichnungen *Tatverdächtige* bzw. *Beschuldigte* im Ermittlungsverfahren, *Angeklagte* im Hauptverfahren sowie *Täter:innen* nach entsprechender Verurteilung verwendet. So wird dies nach Möglichkeit auch in der nachfolgenden Ausführung gelöst. Da allerdings teilweise kein Strafverfahren (z. B. bei fehlender Anzeige-/Aussagebereitschaft) initiiert wurde, eine Einstellung aus Mangeln an (verwertbaren) Beweisen gem. § 170 Abs. 2 StPO oder ein Freispruch aus rechtlichen oder tatsächlichen Gründen erfolgte, ist dies nicht immer stringent umsetzbar. Um dennoch fachlich korrekt zu schreiben, wird die Bezeichnung *Täter:in* nur dann verwendet, wenn dies aus der Quelle – sei es der bisherigen Empirie oder auch dem eigenen Interviewmaterial – hervorgeht bzw. eindeutig von einer Verurteilung ausgegangen werden kann. Sollte hier keine Eindeutigkeit ermittelbar sein, werden alternative, durchaus in der pädagogischen wie auch Strafverfolgungspraxis gängige Bezeichnungen *Loverboy*, *Zuhälter* oder *mutmaßlicher Täter* verwendet (vgl. Abbildung 2).

Beratungskontext / -perspektive	Begriffsoptionen ohne konkreten fachlichen Bezug	Strafverfolgungskontext / -perspektive
▪ Betroffene	▪ Prostituierte	▪ Opfer
▪ ‚Partner' [im Zusammenhang mit den Erzählungen der Betroffenen]	▪ Loverboy ▪ Zuhälter ▪ Tatperson ▪ mutmaßlicher Täter	▪ Tatverdächtigter / Beschuldigter ▪ Angeklagter ▪ Täter

Abbildung 2: *Übersicht der Begriffsverwendung* [eigene Darstellung]

2.2 Einführung in das Problemfeld

Hohe Fallzahlen, ein plötzlicher Anstieg der Kriminalität, gravierende wirtschaftliche Folgen oder auch massive gesundheitliche Auswirkungen für die Betroffenen sind Indikatoren dafür, dass ein Themenfeld hohe gesellschaftliche Relevanz besitzt, worüber sich wiederum eine wissenschaftliche Auseinandersetzung legitimiert. Warum bei der Loverboy-Methode nicht jeder Aspekt als zutreffend bestätigt werden kann, wird nachfolgend erläutert.

2.2.1 Daten und Fakten zum Loverboy-Phänomen

Eine bundesweite Datenbasis zur verlässlichen Einschätzung über das Ausmaß von Zwangsprostitution – bzw. im Speziellen der Loverboy-Methode – existiert bislang nicht. Um der Forderung der Konvention des

Europarats zur Bekämpfung des Menschenhandels (Artikel 29 Absatz 4) und der EU-Richtlinie 2011/36/EU (Artikel 19) Folge zu leisten, nachdem im zweiten Evaluationsbericht des Monitoring-Zusammenschlusses GRETA erneut auf die Dringlichkeit einer entsprechend umfassenden Datensammlung verwiesen wurde (vgl. Council of Europe 2019: 13f.), wurde mithilfe einer BMFSFJ-Förderung am Deutschen Instituts für Menschenrechte (DIMR) der Grundstein für eine Berichterstattungsstelle gelegt. In dieser gilt es unter anderem ein umfassendes und schlüssiges Datenerfassungssystem auf Basis bestehender und auch selbst zu erhebender Daten zu implementieren (vgl. DIMR 2022: 2ff.). Seit November 2022 hat die Berichterstattungsstelle Menschenhandeln ihren Dienst aufgenommen; der erste periodische Bericht wird 2024 erwartet (vgl. DIMR 2022a).

Bis erste Ergebnissen aus dem systematischen, datenbasierten Monitorings des DIMR vorliegen, bildet das jährlich erscheinende Bundeslagebild Menschenhandel des Bundeskriminalamts (BKA) die einzige bundesweite Statistik, in der auch Aussagen über die Anwerbung über die Loverboy-Methode getroffen werden. Die öffentlich einsehbaren Angaben beschränken sich allerdings auf die Anzahl derjenigen Opfer, bei denen Hinweise auf eine Anwerbung über die Loverboy-Methode erkennbar sind. Um detailliertere Einblicke in das Hellfeld des Untersuchungsgegenstands zu erhalten, wurde daher eine Sonderauswertung durch das BKA erbeten (vgl. nicht öffentlich zugängliche Sonderauswertung Loverboy-Methode, BKA vom 09.11.2022).

Tabelle 2: *Gesamtanzahl Loverboy-Opfer 2017-2021* [eigene Darstellung, basierend auf Sonderauswertung BKA; BKA 2017: 8; BKA 2018: 7; BKA 2019: 13; BKA 2020: 9; BKA 2021: 9]

Jahr	Gesamtanzahl Loverboy-Opfer	
	Sonderauswertung	Bundeslagebild
2017	129	127
2018	73	72
2019	81	81
2020	100	99
2021	86	85

Die Sonderauswertung erfasst alle Loverboy-Fälle, unabhängig von deren Ausbeutungsform, sodass sich die Gesamtanzahl der Opfer von der im Bundeslagebild bezüglich der sexuellen Ausbeutung erfassten Opfer geringfügig unterscheiden kann (vgl. Tabelle 2). Die in polizeilichen Ermittlungsverfahren festgestellten Loverboy-Opfer bewegt sich in den Jahren 2017 bis 2021 zwischen 73 (Jahr: 2018) und 129 (Jahr: 2017). Zuletzt waren es 85 Opfer, die über die Loverboy-Methode angeworben wurden, was einen Anteil von gut einem Fünftel ausmacht (vgl. BKA 2021: 9). Die Loverboy-Methode wird damit durch das BKA (2021: 9) „nach wie vor [als] häufigster Modus Operandi" im Deliktsbereich der sexuellen Ausbeutung bewertet.
Detaileinblicke in das Alter und die Staatsangehörigkeit gewährt die Sonderauswertung[6] ebenfalls. Während das Alter der Opfer primär im Bereich 17 bis 20 Jahre zu verorten ist, sind die ermittelten TV überwiegend zwischen 21 und 30 Jahre alt (vgl. Abbildung 3).

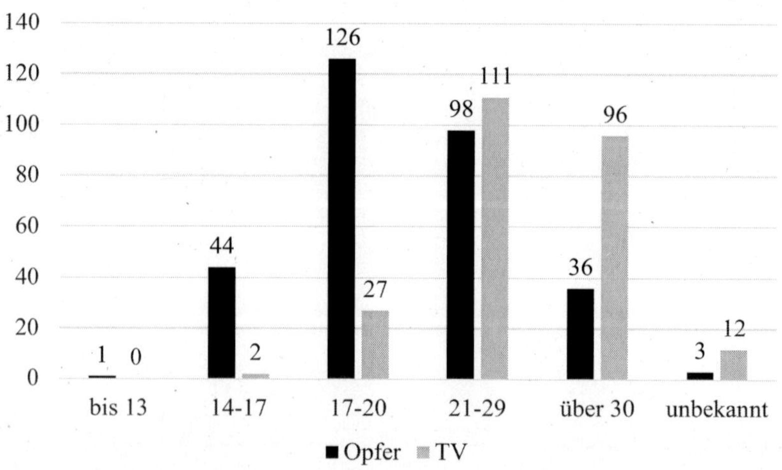

Abbildung 3: *Alter TV und Loverboy-Opfer 2017-2021 - aufsummiert* [eigene Darstellung, basierend auf einer Sonderauswertung des BKAs]

[6] Auch ist zu berücksichtigen, dass in der Sonderauswertung bei den Merkmalen *Alter Opfer*, *Staatsangehörigkeit Opfer*, *Alter Tatverdächtige* und *Staatsangehörigkeit Tatverdächtige* lediglich die Fälle in die Zählung eingegangen sind, bei denen die Loverboy-Methode an erster Stelle der Möglichkeiten im Abfragefeld ‚Kontaktanbahnung' genannt wurde, weshalb sich die Gesamtzahl von der in der Kategorie ‚Anzahl Opfer' unterscheidet.

Die drei am stärksten vertretenen Staatsangehörigkeiten bei den Opfer sind Deutschland, Rumänien und Bulgarien, wobei insbesondere in den letzten Jahren am häufigsten deutsche Opfer in Ermittlungsverfahren festgestellt wurden (vgl. Abbildung 4). Unter den Top 6 Staatsangehörigkeiten sind außerdem abwechselnd Ungarn, Albanien, Kosovo, Slowakei, Türkei, Iran, Venezuela und Nigeria vertreten, wobei daraus nicht abgeleitet werden kann, um es sich um ausländische Staatsbürger:innen oder Staatsbürger:innen mit einem Migrationshintergrund handelt.

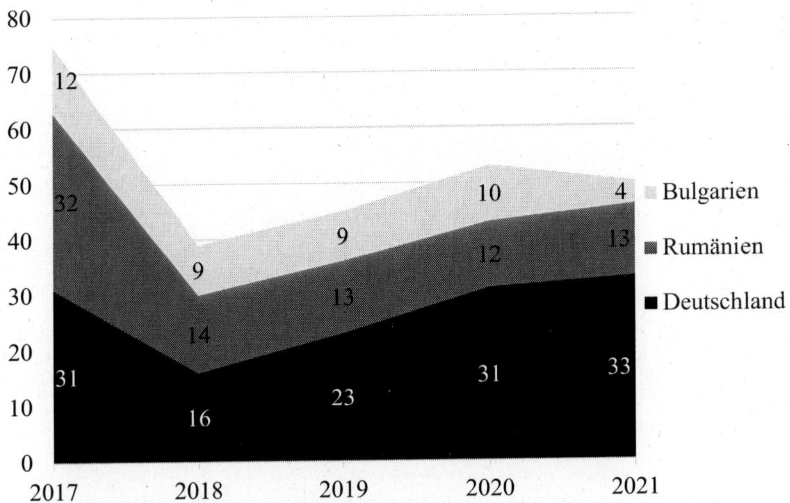

Abbildung 4: *Top 3 Staatsangehörigkeit Loverboy-Opfer*
[eigene Darstellung; basierend auf Sonderauswertung BKA]

Es ist an dieser Stelle darauf zu verweisen, dass die Datenbasis keine fallinternen Zusammenhänge erkennen lässt, aus denen beispielsweise die Anzahl der Opfer pro Tatverdächtigem (TV), Altersunterschiede oder Aussagen über gleiche oder abweichende Staatsangehörigkeit zwischen TV und Opfer abgeleitet werden könnten.

Da sich die Zahlen des Hellfelds allein auf polizeibekannte Fälle beziehen und zeitgleich nicht jede Straftat auch zur Anzeige gebracht wird, stellen die Angaben kein realistisches Abbild des Ausmaßes in Deutschland dar. Auch ist zu beachten, dass ausschließlich abgeschlossene Ermittlungsverfahren in die Zählung eingehen. Verfahren, in denen trotz Anfangsverdacht z. B. aufgrund mangelnder Aussagebereitschaft kein stabiles Beweisfundament aufgebaut werden kann, finden keine Berücksichtigung.

Als weiteren limitierenden Faktor hinsichtlich einer repräsentativen Darstellung für das Bundesgebiet ergibt sich, dass aufgrund herausfordernder Strafverfolgung oft auf andere Straftatbestände mit höherer Erfolgsaussicht ausgewichen wird (vgl. BKA 2016: 1ff.; Deutscher Bundestag 2016: 32f.).

Um erfolgreicher strafrechtlich vorgehen zu können, ging mit der (verspäteten) Umsetzung der EU-Richtlinie 2011/35 daher die Hoffnung einher, zukünftig auf leichter handhabbare Straftatbestände zurückgreifen zu können (vgl. BKA 2016b: 1; Deutscher Bundestag 2016: 32ff.). Zentraler Ansatzpunkt der Nachbesserung soll die bisherige enge Bindung an den Personalbeweis sein. Im Art. 1, Abs. 15 der EU-Richtlinie wird festgelegt, dass die strafrechtliche „Einleitung grundsätzlich nicht von der Anzeige oder Anklage durch das Opfer abhängig gemacht werden" soll, schließlich ist – wie oben bereits beschrieben – die Anzeigebereitschaft vonseiten der Opfer, anders als beispielsweise bei Diebstahlsdelikten, im Bereich der Zwangsprostitution sehr gering. Folge ist, dass entweder erst gar nicht polizeiliche Kenntnis von einer Straftat erlangt wird bzw. selbst bei Hinweisen auf ein Verbrechen Ermittlungsverfahren aufgrund fehlender Aussagebereitschaft eingestellt werden müssen (vgl. Helfferich et al. 2010: 1; Zietlow & Baier 2021: 110ff.).

Selbst bei bestehender Aussagebereitschaft kann der Nachweis der strafbaren Handlungen herausfordernd sein, wenn es um den strafrechtlichen Umgang mit der vermeintlichen Freiwilligkeit geht. Da die Einflussnahme bei der Loverboy-Methode oft auf psychischer Ebene stattfindet, ist das Einwirken schwer nachzuweisen. Die Prostitutionszuführung kann von der Frau (zunächst) als freiwillig empfundener Entschluss wahrgenommen werden; „inwiefern diese Entscheidung freiwillig war oder unter psychischem Druck entstanden ist, den er auf sie ausgeübt hat, lasse sich in der Strafverfolgungspraxis kaum nachvollziehen" (Müller-Güldemeister 2011: 27; hierzu auch vgl. Becker 2021; Kähler 2015: 198ff.). Auch in den Niederlanden ist der strafrechtliche Nachweis herausfordernd – Bovenkerk und Pronk (2007: 86) berichten von Fällen, in denen Strafverteidiger Elemente der Loverboy-Methode als entlastenden Aspekt in das Hauptverfahren einbringen.

Im laufenden Gesetzgebungsverfahren wurde vor Oktober 2016 daher verlangt, sich an der Formulierung des *Einwirkens* im Sinne des § 180b StGB (a.F.) zu orientieren, womit beispielsweise psychische Gewalt in Form von Drängen, Überreden, Versprechungen, Einschüchterung oder der suggestive Beeinflussungen gemeint wären (vgl. Vogeler 2018: 177, 193; BKA 2016b).

In der gesetzlichen Neuregelungen wurde schlussendlich die Formulierung des *Veranlassens* gewählt, da laut Gesetzesbegründung mit einer weiten Auslegung des Begriffs ebenfalls eine Offenheit für alle Formen psychischer Beeinflussung durch den Täter geschaffen werde, ohne dass „besondere Intensität oder Hartnäckigkeit“ (Deutscher Bundestag 2016: 33) vorliegen müsse. Fünf Jahren nach Einführung zeigen Erfahrungsberichte aus der Strafverfolgungs- und Verurteilungspraxis, dass je nach Rechtsauslegung auch die Neuformulierung des *Veranlassens* einen frühen Nachweis in Form einer Aussage des Opfers zu erfordern, sodass weiterhin Einschränkungen einer effektiven Strafverfolgung entstehen (vgl. BKA 2016b: 4; Renzikowski 2017, 362; Vogeler 2018: 193f.). Die Konsequenz – wie eingangs erwähnt – ist, dass teilweise auf leichter nachweisbare Straftatbestände ausgewichen wird, um überhaupt eine Verurteilung zu erreichen. Dies wiederum führt zu Verzerrungen in den Ermittlungs- und Verurteilungsstatistiken, wodurch die Erhellung des Dunkelfelds ausbleibt (vgl. BKA 2015a: 13; Zietlow & Baier 2021: 110ff.).

Nicht nur die Verurteilungsquote, sondern auch die Höhe des Strafmaßes werden in der Praxis als ausbaufähig angesehen, da dieses sich unter anderem aufgrund von Verständigungen im Strafverfahren, dem sogenannten Deal, oft auf niedrigem Niveau bewegen und damit die notwendige Signal- und Abschreckungswirkung ausbleibt. Dies wirkt sich nicht nur destruktiv auf die Bekämpfung des Menschenhandels aus – schließlich entsteht so ein finanziell lukratives Geschäft bei zeitgleich geringem Entdeckungs- und Sanktionierungsrisiko – auch die Motivation zur Kooperation der Opfer im Strafverfahren kann sinken, wenn die erhoffte deutliche strafrechtliche Konsequenz ausbleibt (vgl. BKA 2015a; Körner 2021: 31). Diese Einschätzung wurde durch die Zentralstelle Menschenhandel des LKA Niedersachsen und durch Praxiserfahrung der Beratungsstellen im Rahmen der Gespräche der Vorstudie bestätigt.

2.2.2 Folgen für die Betroffenen

Als Folge mitunter jahrelanger sexueller Ausbeutung zeigt sich bei Betroffenen von Zwangsprostitution in vielen Fällen ein Störungsbild, das inzwischen über die im Februar 2022 in Kraft getretene neue Version des Diagnosemanuals ICD-11 abgebildet werden kann und den diagnostischen Kriterien komplexer posttraumatische Belastungsstörung (kurz: kPTBS) mit dem Diagnoseschlüssel 6B41 entspricht. KPTBS kann sich infolge meist wiederholender bzw. mehrere bedrohlicher oder schrecklicher Ereignisse entwickeln, denen eine Person meist langanhaltend ausgesetzt ist und sie sich dem nur schwer oder gar nicht entziehen kann.

Als Beispiele für derartige Ereignisse werden im ICD-11 unter anderem Folter, Sklaverei, lang anhaltende häusliche Gewalt oder wiederholter sexueller oder körperlicher Missbrauch in der Kindheit genannt (vgl. WHO 2022). Gahleitner et al. (2017: 22ff.) leiten empirisch anhand von Interviews mit Betroffenen des Menschenhandels zum Zweck der sexuellen Ausbeutung deutliche Anzeichen von kPTBS ab, die sich infolge lang anhaltender Konfrontation mit psychischen bis hin zu lebensbedrohlichen körperlichen Zwangsmitteln und erzwungenen Sexualhandlungen entwickelt hat (hierzu ebenfalls vgl. Gahleitner et al. 2021: 151f.; Zentner 2009: 74ff., 122, 190). Botsford et al. (2019: 65) verdeutlichen am Behandlungsbeispiel das Vorkommen speziell auch beim Loverboy-Phänomen.

Bei einer kPTBS sind alle diagnostischen Voraussetzungen für eine klassische posttraumatische Belastungsstörung (PTBS) gemäß ICD-Code 6B40 erfüllt, das Störungsbild der kPTBS zeigt laut WHO (2022; hierzu auch Eilers & Rosner 2021: 46) darüber hinaus jedoch auch „schwere und anhaltende

1. Probleme bei der Affektregulierung
2. Überzeugung über die eigene Person als vermindert, besiegt oder wertlos, begleitet von Scham-, Schuld- oder Versagensgefühlen im Zusammenhang mit dem traumatischen Ereignis
3. Schwierigkeiten, Beziehungen aufrechtzuerhalten und sich anderen nahe zu fühlen“[7]

Aus diesen Symptomen resultieren wiederum erhebliche Beeinträchtigungen in persönlichen, familiären, sozialen, schulischen, beruflichen oder weiteren zentralen Funktionsbereichen der Betroffenen.

---

[7] Im Original (engl.): “severe and persistent 1) problems in affect regulation; 2) beliefs about oneself as diminished, defeated or worthless, accompanied by feelings of shame, guilt or failure related to the traumatic event; and 3) difficulties in sustaining relationships and in feeling close to others. These symptoms cause significant impairment in personal, family, social, educational, occupational or other important areas of functioning.“ (WHO 2022)

Die Deutschsprachige Gesellschaft für Psychotraumatologie (DeGPT) führt das Störungsbild detaillierter aus und kategorisiert dabei sechs Bereiche (vgl. DeGPT, o. J.):

1. *Emotionsregulation und Impulskontrolle:* Umgang mit belastenden/unangenehmen Gefühlen wie Ärger, Wut oder Trauer problematisch, da keine Distanz und Beruhigung initiiert werden kann; Reaktionen fallen entsprechend unangemessen emotional (Kontrollverlust, Wutausbrüche, fremd-/selbstverletzendes Verhalten, Betäubungsversuche mittels Alkohol und Drogen); starke autodestruktive Impulse (selbstverletzendes Verhalten bis hin zur Suizidalität, Nachlässigkeit in Sicherheitsfragen); Vermeidung oder übermäßiges bis zwanghaftes Ausleben von Sexualität.
2. *Aufmerksamkeit und Bewusstsein*: dissoziative Episoden (Außenwelt wir nicht bewusst erlebt; ausgeprägte Erinnerungslücken; Derealisations- bzw. Depersonalisationserleben = Umwelt erscheint unwirklich); Zeitgleich belastendes Wiedererleben in Form intrusiver Symptome.
3. *Somatisierung*: zahlreiche körperliche Beschwerden ohne organische Erklärung; insbesondere chronische Schmerzen sowie Beschwerden des Verdauungssystems und des Herzens, der Atmung und des Genitaltrakts sowie Erschöpfung und Schwindel sind zu beobachten
4. *Selbstwahrnehmung*: erleben sich hilflos und nicht imstande, das eigene Leben beeinflussen zu können; irrationale Schuldgefühle treten auf; fühlen sich sozial isoliert und können sich aufgrund von Schamempfinden schwer authentisch verhalten; meist besteht ein geringes Selbstwertgefühl und der Glaube, niemand könne sie wirklich verstehen.
5. *Beziehung zu anderen*: aufgrund belastender Vorerfahrung im zwischenmenschlichen Bereich können Betroffene anderen schwer vertrauen; sie sind sehr vorsichtig im Kontakt zu anderen; Konfliktbewältigung und die Einschätzung der eigenen Grenzen fallen schwer, „so dass sie wiederholt in Situationen geraten, in denen sie ausgenutzt oder sogar missbraucht werden“ (DeGPT, o.J.); es kann auch die Täterrolle übernommen werden, indem zukünftig andere Menschen psychisch und physisch verletzt werden
6. *Lebenseinstellung*: Gefühl von Verzweiflung und Hoffnungslosigkeit sowie Resignation und Desillusionierung früher Werte, Lebenseinstellungen oder religiöser Überzeugungen, sodass der ursprüngliche damit verbundene Halt verloren gegangen ist.

Eine Vielzahl der ausgeführten Symptome finden sich auch in dem von Botsford et al. (2019: 66f.) skizzierten Behandlungsbeispiel einer jungen Frau, die Opfer eines Loverboys wurde, und infolge dessen eine schwere PTBS und depressive Symptomatik entwickelte, wieder.[8] Wie die Autor:innen weiter ausführen, sei die Behandlung schwerer PTBS bei Frauen, die vom Partner in die Zwangsprostitution gebracht wurden, in den vergangenen Jahren kein Einzelfall. Besondere Herausforderung bei diesen Patientinnen stellt die noch nicht vollständige emotionale Loslösung vom schädigenden Partner sowie die starke selbstbezogene Schuldattribuierung dar (vgl. ebd. 66). Anhand von sogenannten *Denkfallen*, die die Patientin formuliert, werden exemplarisch destruktive Gedankenmuster sichtbar, die auch nach dem belastenden Ereignis präsent sind und damit potenziell den Vertrauensaufbau, den Stabilisierungsprozess und die Unterstützung bei neuen Lebensperspektiven nicht nur in der Therapie, sondern auch die Beratung seitens der FBS erschweren (vgl. Abbildung 5).

Thema/ Gefühl	**Denkfalle**
Vertrauen	„Wenn ich schnell anderen Menschen vertraue, werde ich nur wieder enttäuscht"
Sicherheit	„Ich glaube, dass es Sicherheit nicht gibt"
Wertvoll sein	„Ich bin nicht gut genug. So, wie ich jetzt bin, kann mir nichts Gutes wiederfahren"
Schuld	„Mein Trauma ist eingetreten, weil ich nicht verstanden habe, was er von mir wollte"

Abbildung 5: *Beispiel für Denkfallen aus der Fallbeschreibung*
[Quelle: Botsford et al. 2019: 68]

Es ist also wahrscheinlich, dass nicht nur ein immenser langfristiger Leidensdruck nach der Zwangsprostitution bestehen bleibt, auch kann sich das beschriebene Störungsbild mehr oder weniger stark auf die Intervention seitens professioneller Akteur:innen bzw. speziell auf den Beratungsprozess auswirken. Zeitgleich besteht die Gefahr, dass ohne entsprechende Sensibilisierung die gezeigten Denk- und Verhaltensmuster rational von Außenstehenden nicht immer zu fassen sind.

---

[8] Zum Behandlungs- und Publikationszeitpunkt war das Diagnosemanual ICD-11 mit der neuen Diagnosemöglichkeit einer komplexen Posttraumatischen Belastungsstörung noch nicht in Kraft getreten, sodass in dem Fallbeispiel unter anderem eine schwere PTBS und depressive Symptome diagnostiziert wurden. Weitere Details aus dem ausführlichen Fallbeispiel aus Botsford et al. (2019: 65ff.) werden im folgenden Abschnitt zum Forschungsstand an entsprechender Stelle ausgeführt.

2.3 Der Forschungsstand zum Loverboy-Phänomen

Die Forschung zur Zwangsprostitution auf Basis einer Liebesbeziehung wird fast ausnahmslos unter dem Begriff Loverboy-Methode gefasst. Die niederländische Forschung hat den Begriff geprägt, an dem sich auch die deutschsprachige Literatur orientiert (vgl. Abschnitt 2.1), wobei im nachfolgenden Forschungsstandabschnitt auch andere Umschreibungen Berücksichtigung finden. Beispielsweise verwenden Herz (2005: 143) und auch Helfferich et al. (2010: 175) den Begriff Liebesbeziehung; Zietlow und Baier (2018: 54) nutzen die Beschreibung ‚intime Beziehung', ‚Täuschung bzgl. Gefühlen' bzw. ‚Vortäuschung von Gefühlen', ordnen darin aber auch die Bezeichnung ‚Loverboy-Fall' ein.

Aufgrund des Anspruchs von Aktualität und einem möglichst vollständigen Überblick themenspezifischer Forschung werden nachfolgend auch Publikationen berücksichtigt, die bei Planung, Durchführung und Auswertung der Erhebung in den Jahren 2018 bis 2019 noch nicht vorlagen.[9] Die Darstellung empirischer Erkenntnisse beginnt mit Hintergründen zu Betroffenen und Tatpersonen (Abschnitt 2.3.2), um anschließend fallchronologisch Hinweise zur Anwerbung, Ausbeutung, emotionalen Bindung und dem Ausstieg aus der Zwangslage darzustellen (Abschnitt 2.3.3). Schließen wird die Gesamtschau des Forschungsstand mit einer Identifikation bestehender Forschungsdesiderate, aus denen sich der aktuelle Forschungsbedarf sowie die forschungsleitenden Fragen des Promotionsprojekts ableitet (Abschnitt 2.3.4).

2.3.1 Übersicht bisheriger Studien und fachlicher Arbeiten

Zur Darstellung bisheriger Erkenntnisse zum Loverboy-Phänomen werden verschiedene Veröffentlichungen einbezogen, die sowohl auf Basis wissenschaftlicher Studien erstellt wurde, als auch solche, die vor allem als (Daten-)Bericht zur regelmäßigen Informationsvermittlung herangezogen werden. Auch Handreichungen, die eher auf die Sensibilisierung professioneller Akteur:innen abzielen, werde bei entsprechendem thematischen Schwerpunkt als Informationsquelle ergänzt, da die Studienlage zum Loverboy-Phänomen insgesamt gering ist und daher flankierende Erkenntnisse nicht verloren gehen sollen. Ob sich eine Veröffentlichung schwerpunktmäßig der Loverboy-Methode widmet oder diesen Themenbereich nur randständig betrachtet, wird ebenfalls in der tabellarischen Übersicht vermerkt. Nicht zuletzt werden Eckdaten zur Veröffentlichung, zur Methodik bzw. der Erfassungsgrundlage sowie eine

[9] Neuere Publikationen haben jedoch keinen Einfluss auf die Relevanz der Forschung, da entweder Inhalte mit anderer Schwerpunktsetzung, ohne Bezug zu Deutschland oder ohne empirischen Bezug veröffentlicht wurden.

stichpunktartige Zusammenfassung der zentralen Aspekte, die für die Darstellung des Forschungsstands genutzt werden können, tabellarisch festgehalten.

Die nachfolgende chronologische Darstellung dient als erster Überblick (vgl. Tabelle 3).[10] Ob es sich um eine Studie, eine Abschlussarbeit, eine Handreichung oder einen Informationsbericht handelt, welche Datengrundlage zum Erkenntnisstand führte und inwiefern die Schwerpunktsetzung auf der Loverboy-Methode liegt und auf welchen Inhalte vor dem Hintergrund des anvisierten Untersuchungsgegenstands fokussiert werden, ist der umfangreicheren Tabelle 4 zu entnehmen.

Tabelle 3: *Chronologische Übersicht thematisch relevanter Veröffentlichungen* [eigene Darstellung]

Hrsg.	Jahr	Titel
Bullens & van Horn	2000	Daad uit liefde: Gedwongen prostitutie van jonge meisjes
Bovenkerk, van San, Boone, Boekhout van Solinge & Korf	2004	Loverboys of modern pooierschap in Amsterdam
BKA	2005 - 2019	Bundeslagebild Menschenhandel
Terpstra & van Dijke / Terpstra &van Dijke & van San	2005	Loverboys: feiten en cijfers: een quick scan / Loverboys, een publieke zaak
Braspenning	2006	Human Trafficking in the Netherlands: The Protection of and Assistance to Victims in Light of Domestic and International Law and Policy
Bovenkerk & Pronk	2007	Over de bestrijding van loverboymethoden
Zentner	2009	Mensch im Dunkel. Eine qualitative Fallstudie zu osteuropäischen Opfern von Frauenhandel

[10] Es wird vereinzelnd auf Veröffentlichungen Bezug genommen, die Randinformationen belegen und nicht zwangsläufig Erkenntnisse zur Loverboys-Methode beinhalten (z. B. gering ausgeprägtes Opferbewusstseins bei Frauen ethnischer Minderheiten, vgl. Riegler 2012). Diese Veröffentlichungen werden in der Übersicht nicht aufgenommen, da der Mehrwert mit Blick auf die Kenntnislage im betrachteten Phänomen gering ist.

Hrsg.	Jahr	Titel
Helfferich, Kavemann & Rabe	2010	Determinanten der Aussagebereitschaft von Opfern des Menschenhandels zum Zweck sexueller Ausbeutung: eine qualitative Opferbefragung
Bovenkerk & Van San	2011	Loverboys in the Amsterdam Red Light District: A realist approach to the study of a moral panic
Bubenitschek, Kannemann & Wegel	2011	Die Loverboys Methode – Ein neues Phänomen in der Jugendprostitution
Müller-Güldemeister	2011	Expertise zum Thema deutsche Betroffene von Menschenhandel
Verwijs, Mein, Goderie, Harreveld & Jansma	2011	Loverboys en hun slachtoffers. Inzicht in aard en omvang problematiek en in het aanbod aan hulpverlening en opvang
CCV	2012	Handreiking aanpak loverboyproblematiek
Steur	2012	Chatten met een stoere jongen: een inventarisatie van en theorie toepassing op literatuur omtrent loverboys op het internet en preventiemogelijkheden
van San & Bovenkerk	2013	Secret Seducers. True Tales of Pimps in the Red Light District of Amsterdam
Scheer & Dufner	2015	Deutsche Opfer des Menschenhandels zur sexuellen Ausbeutung
Körner & Völschow	2018	Lagedarstellung: Deliktsfeld Menschenhandel in Deutschland - Eine längsschnittliche Analyse polizeilicher Hellfelddaten des Delikts Menschenhandel zum Zweck sexueller Ausbeutung
Zietlow & Baier	2018	Menschenhandel zum Zweck sexueller Ausbeutung in Deutschland: Ergebnisse einer Aktenanalyse zu polizeilich registrierten Fällen der Jahre 2009 bis 2013
Gahleitner et al.	2018	Psychosoziale Arbeit mit traumatisierten Frauen aus Gewaltverhältnissen. Ergebnisse aus einer Studie zum Thema Menschenhandel zum Zweck sexueller Ausbeutung

Hrsg.	Jahr	Titel
Vogeler	2018	Rechtliche Prävention von Menschenhandel zum Zweck der sexuellen Ausbeutung
Serie et al.	2018	Sex Traffickers' Views: A Qualitative Study into Their Perceptions of the Victim-Offender-Relationschip
Council of Europe	2018-2019	Report concerning the implementation of the Council of Europe Convention on Action against Trafficking in Human Beings by Germany
Baier, Hirzel & Hättich	2019	Das Loverboy-Phänomen in der Schweiz
Botsford et al.	2019	„Der Wolf im Schafspelz" – Ambulante entwicklungsangepasste kognitive Verhaltenstherapie nach Traumatisierung durch Zwangsprostitution
Wulff-Besold	2020	Wenn aus Liebe Prostitution wird
Völschow & Gahleitner[11]	2021	Menschenhandel und Zwangsprostitution – Interdisziplinäre Perspektiven auf Prävention und Intervention

[11] Hierin auch verschiedene Themenschwerpunkte der folgenden Autor:innen: Gahleitner et al. (2021); Gahleitner et al. (2021); Howe (2021); Körner et al. (2021); Körner et al. (2021); Sundermann et al. (2021); Völschow & Gahleitner (2021); Zietlow & Baier (2021)

Tabelle 4: *Alphabetische Übersicht thematisch relevanter Veröffentlichungen* [eigene Darstellung]

Eckdaten			Art der Veröffentlichung			Fokus Erkenntnisinteresse			Methodik	Erkenntnisse bzgl. LB-Methode
Hrsg.	**Jahr**	**Förderung**	**Studie**	**Bericht/Info**	**Handreichung**	**LB-Phänomen**	**MH/S allg.**	**Sonstiges**		
Baier, Hirzel & Hättich	2019	AcT.212	x			x			Auswertung von Meldungen bei Hilfseinrichtung	Systematische Bestandaufnahme und Bewertung der Loverboy-Methode als eigenständiges Phänomen für die Schweiz sowie Hinweise zu potenziellen Fällen
BKA	2005-2019	intern		x			x		Deskriptive Auswertung von Ermittlungsverfahren	Hellfelddaten zu Ermittlungsverfahren im Bereich MH/S generell sowie vereinzelnd vertiefende Informationen zur Anwerbung über die Loverboy-Methode und Fallbeispiele
Botsford, Steinbrink, Steil, Rosner & Renneberg	2019	nicht benannt		x		x			Falldokumentation psychotraumatischer Behandlung	Behandlungsbeispiel eines Falls schwerer PTBS infolge sexueller Ausbeutung über die Loverboy-Methode; Beschreibungen zum Fallverlauf und den Denkmustern der Betroffenen
Bovenkerk , van San, Boone, Boekhout van Solinge & Korf	2004	Willem Pompe Instituut voor Strafrechtswetenschappen	x			x			Theoretische Analyse	Zusammenfassende Darstellung der Loverboy-Methode; Eckdaten zu Tätern und Opfern; Fokus auf Präventionsarbeit und Analyse noch fehlender Sensibilisierung professioneller Akteur:innen

Eckdaten			Art der Veröffentlichung			Fokus Erkenntnisinteresse			Methodik	Erkenntnisse bzgl. LB-Methode
Hrsg.	Jahr	Förderung	Studie	Bericht/Info	Handreichung	LB-Phänomen	MH/S allg.	Sonstiges		
Bovenkerk & Pronk	2007	nicht benannt	x			x			Theoretische Analyse	Zusammenfassende Darstellung der Loverboy-Methode; Eckdaten zu Tätern und Opfern; Fokus auf Präventionsarbeit und Analyse noch fehlender Sensibilisierung professioneller Akteur:innen
Bovenkerk & Van San	2011	nicht benannt	x			x			Medienanalyse und ethnografische Untersuchung des Prostitutionsmilieus	Analyse der Auswirkung medialem Fokus auf die Loverboy-Methode unter der Annahme einer Konstruktion ‚moralischer Panik und ethnografische Untersuchung des Prostitutionsmilieus mit Blick auf das Phänomen
Braspenning	2006	Publikation - ohne Förderung	x				x		Theoretische Ausarbeitung	Kurze Beschreibung der Loverboy-Methode als typische inländischen Vorgehensweise (in den Niederlanden) und dort primär agierender Täter und betroffener Frauen
Bubenitschek, Kannemann & Wegel	2011	Publikation - ohne Förderung		x		x			Theoretische Ausarbeitung	Erfahrungsbasierte / theoretische Auseinandersetzung mit der Übertragung des LB-Phänomens auf Deutschland; Hinweise zur Vorgehensweise, der primären Zielgruppe und erste Überlegungen zur theoretischen Einbettung des Phänomens

Eckdaten			Art der Veröffentlichung			Fokus Erkenntnisinteresse			Methodik	Erkenntnisse bzgl. LB-Methode
Hrsg.	Jahr	Förderung	Studie	Bericht/Info	Handreichung	LB-Phänomen	MH/S allg.	Sonstiges		
Bullens & van Horn	2000	unklar	x			x			Aktenanalyse eines Fallkomplexes	Erste Untersuchung zum Loverboy-Phänomen, ohne es so zu betiteln; Erkenntnisse aus einem Fallbeispiel auf Basis von Ermittlungsakten
Centrum voor Criminaliteitspreventie en Veiligheid (CCV)	2012	intern			x	x			unklar	Umfassende Handreichung, in der die Phasen der Loverboy-Methode sowie Hintergründe zu Opfern/Tätern detailliert beschrieben werden; empirischer Rückbezug unklar
Council of Europe (CoE)	2018-2019	/		x			x		Mixed-Method Evaluationserhebung	Bewertung der Relevanz des Loverboy-Phänomens in Deutschland; erhöhte Risikoeinschätzung hinsichtlich junger Frauen deutscher Staatsangehörigkeit
Gahleitner, Gehrlich, Heiler, Hinterwallner, Schneider & Völschow	2018	KIRAS / BMBF (PRIMSA-Projekt)	x				x		Interviewbefragung mit Opfern und Expert:innen	Empirische Hintergründe und Good Practice Beispiele in Bezug auf den professionellen Umgang mit traumatisierten Betroffenen sexueller Ausbeutung.
Hellferich, Kavemann & Rabe	2010	BKA	x				x		Expert:innenbefragung, Opferbefragung	Detaillierte Erfassung der Determinanten der Aussagebereitschaft sowie Hinweise zur Verknüpfung erzwungener Prostitution durch den Partner mit Partnerschaftsgewalt

Eckdaten			Art der Veröffent-lichung			Fokus Erkennt-nisinteresse			Methodik	Erkenntnisse bzgl. LB-Methode
Hrsg.	Jahr	Förderung	Studie	Bericht/Info	Handreichung	LB-Phänomen	MH/S allg.	Sonstiges		
Körner & Völschow	2018	BMBF / Projekt PRIMSA	x				x		Hellfelddatenanalyse der Bundeslagebilder 2005 bis 2016	Informationen zu polizeilich bekannten Daten im Deliktsfeld MH/S; Hinweise zur Anwerbungsstrategien
Müller-Güldemeister	2011	KOK e.V.	x				x		Expert:innenbefragung	Fokus dt. Betroffene; Loverboy-Methode als ein möglicher Modus Operandi bei dieser Nationalität dargestellt; Hinweise zu Anwerbung und Zwangsmitteln durch Fallbeispiele und Einschätzungen aus der Beratungspraxis
Scheer & Dufner	2015	Bachelorarbeit	x			x			Expert:inneninterviews	Fokus auf dt. Betroffenen; Loverboy-Methode als typischer Modus Operandi bei dieser Nationalität dargestellt; vereinzelnde Hinweise zu Anwerbung und Zwangsmitteln
Serie, Krumeich, van Dijke, de Ruiter, Terpstra &de Ruiter	2019	unklar	x				x		Grounded Theory Analyse von bestehenden Interviewtranskripten mit Tätern	Analyse Sichtweise von Tätern auf die Täter-Opfer-Beziehung; Hinweise zur Motivation und Täterstrategien; Manipulation als Druckmittel und Beschreibung der Form des Vorgehens in Abhängigkeit vom Typ der Betroffenen
Steur	2012	Bachelorarbeit	x			x			Theoretische Ausarbeitung	Fokus auf Loverboy-Methode 2.0; umfassende theoretische Aufarbeitung der niederländischen Forschung zum Loverboy-Phänomen

Eckdaten			Art der Veröffentlichung			Fokus Erkenntnisinteresse			Methodik	Erkenntnisse bzgl. LB-Methode
Hrsg.	**Jahr**	**Förderung**	**Studie**	**Bericht/Info**	**Handreichung**	**LB-Phänomen**	**MH/S allg.**	**Sonstiges**		
Terpstra & van Dijke	2005	Bureau Terpstra & Van Dijke	x			x			Interviews mit Tätern	Eckdaten zu den in den Niederlanden agierenden Tätern und Opfern der Loverboy-Methode
van San & Bovenkerk	2013	intern	x			x			Ethnografische Untersuchung, Befragung mit Tätern	Perspektive der Täter mit Blick auf Opferauswahl, Anwerbungsvorgehen und soziodemografische Hintergründe zu den Tätern
Verwijs, Mein, Goderie, Harreveld & Jansma	2011	Ministry of Health, Welfare and Sport (NL)		x		x			Literatur-/Dokumentenanalyse; Experteninterviews, Opferinterviews, Aktenanalyse	Hintergründe zu der Problemlage der Opfer von Loverboys und die Größe der Gruppe in der Jugendhilfe und in Frauenhäusern; Untersuchung der Passgenauigkeit der Präventions- und Betreuungsangebote in den Niederlanden
Vogeler	2018	Dissertation	x				x		Rechtsvergleich	Analyse und historische Abhandlung über die Gesetzgebung Menschenhandel – Schwerpunkt Deutschland und Schweden
Völschow & Gahleitner	2021	BMBF / KIRAS (PRIMSA-Projekt)	x				x		Multimethodische Forschung	Rechtwissenschaftliche, soziologische, psychologische, sozialarbeiterische, kriminologische Einblicke in Menschenhandel/Zwangsprostitution, Empfehlungen für Prävention / Intervention sowie interdisziplinäre Zusammenarbeit

Eckdaten			Art der Veröffentlichung			Fokus Erkenntnisinteresse			Methodik	Erkenntnisse bzgl. LB-Methode
Hrsg.	Jahr	Förderung	Studie	Bericht/Info	Handreichung	LB-Phänomen	MH/S allg.	Sonstiges		
Wulff-Besold	2000	Bachelorarbeit	x			x			Theoretische Ausarbeitung	Vorgehensweise, Risikofaktoren; Loverboy-Phänomen in der Sozialen Arbeit; Erkenntnisse für die Schweiz
Zentner	2009	Dissertation	x				x		Interviews mit Betroffenen	Qualitative Fallstudie zu osteuropäischen Opfern von Frauenhandel
Zietlow & Baier	2018	BMBF / Projekt PRIMSA	x				x		Aktenanalyse	Kurze Darstellung von Eckdaten zu Tätern und Opfern und Vorgehensweisen bei Loverboy-Fällen auf Basis einer Aktenanalyse

2.3.2 Bisherige Erkenntnisse zu Opfern und Tätern

a) zu Opfern: Soziodemografie, Lebensumstände und Vulnerabilität

Betroffen von Zwangsprostitution sind meist – deutschland- und weltweit betrachtet – junge Frauen (vgl. z. B. IOM 2018; BKA 2018: 9; Körner & Völschow 2018: 34f.; Herz 2005: 141f.; ILO 2017: 10; Council of Europe 2018: 4; MYRIA 2015: 30ff.). Das BKA (2020: 8) beschreibt in seinem Bundeslagebild Menschenhandel ein Durchschnittsalter von 24 Jahren, was die grundsätzlich junge Altersstruktur der in Deutschland polizeilich bekanntgewordenen Fällen der vergangenen Jahre widerspiegelt; der Anteil der Opfer unter 21 Jahre variiert in den letzten Jahren zwischen einem Drittel bis hin zu knapp der Hälfte aller registrierten Opfer, deren Alter bekannt war (vgl. BKA 2020: 8; BKA 2019: 12; Körner & Völschow 2018: 34f.). Die Dominanz der Gruppe minderjähriger und heranwachsender Opfer in der Statistik mag teilweise in der gesetzlich verankerten Schutzaltersgrenze von 21 Jahren gem. § 232a Abs. 1 StGB und der damit verbundenen polizeilichen Handhabe in Bezug auf die Einleitung eines Ermittlungsverfahrens liegen (vgl. Körner & Huber 2021: 72), andere Studien außerhalb des Strafverfolgungskontextes belegen jedoch ebenfalls das hohe Aufkommen (teilweise sehr) junger Frauen (vgl. van San & Bovenkerk 2013: 72; Müller-Güldemeister 2011: 24; Baier et al. 2019: 694). Ursächlich dafür kann die Nachfrage nach besonders jungen und im Milieu als ‚neu' bezeichnete Frauen sein, bei denen das Risiko sexuell übertragbarer Krankheiten bei ungeschütztem Geschlechtsverkehr als gering vermutet wird (vgl. Müller-Güldemeister 2011: 20; Scheer & Dufner 2015: 22; Schulze et al. 2014: 31ff.). Die daraus resultierende höheren Verdienstmöglichkeiten für die Zuhälter führt zu einer besonderen Vulnerabilität junger Frauen, der Prostitution zugeführt zu werden.

Richtet man nun den Blick auf Fälle, in denen speziell über eine Loverboy-Methode der Prostitution zugeführt wurde, werden die Betroffenen meist als sehr jung beschrieben (vgl. Müller-Güldemeister 2011: 24, BKA 2018: 10, 13; Scheer & Dufner 2015: 21f.; MYRIA 2015: 30ff.; Bubenitschek et al. 2011: 541). Wie dabei *sehr jung* zu verstehen ist, kann nur heterogen beantwortet werden: Während Hellfelddaten des BKA (2016: 10) bei Loverboy-Fällen im Deliktsbereich § 232 StGB (alte Fassung – a. F.) eine Altersspanne zwischen 19 und 26 Jahren angeben, zeigt eine Sonderauswertung im Bereich minderjährige Opfer sexueller Ausbeutung, dass auch Mädchen im Alter von 14 Jahren bereits Opfer der Loverboy-Methode wurden (vgl. BKA 2016: 19; detailliert zu dem Altersspektrum im Abschnitt 2.2.1). Auch Zietlow & Baier (2018:

52ff.) kommen den Ergebnissen ihrer Aktenanalyse zufolge zu dem Schluss, dass insbesondere einheimische Frauen unter 18 Jahren vulnerabel für die Prostitutionszuführung über eine intime Beziehung sind. Aus einer neueren Analyse aus der Schweiz wird basierend auf Meldungen bei ACT212, einem Beratungs- und Schulungszentrum für Menschenhandel und sexueller Ausbeutung, eine Altersspanne von 13 bis 28 Jahren (ø 17,3 Jahre; n = 23) abgeleitet (vgl. Baier et al. 2019: 694). In den Niederlanden verweisen einige Studien mehrheitlich auf sehr jungen Mädchen, die sich gerade am Anfang der Pubertät befinden, also ein Bereich von 12 bis 14 Jahren (vgl. van San & Bovenkerk 2013: 72; Verwijs et al. 2011: 57f.; Bubenitschek et al. 2011: 539).
In diesem jungen Lebensalter ist der geistige Reifungsprozess oftmals noch nicht abgeschlossen, sodass junge Frauen „sehr viel leichter einzuschüchtern und zu beeinflussen“ sind (Müller-Güldemeister 2011: 19; hierzu auch vgl. Scheer & Dufner 2015: 22); das junge Alter also teilweise auch mit einer gewissen Naivität einhergeht (vgl. Scheer & Dufner 2015: 22; Müller-Güldemeister 2011: 19, 24). Bubenitschek et al. (2011: 538f.) verweisen darüber hinaus auf mögliche Unerfahrenheit hinsichtlich sexueller Verhaltensweisen und deren Einordnung in die *Norm*, was vonseiten der Täter dahingehend genutzt werden kann, „dass die Männer den Mädchen vermitteln, dass es z. B. den normalen Verhaltensweisen im Freundeskreis der Loverboys entspreche, die Frauen zu ‚teilen‘“ (vgl. ebd.: 538f.; Hervorhebungen entsprechen dem Original). Oftmals können sehr junge Frauen nicht gänzlich erfassen, was es heißt, in der Prostitution tätig zu sein (vgl. Scheer & Dufner 2015: 22), weshalb beispielsweise auch die Anhebung der Altersgrenze zur legalen Prostitutionsausübung im Rahmen des ProstSchG auf 21 Jahre diskutiert wurde (vgl. Deutscher Bundestag 2014: 14; AG Prostitution 2021: 56f.). Die Phase der Adoleszenz wird als besonders risikobehaftet angesehen, wenn die dort stattfindenden Veränderungsprozesse von Tätern gezielt genutzt werden, um ein Lossagen vom Elternhaus zu initiieren und Vertrauen durch Verständnis und Unterstützung aufzubauen (vgl. Bubenitschek et al. 2011: 539; Müller-Güldemeister 2011: 21; hierzu mehr im Abschnitt 3.3.2). In den Loverboy-Fällen lässt sich insgesamt also eine „Tendenz feststellen, dass die Täter die Unerfahrenheit der jungen Frauen, die emotionale Formbarkeit, die Unsicherheit und die Bedürfnisse der Mädchen und Frauen nach Liebe, Nähe und Geborgenheit zielsicher erkennen“ (Müller-Güldemeister 2011: 24) und für ihre Zwecke zu nutzen wissen.

Gerade im Bereich der vorgetäuschten Liebesbeziehungen wird bei der Nationalität der Opfer oft auf inländische Opfer verwiesen (vgl. Müller-Güldemeister 2011: 22, 24; Scheer & Dufner 2015: 19ff.; Zietlow & Baier 2018: 52f.; Baier et al. 2019: 694; Verhoeven et al. 2015: 55; van San & Bovenkerk 2013: 72). Die Zuführung über eine Liebesbeziehung sei ein gängiger Modus Operandi bei deutschen Frauen, wie zwei Studien zu deutschen Betroffenen beschreiben (vgl. Müller-Güldemeister 2011: 27; Scheer & Dufner 2015: 23) und auch in anderen Publikationen betont wird (vgl. z. B. Bubenitschek et al. 2011: 539ff.). Durch den zweiten Evaluationsbericht des Monitoringzusammenschlusses GRETA wird ebenfalls auf die besondere Gefahr für deutsche Personen, Opfer von Menschenhandel durch die Loverboy-Methode zu werden, verwiesen (vgl. Council of Europe 2019: 7, 22, 65). Die nationalen Hellfelddaten des BKA (2018: 7) verweisen darauf, dass im Gesamtvergleich bei Opfern deutscher Nationalität vermehrt intime Beziehungen zum Täter festzustellen ist. Der bisherige Forschungsstand lässt demnach ein primäres Auftreten dieser Vorgehensweise bei deutschen Opfern vermuten.

Dabei wird selten bis gar nicht erfasst oder dargestellt, inwiefern bei den Personen mit deutscher Staatsangehörigkeit ein Migrationshintergrund vorliegt (vgl. BKA 2018: 7; Scheer & Dufner 2015: 20f.). Nach Einschätzung von Müller-Güldemeister (2011: 28) und des BKA (2009: 10) sind sowohl deutsche Opfer als auch deutsche Opfer mit Migrationshintergrund zu verzeichnen. Im Gegensatz dazu zeigen die Untersuchung von van San & Bovenkerk (2013: 72), dass im Nachbarland den Niederlanden junge Frauen mit Migrationshintergrund in der Regel nicht im Fokus von Anwerbungsversuchen durch Loverboys stehen. Die befragten Loverboys schätzen die Anwerbung immigrierter junger Frauen als herausfordernd und zeitgleich unmoralisch ein. So habe einerseits in der Kultur der immigrierten Familie Respekt einen deutlich höheren Stellenwert, andererseits sei „a Dutch girl […] little more than a pig to a loverboy. She's nothing, she's of no value" (van San & Bovenkerk 2013: 72; hierzu ebenfalls Braspenning 2006: 334), wohingegen ein marokkanisches Mädchen wie die eigene Schwester zu behandeln sei (vgl. ebd.). Damit wird ein tendenziell anderes Bild gezeichnet, als noch 13 Jahre zuvor in der nicht repräsentativen niederländischen Fallstudie von Bullens und van Horn (2000), in denen zu 16 Betroffenen verwertbare Informationen aus Polizeiakten vorlagen, wovon neun marokkanischer und sieben niederländischer Abstammung sind; eine überwiegende Betroffenheit inländischer Frauen darin also nicht abzuleiten ist.

Erste vorsichtige Hinweise, dass das Loverboy-Phänomen nicht ausschließlich Deutsche und Deutsche mit Migrationshintergrund betrifft, wie es durch die Übertragung niederländischer Erkenntnisse postuliert wird (dazu z. B. Bubenitschek et al. 2011), liefert die Untersuchung von Helfferich et al. (2010: 63, 171ff.), in der ein vergleichbares Vorgehen durch ein Fallbeispiel eines osteuropäischen Opfern beschrieben wird, und auch die interne Sonderauswertung *Loverboy-Methode* des BKAs vom 09.11.2022. Zwei neuere Studien, die parallel zur Erhebung in der vorliegenden Forschungsarbeit veröffentlich wurden, sowie eine Fallbeschreibung im Bundeslagebild Menschenhandel für das Berichtsjahr 2016, schließen sich dem an (vgl. Zietlow & Baier 2018: 52, 54; Baier et al. 2019: 694; BKA 2016: 10). Inwiefern das Loverboy-Phänomen exklusiv bei inländischen Mädchen und Frauen zu beobachten ist oder auch Personen anderen Nationalitäten betroffen sind, wird in der Vorstudie betrachtet (vgl. Abschnitt 4.2.3).

Auf der Suche nach gemeinsamen und damit ggf. vulnerabilitätserklärenden Faktoren bei der betrachteten Opfergruppe wird der Blick – insbesondere bei jungen Opfern – nicht zuletzt auch auf den familiären Hintergrund und die familiäre Anbindung zum Zeitpunkt der Anwerbung gerichtet (vgl. Bubenitschek et al. 2011: 539; Müller-Güldemeister 2011: 21, 23). Dabei werden zerrüttete, konfliktreiche Familienverhältnisse, kulturell bedingte Konflikte, Streit mit den Stiefeltern, die Trennungen oder Scheidungen der Eltern oder auch Krankheit oder Tod eines Elternteils als potenzielle belastungsevozierende Faktoren benannt (vgl. Baier et al. 2019: 964; Zietlow & Baier 2018: 49f.; Müller-Güldemeister 2011: 21ff.; BKA 2015: 10; Bullens & van Horn 2000). Auch können Fremdunterbringungen in Wohneinrichtungen oder Pflegefamilien Indikatoren für einen dysfunktionale Familienbackground sein (vgl. Baier et al. 2019: 964f.).
Derartige familiäre Umstände können Anlässe für eine gestörte Eltern-Kind-Bindung in Anlehnung an Bowlby (2010) sein, woraufhin sich Kinder und Jugendliche infolgedessen „zu Beginn der Adoleszenz Ansprechpartner und Vertraute außerhalb der Familie suchen und somit im besonderen Maße anfällig für die Loverboy-Methode“ seien (Bubenitschek et al. 2011: 539). Dieser Ansatz wird theoretisch im Abschnitt 3.3.1 und empirisch in der Ergebnisdarstellung und -diskussion (vgl. Kapitel 6 und 7) vertieft.

Auch berufliche Perspektivlosigkeit und ein geringes Bildungsniveau können laut einer Expertise zu deutschen Betroffenen von Menschenhandel des KOK e.V. zu einer besonderen Gefährdung der Opferwerdung beitragen (vgl. Müller-Güldemeister 2011: 21), was jedoch in der Forschungsliteratur bislang keine differenzierte Betrachtung erfährt. Eine Falluntersuchung aus den Niederlanden liefert Anfang 2000 erste Hinweise auf vermehrt schwierige schulische Verhältnissen und vorzeitig abgebrochene Ausbildungen (vgl. Bullens & van Horn 2000). Inwiefern die Loverboy-Methode auch bei Frauen mit Zugehörigkeit zu ethnischen Minderheiten Anwendung findet, ist bislang empirisch ungeklärt. Über diese Personengruppe, die oft als Opfer von Zwangsprostitution identifiziert werden, spannt sich ein mehrdimensionales Vulnerabilitätsspektrum von fehlendem Ausbildungsmöglichkeiten, über einen Mangel an sozialer und gesundheitlicher Absicherung bis hin zu sexistischer und rassistischer Verfolgung (vgl. Prasad 2014: 87f.; Riegler 2014: 101ff.; Howe 2021: 50ff.; Brücker et al. 2013: 10; Zentner 2009: 29ff.).

Intrapersonelle Faktoren des Opfers haben in der bisherigen Forschung zum Loverboy-Phänomen ebenso keine oder eher oberflächliche Aufmerksamkeit erhalten. Hierzu zählen neben der zuvor beschriebenen vulnerablen Phase aufgrund des altersbedingten Ablösungsprozess auch weitere psychische Befindlichkeiten, die im Zusammenhang mit normalen pubertären Problemen stehen (vgl. Bubenitschek et al. 2011: 539). Die niederländische Forschung verweist auf Vulnerabilität aufgrund psychischer Probleme, die allerdings meist auf problematische Familienverhältnisse und -erfahrungen zurückgehen (vgl. Verwijs et al. 2011: 55ff.). Im Bundeslagebild des BKAs (2015: 10) wird in Bezug auf die Opferauswahl auf „eine weniger gefestigte Persönlichkeit [und ebenfalls ein] geringes Selbstbewusstsein" (ebd.) verweisen.

b) zu Tätern: Soziodemografie, Tatmotivation und Täterstrukturen

Wie auch bei den Opfern wird das Alter der Täter in diesem Phänomenbereich überwiegend als jung beschrieben (vgl. Terpstra et al. 2005: 25ff.; van San & Bovenkerk 2013: 67; Baier et al. 2019: 692). In einer niederländischen Studie definieren van San & Bovenkerk (2013: 71) beispielsweise einen Altersbereich von 21 bis 24 Jahren, wobei zu berücksichtigen ist, dass es sich hierbei um eine qualitative Interviewstudie mit 13 Tätern handelt, die nicht auf eine repräsentative Aussage bezüglich der Merkmale von Tätern und Opfern ausgelegt ist. Terpstra et al. (2005: 25ff.) weiten die Altersspanne basierend auf Ergebnissen ihrer niederländischen Studie aus und stellen fest, dass 81 % der (digital agierenden) Loverboys zwischen 18 und 30 Jahre alt sind (vgl. Verhoeven et al. 2015; Verhoeven et al. 2011) Eine weitere Alterstendenz stammt aus der Schweiz: aus den oben beschriebenen ACT212-Meldungen wird ein Mittelwert von 21,1 Jahren hergeleitet; wobei die darin einbezogenen

14 Täter zwischen 15 und 25 Jahre alt sind (vgl. Baier et al. 2019: 964). Nach Botsford et al. (2019: 65) sind „diese jungen Männer typischerweise Anfang 20 Jahre und wirken oft sehr charismatisch", ohne dass jedoch rekonstruiert werden kann, wie die Einschätzung empirisch abgeleitet wurde. Für das deutsche Bundesgebiet liegt öffentlich zugänglich kein empirisch ermittelter numerischer Wert vor; die interne Sonderauswertung (vgl. Abschnitt 2.2.1) definiert jedoch anhand der polizeibekannten Daten von 2017 und 2021 einen primären Altersbereich von 21 bis 29 Jahren, gefolgt von Tatverdächtigen über 30 Jahren (vgl. Abbildung 3).

Wirft man nun den Blick auf die Nationalität der Täter, zeichnet sich auch hier ein in Zügen vergleichbares, jedoch nicht komplett einheitliches Bild in den europäischen Nachbarländern und Deutschland. Gemeinsam ist die Tatsache, dass auf einen Migrationshintergrund bei Tätern hingewiesen wird (vgl. Bubenitschek et al. 2011: 539; Müller-Güldemeister 2011: 28; van San & Bovenkerk 2013: 71), wobei bei ausländischen Opfern oft die Konstellation *gleiche Nationalität bei Täter und Opfer* vorzufinden ist (vgl. Müller-Güldemeister 2011: 28f.; BKA 2018: 17; Herz 2005: 144), schließlich sei es für „die Täter/innen immer wichtig, die jeweiligen landeseigenen Bedingungen, die Sprache und Bedürfnisse zu kennen, um ihre Zielpersonen anzuwerben" (Müller-Güldemeister 2011: 28). Aus der neueren schweizerischen Auswertung der ACT-212 Meldungen geht hervor, dass einheimische Täter aus der Schweiz, aber auch welche aus der Türkei und dem Kosovo bekannt geworden sind (vgl. Baier et al. 2019: 694). Während in den Niederlanden Täter mit marokkanischen, antillischen, türkischen oder auch Mittel- und Südamerikanischer Herkunft identifiziert werden und explizit auf einen bestehen Migrationshintergrund verwiesen wird (vgl. van San & Bovenkerk 2013: 71; Bovenkerk & Pronk 2007: 8; Braspenning 2006: 332; Steur 2012: 19, 37, 58; Müller-Güldemeister 2011: 28), wird auch in Deutschland – insbesondere in der Medienberichterstattung – die Annahme eines Migrationshintergrunds bei Tätern bestärkt und durch Einzelfalldarstellungen untermauert, wobei dafür bislang keine öffentlich zugängliche Daten vorliegen (vgl. Müller-Güldemeister 2011: 28f., 40). Ohne Aussagen über einen Migrationshintergrund treffen zu können, sind in der internen Sonderauswertung bei den TV, die primär mit der Anwerbung über eine Loverboy-Methode in Verbindung gebracht werden (vgl. Abschnitt 2.2.1), die Staatsangehörigkeiten Deutschland, Rumänien, Bulgarien, Ungarn, Türkei, Albanien, Serbien, Mazedonien und Nigeria festgestellt worden.

Im Straftatbestand Menschenhandel (gem. § 232 Abs. 1 S. 1a StGB), dem sich auch der Modus Operandi der Loverboy-Methode zuordnen lässt, liegt als Tatmotiv ein rücksichtsloses Gewinnstreben zugrunde; den Tätern geht es also primär darum, Geld durch die erzwungene Prostitution zu verdienen (vgl. van San & Bovenkerk 2013: 67; Zietlow & Baier 2018: 7; BKA 2018: 13). Die Studien, die die Täterperspektive fokussieren, thematisieren die zugrundeliegenden Motive selten differenziert (z. B. van San & Bovenkerk 2013: 67; Zietlow & Baier 2018: 7; Steur 2012: 20; Müller-Güldemeister 2011: 28). Steur (2012: 20) und auch Baier et al. (2019: 690) argumentieren, dass beispielsweise in Abgrenzung zum Cyber-Grooming bei Loverboy-Fällen keine sexuelle Komponente, sondern ausschließlich die Abgabe von Geld im Vordergrund steht, was wiederum die Einordnung in den Straftatbestand der Zwangsprostitution unterstreicht.

Das Deliktsfeld Menschenhandel zum Zweck der sexuellen Ausbeutung wird oft im Zusammenhang mit organisierter Kriminalität[12] betrachtet, in dem komplexe Täterstrukturen agieren (vgl. BKA 2018; 17; Zietlow & Baier 2018: 35ff.). Die Anzahl der Tatverdächtigen pro MH/S-Ermittlungsverfahren, die in den vergangenen Jahren bei durchschnittlich 1,6 lag (vgl. Körner & Völschow 2018: 36f.), weist allerdings weniger auf organisierte Gruppierungen hin, wobei beispielsweise auch möglich ist, dass sich dahinterliegende Strukturen den Strafverfolgungsbehörden entziehen konnten (vgl. BKA 2005: 5; Follmar-Otto & Rabe 2009). Ob ein Loverboy stets als Einzeltäter agiert oder ebenfalls auf ein organisiertes Netz zurückgreifen kann, wird in der Forschungsliteratur kontrovers thematisiert. Während Fallbeispiele und einige empirische Untersuchungen explizit auf Einzeltäter verweisen bzw. keinerlei Informationen über mögliche Mittäterschaften und Tatbeteiligungen gegeben werden (vgl. van San & Bovenkerk 2013: 67; Scheer & Dufner 2015: 20ff.; Müller-Güldemeister 2011: 22ff.; Bubenitschek et al. 2011: 537ff.; Baier et al. 2019: 690ff.), wird in einem Loverboy-Fallbeispiel in Zietlow und Baier

---

12 Als Orientierung wird sich hier der Arbeitsdefinition der GAG Justiz/Polizei angeschlossen, die ebenfalls in den BKA-Bundeslagebildern zur Organisierten Kriminalität herangezogen wird:
„Organisierte Kriminalität ist die von Gewinn- oder Machtstreben bestimmte planmäßige Begehung von Straftaten, die einzeln oder in ihrer Gesamtheit von erheblicher Bedeutung sind, wenn mehr als zwei Beteiligte auf längere oder unbestimmte Dauer arbeitsteilig
a) unter Verwendung gewerblicher oder geschäftsähnlicher Strukturen,
b) unter Anwendung von Gewalt oder anderer zur Einschüchterung geeigneter Mittel oder
c) unter Einflussnahme auf Politik, Medien, öffentliche Verwaltung, Justiz oder Wirtschaft zusammenwirken.“ (BKA 2015b: 10)

(2018: 19) von Verbindungen des Täters zu Rockergruppierung gesprochen, wobei nicht explizit auf die Tatbeteiligung im Fallkontext eingegangen wird. Botsford et al. (2019: 65) positionieren sich – jedoch ohne nachvollziehbare empirische Herleitung[13] – mit folgender Aussage deutlich: „Sie [die Loverboys] organisieren sich in Ringen und sind keine Einzeltäter". Die niederländische Forschung greift das Thema Täterstrukturen im Zusammenhang mit Loverboys explizit auf. Bovenkerk und van San (2011: 197) finden in Zusammenarbeit mit der Amsterdamer Polizei Hinweisen auf kleinere nationale Täternetzwerke, die arbeitsteilig und mit verschiedenen Hierarchien vorgehen. Laut einer Handreichung des niederländischen Zentrum für Kriminalprävention, kurz CCV (2012: 22), zeigen sich in der Praxis keine straffen Organisationsstrukturen. Vielmehr werden Gelegenheitsstrukturen aus kriminellen Kontakten oder Netzwerken genutzt, um Dienste untereinander auszutauschen. In dem Zusammenhang wird ebenfalls erkennbar, dass die Täter oft bereits kriminelle Aktivitäten ausüben, über die bespielweise entsprechende Kontakte entstehen (vgl. ebd.).

2.3.3 Bisherige Erkenntnisse zum Fallverlauf

a) zu den Anwerbungsstrategien

Die Kontaktinitiierung findet vermehrt über das Internet statt (vgl. Steur 2012: 10ff.; Müller-Güldemeister 2011: 23; BKA 2015: 10; Scheer & Dufner 2015: 22; Zietlow & Baier 2018: 19; Bubenitschek et al. 2011: 537ff.), was angesichts der ohnehin steigenden Bedeutung sozialer Medien, Kennlernplattformen und Dating-Apps nicht verwunderlich ist. Im niederländischen Raum wird die Anwerbung über das Internet als eigene Form der Loverboy-Methode gefasst und als Loverboy-Methode 2.0 betitelt (vgl. CCV 2012: 18ff.; Steur 2012: 10ff.). Durch die hohe Anonymität kann systematisch nach potenziellen Opfern gesucht und ausgetestet werden, wie die jungen Mädchen auf die Kontaktaufnahme reagieren. Zudem ist die Hemmschwelle in der Kommunikation bei schriftlichen Online-Kontakten durch die vermeintliche Sicherheit der eigenen vier Wände oft geringer, als es bei einem reellen Treffen wäre, sodass persönliche und sexuelle Themen sowie der Austausch intimer Bilder nicht selten bereits früh in der Kennlernphase vorkommen. Dadurch wiederum kann der Täter schnell ein Gefühl von Vertrautheit, Nähe und Aufmerksamkeit erzeugen. Sobald ein Vertrauensverhältnis aufgebaut ist, kommt es zum persönlichen Treffen (vgl. CCV 2012: 18ff.).

[13] Aufgrund der fallbezogenen Vorstellung ambulanter entwicklungsangepasster kognitiver Verhaltenstherapie im psychotraumatologischen Bereich wird vermutet, dass Informationen zum Phänomen aus der bisherigen Behandlungspraxis abgeleitet worden sind.

Aber auch andere Orte dienen – zumindest außerhalb der pandemischen Lage – der gezielten Kontaktaufnahmen. Hierzu gehören Diskotheken, Clubs, Cafés, Schulen, Einkaufszentren, Jugendtreffs und der öffentliche Raum (vgl. Scheer & Dufner 2015: 22; BKA 2015: 10; Bubenitschek et al. 2011: 539; CCV 2012: 16). Bullens und van Horn (2000) beschreiben bei den analysierten Fallbeispielen eine kurze Dauer – in der Regel lediglich nach einem Monat seit dem Kennenlernen – bis die Zuführung zur Prostitution beginnt. Van San und Bovenkerk (2013: 73) hingegen arbeiten auf Basis von Interviews mit Loverboys heraus, dass es nach Einschätzung der Loverboys mitunter notwendig ist, eine ‚normale' Beziehung über Jahre zu führen, bis der erste Schritt gegangen wird, wobei die zurückliegende Anwerbung dennoch planvoll und systematisch erfolgte und in deren Untersuchung ebenfalls primär eine kurze Dauer bis zum Beginn der sexuellen Ausbeutung beschrieben wird.
Bei der Auswahl potenzieller Opfer wird der Fokus auf Mädchen gelegt, die „einen eher unsicheren und unscheinbaren Eindruck machen und sich wohl durch eine Kontaktierung geschmeichelt fühlen" (Bubenitschek et al. 2011: 539), wie durch nicht gänzlich nachvollziehbare Bezugsquellen beschrieben wird. Aber auch von niederländischer Seite wird festgestellt, dass Loverboys in der Regel schnell erkennen, wer empfänglich für die Anbahnungsversuche sei (vgl. CCV 2012: 16). Eine Täterbefragung bestätigt das selektive Vorgehen und den Fokus auf „unstable girls with low self-esteem" (van San & Bovenkerk 2013: 72). Es wird von einer gezielten Suche nach wenig intelligenten Mädchen mit einer besonderen Problembelastung gesprochen, wie es bei van San und Bovenkerk (2013: 72) weiter heißt. Die Täter nutzen gezielt „die Lebensumstände der Opfer mit dem Ziel aus, sie durch eine Liebesbeziehung an sich zu binden" (vgl. BKA 2015: 10). Während schwierige Lebensverhältnisse, Probleme im Elternhaus oder auch mit Gleichaltrigen durchaus auch in der deutschen Forschungslandschaft als vulnerabilitätsfördernde Faktoren thematisiert werde (vgl. Scheer & Dufner 2015: 22; Bubenitschek et al. 2011: 639; Müller-Güldemeister 2011: 22ff.; BKA 2015: 10), finden sich bislang keine konkreten Hinweise auf die gezielte Auswahl bezogen auf den Bildungsstand oder ‚mindere' Intelligenz. Lediglich eine Täterbefragung aus den Niederlanden greift den Aspekt des Bildungsstands empirisch auf. Die befragten Täter argumentieren mit der Gefahr, dass ‚cleverere' Mädchen zur Polizei gehen könnten (vgl. van San & Bovenkerk 2013: 72), wobei in eben dieser Befragung – wie im Zusammenhang mit der Rekrutierung inländischer Frauen in den Niederlanden (vgl. Abschnitt 2.4.2) bereits erkennbar – das geäußerte Frauenbild der Täter insgesamt recht diskreditierend scheint.

Sobald der Kontakt erfolgreich angebahnt werden konnte, versuchen die Täter die Beziehung weiter zu festigen, indem sie die Frau umwerben und sie teilweise durch großspuriges Auftreten beeindrucken, indem in teuren Autos vorgefahren wird, zu luxuriösen Restaurantbesuchen eingeladen wird oder Geschenke gemacht werden (vgl. Bovenkerk & van San 2011: 192ff.; Müller-Güldemeister 2011: 23ff.; BKA 2015: 10; Scheer & Dufner 2015: 22f.; CCV 2012: 17). Die Verstetigung der Beziehung erfolgt ebenso auf der emotionalen Ebene (vgl. Müller-Güldemeister 2011: 24). Dieses Vorgehen wird im deutschsprachigen Raum als ‚verliebt machen' (vgl. Baier et al. 2019: 639) oder auch ‚anpoussieren' (vgl. Scheer & Dufner 2015: 22) bezeichnet. Das niederländische Kriminalpräventionszentrum nutzt die Bezeichnung ‚inpalmen', was übersetzt soviel heißt wie an sich reißen oder vereinnahmen[14] und ordnet dies als zweite von vier Phasen der Loverboy-Methoden ein (vgl. CCV 2012: 16; siehe Abbildung 6).

	Vier Phasen
1	rekrutieren
2	an sich binden
3	isolieren
4	ausbeuten

Abbildung 6: *Vier Phasen der Loverboy-Methode* [nach CCV 2012: 16]

In der niederländischen Handreichung des CCV (2012: 17) wird der gegebenenfalls parallel stattfindende Prozess der Isolation vom bisherigen sozialen Netzwerk konkretisiert: durch den herbeigeführten Bruch zum sozialen Netz entsteht sukzessiv eine emotionale und zum Teil auch finanzielle Abhängigkeit, die nicht selten von extremer Kontrolle, wie zum Beispiel der Forderung permanenter Erreichbarkeit, flankiert wird.

[14] Siehe Übersetzung ‚inpalmen': dict.cc: https://denl.dict.cc/?s=inpalmen [letzter Zugang 03.10.2020]; Langenscheidt: https://de.langenscheidt.com/niederlaendisch-deutsch/inpalmen [letzter Zugang 03.10.2020]; NEON – Nederlands online: http://neon.niederlandistik.fu-berlin.de/woordenboek/?s=inpalmen [letzter Zugang 06.10.2022]

b) zu Wegen in die Prostitution und Zwangsmitteln

Ist die Beziehung gefestigt und eine enge emotionale Bindung hergestellt, tritt laut CCV (2012: 17) die vierte Phase – Ausbeutung – ein. Mit dem Ziel der Zuführung zur Prostitution können unterschiedliche Szenarien kreiert werden: Während die Handreichung des CCV (2012: 17) eine Eskalation beschreibt, in dem die Liebesbeziehung in Kontrolle und Gewalt übergeht, es gar zu (Gruppen-)Vergewaltigungen kommen kann, werden im deutschsprachigen Raum über Fallausschnitte mögliche Wendepunkte skizziert, die keine physischen Gewaltanwendungen beinhalten. Ebenfalls gewaltvoll verläuft die Zuführung über ein erpresserisches Szenario, bei dem Aufnahmen von sexuellen Handlungen gemacht werden und gedroht wird, diese der Familie, in der Schule oder im Internet zu zeigen, wenn sie sich der Prostitution verweigert (vgl. Müller-Güldemeister 2011: 24; Bovenkerk & van San 2011: 196).

Über die Zeit zwischen dem ersten Kennlernen und der Prostitutionszuführung liegen in der Literatur kaum Angaben vor. Sehr weit gefasst wird von einer Zeitspanne zwischen Wochen und mehreren Jahren gesprochen (vgl. van San & Bovenkerk 2013: 73).

Um die Ausbeutungssituation aufrechtzuerhalten, werden in den Untersuchungen aus Deutschland die Zwangsmittel Isolation, Kontrolle und Erpressung weder differenziert und mit Bezug zum Loverboy-Phänomen erläutert noch Fall-chronologisch eingeordnet (vgl. Müller-Güldemeister 2011: 24; Scheer & Dufner 2015: 23; Helfferich et al. 2010: 173). Ebenfalls der Einsatz bzw. die Androhung körperlicher Gewalt wird in empirischen und nicht empirisch fundierten Veröffentlichungen beschrieben (vgl. CCV 2012: 17; Müller-Güldemeister 2011: 24; Scheer & Dufner 2015: 23; Baier et al. 2019: 691). In der Literatur wird Gewaltanwendung bislang vor allem als höchste Eskalationsstufe beschrieben (vgl. Serie et al. 2018: 174f.).

Im niederländischen Raum sowie im Rahmen einer Bachelorarbeit in Deutschland wird auf empirischer Basis auf die Auswirkung emotionaler Abhängigkeit eingegangen, wenn die Betroffene aus Liebe der Prostitution einwilligt und verbleibt darin, da die Hoffnung auf eine gemeinsame Zukunft weiterhin besteht (vgl. van San & Bovenkerk 2013: 71f.; Scheer & Dufner 2015: 23; Verhoeven et al. 2015: 55ff.). Der Mechanismus emotionaler Abhängigkeit wird der Forschung zum Loverboy-Phänomen als charakteristisch beschrieben, zeitgleich jedoch nicht detaillierter ausgeführt (vgl. z. B. Scheer & Dufner 2015: 23; BKA 2018: 10; CCV 2012: 17; Müller-Güldemeister 2011: 22ff.).

c) zum Ausstiegsverlauf

Im Zusammenhang mit Wegen aus dem Zwang wird in Veröffentlichungen ohne genauere Erläuterungen angeführt, dass sich Opfer aufgrund der emotionale Abhängigkeit nur sehr schwer lösen können und selbst nach einem Ausstieg zurückkehren (vgl. z. B. Helfferich et al. 2010; van San & Bovenkerk 2013: 71; Scheer & Dufner 2015: 23; Müller-Güldemeister 2011: 22ff.; Bullens & van Horn 2000). Gerade sehr junge Opfer, deren erste Beziehung es ist, fehle zudem die Erfahrung, wie eine gleichberechtigte Partnerschaft aussieht und für sich damit passende Grenzen zu ziehen (vgl. BKA 2018: 7; Scheer & Dufner 2015: 21; Müller-Güldemeister 2011: 25).

Auch kann ein konkreter Auslöser, wie zum Beispiel eine massive Gewaltanwendung Anlass sein, den eigeninitiierten Ausstieg anzubahnen (vgl. Helfferich et al. 2010: 174). Ob Gewalt im Gegensatz dazu gegebenenfalls als etwas Normales wahrgenommen wird und sich ein Unrechtsbewusstsein entsprechend wenig bis gar nicht einstellt, wird insbesondere im Zusammenhang mit Frauen, die von Kindheit an unterschiedlichste Formen von Gewalt erfahren haben, diskutiert (vgl. Helfferich et al. 2010: 141). Dies trete vermehrt bei Frauen auf, deren kulturell zugeschriebene Status minderwertig ist, wie z. B. bei Frauen aus ethnischen Minderheiten oder konservativ-traditionellen Gemeinschaften (vgl. Riegler 2012: 19ff.; ERRC 2011: 47ff.; Schröttle & Ansorge 2008: 162). Eine konkrete Verbindung zu Loverboy-Fällen wurde zu dem letztgenannten Aspekt nicht hergestellt.

Nicht zuletzt wird auf das gezielte Einwirken des Täters zur Verhinderung des Ausstiegs bzw. der Anzeige bei der Polizei verwiesen. Exemplarisch sind folgende Szenarien skizziert: Setzt der Täter die Betroffene beispielsweise damit unter Druck, dass er sich etwas antue, sollte sie ihn verlassen, verbleibt sie in der Situation (vgl. Müller-Güldemeister 2011: 23). Auch wird gedroht, ihr oder ihrer Familie etwas anzutun, sollte sie sich den Forderungen wiedersetzen (vgl. Scheer & Dufner 2015: 23).

2.3.4 Forschungsdesiderate und forschungsleitende Fragen

Im Bereich der Loverboy-Methode fehlt es zunächst an gezielten Forschungsvorhaben, die das Phänomen nicht nur flankierend im Rahmen von Untersuchungen zum Menschenhandel zum Zweck der sexuellen Ausbeutung betrachten (vgl. hierzu Zietlow & Baier 2018; Helfferich et al. 2010; Körner & Völschow 2018). Für das deutsche Bundesgebiet liegt keine Forschung vor, die einen entsprechenden Schwerpunkt legt; lediglich für die Niederlanden (vgl. z. B. van San & Bovenkerk 2013; Bovenkerk 2011; Steur 2012; Terpstra et al. 2005) und auch in Anfängen für die Schweiz (vgl. Baier et al. 2019; Wulff-Besold 2020) wurden themenspezifische Forschungsvorhaben initiiert. Für das deutsche Bundesgebiet existieren kleinere Vorhaben, die im Rahmen von Bachelorarbeiten oder auch ohne empirischen Bezug, sondern theoretisch erarbeitet und auf Basis von Erfahrungswerten veröffentlicht wurden (vgl. hierzu Bubenitschek et al. 2011; Scheer & Dufner 2015). Nicht zuletzt können Berichte als erste Informationsquelle herangezogen werden, die die Thematik tangieren, jedoch weder einen Schwerpunkt auf die Loverboy-Methode legen, noch wissenschaftlichen Kriterien von Forschung entsprechen (vgl. z. B. BKA 2018; Council of Europe 2019). Eine Gefahr der Reproduktion und Generalisierung von zentral platzierten Einzelfällen – ohne empirische Herleitung – besteht.

Vor diesem Hintergrund ist es nicht verwunderlich, dass es an inhaltlicher Tiefe fehlt, wenn es um eine differenzierte Betrachtung von Fallverläufen, verschiedenen Vorgehensweisen beim Übergang in die Zwangsprostitution sowie den Dynamiken und Strategien, die für die Zuführung und Ausbeutung genutzt werden, geht. Ebenso liegen für Deutschland kaum belastbare Erkenntnisse zu der Betroffenengruppe vor, was u.a. Alter, kultureller Hintergrund, Bildungshintergrund und die Lebenssituation anbelangt, um empirisch abgeleitete und theorie-basierte Aussagen darüber zu treffen, ob und inwiefern bestimmte Kriterien zu einer besonderen Vulnerabilität führen. Die oft als charakteristisch für das Phänomen ausgewiesene *emotionale Abhängigkeit* wird in der bisherigen Forschungsliteratur ebenso nicht weitergehend beschrieben. Wenige Veröffentlichungen verweisen zwar auf theoretische Ansatzpunkte allerdings ohne in die Tiefe zu gehen und/oder einen empirischen Bezug herzustellen (vgl. Bubenitschek et al. 2011; Scheer & Dufner 2015; Baier et al. 2019). Die Herstellung und Aufrechterhaltung emotionaler Bindungen, die Dynamiken des Wendepunkts hin zur Prostitutionsausübung sowie der Umstand der erschwerten Loslösung aus der Zwangslage sind jedoch nur mit theoretischem Bezug erklärbar. Das vorliegende Promotionsprojekt widmet sich dieser Forschungsaufgabe und strebt an, die bestehende Lücke für das deutsche Bundesgebiet durch umfassende, systematischen und theoretisch erklärte Befunde zu den Mechanismen und Vorgehensweisen in Loverboy-Fällen zu schließen.

Folgende forschungsleitenden Fragen dienen der Orientierung im Forschungsprozess:

„Welche Vulnerabilitätsfaktoren und Täterstrategien zeigen sich bei der Loverboy-Methode in Deutschland und inwiefern bedingenden diese die Entstehung von emotionaler Abhängigkeit?"

(1) Welche Hinweise zur Risikopotenzierung bzw. besondere Vulnerabilität, Opfer der Loverboy-Methode zu werden, bestehen?

(2) Wie gestaltet sich die Anbahnungsphase und inwiefern wird in Verbindung mit einer besonderen Vulnerabilität die Entstehung emotionaler Abhängigkeit begünstigt?

(3) Wie wird der Wendepunkt in der Beziehung eingeleitet, um zur Prostitution zuzuführen und welche Täterstrategien können dabei und im weiteren Fallverlauf typisiert werden?

(4) Können kontrastive Elemente, die eher untypisch für Loverboy-Fälle sind, identifiziert werden? Wenn ja, welche?

(5) Welche Mechanismen erschweren den Loslösungsprozess bzw. hindern den Ausstieg aus der Zwangsprostitution?

Ohne an dieser Stelle allzu tief in die methodische Herangehensweise einzusteigen – entsprechende Ausführungen im Kapitel 4 – soll abschließend erläutert werden, wie die angestrebten Erkenntnisse generiert werden und warum andere Forschungszugänge zur Beantwortung der zuvor genannten Fragestellung weniger erfolgsversprechend sind. Die Befragung von Loverboys/Betroffenen gäbe sicherlich interessante Perspektiven, die mit Blick auf Präventions- und Interventionsansätze wertvolle Hinweise liefern könnte. Aufgrund deren jedoch begrenzten Einblicke in den Gesamtkomplex, geringer Reflexion bzw. (un-)bewusster Filterung und meist nur vorliegenden Einzelfallerfahrung bei zeitgleicher Gefahr der Retraumatisierung bieten sich derartige Befragungen jedoch eher für andere Fragestellungen an (vgl. Kavemann 2016: 52ff.). Für eine Analyse und umfassende Darstellung von Loverboy-Fällen verspricht hingegen der Einbezug von langjährig in der Beratungs- und Strafverfolgungspraxis tätigen Personen einen höheren Erkenntnisgewinn. Das Untersuchungsdesign ist daher so angelegt, dass eine bundesweite, systematische Analyse und Aufarbeitung von Wissensbestände und Thesen jener Berufsgruppenvertreter:innen Hinweise auf gängige und auch atypische Mechanismen im Fallverlauf liefert, sodass über eine Verknüpfung mit theoretischen Ansätze Antworten auf die Frage nach dem *Warum* postuliert werden können. Welche theoretischen Erklärungsansätze dabei sinnvoll herangezogen werden sollten, wird nachfolgend vertieft.

3. Theoretischer Bezugsrahmen

Zur Beantwortung der Frage, warum (meist junge) Frauen der Masche der Loverboys zum Opfer fallen und sich trotz teils massiver Gewalt, Kontrolle und sexueller Ausbeutung nicht nachhaltig von der Person lösen können, bedarf es theoretischer Erklärungsansätze. Welche Theorien Erklärungen für Vulnerabilität und destruktive Beziehungsdynamiken innerhalb des Loverboy-Phänomens liefern könnten, lässt sich eruieren, indem in der bisherigen Forschung, angrenzenden Veröffentlichungen und nicht zuletzt auch den Untersuchungsergebnissen entsprechende Mechanismen und Risikofaktoren identifiziert werden. Eine inhaltsbezogene Herleitung passender Ansätze erfolgt zu Beginn des Kapitels. Um zu verdeutlichen, dass es sich nicht um eine rein eklektische Aneinanderreihung verschiedenster Theorien auf individueller wie zwischenmenschlicher Ebene handelt, werden darin über identifizierte Risikofaktoren passende theoretische Absätze abgeleitet und deren Schnittstellen und Zusammenhänge skizziert bzw. visualisiert (Abschnitt 3.1). Im Abschnitt 3.2 folgt dann die theoretische Vertiefung von psychologischen Ansätzen zur (früh-)kindliche Prägungen im Hinblick Bindung und Selbstwirksamkeit, deren Auswirkungen auf das spätere Beziehungsverhalten sowie vulnerable Entwicklungsphasen im Lebenslauf. Vor diesem Hintergrund wird im Abschnitt 3.3 der Blick auf die Dyade erweitert, indem sozialpsychologische Modelle in Bezug auf destruktive Beziehungsdynamiken zum Verständnis der Entstehung von emotionaler Abhängigkeit ergänzt werden.

3.1 Herleitung der Auswahl relevanter theoretischer Ansätze

Der theoretische Bezugsrahmen für das Zusammenspiel von Vulnerabilität und Täterstrategien der Loverboy-Methode sowie die Entstehung von emotionaler Abhängigkeit erfolgt aus einer entwicklungs-, lern- und sozialpsychologischen Perspektive. Hinweise zur Auswahl passender theoretischer Erklärungsansätze ergeben sich nicht nur aus den Ergebnissen der vorliegenden Untersuchung, sondern auch durch den bisherigen Forschungsstand zum Loverboy-Phänomen. Darin wird unter anderem darauf verwiesen, dass insbesondere junge Frauen, die sich mit der Adoleszenz ohnehin in einer sehr dynamischen, herausfordernden Lebensphase befinden, einem erhöhten Risiko ausgesetzt sind, Opfer eines Loverboys zu werden. Ferner vermuten Baier et al. (2019: 695) und auch Bubenitschek et al. (2011: 539) eine erhöhte Vulnerabilität in Verbindung mit einem geringen Selbstwertgefühl, destruktiven Bindungserfahrungen und dem Aufwachsen in konfliktreichen Familienverhältnissen, was es empirisch zu prüfen gilt.

Schließlich können aus Gewalterfahrungen in der Kindheit emotionale, kognitive, physische Schädigungen resultieren, die sich langfristig auf die Bindungsfähigkeit, Beziehungsverhalten, Selbstwirksamkeitserwartung oder Selbst- und Fremdbild auswirken (vgl. Klopfstein 2015: 234f.; Ziegenhain & von Kries 2009: 148f.; Bolten 2009: 67ff.) Gewalterleben in der Kindheit gehört zu einem der wichtigsten Risikofaktoren, im Erwachsenenalter selbst Opfer von Beziehungsgewalt zu werden (vgl. Capaldi et al. 2012: 247; Walper & Kindler 2015: 230; Dlugosch 2010: 79f.).
Darüber hinaus werden in der bisherigen Literatur Parallelen zu den Dynamiken der Partnerschaftsgewalt gezogen – sei es bei der Beziehung zwischen Zuhälter und Prostituierter allgemein (vgl. Roe-Sepowitz et al. 2014; Warnath 2007) oder speziell mit Blick auf Loverboy-Fälle (vgl. Verhoeven et al. 2015), wenn es beispielsweise um soziale Isolation, Loyalität zum gewalttätigen Partner und Phasen intensiver Zuneigung im Wechsel zu massive Gewaltanwendungen geht (vgl. z. B. CCV 2012: 17; Müller-Güldemeister 2011: 21ff.; Bubenitschek et al. 2011: 540). Also all jene Mechanismen, die durchaus auch bei gewaltvollen Paarbeziehungen ohne Bezug zur Zwangsprostitution festgestellt werden (vgl. Brzank 2012: 77ff.; Lampe & Gahleitner 2018; Schröttle 2017: 2ff.; Walby & Allen 2004: 11ff.; Watson & Parsons 2005: 24; Gloor & Meier 2003: 527).

An dem kurzen Abriss möglicher Hintergründe wird ersichtlich, dass Erklärungen zu den Dynamiken in der Loverboy-Methode bislang unsystematisch erfolgen und nicht selten die Ebene von Risikofaktoren und dem dahinter liegenden theoretischen Erklärungsansatz vermischt werden. Über eine Visualisierung soll daher zunächst der Zusammenhang beider Ebenen erkennbar werden, wodurch zeitgleich die Herleitung des theoretischen Rahmens der vorliegenden Arbeit transparent wird (vgl. Abbildung 7). Als ursächliche bzw. auslösende Faktoren – fortan Risikofaktoren genannt – lassen sich die Bereiche *destruktive Kindheitserfahrungen* sowie *vulnerable Phase im Lebenslauf* differenzieren. Der Unterschied liegt darin, dass unter *destruktiven Kindheitserfahrungen* potenziell belastende kurz- oder langandauernde Erlebnisse subsumiert werden, wie beispielsweise das (Mit-)Erleben von Misshandlung, fehlender Fürsorge, Trennung/Scheidung bzw. Alkohol-/Drogensucht der elterlichen Bezugspersonen oder auch Aufwachsen in Pflegefamilien oder im Kinderheim. Die Kategorie *vulnerable Phase im Lebenslauf* bezieht hingegen unauffällige, wenig oder nicht von kritischen Lebensereignissen geprägte Lebensläufe ein und zielt damit vielmehr auf sensible

Entwicklungsabschnitte insbesondere in der Jugendphase ab. Hierzu gehören das Behaupten in der Peergroup, erste sexuelle bzw. romantische Beziehungserfahrungen oder auch der Ablösungsprozess von den elterlichen Bezugspersonen (vgl. Abschnitte 2.3, 5.1, 5.3.1).

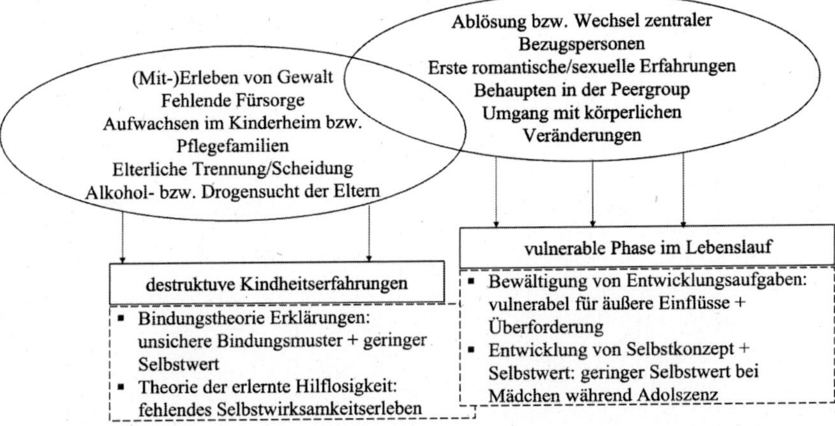

Abbildung 7: *relevante theoretische Erklärungsansätze* [eigene Darstellung]

Ausgehend von den Risikofaktoren können verschiedene entwicklungs- und lernpsychologische Modelle abgeleitet werden, die die Auswirkungen der zuvor genannten Faktoren aus theoretischer Perspektive betrachten. Schlüsselbegriffe sind hier Bindungsmuster, Selbstwirksamkeit bzw. Hilflosigkeit, Ausbildung von Selbstkonzept/Selbstwert, die Bewältigung von Entwicklungsaufgaben sowie konkret Ablösungsprozess und der Wechsel von Bezugspersonen (vgl. Abschnitt 3.2).

Sobald der Blick auf die Dyade erweitert wird und hier neben den Auswirkungen entsprechender Prägungen in der Kindheit und Jugend auf spätere Beziehungskontexte vor allem zwischenmenschliche Mechanismen und Dynamiken hinsichtlich der Entstehung und Aufrechterhaltung emotionaler Abhängigkeit im Vordergrund stehen, gilt es sozialpsychologischen Theorieansätzen heranzuziehen (vgl. Abschnitt 3.3).

Der theoretischen Bezugsrahmen erfolgt zunächst ohne direkte Verknüpfung mit der Loverboy-Methode. Die Transferleistung ist Gegenstand der Diskussion im Kapitel 6, da dort unter Einbezug des bisherigen Forschungsstands – vor allem aber der Untersuchungsergebnisse – eine theoretisch fundierte Beantwortung der Frage erfolgt, warum Betroffene eine besondere Empfänglichkeit für die Umwerbungsstrategien der Loverboys entwickeln, trotz Leidensdruck in der Zwangslage bleiben und eine emotionale Loslösung mitunter nur schwer gelingt.

3.2 Vulnerabilität aus lern- und entwicklungspsychologischer Perspektive

Vorweg: Der theoretische Blick auf stärker in der Person der Betroffenen liegende Faktoren ist nicht gleichzusetzen mit einer Verantwortungszuschreibung der Opferwerdung im Sinne von *victim blaming* (vgl. Gracia 2014: 380f.). Vielmehr sollen die möglichen Auswirkungen von belastenden Erfahrungen in der Kindheit (wie z. B. Miterleben elterlicher Gewalt, Kindesmissbrauch oder Vernachlässigung) beispielsweise auf Bindungsmuster und -verhalten oder auf das Selbstwirksamkeitsempfinden vertieft werden, wodurch wiederum potenziell destruktive Beziehungsdynamiken entstehen können. Andererseits gilt es aber auch ohnehin vulnerable Phasen im Lebenslauf, die nicht zwangsläufig auf destruktive, belastende und gestörte Erfahrungen zurückgehen, zu betrachten. Aufgrund des Hinweises, dass oft junge Frauen von der Masche der Loverboys betroffen seien, werden nachfolgend insbesondere die Adoleszenz inkl. entsprechender Entwicklungsaufgabe, der Ablösungsprozess und Wechsel zentraler Bezugspersonen sowie die Ausbildung der Identität und des Selbstwerts fokussiert.

3.2.1 (früh-)kindliche Erfahrungen zu Bindungsverhalten und Selbstwirksamkeitserleben

a) Bindungserfahrungen und -störungen

In ihrer theoretischen Ausarbeitung zur Relevanz des Loverboy-Phänomens in Deutschland sehen Bubenitschek et al. (2011: 539) eine erhöhte Gefahr der Opferwerdung unter anderem in einer defizitären Eltern-Kind-Bindung bedingt und beziehen sich dabei auf die Bindungstheorie nach Bowlby (1969, 1995a, 2001) und Ainsworth (1972) (vgl. auch Ainsworth & Bowlby 1991). Bindungsverhalten folgt demnach einem angeborenen, evolutionär verankerten, universellen System, das zum Ziel hat, Fürsorgeverhalten auszulösen. Die ersten zwei Lebensjahre gelten dabei als sensible Phase, in denen je nach Bindungserfahrung ein sicherer bzw. unsicherer Bindungsstil entwickelt wird (vgl. Ainsworth & Bowlby 1991; Sandmeier Rupena 2010: 54ff.; Fraley & Roisman 2015: 11). Der Bindungsstil oder -typ beruht laut Bowlby (1969) auf sogenannten inneren Arbeitsmodellen (Inner Working Model), in denen (un-)bewusste Annahmen, Erwartungen und Wahrnehmungen über sich selbst und anderen gegenüber gespeichert werden. Diese kognitiven Schemata helfen, das eigene Verhalten in Abhängigkeit des Verhaltens der Bezugsperson bzw. von Mitmenschen zu planen und gelten als konsistent und stabil, sodass ein einmal entwickelter Bindungsstil über die Zeit hinweg interindividuelle Unterschiede im Selbstkonzept, Emotionsregulation sowie Bindungsverhalten unter anderem in intimen Beziehungen determiniert. Frühkindliche Bindungserfahrungen können also als entscheidende Grundlage dafür gesehen, wie auch im Jugend- und Erwachsenenalter auf Beziehungsebene interagiert und neue Beziehungserfahrungen in das Selbstbild integriert werden (vgl. Fraley & Roisman 2015: 12ff.; Berlin et al. 2008; Bowlby 1969; Simpson et al. 2007: 355ff.; Collins & Read 1990: 645; Hazan & Shaver 1987: 521ff.; Blonigen et al. 2008: 229ff.).

Zwar liegt laut verschiedener Untersuchungen die Stabilität des im Kindesalter entwickelten Bindungsstils bis in das Erwachsenenalter hinein bei 60 bis 70 %; bei 30 bis 40 % der Personen ändert sich der Bindungsstil im Umkehrschluss (vgl. z. B. Hazan & Shaver 1987: 519ff.; Kirkpatrick & Davis 1994: 503ff.; Baldwin & Fehr 1995; Shaver & Brennan 1992: 537ff.). Bowlby (1969) geht allerdings davon aus, dass der Veränderungsprozess mit zunehmendem Erfahrungsschatz und Alter schwieriger wird, was auch die Befunde von Ruvolo et al. (2001: 266ff.) oder Cohn et al. (1992: 434ff.) stützen. Veränderungen können beispielsweise im Zuge von Trennungs- oder Betrugserfahrungen initiiert werden, wenn Selbstsicherheit bzw. das eigene Selbstvertrauen gemindert oder fortan mit höherer Vorsicht und Zurückhaltung in der intimen Beziehung agiert wird (vgl. Cohn et al. 1992: 441ff.).

Folgende Bindungsstile/-typen lassen sich empirisch ableiten und gehen zeitgleich mit interindividuelle Unterschiede im Selbstkonzept und dem Beziehungsverhalten einher. In Abhängigkeit von Wärme und Responsivität der Fürsorgeperson konnten erstmals im experimentellen Design (Strange Situation Test) durch Ainsworth und Wittig (1969) drei Bindungstypen abgeleitet werden, deren Einfluss in weiteren Studie auf das Bindungs- bzw. Beziehungsverhalten in Partnerschaften im Erwachsenenalter untersucht wurde:

1. Reagiert die Bezugsperson den Bedürfnissen des Kindes adäquat, ist die Basis für einen *sicheren Bindungsstil* gelegt. Dieser geht mit einem hohen Selbstbewusstsein sowie einem grundsätzlich positiven Bild von anderen einher (vgl. Ainsworth & Wittig 1969). So kann beispielsweise einer anderen Person mit der Erwartung von Verlässlichkeit, Fürsorge und Vertrauenswürdigkeit begegnet werden (vgl. auch Collins & Read 1990: 647ff.).

Inkonsistentes, unkontrollierbares und unvorhersehbares Verhalten bzw. die mangelnde Verfügbarkeit der primären Bezugsperson kann hingegen zu unsicheren Bindungsqualitäten führen. Hier werden zwei Typen unterschieden:

2. Ein *(unsicher-)ängstlich-ambivalenter Bindungsstil* zeigt sich durch ein geringes Selbstbewusstsein und wenig soziales Vertrauen (vgl. Collins & Read 1990: 647). Feeney und Noller (1990: 288) stellten fest, dass ängstlich-ambivalent gebundene Personen starke Abhängigkeiten zum Partner entwickelten bis hin zur obsessiven Vereinnahmung. Bei ihnen dominiert das starke Bedürfnis, in einer Beziehung zu sein, unabhängig vom Beziehungspartner und auch die Qualität wird als zweitrangig angesehen. Der Partner wird trotz Beziehungsschwierigkeiten idealisiert. Derartig gebundene Personen werden vom Streben, (vermeintlich) emotionale Sicherheit durch die Paarbeziehung zu erlangen, geleitet (vgl. Pistole 1989: 508f.; Feeney & Noller 1990: 286ff.).
3. Hat sich bei einer Person ein *(unsicher-)vermeidender Bindungsstil* ausgeprägt, zeigt sich das in hohem Vermeidungsverhalten und geringerer sozialer Unterstützung. Das Bild von anderen ist eher negativ, da diese beispielsweise als nicht verfügbar, wertschätzend und unterstützend wahrgenommen werden. Vermeidend gebundene Personen tendieren daher dazu, sich keine Hilfe zu suchen. Daraus resultiert unter anderem ein höherer Distress und qualitativ unbefriedigende Beziehungen zu Peers (vgl. z. B. Collins & Read 1990: 647; Fraley & Roisman 2015: 12ff.; Feeney & Noller 1990: 286ff.).

Studien zufolge liegt die Prävalenz sicherer Bindung bei ca. 50 – 63 %, 20 – 30 % sind vermeidend gebunden und ca. 10 – 20 % lassen sich einem ängstlich-ambivalenten Bindungsstil zuordnen (vgl. Hazan & Shaver 1987: 514; Collins & Read 1990: 647f.; Feeney & Noller 1990: 283; Pistole 1989: 507).

Bartholomew und Horowitz (1991: 227ff.) schlagen auf Basis empirischer Befunde eine Erweiterung in Form von vier unabhängigen Bindungsstilen auf den Dimensionen Angst und Vermeidung vor:

1. Eine *sichere Bindung (secure*) definiert sich durch geringe Angst und Vermeidung sowie einem positiven Bild sich selbst und anderen gegenüber. In Beziehungen kann Vertrauen gefasst und Intimität zugelassen werden. Insgesamt zeigen sich wenige interpersonelle Schwierigkeiten.
2. Eine *klammernde Bindung (preoccupied)* ist durch hohe Angst, geringes Vermeidungsverhalten und einem negativen Selbstbild geprägt. Das Fremdbild ist hingegen positiv. Das Gefühl der eigenen Wertlosigkeit, Selbstzweifel und auch starke Unsicherheiten werden versucht durch die Bestätigung, Liebe und Akzeptanz des Partners zu kompensieren. Zurückweisungen werden als enorm

schmerzhaft erlebt, da die Person dadurch die Selbstzweifel bestätigt sieht. Es besteht eine hohe Vulnerabilität für Distress.

3. Bei der *vermeidenden Bindung (dismissing)* besteht – wie der Name bereits verrät – eine hohe Vermeidung bei zeitgleich geringer Angst. Die Person nimmt sich in der Regel als liebenswert wahr, was für ein positives Selbstbild spricht. Da andere Personen hingegen als weniger wertschätzend und unterstützend wahrgenommen werden, können – trotz grundsätzlich geringer bindungsspezifischer Angst – aus Schutz vor menschlicher Enttäuschung keine engen Bindungen eingegangen.
4. In *ängstlichen Bindungen (fearful)* besteht ein negatives Selbst- und Fremdbild verbunden mit einer hohen Angst und Vermeidung. Paradoxerweise wird die Bestätigung anderer als Validierung des eigenen Werts verstanden, wobei zeitgleich die Erwartung besteht, keine Unterstützung oder Bestätigung zu erhalten.

Eine weitere Modifizierung der drei ursprünglichen Bindungsstilen nach Ainsworth & Wittig (1969) erfolgt durch Main und Solomon (1986). Diese identifizierten einen weiteren Stil, der sich in Form von *desorganisiert-desorientierten Bindungsverhalten* zeigt, indem für kurze Zeit widersprüchliche oder keine organisierten Verhaltensstrategien in bindungsrelevanten Stresssituationen gezeigt werden. Angst und Überforderung, wie auch Hilflosigkeit und Kontrollverlust werden mit einer derartigen Reaktion in Verbindung gebracht. Dieser Bindungsstil wird häufig im Zusammenhang mit psychischen Traumatisierungen gezeigt, was durch ein unverarbeitetes Psychotrauma der Bezugsperson bzw. durch die Bezugsperson selbst evoziert werden kann. Wird ein Kind beispielsweise durch die Mutter, die zeitgleich auch Schutz bietet, misshandelt, erlebt das Kind eine unlösbare Situation, da aufgrund dieser Ambivalenz keine regulativen Handlungsmöglichkeiten verfügbar sind. Derartige Bindungsmuster stellen einen hohen Risikofaktor für verschiedenste Langzeitfolgen, wie ein negatives Selbstbild, sozialere Inkompetenz, Probleme beim Deuten von Emotionen bzw. diese zu regulieren bis hin zur Psychopathie dar. Studien verweisen bei diesem Bindungstyp auf Zusammenhänge zu delinquentem Verhalten, psychischer Belastung und Gewalt in der Adoleszenz (vgl. Hesse & Main 2000: 1117ff.; Van Ijzendoorn et al. 1999; Lohaus et al. 2010: 195; Deneke et al. 2009: 398; Deegener 2013: 392f.). Ein Metastudie zeigt allerdings auch, dass in nicht problembehafteten Familien aus der Mittelschicht ca. 15 % der Kleinkinder desorganisiert-desorientiertes Bindungsverhalten zeigen –

bei problematische Familienverhältnissen und Missbrauch ist der Anteil allerdings dreimal höher (vgl. Ijzendoorn et al. 1999: 229ff.).

In verschiedenen Längsschnittstudien wird deutlich, welchen enormen Einfluss frühkindliche Bindungserfahrungen für das Risiko der Entstehung unsicherer oder gar desorganisierte Bindungsrepräsentation haben. Während Kinder aus intakten Familien primär stabile sichere Bindungsmuster entwickelten, zeigten sich bei Kindern stärkere Tendenzen zur Entwicklung unsicherer Bindungsstile, wenn sie Diskontinuität und negativen Umständen aufgrund kritischer Lebensereignisse ausgesetzt waren. Dazu gehört z. B. die elterliche Scheidung, mütterliche Depression, elterliche Drogen-/Alkoholprobleme, der Verlust oder auch psychische Störung eines Elternteils, ein negativ vorgelebtes Beziehungsmodell der Eltern bis hin zu körperlichen und/oder sexuellen Missbrauchserfahrungen (vgl. Simpson et al. 2007: 533ff.; Fraley & Roisman 2015: 12ff.; Kirkpatrick & Davis 1994: 503ff.; Waters, Hamilton & Weinfield 2000: 678; Waters et al. 2000: 687ff.; Weinfield et al. 2000: 695ff.). Auch Partnerschaftsgewalt zwischen den Eltern birgt langfristige Auswirkungen auf das Bindungsverhalten. Findet in der elterlichen Beziehung Gewalt statt, kann das zur Folge haben, dass die Bedürfnisse von Säuglingen und Kleinkindern durch die primäre Bezugsperson nicht adäquat befriedigt werden, es längerfristig zu Einschränkungen der Erziehungs- und Fürsorgefähigkeit, Überforderung und Nichterkennen von Bedarfssituationen bis hin zur Vernachlässigung kommt. Fehlende Verfügbarkeit der Fürsorge gilt als negative Bindungserfahrung, wodurch das Risiko unsicherer Bindungsmuster potenziert wird (vgl. Dlugosch 2010: 38ff.; Schone et al. 1997: 21; Kindler 2009: 41ff.; Brisch 2010: 34).

b) Selbstwirksamkeit und erlernte Hilflosigkeit als Folge erlebter oder miterlebter Gewalt

Erleben Kinder elterliche Partnerschaftsgewalt oder Trennung bzw. Scheidung wirkt sich dies nicht nur auf die Bindungsqualität aus, sondern kann ebenfalls beeinträchtigend auf eine positive Entwicklung des Selbstkonzepts und des Selbstwirksamkeitserlebens sein (vgl. z. B. Mullender et al. 2002; Dlugosch 2010; Knop & Heim 2019). Sie erleben permanente Unberechenbarkeit des elterlichen Verhaltens und werden Zeuge partnerschaftlicher Gewalt, ohne mindernden Einfluss nehmen zu können. Dadurch sind sie nicht nur mitunter über Jahre einem hohen Stresslevel ausgesetzt, auch führt ein wiederholtes Erleben fehlender Selbstwirksamkeit zum Gefühl von Hilflosigkeit, das sich kognitiv manifestieren kann und so auch im eigenen Lebenslauf beispielsweise in Form von Erdulden von Beziehungsgewalt im Erwachsenenalter

reproduziert wird (vgl. Dlugosch 2010: 271ff.; Felitti et al. 1998: 245ff.; Baier & Pfeiffer 2015: 51; Bargai et al. 2007: 268; Clemens et al. 2019: 93ff.).
Der Zusammenhang zwischen Selbstwirksamkeit und Hilflosigkeit sowie die langfristigen Auswirkungen dessen soll an dieser Stelle theoretisch kurz eruiert werden: Konzeptionell geht Selbstwirksamkeit auf Banduras sozial-kognitive Lerntheorie zurück und beschreibt „people's jugdements of their capabilities to organize and execute courses of action required to attain designated types of performances" (Bandura 1986: 391). Gemeint ist also die subjektive Einschätzung, inwiefern die eigene Handlung erfolgreich zum Ziel führt. Eine hohe Selbstwirksamkeitserwartung geht dabei mit Optimismus, Stärke, Zuversicht und Durchhaltevermögen einher (vgl. Luthans et al. 2007: 37; Bierhoff 2006: 184). Auch wird angenommen, dass infolge hoher Selbstwirksamkeitserwartungen das eigene Selbstwertgefühl positiv beeinflusst werden kann (vgl. Bannink 2012: 37; zum Selbstwert mehr im Abschnitt 3.2.2). Hilflosigkeit ist hingegen oft mit einem geringen Selbstwertgefühl verbunden und wird als Konsequenz geringer Selbstwirksamkeiterwartungen betrachtet; erlernte Hilflosigkeit gilt also als Anti-Wert der Selbstwirksamkeit (vgl. Mielke 1984: 63).

Die *Theorie der erlernten Hilflosigkeit* wurde auf Basis von Konditionierungsexperimenten an Hunden in den 1960er Jahren durch Martin Seligman entwickelt und als prominenter kognitiv-behavioristisches Erklärungsansatz im Zusammenhang mit Depressionen genutzt (vgl. Seligman 1975; Abramson et al. 1989: 358ff.; Meier 2016: 219ff.; Miller 1988; Jungnitsch 2009: 52ff.). Diejenigen Hunde, die in einer ersten Phase lernten, dass ihr Verhalten keinen Einfluss auf die Beendigung der Elektroschocks hatte, nutzte in der zweiten Phase auch nicht die Möglichkeit, in eine andere Box auszuweichen und ertrugen das aversive Ereignis passiv. Währenddessen zeigte die Gruppe der Hunde Fluchtverhalten, die in der ersten Phase die Elektroschocks durch ihre Reaktion verhindern konnten. Erste Ergebnisinterpretationen verwiesen auf die fehlende Kontingenz zwischen Handlung und Handlungsergebnis. Später erfolgte eine Reformulierung, durch die fortan die Attribution, also die Ursachsenzuschreibung, in den Vordergrund rückte. Nicht der Kontrollverlust an sich verstärke die Passivität, sondern die Wahrnehmung, dass das eigene Handeln keinen wirkungsvollen Einfluss zu haben scheint (vgl. Miller 1988: 615ff.; Richter 1995: 33). Nach dem reformulierten Modell führt ein internal-stabil-global-unkontrollierbaren Attributionsstil zur erlernten Hilflosigkeit, was wiederum verschiedene

Konsequenzen auf motivationaler und verhaltensbezogener Ebene bedingt. Für die mangelnde Kontrollierbarkeit einer Situation werden als Ursache Aspekte verantwortlich gemacht, die in der Person selbst liegen, was wiederum zum Selbstwertverlust führen kann. Da die Kausalattribution außerdem als stabil und global gilt, bleibt die erwartete Unkontrollierbarkeit auch zeit- und situationsunabhängig bestehen, was sich als chronische, generealisierte Hilflosigkeit äußert (vgl. Clements & Sawhney 2000: 221ff.; Richter 1995: 34f.; Abramson et al. 1989: 358ff.). Ob auf ein negatives Ereignis mit Hilflosigkeit oder einer erhöhten Selbstwirksamkeitserwartung reagiert wird, hängt von der jeweiligen Ursachenzuschreibung ab. Wie auch bei der Entstehung von erlernter Hilflosigkeit wird bei der Selbstwirksamkeit auf die direkte oder indirekte Beeinflussung durch anderen Personen verwiesen (vgl. Luthans et al. 2007: 37; Aronson et al. 2008: 543ff.). Dabei muss das Gefühl der Hilflosigkeit nicht zwangsläufig auf eine persönliche Erfahrung zurückgehen, wie z. B. in der zuvor beschriebenen Situation erkennbar, in der Kinder ihre mangelnde Fähigkeit, die Gewaltvorfälle zwischen ihren Eltern zu unterbinden. Laut Grabitz (1997: 227ff.) kann allein die bloße Beobachtung des Kontrollverlustes einer anderen Person das Gefühl der Hilflosigkeit erzeugen und manifestieren. Übertragen auf die Mitbetroffenheit von Kindern von Partnerschaftsgewalt kann also bereits das Mitansehen, wie die Mutter über lange Zeit der Gewalt des (Stief-)Vaters ausgesetzt ist, ohne die Gewaltbeziehung zu verlassen oder Hilfe zu suchen, erlernte Hilflosigkeit beim Kind evozieren. Erklärend hierfür kann das Beobachtungslernen nach Bandura (1986) herangezogen werden. Die Folgen derartiger Manifestationen erhöhen wiederum das Risiko, selbst Opfer von Partnerschaftsgewalt zu werden, da keine geeigneten Coping-Strategien verfügbar scheinen (vgl. Barnett 2001: 8ff.; Walker 1979: 46). Dass frühkindliche Erfahrungen mit Gewalt der Bezugspersonen das Risiko, selbst Partnerschaftsgewalt im Erwachsenenalter zu erleben oder aus zu führen, gilt als belegt (vgl. EBG 2020: 6f.; Müller & Schröttle 2004: 268).

3.2.2 vulnerable Jugendphase

Selbst wenn Kinder und Jugendlich keiner massiven Belastung durch fehlende Fürsorge oder das (Mit-)Erleben von Gewalt im Elternhaus ausgesetzt sind, begegnen ihnen auf dem Weg zum Erwachsenenalter zahlreiche herausfordernde Entwicklungsaufgaben, wie der Wechsel zentraler Bezugspersonen und der damit einhergehenden Ablösung von den Eltern, erste partnerschaftliche und sexuelle Erfahrungen sowie die Ausbildung des Selbst (vgl. Eschenbeck & Knauf 2018: 24ff.; Stahlke 2018: 71).

a) Bewältigung von Entwicklungsaufgaben

Die Phase zwischen Kindheit und Erwachsensein wird im wissenschaftlichen, meist entwicklungspsychologischen Zusammenhang als Adoleszenz bezeichnet, wobei der Begriff auch interdisziplinär Anwendung findet. Die Bezeichnung Pubertät wird nicht selten synonym verwendet, beschreibt jedoch nur den körperlichen Reifungsprozess, also lediglich einen Teil der Adoleszenz bzw. Jugendphase (vgl. Barz 2007: 4; Equit 2011: 74f.). Die Adoleszenz wird – je nach Autor:innen – in der Altersspanne zwischen 11 bis 22 Jahren verortet und gilt als vulnerable Phase, da in der Jugend innerhalb kurzer Zeit eine Vielzahl an biologischen, psychologischen als auch sozialen Entwicklungsaufgaben zu meistern sind, deren erfolgreiche Bewältigung zu einer positiven Weiterentwicklung beiträgt (vgl. Bolten 2009: 66; Aram et al. 2003: 572ff.). Entwicklungsaufgaben können das Behaupten in der Peergroup, die Ablösung von den Eltern als primäre Bezugspersonen, Umgang mit körperlichen Veränderungen, schulische Aufgaben, die erste Liebesbeziehung oder auch Auseinandersetzungen mit eigener Identität sein (vgl. Eschenbeck & Knauf 2018: 24; Aram et al. 2003: 572ff.).

Nach Erikson (1979) müssen über die Lebensspanne acht psychosoziale Krisen durchlaufen werden, wobei die Besonderheit des Jugendalters hervorgehoben wird, „da hier die Ich-Entwicklung ihren Höhepunkt erreicht“ (Lohaus et al. 2010: 12). Auch Havighurst (1948) vertritt die Annahme von zu bewältigenden Entwicklungsaufgaben, wobei er im Gegensatz zu Erikson (1979) keine spezifische Abfolge postuliert, sondern eine Anpassung individuell an die Lebensumstände beschreibt. Die Überlegungen gelten als Wegbereiter für das Anforderungs-Bewältigungs-Paradigma, das fortan Einzug in die Entwicklungspsychologie erhielt. Zentral ist, dass Belastungserleben nicht aus der Anforderung selbst, sondern aus der individuellen Bewertung der Anforderung, vor allem aber der Bewertung deren Bewältigung resultiert.

Das Anforderungs-Bewältigungs-Modell oder auch transaktionales Stressmodell nach Lazarus fasst die zwei ineinandergreifenden Bewertungsschritte zusammen (vgl. Lazarus & Folkman 1984; Lazarus & Launier 1981; Abbildung 8):

1. Bewertung der Situation
2. Bewertung des vorhandenen Bewältigungspotenzials

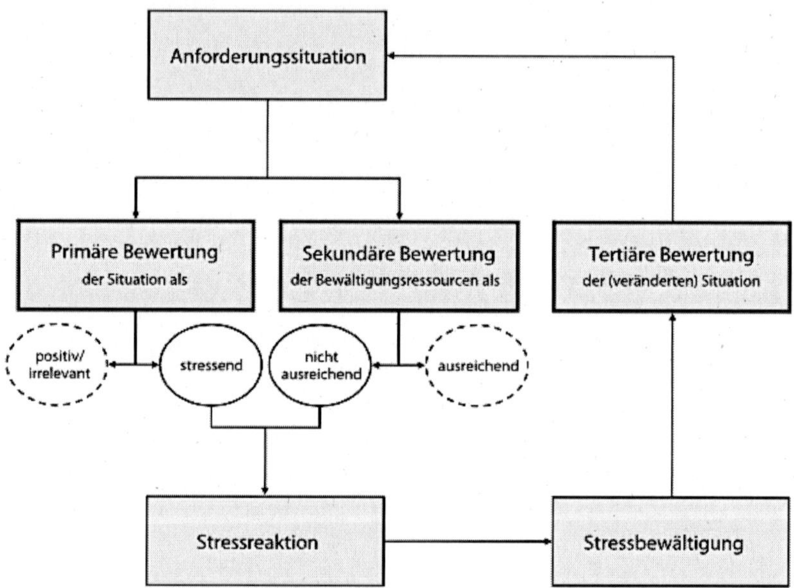

Abbildung 8: *transaktionales Stressmodell nach Lazarus (1981)* [vgl. Lohaus et al. 2010: 20]

Ein Belastungserleben resultiert also erst aus der Kombination einer als stressend wahrgenommenen Situation bei zeitgleich als zu gering erachteten Bewältigungsressourcen. Als Reaktion darauf können personale oder soziale Ressourcen zur Bewältigung – also entweder das eigene Bewältigungspotenzial oder soziale Unterstützung – aktiviert werden. Es kann außerdem unterschieden werden, ob eine direkte Veränderung der Stresssituation angestrebt wird (direkte Bewältigung) oder die Bewältigung auf emotionsregulatorischer Ebene stattfindet (indirekte Bewältigung). Je größer das Bewältigungsrepertoire ist, desto höher ist die Wahrscheinlichkeit einer angemessenen, situationsgerechten Problemlösung. Gerade der Umgang mit jugendtypischen Herausforderungen bietet die Möglichkeit, das Bewältigungsrepertoire auszubauen und damit späteren Entwicklungsaufgaben mit geringerem Belastungserleben zu begegnen. In der Regel gewinnen Jugendliche durch die Zunahme an Bewältigungskompetenzen an Autonomie und werden sicherer um Umgang mit Problemen (vgl. Lazarus 1993; Bolten 2009: 66; Lohaus et al. 2010: 20ff.). Kritische Lebensereignisse (wie z. B. Erkrankung, Umzug, Trennung/Scheidung der Eltern) oder auch nur eine temporäre Überlastung (z. B. Schulwechsel, Streit im Freundeskreis) können jedoch dazu führen, dass bereits Alltagssituationen nicht angemessenen bewältigt werden. Eine besondere Vulnerabilität der Jugendlichen entsteht (vgl. Hampel 2007: 235; Lohaus et al. 2010: 20ff.; Thyen et al. 2009: 29).

b) Ablösungsprozess und Wechsel zentraler Bezugspersonen

Ein Aspekt, der zuvor als mitunter herausfordernde typische Entwicklungsaufgabe in der Jugendphase identifiziert wurde, ist der Ablösungsprozess und zeitgleiche Wechsel zentraler Bezugspersonen. Zu Beginn der Adoleszenz ändert sich das Verhältnis zwischen den Eltern und ihrem Kind in der Regel von einer ehemals „hierarchischen, unsymmetrischen zu einer zunehmend symmetrischeren Beziehung" (Bolten 2009: 66). Fortan gewinnen Freunde und auch die erste Liebesbeziehung an Bedeutung, wohingegen zeitgleich die Verhaltensweisen der Eltern kritisch hinterfragt werden (vgl. ebd.). Eine Entwicklung, die vonseiten der Eltern nicht immer begrüßt wird, insbesondere dann, wenn gegen das Erziehungsverhalten protestiert wird und sie sich sukzessiv mit geringeren Einflussmöglichkeiten ausgestattet sehen. Das Potenzial für innerfamiliäre Konflikte wächst, was zeitgleich dazu führen kann, dass sich Jugendliche stärker außerfamiliären Kontakten zuwenden und hier fortan Aufmerksamkeit, Zuneigung und Verständnis erfahren (vgl. Lohaus et al. 2010: 205f.).

Während der Ablösungsprozess von den Eltern stattfindet und das Streben nah Autonomie wächst, wird durch die Intensivierung freundschaftlicher Beziehungen unter anderem Grundlagen für spätere, intime Beziehungen geschafften (vgl. Lohaus et al. 2010: 206). Gemeinsam mit Gleichaltrigen wächst nicht selten das Risiko- und Experimentierverhalten, wie z. B. exzessiver Alkoholkonsum oder riskantes Fahren. Antrieb bildet nicht selten die Überzeugung, durch die Teilnahme eine Zugehörigkeit zu bestimmten Gruppen zu schaffen und „cool zu sein" (vgl. Horn 2009: 414). Jugendliche sind gerade in der mittleren Adoleszenz empfänglicher für abweichendes Verhalten, wobei Längsschnittstudien darauf hinweisen, dass abweichendes Verhalten in erster Linie durch das Verhalten von Freunden beeinflusst wird. Daraus kann abgeleitet werden, dass Einstellungen, Werte und Meinungen von Freunden übernommen werden, es also einen entscheidenden Einfluss hat, in welchen

Kreisen und Peergroups eine heranwachsende Person sich aufhält und entsprechende Denkweisen adaptiert (vgl. Vitaro et al. 1999: 299ff.). Gleichzeitig birgt aber auch die Ablehnung von Gleichaltrigen bis hin zum Mobbing oder fehlenden Freundschaften das Risiko externalisierender Verhaltensprobleme und internalisierender Symptome, wie Depressionen, Ängstlichkeit oder suizidale Tendenzen, deren Auswirkungen auf den weiteren Lebenslauf als langfristig eingeschätzt werden (vgl. Lohaus et al. 2010: 206).

Als besondere erstmalige Erfahrung in der Jugendphase ist die erste intime Beziehung zu sehen. Nach Furman und Wehner (1994, 1997) steht in Beziehungen der frühen und mittleren Adoleszenz weniger das Streben nach Bindung und Fürsorge im Vordergrund, vielmehr ginge es um den Aufbau sozialer Kompetenz, erste sexuelle Erfahrungen und Selbstvertrauen. Erst mit dem Übergang in das frühe Erwachsenenalters übernehme der Partner die Rolle der zentralen Bezugsperson mit entsprechender Bindungs- und Fürsorgefunktionen (vgl. Connolly et al 2000; Furman & Wehner 1994, 1997; Freeman & Brown 2001: 666ff.; Leven & Utzmann 2015: 273ff.). Das Stufenmodell von Brown (1999) systematisiert die Motive der Beziehung je nach Phase der Adoleszenz, was u.a. von Seiffge-Krenke (2003) in einer repräsentativen Längsschnittstudie nachgewiesen wurde und somit auf das deutsche Bundesgebiet übertragen werden kann.
Beziehungen in der frühen Adoleszenz gelten als Phase der Initiation, in der durch erste Kontakte mit in der Regel kurzer Beziehungsdauer soziale Kompetenzen eingeübt werden und die Identitätsentwicklung zentral ist. Orientiert wird sich an Peers, die als Vorbilder und Berater dienen. Mit Übergang in die mittlere Adoleszenz wird die Statusphase erreicht, in der Beziehungen primär das Ziel verfolgen, mit der ‚richtigen' Person zusammen zu sein, um dadurch Anerkennung und Status in der Peergruppe zu erhalten. In der darauf folgenden Affektphase der späten Adoleszenz rückt die Bedeutung der Peers sukzessiv in der Hintergrund. Fortan nehmen emotionale und sexuelle Befriedigung an Bedeutung zu. Mit Eintritt in das junge Erwachsenenalter wird die Phase des Bondings initiiert; wie der Name verrät, wird nun nach dem Aufbau einer engen Bindung und daraus resultierenden dauerhaften Partnerschaft gestrebt, um gegebenenfalls sogar die Grundlage für eine Familiengründung zu legen.
In einer Längsschnittuntersuchung konnte gezeigt werden, dass Jugendliche mit zunehmendem Alter auch die Coping- und Kompromissfähigkeiten beim Umgang mit Partnerschaftskonflikten ausbauen (vgl. Nieder

& Seiffge-Krenke 2001: 297ff.; Seiffge-Krenke & Shulman 2012: 157ff.). Romantische Beziehungen in der Adoleszenz bilden eine zentrale Entwicklungsaufgabe, die wichtige Lernanlässe für das Problemlöseverhalten und Beziehungskompetenzen ermöglicht. Zeitgleich kann diese Erfahrung jedoch auch negativ und belastend ausfallen, wenn mit Eifersucht, Abhängigkeiten oder Trennung umgegangen werden muss (vgl. Vierhaus & Wendt 2018: 154).

c) Entwicklung von Selbstkonzept und Selbstwert

Als weitere zentrale Entwicklungsaufgabe in der Jugend gilt die Entwicklung des Selbst. Das Selbst oder konzeptionell damit verknüpfte Begriffe wie z. B. Selbstkonzept, Selbstwert, Selbstbild, aber auch bedeutungsähnliche Begriffe wie Identität oder Persönlichkeit werden in einer bis zum Ende des 19. Jahrhunderts zurückreichenden Forschungstradition mitunter synonym verwendet (vgl. z. B. Ludwig-Körner 1992: 9ff.; Thomsen et al. 2018: 92). Für umfassende Ausführungen und historische Herleitung der Konzepte zu Identität, Persönlichkeit und Selbst aus sozial- und kognitionspsychologischer, humanistischer, psychoanalytische oder pädagogisch-psychologischer Perspektive vgl. Weber & Rammsayer 2005; Siegler et al. 2016: 409ff.; Friedman et al. 2004: 25ff.; Rauthmann 2017: 25ff.; Ludwig-Körner 1992: 9ff.). Das Selbst umfasst ein „System von Konzepten, das aus Gedanken und Einstellungen zu sich selbst besteht" (Siegler et al. 2016: 409). Dieses entsteht bereits in den ersten Lebensjahren und entwickelt sich bis ins Erwachsenenalter. Die darin enthaltenen Einstellungen, Gedanken und Annahmen beziehen sich auf die sozialen Rollen, die Persönlichkeit, Beziehungen, psychische Vorgänge, den eigenen Körper, eigene Denkweisen oder auch Reflexionen dessen über den Zeitverlauf hinweg. Das Selbst lässt sich unterteilen in eine kognitiv-deskriptive Komponente, das Selbstkonzept, und eine affektiv-evaluative Komponente, der Selbstwert, und hat maßgeblichen Einfluss auf das allgemeine Wohlbefinden und die individuelle Kompetenz(-zuschreibung) (vgl. Thomsen et al. 2018: 93ff.; Hart 1988: 71ff.).

Selbstkonzept und Selbstwert basieren auf subjektiven Wahrnehmungen und Bewertungen, wobei es insbesondere in der Jugendphase zu erhöhter Selbstaufmerksamkeit und Selbstreflexion vergangener und aktueller Erfahrungen kommt, aus denen selbstbezogenes Wissen generiert wird. Ziel dieses Prozesses ist es, ein kohärentes Selbstbild und infolge dessen ein Persönlichkeitskonzept auszubilden (vgl. Allik et al. 2004: 456; Lohaus et al. 2010: 174).

Das selbstbezogene Wissen kann laut Filipp (1979; vgl. auch Filipp & Mayer 2005) aus fünf Quellen bezogen werden, die sowohl die Interaktion mit anderen als auch drei verschiedene Formen der Selbstzuweisung umfassen.

- direkte Prädikatenzuweisung
- indirekte Prädikatenzuweisung
- komparative Prädikatenselbstzuweisung
- reflexive Prädikatenselbstzuweisung
- ideationale Prädikatenselbstzuweisung

Es handelt sich um einen informationstheoretischen Ansatz aus der Psychologie, der davon ausgeht, dass der Mensch als Konstrukteur des eigenen Wissens aktiv beteiligt ist.
Betrachtet man das *Modell der selbstbezogenen Informationsverarbeitung* von Filipp (1979) vor dem Hintergrund möglicher vulnerabler und für Einflussnahmen sensibler Phasen im Entwicklungsverlauf, stechen insbesondere drei der fünf Prädikatzuweisungen hervor: In der Interaktion mit anderen Personen sind sowohl direkte wie auch indirekte Zuweisungen potenziell problematisch, wenn entweder verbal negative Eigenschaften vom Gegenüber zugeschrieben oder derartige Informationen aus dem Verhalten anderer interpretiert und abgeleitet werden und in das eigene Selbstkonzept über gehen (vgl. Lohaus et al. 2010: 170). Beispiele hierfür wären negative verbale Äußerungen (wie: Mobbing in Form von Beurteilung des Äußerlichen bzw. der ethnischen Herkunft, Zuschreibungen von abwertenden Charaktereigenschaften innerhalb der Familie) oder ablehnendes, verurteilendes Verhalten (wie: nicht einer Peer-Group zugehörig sein, das ‚schwarze Schaf' der Familie sein), die fortan Teil des Selbstkonzepts werden. Neben der Zuweisung durch Dritte kann auch die Selbstzuweisung zu einer destruktiven Auslegung des Selbstkonzepts führen. Hier steht insbesondere die komparative Prädikatenselbstzuweisung im Fokus, die aus einem Vergleich mit dem soziale Bezugsrahmen resultiert. Das können Mitschüler:innen, weitere Peers oder die Familie sein. Ist eine Jugendliche beispielsweise im Vergleich zu den älteren Geschwistern sowohl schulisch weniger erfolgreich, kann dies als generalisierte negative Annahme in das eigene Selbstkonzept übergehen.
Die zwei weiteren Informationsquellen scheinen eher zweitrangig, wenn es um Integration destruktiver Einstellungen und Gedanken in das Selbstkonzept geht, sollen der Vollständigkeit halber aber kurz genannt werden:

Bei der reflexiven Prädikatenselbstzuweisung werden Informationen aus der Beobachtung des eigenen Verhaltens gewonnen; die ideationale Prädikatenselbstzuweisung beziehen vergangene und antizipierte Erfahrungen ein (vgl. Filipp & Mayer 2005: 266ff.). Allerdings ist es auch hier denkbar, dass primär negative Erfahrungen oder Verhaltensweisen mental präsent sind und dadurch übermäßig in das Selbstkonzept eingehen.

Das Selbstkonzept wird – wie oben erläutert – nicht nur durch einen intraindividuellen Reflexionsprozess geprägt, sondern erlebt auch Einflussnahmen durch soziale Interaktion und kann je nach Gegenüber variieren. Harter (1999: 78ff., 2012: 81ff.) beschreibt, dass Jugendliche in Abhängigkeit davon, ob sie sich im Freundeskreis, in der Schule oder im Elternhaus bewegen, unterschiedliche Facetten ihres Selbst präsentieren. Dabei werden Widersprüche in ihrem Verhalten und den Eigenschaften erkannt, die jedoch aufgrund noch nicht vollends ausgereifter kognitiver Fähigkeiten nicht immer kohärent in das Selbstkonzept integriert werden können. Es kommt zu inneren und äußeren Konflikten, die durchaus Belastungserleben evozieren können, jedoch meist erst in der späten Adoleszenz – idealerweise durch Unterstützung des sozialen Bezugsrahmens – gelöst werden (vgl. Harter 1999: 78ff., 2012: 81ff.; Higgins 1991: 125ff.; Siegler et al. 2016: 412ff.).

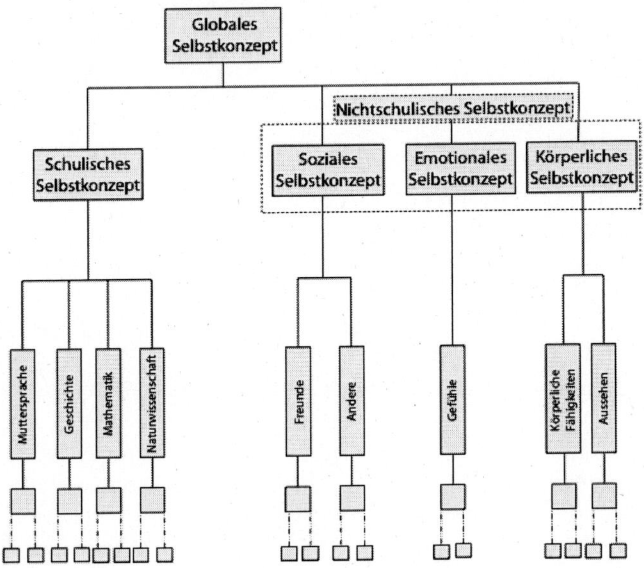

Abbildung 9: *hierarchischen Selbstkonzeptmodell von Shavelson et al. (1976)* [vgl. Lohaus et al. 2010: 176]

Ebenfalls prominent ist das hierarchischen Selbstkonzeptmodell von Shavelson et al. (1976), bei dem allerdings – anders als bei den entwicklungspsychologischen Annahmen von Filipp (1979) – offen bleibt, wie und warum sich das Selbstkonzept bildet und verändert. Auch wird das hierarchische Verständnis kritisiert, wobei zumindest die mehrdimensionale Struktur des Modells als empirisch belegt gilt (vgl. Marsh & Shavelson 1985; Abbildung 9).
Es wird von der Entwicklung eines globalen Selbstkonzepts ausgegangen, dass sich in einen akademischen und nicht-akademischen Part unterteilt. Der nicht-akademische Part differenziert weiter in ein soziales Selbstkonzept, in dem die Einstellungen und Gedanken zu Freunden und anderen Interaktionspartner:innen eingehen. Das Wissen über die eigene Emotionalität ist Teil des emotionalen Selbstkonzepts; Einstellungen zur eigenen sportlichen Kompetenz, physischen Attraktivität, körperlichen Fitness und physischen Kraft werden im körperliche Selbstkonzept verankert.

Zwar verweisen Studien darauf, dass keine geschlechterspezifischen Unterschiede bezogen auf die generelle Struktur ihres Selbstkonzepts bestehen (vgl. Marsh et al. 1985: 581ff.; Hagger et al. 2005: 297ff.; Schilling et al. 2006: 9ff.; Cole et al. 2001: 1723), deutliche Unterschiede werden allerdings bezogen auf das Körperselbstkonzept festgestellt: Mädchen weisen im Vergleich zu Jungen deutlich negativer geprägte Selbsteinschätzungen auf. Hieran wird der fließende Übergang vom Selbstkonzept zum Selbstwert bzw. Selbstwertgefühl deutlich, wenn aus einer Wahrnehmung die Bewertung des eigenen Aussehens wird. Der Selbstwert bildet – zur Erinnerung – die affektiv-evaluative Komponente des Selbst, die auf den Informationen, die das Selbstkonzept eines Menschen beeinflussen, aufbaut.
Nachdem im Kindesalter noch ein unrealistisch hoher Selbstwert beobachtet wird, führen Fremdbeurteilungen und soziale Vergleiche, die Identifikation von Ist-Soll-Diskrepanzen zwischen einem realistischen und einem möglichen Selbst sowie der Umgang und die Integration von verschiedenartigen Informationen zur eigenen Person spätestens ab Schuleintritt zu einer Abnahme des Selbstwerts, die in der späten Jugend ihren Tiefpunkt findet. Der Selbstwert von Mädchen sinkt in der Adoleszenz laut Robins et al. (2002: 428) nahezu doppelt so stark wie bei Jungen im gleichen Alter. Vergleichbare Verläufe werden auch von Baldwin und Hoffmann (2002: 106f.) repliziert, wobei die Einbußen bei Mädchen noch stärker ausfallen (vgl. Abbildung 10).

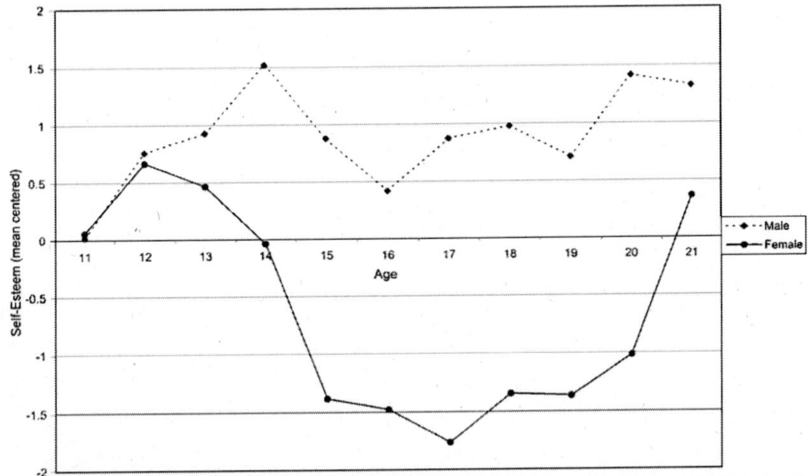

Abbildung 10: *Changes in mean levels of self-esteem, by sex* [vgl. Baldwin & Hoffmann 2002: 107]

Die Erklärung der geschlechtsspezifischen Differenzen eines geringen Selbstwerts bietet Potenzial für eine Anlage-/Umweltdebatte. Raevuori et al. (2007) stellen beispielsweise in einer Zwillingsstudie fest, dass der Beitrag genetischer Faktoren zum Selbstwert bei Junge deutlich höher liegt (82 %), als bei Mädchen (31 %). Bei letzteren spielen Umwelteinflüsse eine weitaus höhere Rolle (61 %). Ob und inwiefern die Umwelteinflüsse mit den genetischen Faktoren interagieren bleibt unbeantwortet. Weiterhin wird die körperliche Entwicklung sowie die Auseinandersetzung mit dem eigenen Aussehen als Einflussfaktor diskutiert. Es wird angenommen, dass sich in der Jugendzeit primär Mädchen vermehrt mit dem Aussehen beschäftigen und gleichzeitig kritischer bzw. unzufriedener mit dem eigenen Körper sind. Dies wiederum führe zu geschlechtstypischen Unterschieden in der Einschätzung der eigenen Attraktivität (vgl. Robins et al. 2002: 430; Robins & Trzesniewski 2005: 159; Baldwin & Hoffmann 2002: 107ff.; Rosenblum & Lewis 1999: 54ff.).
Ursächlich oder zumindest verstärkend für ein negatives Körperselbstbild bei Mädchen können gesellschaftliche präsente, überhöhte weibliche Schönheitsideale sein, die inzwischen durch unrealistische Darstellungen auf Social Media weiter potenziert werden und in der Folge das Risiko für Depressionen und Essstörungen erhöhen (vgl. Cole et al. 2001: 1737ff.; Lindberg et al. 2006: 70ff.; Hagger et al. 2005: 299ff.; Robins & Trzesniewski 2005: 159).

Verschiedene aktuelle Studien zeigen, dass Darstellungen anderer auf Plattformen wie Instagram z. B. in Form von Fitnessinspirationen, aber auch die eigene Darstellung und damit verbundene Reaktion in Form von ‚Likes' und Kommentaren verstärkten Einfluss auf das Körperbild und Selbstwertgefühl von Mädchen haben (vgl. z. B. Mills et al. 2018: 86ff.; Prichard et al. 2020: 1ff.; Tiggemann et al. 2018: 90ff.; Tiggemann & Zaccardo 2018: 1008ff.).

Nicht zuletzt wird auch vom Außen ein Beitrag zum Selbstwert geleistet, wenn es um frühkindliche Prägung und Bindungserfahrungen (vgl. Abschnitt 3.1.1), das elterliche Erziehungsverhalten (vgl. z. B. Behnke et al. 2011: 1188f.) oder die Akzeptanz durch Gleichaltrige geht. Positive Aussagen vom Gegenüber führen zeitgleich dazu, dass der Sender dieser Informationen als sympathischer wahrgenommen wird (vgl. Boden et al. 2008: 319ff.). Es wurde außerdem festgestellt, dass das Selbstwertgefühl heranwachsender Mädchen maßgeblich davon abhängt, ob sie sich in sozialen Interaktionen als authentisch wahrnehmen, sie also sie selbst sein können (vgl. Impett et al. 2008: 723). Weitere äußere Einflüsse, die sich stärker negativ auf den Selbstwert von Mädchen auszuwirken scheinen, sind kritische Lebensereignisse (vgl. Baldwin & Hoffmann 2002: 104). Scheidungskinder haben häufiger ein negatives Selbstkonzept und zeigen im Erwachsenenalter vermehrt emotionale Problemen und ein höheres Scheidungsrisiko. Die Übernahme und Übertragung negativer Einstellungen bzw. Vorstellungen auf die eigene intimen Beziehungen scheint insbesondere dann als langfristige Auswirkung relevant, wenn die Scheidung im Jugendalter miterlebt wird (vgl. Amato 2001: 355ff.; Amato & Keith, 1991: 48ff.; Wallerstein et al. 2002: 32ff.).

Ein negatives bzw. geringes Selbstwertgefühl ist deshalb problematisch, weil es begünstigt, sich wertlos, deprimiert und hoffnungslos zu fühlen und vermehrt Aggressionen, Drogenkonsum, Depressionen, sozialer Rückzug oder Selbstmordgedanken festgestellt werden können (vgl. Zimmerman et al. 1997: 127ff.; Boden et al. 2008: 319ff.; Trzesniewski et al. 2006: 381ff.). Auch gilt ein geringes Selbstwertgefühl als Prädikator für Probleme im Erwachsenenalter, die sich auf die psychische Gesundheit oder Zufriedenheit mit sich oder in Beziehungen auswirken, wobei ungeklärt ist, ob derartige Auswirkungen ein Resultat eines geringen Selbstwertes allein sind oder evtl. eine dritte Variable entsprechenden Einfluss hat. So wurde festgestellt, dass ein geringes Selbstwertgefühl oft mit einem geringen Bildungsstand und Einkommen, psychischen Erkrankungen, Drogen- oder Alkoholkonsum der Eltern oder auch einer Mutterschaft als Minderjährige einher geht (vgl. Boden et al. 2008: 319ff.).

3.3 Sozialpsychologische Betrachtung der Beziehungsebene

Der vorangegangene Abschnitt hat verschiedenste Ausgangspunkte für die Entstehung von einer erhöhten Vulnerabilität gegenüber gewaltvoller Beziehungserfahrungen offenbart. Damit unsicheres Bindungsverhalten, der Wechsel zentraler Bezugspersonen oder auch ein geringer Selbstwert als Nährboden für emotionale Abhängigkeit fungiert, bedarf es entsprechender Einwirkung und Handlungen durch das Gegenüber. Anhand sozialpsychologischer Modelle wird nachfolgen der Blick auf die interaktionale Ebene gerichtet und wiederkehrende Gewalt im Beziehungskontext, emotionale Abhängigkeit sowie daraus resultierende erschwerte Loslösung aus dem Gewaltkontext theoretisch erklärt.

3.3.1 Erklärung wiederkehrender Gewalt in Paarbeziehungen

Eine Partnerschaft im Loverboy-Kontext ist meist nicht gleichzusetzen mit anderen gewaltvollen Paarbeziehungen, schließlich handelt es sich in vielen Loverboy-Fällen um eine vorgetäuschte bzw. instrumentalisierte Beziehung. Eine Übertragbarkeit von Erkenntnissen zu gewaltvollen Paarbeziehungen ist dennoch möglich und sinnvoll. Beispielsweise handelt es sich aus Opferperspektive um eine reale Beziehung zum Täter. Um diese Wahrnehmung zweifelsfrei aufrechtzuerhalten und damit entsprechende Einflusswege zu verfestigen, muss der Täter interpersonelle Beziehungsdynamiken möglichst überzeugend reproduzieren. Weiterhin existieren Fallverläufe, in denen aus einer anfangs ‚normalen' Beziehung heraus die Idee zur (zunächst freiwilligen) Prostitutionsausübung entsteht (vgl. Zietlow & Baier 2018: 55; Müller-Güldemeister 2011: 23). Die Grundstrukturen der betrachteten Beziehungen differenzieren sich also nicht wesentlich von im Bereich der häuslichen Gewalt betrachteten Konstellationen, wenn vereinfacht angenommen wird, dass es um „zwei Individuen, die in emotionaler Beziehung zueinander stehen [und] in ein Gewaltverhältnis involviert sind" geht (Egger & Schär-Moser 2008: 17). Nicht zuletzt sind auch deutliche Parallelen hinsichtlich der Gewaltformen erkennbar. Als Bezugsrahmen zur Veranschaulichung möglicher Formen von (männlicher) Gewalt, die innerhalb heterosexueller Beziehungen zur Aufrechterhaltung des ungleichen Machtverhältnisses dienen, kann beispielsweise das sogenannte Rad der Gewalt (oder auch *Wheel of Power and Control*) herangezogen werden (vgl. Abbildung 11; vgl. Glas et al. 2021: 175; entwickelt von Domestic Abuse Intervention Projekt (DAIP) aus Basis von Pence et al. 1993).

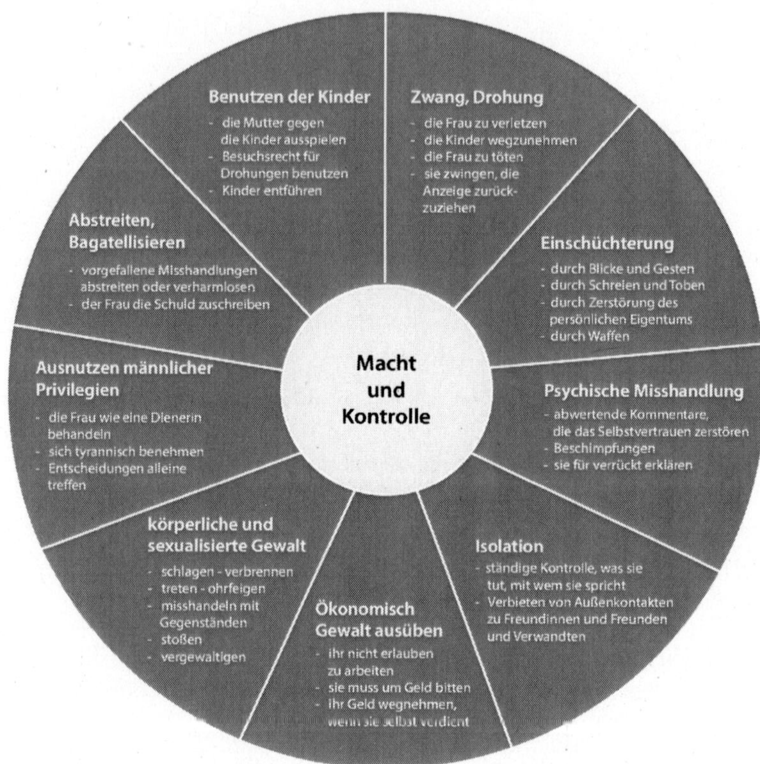

Abbildung 11: *Rad der Gewalt* [vgl. Glas et al. 2021: 175]

Die bisherigen Kenntnisse zu den eingesetzten Zwangsmittel im Loverboy-Kontext verweisen auf erste Parallelen (vgl. z. B. CCV 2012: 17; Müller-Güldemeister 2011: 24; Scheer & Dufner 2015: 23; Baier et al. 2019: 691; Serie et al. 2018: 174f.), deren Passgenauigkeit im Zuge der Ergebnisdarstellung empirisch weiter konkretisiert und untermauert werden kann (vgl. Abschnitt 5.2.3, 6.2.1).

a) Muster von Gewaltbeziehungen nach Helfferich (2004)

Erste Einschätzungen zur Entstehung und Aufrechterhaltung von destruktiven, gewaltgeprägten und unverhältnismäßig stark gefestigten Beziehungen liefern die vier Muster von Gewaltbeziehungen nach Helfferich et al. (2004), die empirisch abgeleitet, jedoch nicht als trennscharfe Kategorien zu verstehen sind:

Folgt auf eine einmalige Misshandlung eine direkte Trennung (im betrachteten Deliktsbereich kann dies ein ausgeübter Zwang über Gewalt oder auch konkret die Prostitutionszuführung sein), sehen sich die

betroffenen Frauen als handlungsaktiv und identifizieren die Wandlung in der Beziehung als Problem des Mannes und nicht ihr eigenes. Schuldgefühle spielen in der Konstellation daher kaum eine Rolle. Zwar können die anfänglichen glücklichen Zeiten weiterhin wahrgenommen werden, die Beziehungsperspektive ‚Versöhnung' setzt allerdings klare Bedingungen voraus. Das beschriebene Muster der *raschen Trennung* wird als charakteristisch für ein junges Alter der Frauen gesehen und markiert den Autorinnen zufolge „einen Generationenwandel, was das selbstbewusste Vertreten von Ansprüchen an eine gleichberechtigte Beziehung angeht" (Helfferich et al. 2004: 43).
Beim Muster der *neuen Chance* wird nach der Gewaltanwendung bewusst an der Beziehung festgehalten; die Betroffene sieht sich also in der Position einer Handlungsmächtigen. Die vorangegangenen Schwierigkeiten werden im Problembereich des Mannes verortet (z. B. Alkoholsucht, psychische Erkrankung), für die es allerdings eine Lösung gäbe (z. B. Therapie, Einsicht). Die Gewaltvorfälle werden als Sonderfall zur sonst herrschenden Normalität betrachtet (vgl. Helfferich et al. 2004: 43f.).
Bei langandauernden Beziehungen mit mehrfachen Misshandlungen konstatieren die Autorinnen der Untersuchung ein Muster des *fortgeschrittenen Trennungsprozess*, bei dem entgegen der Annahme einer sich immer weiter zuziehenden Gewaltspirale, in der die Betroffene mit zunehmender Gewalt sukzessiv ihre Handlungsfähigkeit verliert (vgl. nachfolgende Ausführungen zur *Gewaltspirale* nach Walker (1977) bzw. Peichl (2011)), ihre Handlungsmacht zunimmt. Das kann durch einen inneren Loslösungsprozess oder auch durch erste (heimliche) Schritte zur Trennung erfolgen (vgl. Helfferich et al. 2004: 44 ff.).
Auch Gewaltdynamiken, die dem Muster der *ambivalenten Beziehung* folgen, sind meist in langjährigen Partnerschaften zu finden. Die Betroffene durchlebt keinen gradlinigen Loslösungsprozess, vielmehr ist die Beziehungsdynamik durch einen Wechsel aus Trennung und Wiederaufnahme geprägt. Meist kam es bereits frühzeitig zur Gewaltanwendung, in dessen Folge die Beziehung fortgeführt und die Bindung weiter intensiviert wurde. Diese enge Bindung sei für die Frauen oft selbst nicht erklärbar und geht dabei mit Hilflosigkeit, Ratlosigkeit, Handlungsunfähigkeit und Ineffektivität einher (vgl. Helfferich et al. 2004: 46f.). Hier lassen sich deutliche Parallelen zum *Modell der Gewaltspirale* nach Walker (1977) erkennen, die nachfolgend vertieft wird. Besonders schwer wiegt in einem derartigen Gewaltgeflecht die Tatsache, dass Interventionsversuchen von außen zu einer Solidarisierung mit dem Partner führen können, was einen Zugang entsprechend erschwert. Die

untersuchten Fälle von Helfferich et al. (2004: 46ff.) zeigen, dass die Betroffenen auch nach einer Trennung emotional noch eng mit dem Partner bzw. der Beziehung gebunden sind.

b) Gewaltspirale nach Walker (1977)[15]

Um genauer zu verstehen, wie eine reaktive und von emotionaler Abhängigkeit geprägte Beziehungsdynamik entsteht bzw. aufrechterhalten wird, lässt sich das theoretische Erklärungsmodell der Gewaltspirale nach Walker (2016: 91ff.;1977: 252ff.) heranziehen. Darin werden destruktive Beziehungsdynamiken, in denen es wiederholt zur Gewaltanwendung kommt, ohne dass eine Trennung vollzogen wird, in drei zeitlich nicht festlegbare Phasen unterteilt. In der ersten Phase dominiert der Spannungsaufbau (the tension-building stage), in der bereits verbale Auseinandersetzungen, leichte körperliche Gewalt, wie Schubsen oder leichte Schläge, aber auch Momente der Besänftigung auftreten. Zu einer aktiven Gegenwehr durch die betroffene Person kommt es in der Regel nicht. Der Spannungsaufbau gipfelt in einer Explosion, dem massiven Gewaltereignis (explosion or acute battering incident). Hierbei kommt es zur psychischen und psychischen Traumatisierung, die bei den Opfern mit einem Gefühl der Machtlosigkeit, Hilflosigkeit und Todesangst einhergehen. Die daran anschließende dritte Phase wird durch Reue und dem Versuch des Ungeschehenmachens eingeleitet, indem sich der Täter beispielsweise liebevoll zeigt, um Vergebung bittet und sein Verhalten mit Alkohol- oder Drogenkonsum entschuldigt. Es folgen emotionale und materielle Aufmerksamkeiten und Versprechungen, dass dieses nicht erneut geschehen wird. Die Betroffene lässt sich daraufhin erneut auf die Beziehung ein und verzeiht das Vorgefallene. In diesem Zusammenhang geben sich die Betroffenen selbst oft Schuld am Geschehenen („Ich hätte ja auch nicht weiter provozieren dürfen"); es kommt zur Bagatellisierung oder gar Verleugnung der Gewalteskalation (vgl. Walker 2016: 75ff.).

Je öfter der Kreislauf der Gewalt durchlaufen wird, desto kürzer ist der Zeitraum bis zur erneuten akuten Gewaltphase und auch die Reue des Täters nimmt ab. Der Eskalationstheorie folgend wurde empirisch in verschiedensten Studien nachgewiesen, dass auch die Schwere der Gewalt durch jeden weiteren Vorfall zunimmt (vgl. Messing et al. 2018; Boxall & Morgan 2020; Stark 2012). Boxall und Lawler (2021: 11f.) weisen

[15] Das *Modell der Gewaltspirale* nach Walker (1977) und auch modifiziert nach Peichl (2011) geht von der Konstellation eines männlichen Täters und eines weiblichen Opfers aus. Die Prüfung, ob eine Übertragbarkeit auf andere Konstellationen möglich und sinnvoll ist, ist nicht Gegenstand der vorliegenden Arbeit.

darauf hin, dass die Prävalenz dieser Eskalationsverläufe durchaus höher sein kann, als in den Studien abbildbar, da es oft an verlässlichen Messgrößen fehlt, um auch psychische Gewalt, wie Bedrohungen und extreme Kontrolle, die ebenso auf die Betroffenen wirkt, realitätsnah zu berücksichtigen.

c) Erweiterung der Gewaltspirale nach Peichl (2011)

Peichl (2011: 9ff.) sieht in der Gewaltspirale ein einander bedingendes Geschehen, in dem das Verhalten beider Parteien zur Aufrechterhaltung beiträgt, und erweitert bzw. differenziert aus psychoanalytischer Perspektive das zirkuläre Geschehen weiter (vgl. Abbildung 12).

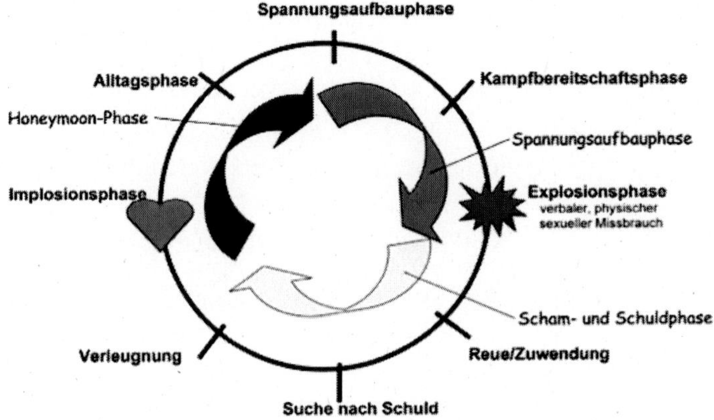

Abbildung 12: *Die Erweiterung der Spirale der Gewalt*
[vgl. Peichl 2011: 9]

An- und Entspannung werden in *Explosions- und Implosionsphase* unterteilt, wobei hin zu Explosion vom alltäglichen Miteinander die Spannung sukzessiv zunimmt, bevor es nach beidseitiger Kampfbereitschaft zur gewaltvollen Eskalation kommt. Die wechselseitigen Dynamiken im Anschluss an diese Explosion sind entscheidend für einen wiederkehrenden Prozess: Durch offen gezeigte Reue, der Bitte nach Vergebung oder auch Schmeicheleien, Liebesbekundungen, liebevolle Zuwendungen und Aufmerksamkeiten, ist die Partnerin zu Vergebung bereit und öffnet damit den Weg zurück in die normale Beziehung. Gleichzeitig neigt die Frau dazu, die Schuld bei sich zu sehen, wodurch wiederum dem Mann die Verantwortung für sein Handeln entzogen wird. Die damit erzeugte Passivität kann verstärkt werden, indem der gewaltvolle Partner an das Liebesbewusstsein und Verantwortungsgefühl der Betroffenen appelliert, „dass nur sie ihm helfen und ihn retten könne“ (Peichl 2011: 13)

oder mehr oder weniger offen mit Suizid droht. Aus psychoanalytischer Sicht kommt es dadurch zum Rollentausch, in dem der Mann den hilflos untergebenen und die Frau den mütterlich-rettenden Part einnimmt. Das Gefühl, dass sie allein ihn zu einem besseren Menschen machen kann, lässt weiterhin an der Beziehung festhalten. Eine Anzeige wird zurückgezogen, die Erinnerungen an das Geschehene verdrängt, bagatellisiert oder verleugnet.
Es kann auch zur Solidarisierung und Verteidigung des Partners gegenüber anderen kommen. Jegliche Konflikte werden damit zumindest dem Schein nach aus dem Weg geräumt und es kann erneut in das alltägliche Miteinander übergegangen werden, bis sich sukzessiv erneut Spannung aufbaut und der Teufelskreis – nun mit dem Bewusstsein, dass ein massiver Gewaltausbruch nicht zwangsläufig auch das Lossagen aus der Beziehung bedeutet – beginnt von vorn (vgl. Peichl 2011: 13ff.).

Nach Walker (2009: 77) wirkt sich diese chronische Macht- und Hilflosigkeit auf das Selbstwirksamkeitsgefühl und Problemlöseverhalten aus, wodurch unter anderem das Verhaltens-Repertoire eingeschränkt wird und zeitgleich die Motivation und Fähigkeit zu reagieren sinkt. „Nachdem die misshandelte Frau ihr Gefühl der Hilflosigkeit generalisiert hat, tritt als nächstes ein, daß sie glaubt, nichts, was sie tut, könnte überhaupt etwas an irgendeiner Situation ändern – nicht nur an der speziellen, die gerade eingetreten ist." (ebd.: 78). Derartige Attributionen können ausschlaggebend dafür sein, dass Hilfsangebote nicht angenommen bzw. nicht aktiv eine Loslösung aus der Gewalt angebahnt wird (vgl. Barnett 2001: 8f.; Aguilar & Nightingale 1994: 42ff.). Aktuelle Untersuchungen, denen eine stärker auf die Befähigung und aktives Coping ausgerichtete Perspektive zugrunde liegt, heben hervor, dass „gewaltbetroffene Frauen entgegen der häufig formulierten Annahme ihrer erlernten Hilflosigkeit vielfältige Strategien anwenden, um ihre Erfahrungen zu formulieren, wobei an erster Stelle meist informelle Quellen stehen" (Brzank 2012: 76; Verweis auf Cattaneo et al. 2007: 467ff.; Escribà-Agüir et al. 2010: 383ff.; Barrett & Pierre 2011: 47ff.; Müller & Schröttle 2004: 159).

3.3.2 psychotraumatologische Erklärungen erschwerter emotionaler Loslösung

Theoretische Modelle, wie das Stockholm Syndrom oder die Überlebens-Bindung oder auch Täterinterjektion werden unter anderem im kriminologischen Kontext zur Erklärung emotionaler Bindungen und Abhängigkeiten in einer Täter-Opfer-Konstellation herangezogen und basieren auf Reaktionen (psycho-)traumatisierender Situationen bzw. Erfahrungen.

Sie stellen damit eine weitere Sicht auf Abhängigkeitsverhältnisse und erschwerte Loslösung außerhalb des Partnerschaftsgewaltkontexts dar, wobei bereits Übertragungen auch auf den Beziehungskontext stattfinden (vgl. z. B. Godenzi 1993: 250) zum Stockholm Syndrom in Gewaltbeziehungen).

a) Stockholm Syndrom und dessen Übertragung auf gewaltgeprägte Paarbeziehungen

Das im Zusammenhang mit einer Geiselnahme in einer Bank in Stockholm im Jahr 1973[16] bekannt gewordene *Stockholm-Syndrom* (vgl. Lang 1974: 56ff.; Harnischmacher & Muether 1987: 1ff.) beschreibt eine paradoxe psychologische Reaktion, in der die Geisel eine positive emotionale Beziehung zum Geiselnehmer aufbaut (vgl. Lüdke & Clemens 2001: 7ff.; Köthke 1999: 79). Psychotraumatologisch betrachtet handelt es sich um eine Strategie mit dem Trauma der Opferwerdung umzugehen, wodurch die hilflose und belastende Lage erträglicher werden soll. Es kann sich andererseits aber auch um eine Art Schutzmechanismus zur Abwehr möglicher Gewalteinwirkung handeln (vgl. Lüdke & Clemens 2001: 7ff.; Köthke 1999: 79). Vergleichbare Reaktionen sind auch in anderen Gewaltkontexten zu finden; das Stockholm-Syndrom wird zum Beispiel im Zusammenhang mit Partnerschaftsgewalt, sexuellem Missbrauch von Kindern oder anderen zwischenmenschlichen Verbindungen mit missbräuchlichem, kontrollierendem Machtgefälle diskutiert (vgl. Stines 2018; Dutton & Painter 1981; Wallace 2007; Graham & Rawlings, 1991; Fabrique et al. 2007).

Charakteristisch für das Stockholm-Syndrom ist die positive Einstellung bis hin zur starken persönlichen Bindung an die Tatperson. Das führt dazu, dass das Opfer sich mitunter mit den Tathandlungen identifiziert und an die Gutmütigkeit der Tatperson glaubt. Es kann zum Gefühl des Mitleids kommen. Die Loyalität gegenüber der Tatperson ist höher als zu sich selbst, wodurch zeitgleich wenig bis keine Anstrengungen zur Flucht unternommen werden und die Kooperationsbereitschaft mit staatlichen oder nicht-staatlichen Behörden gering bleibt (vgl. Lüdke & Clemens 2001: 3f.; Stines 2018; Graham & Rawlings 1991: 119ff.; Fabrique et al. 2007). Zur Entstehung des Stockholm-Syndroms im Kontext von Geiselnahmen existieren verschiedenste fachliche Einschätzungen aus den Bereichen der Strafverfolgung und Psychologie; weitläufige Einigkeit besteht dabei bezüglich folgender Bedingungen (vgl. Lüdke & Clemens 2001: 7ff.; Köthke 1999: 79):

[16] Für eine detaillierte Beschreibung vgl. Lang (1974: 56ff.); Harnischmacher & Muether (1987: 1ff.) und Köthke (1999: 78f.)

1. Der Geiselnehmer droht damit, das Opfer zu töten, bzw. vermittelt den Eindruck, dass er dazu in der Lage ist. Die Geisel hält es für sicherer, sich mit dem Täter zu verbünden, die Härte der Gefangenschaft zu ertragen und dem Geiselnehmer zu gehorchen, als Widerstand zu leisten.
2. Die Geisel befindet sich in physisch oder psychisch erzeugter Gefangenschaft ohne wahrnehmbare Möglichkeit, dieser Lage zu entkommen. Dabei übt die Tatperson Kontrolle über die Überlebensbedürfnisse des Opfers aus oder suggeriert, dies zu tun.
3. Das Opfer wird von anderen Personen isoliert und hat somit nur Zugang zur Wahrnehmung des Geiselnehmers. Informationen von Dritten werden abgewendet bzw. abgewertet, sodass höchstmögliche Abhängigkeit hergestellt wird.
4. Eine Geiselnahme muss mindestens mehrere Stunden andauern und es müssen auch positive Interaktion dem Geiselnehmer stattfinden. Das können kleinste Formen der Zuneigung oder freundliche Ansprachen sein.

Godenzi (1993: 250) überträgt die Voraussetzung auf Partnerschaftsgewalt und definiert folgende Voraussetzungen:

1. „Ein Mann bedroht eine Frau auf schwerste Weise (z. B. mit dem Tod).
2. Die Frau kann nicht ausweichen, so dass ihr Leben ganz vom Mann abhängig ist.
3. Die Frau ist isoliert von anderen Bezugspersonen, ihre einzige Perspektive ist ein Leben mit dem Mann.
4. Der Mann ist auch zärtlich und liebenswürdig zu der Frau.“

Auch andere Autor:innen verweisen auf die Übertragbarkeit hin und stellen dabei insbesondere den intermittierenden Charakter zwischen Gewalt und Zuwendung heraus, der vergleichbare starke Bindungsmuster wie auch beim Stockholm-Syndrom erzeugt und bereits aus der Gewaltspirale im Kontext von Partnerschaftsgewalt als bindungsverstärkender Mechanismus beschrieben wurde. Während Gewaltausbrüche und -androhungen angstbedingten Stress verursachen und die Betroffene oft erstarrt und untätig werden lassen, bilden auf der anderen Seite positive Assoziationen mit der Ehe oder Momente der Hoffnung durch Liebesbekunden und Versprechen einen bindenden Gegenpol, der ebenfalls zum Festhalten an der Beziehung führt (vgl. Godenzi 1993: 251; Schmid 2010: 47; Lampe 2013: 38; Dutton & Painter 1981: 140ff.; Barnett 2001: 3ff.).

Dutton und Painter (1981: 146ff.) sprechen gar von *traumatic bonding*, wenn eine starke emotionale Bindung innerhalb einer Partnerschaft durch wiederholte Gewaltanwendungen entsteht. Das ungleiche Machtverhältnis führt zu dem Gefühl der Hilflosigkeit und geminderten Selbstbewusstsein bei der gewalterfahrenden Person; die gewaltanwendende Person wiederum zieht daraus ein übersteigertes Selbstbewusstsein und damit eine Bestätigung der Macht.
Ebenfalls mit psychotraumatologischen Fokus überträgt Herman (2018: 108) den Begriff der Gefangenschaft auf „von Zwang und Unterwerfung geprägte Beziehungen" (ebd.). Dabei hebt sie insbesondere das ungleiche Machtverhältnis hervor, das durch willkürliche Gewaltanwendung und Einschüchterung verstärkt wird, sich allerdings in dem Moment verringert, sobald die Interaktion wieder von Liebe und Aufmerksamkeit geprägt ist. Auch hier ist also das bereits zuvor beschriebene Wechselspiel beobachtbar, bei dem aus Sicht der Betroffenen auf dem einen Ende der Skala wiederholende traumatische Ereignisse bis hin zur Todesangst, auf dem anderen Ende gar eine Art Dankbarkeit bei der Abwesenheit von Gewalt und liebevollen Gesten seitens des Täters stehen. Es entsteht ein Bestrafungs- und Belohnungssystem mit bindungs- und abhängigkeitsverstärkender Wirkung (vgl. ebd.: 110ff.).

b) Festhalten an der Beziehung als Überlebensstrategie
Bei der theoretischen Konzeption der *Überlebens-Bindung* wird weniger aus einer Abhängigkeit zum Partner und erhofften Rückkehr zum harmonischen Miteinander an der Beziehung festgehalten. Vielmehr wird angenommen, dass die Aufrechterhaltung der Beziehung als Schutz für das eigene Überleben bzw. das der Kinder diene. Es wird daher aktiv keine Hilfe gesucht bzw. gar darauf eingewirkt, dass auch z. B. von Seiten der Kinder keine Hilfen ersucht wird. Diese Art Schutzmechanismus unterschiedet sich damit von den zuvor genannten eher ambivalenten Mustern und verweist zeitgleich auch auf ein hohes Gefahrenpotenzial seitens des Täters hin (vgl. Greber & Kranich 2013: 105/9f.).

Ein Aspekt, der ebenfalls im Zusammenhang mit dem Stockholm-Syndrom skizziert wurde, ist das psychologische Konzept der Introjektion, wenn es um die Loyalität zum Täter und Identifizierung mit der Tathandlung geht. Damit ist die Übernahme zuvor aversiver Realitäten, Motive, Anschauen, Werte etc. in das Ich, so wie es die Identifizierung mit etwas ausdrückt (vgl. Dorsch Lexikon der Psychologie 2021). *Täterintrojektion* – als Spezifizierung destruktiver Bindung an einen Partner – wird insbesondere im Zusammenhang komplexer psychischer Traumata beschrieben und u. a. in langandauernden, massiven Gewaltbeziehungen entwickelt werden kann. Auch dieser Prozess wird als eine Art Überlebensstrategie angesehen, in der jegliche Abwehrmechanismen unterdrückt und täteridentifizierender Ansichten und Realitäten übernommen werden. Dem Partner gegenüber wird damit Loyalität signalisiert und die betroffene Person erlangt damit ein vermeintliches Kontrollgefühl (vgl. Igney 2008: 46; Vogt 2021: 182ff.; Peichl 2010: 304ff.).

Die in diesem Kapitel vertieften Ansätze bilden fortan den theoretischen Hintergrund der Untersuchung und werden in Kapitel 6 zur Einordnung und Diskussion der Ergebnisse herangezogen.

4. Forschungsparadigma und Untersuchungsdesign

Zur Beantwortung der forschungsleitenden Frage *„Welche Vulnerabilitätsfaktoren und Täterstrategien zeigen sich bei der Loverboy-Methode in Deutschland und inwiefern bedingenden diese die Entstehung von emotionaler Abhängigkeit?"* ist ein qualitatives Untersuchungsdesign entwickelt worden, in dem Vertreter:innen von Polizei und Fachberatungsstellen – also jenen professionellen Akteur:innen, die am dichtesten am Geschehen sind – umfassende Einblicke in das Loverboy-Phänomen gewähren. Ziel ist es, Entstehungsbedingungen und Wirkungszusammenhänge zu identifizieren und zu verstehen, inwiefern diese die emotionale Abhängigkeit als zentralen Einflussfaktor und Ausgangspunkt der Ausbeutung bedingen. Anfängliche forschungsparadigmatische Einordnungen und kritische Betrachtungen der Rolle der Befragten sowie der Forscherin (Abschnitt 4.1) sind als notwendige Grundlage für die weiteren Erläuterungen zur Vorstudie und Hauptuntersuchung (vgl. Abschnitt 4.2; 4.3) zu verstehen.

4.1 Forschungsparadigma der Untersuchung

Für den gewünschten Erkenntnisgewinn gilt es Entstehungsweise, Dynamik und strategischen Elementen innerhalb der Loverboy-Fälle zu verstehen. Der Thematik wird sich also aus einer interpretativen forschungsparadigmatischen Perspektive im Sinne der Ausführungen nach Wilson (1973) genähert. Dies wiederum setzt voraus, dass sich auch kritisch mit dem Verständnis und der Einflussnahme der Untersuchungsbeteiligten auseinandergesetzt wird (vgl. z. B. Helfferich 2011: 55ff.; Aghamanoukjan et al. 2009: 427f.; Breuer et al. 2002: 1ff.).

4.1.1 Einordnung in das interpretative Forschungsparadigma

Wenn von einer methodologischen Verortung im interpretativen Paradigma gesprochen wird, ist weniger die traditionelle wissenschaftstheoretische Betrachtungen im Rahmen des symbolischen Interaktionismus oder der Ethnomethodologie gemeint, sondern vielmehr der sich in den 1970er und 1980er Jahren verstärkten Zuwendung hin zur forschungsmethodischen Ebene. Grundlage bilden die wissenschaftstheoretischen Annahmen, die menschliches Handeln und Interaktion mit den Konstrukten *Sinn*, *Bedeutung* und *Verstehen* verknüpfen und sich damit von einem naturwissenschaftlichen Verständnis mit primär deduktiven Erklärungsmodellen zu geistes- und sozialwissenschaftlichen Phänomenen distanziert (vgl. Wilson 1973: 54ff.; Blumer 1973: 81; König 1991: 54ff.). Soziale Wirklichkeit – als übergeordneter Untersuchungsgegenstand – ist also nicht als etwas Objektives und standardisiert Messbares

zu verstehen; es bedarf im Sinne eines konstruktivistischen Verständnisses der Exploration mittels Interpretation von im Material innewohnendem Deutungsmuster und Sinnzuschreibung (vgl. Blumer 1973: 120ff.; Helfferich 2011: 22ff.).
Dafür bedient sich diese Arbeit Methoden der qualitativen Sozialforschung, die in einem iterativ strukturiertem Forschungsprozess von der Erhebung bis zum Ergebnis gerahmt werden, um so die Gegenstandsbeschreibungen der Befragten zu analysieren (vgl. Döring & Bortz 2016: 16ff.). Verstehen und Interpretation beginnen dabei nicht erst im Zuge der überwiegend induktiv angelegten Auswertung der Interviewtranskripte, sondern bereits im Interview selbst (vgl. Helfferich 2011: 23f.). Die Erklärungsgrundlage dafür liegt im wissenschaftstheoretischen Verständnis sozialer Wirklichkeit, dessen Kerngedanken nachfolgend kurz skizziert werden.
Soziale Wirklichkeit wird nicht als objektiv und statisch zu erfassende Realität definiert, sondern „ist als immer schon interpretierte, gedeutete und damit interaktiv hergestellte und konstruierte Wirklichkeit Forschungsgegenstand“ (Helfferich 2011: 22). Möchten Forscher:innen sich einem Bereich verstehend beispielsweise über qualitative Interviews nähern, handelt es sich folglich immer um eine Verstehensleistung zweiten Grades – oder in den Worten von Schütze (1993) – Konstruktion zweiten Grades. Es wurde nämlich bereits beim Verstehen der eigenen Lebenswelt – auf den Untersuchungsgegenstand übertragen das erfahrungsbasierte explizite und implizite Wissenselemente zu Loverboy-Fällen – Sinn zugeschrieben. Möchte der:die Forscher:in jenen Wissenselemente erfassen, erfolgt in einem kommunikativ-interaktiven Prozess eine zweite Deutung und Sinnzuschreibung (vgl. Bogner & Menz 2001: 488f.). Daran wird deutlich, dass in der qualitativen Sozialforschung nicht nur die Rolle der Befragten, sondern auch die der fragenden Person mit Blick auf die Gestaltung der Interaktion reflektiert werden müssen (vgl. Abschnitte 4.1.2 und 4.1.3).
Der Zugang zu Wirklichkeitskonstruktionen und Deutungsmustern des untersuchten Gegenstands kann auf zweierlei Weisen realisiert werden. Entweder werden die Tatbeteiligten selbst – also bei dem hier betrachteten Forschungsgegenstand die Loverboys oder die Betroffenen des Loverboy-Phänomens – zum Fallgeschehen befragt, wobei bei einer Befragung der Täter a) die Auskunftsbereitschaft, b) die Bereitschaft zu wahrheitsgemäßen Angaben und c) nicht zuletzt auch die Beurteilungsmöglichkeit der Aspekte, die untersucht werden sollen, fraglich ist. Im Gegensatz dazu kann bei ausreichend ausgeprägter Reflexions- und Verbalisierungsfähigkeit davon ausgegangen werden, dass die Betroffenen

Auskunft über die Entstehung und Aufrechterhaltung emotionaler Abhängigkeit geben können. Mehrere Gründe sprechen allerdings gegen eine dezidierte Befragung von Betroffenen, die nicht selten monate- oder jahrelang sexuelle Ausbeutung erlebt haben. Die daraus resultierende psychische Traumatisierung, die nahezu bei allen Menschenhandelsopfern in mehr oder weniger komplexer Form feststellbar ist (vgl. Gahleitner et al. 2017: 22ff.), kann durch erneutes Erzählen der Geschehnisse wieder intensiviert oder aufgebrochen werden, auch wenn es durchaus Betroffene gibt, die Positives aus dem Erzählen des Erfahrenen ziehen (vgl. Hoffmann 2018: 352ff.). Allerdings muss beachtet werden, dass die Auskunftsbereitschaft von Betroffenen auch stark von Scham, Schuldgefühlen und Angst und zum Zugang zu ihren Erinnerungen bestimmt ist (vgl. Kavemann 2016: 61ff. zum Zugang zu Opfern von Menschenhan*del)*. Eine Kosten-Nutzen-Abwägung vor dem Hintergrund ethischer Gesichtspunkte, die grundsätzlich jeder Untersuchung mit psychisch belasteten Personen vorangestellt werden sollte, kam zu dem Schluss, dass der erwartete Mehrwert der Auskünfte nicht höher ist als das Risiko einer Retraumatisierung und die Einblicke in das Phänomen auch durch anderweitigen Zugang erfolgen können. In die Entscheidung ging zusätzlich die Einschätzung der Expert:innen der Vorstudie ein. Diese sahen ebenfalls die Gefahr erneuter Traumatisierung, vermuteten darüber hinaus aber auch einen geringen Mehrwert aufgrund eingeschränkter Reflexionsfähigkeiten, da ihrer Erfahrung nach nicht selten kognitive und kommunikative Barrieren bestehen, Betroffene zudem nur begrenzte Einblicke in die Gesamtkonstellation des eigenen Fallgeschehens haben.

Professionelle Akteur:innen bilden mit Blick auf die forschungsleitende Fragestellung daher einen erfolgversprechenderen Zugangsweg zum Untersuchungsgegenstand. Bezogen auf die Loverboy-Methode empfehlen sich erfahrene Ermittlungsbeamt:innen aus Fachdienststellen und Mitarbeiter:innen von Fachberatungsstellen Menschenhandel (FBS), die berufsbedingt umfassenden Einblick in das Phänomen erhalten. Inwiefern diese Gruppe professioneller Akteur:innen auch als Expert:innen mit Zugang zu Sonderwissen (vgl. Exkurs: *Sonderwissen*) anzusehen sind, wird im Abschnitt 4.1.3 umfassend erörtert. Im Gegensatz zu Betroffenen reicht deren Einblick von mehreren meist unterschiedlichen Fallkonstellationen über Hintergründe zu Täter und Opfer bis hin zu ggf. weiterführenden Kenntnissen über Zwangsmittel und Ausbeutungsdynamiken, was nicht zuletzt aus einer unbeteiligten Metaebene vermittelt werden kann. Deshalb wurde in der vorliegenden Arbeit dieser Zugangsweg als erkenntnisreich und gewinnbringend eingeschätzt.

↗ Exkurs: Sonderwissen

Wenn im Kontext von Expert:innenbefragungen von Sonderwissen gesprochen wird, geht es nicht allein um eine Abgrenzung zum Alltagswissen. Vielmehr sehen Bogner und Menz (2001: 484f.) erst dann einen Mehrwert hinsichtlich des methodischen wie theoretischen Anspruchs an das Interview, wenn eine Differenzierung in drei analytisch abbildbarer Dimensionen erfolgt. Unter *technischem Wissen* werden all jene Operationen, fachspezifischen Anwendungsroutinen und dergleichen subsumiert, die sich aufgrund ihrer inhaltlichen Spezifität recht deutlich als Wissensvorsprung zum Alltagswissen herausarbeiten lassen. Das *Prozesswissen* bezieht sich in Abgrenzung dazu stärker auf praktisches Erfahrungswissen, das sich u. a. auf Interaktionsroutinen, Handlungsabläufe oder auch vergangene oder aktuelle Ereignisse bezieht. Wichtig ist, dass dieser Wissensfundus aus der eigenen praktischen Tätigkeit oder genauen Einblicken aufgrund der Nähe zum eigenen Handlungsfeld resultiert. Nicht zuletzt kann über Befragungen von Expert:innen sogenanntes *Deutungswissen* rekonstruiert werden, das Ideen, Ideologien, fragmentarische Sinnentwürfe oder auch Erklärungsmuster umfasst. Dieses lässt sich erst im Auswertungsprozess durch die Forschungsperson durch Abstraktions- und Systematisierungsleistung geeignet herausarbeiten (vgl. ebd.).

Die vorliegende Untersuchung möchte insbesondere die zwei letztgenannten Wissensdimensionen zur Beantwortung der Frage nach spezifischen Dynamiken und Strategien zur Herstellung und Aufrechterhaltung einer emotionalen Abhängigkeit in Loverboy-Fällen heranziehen. Die Rekonstruktion entsprechender innewohnenden Thesen und Wissenselemente erfolgt in einem kommunikativ und offen angelegten Untersuchungsdesign (vgl. Helfferich 2011: 24; Abschnitt 4.3).

4.1.2 Die Rolle der Forscherin – Reflexion der Einflussnahme auf den Forschungsprozess

Im Interview findet ein zwischenmenschlicher Aushandlungsprozess statt, in dem eine Balance zwischen Vertrautheit und Fremde gefunden werden muss. Erst durch eine vertrauensvolle Arbeitsbeziehung kann sich die befragte Person öffnen und ihre Deutungen der sozialen Wirklichkeit verbalisieren (vgl. Helfferich 2011: 24f.). Der Grundstein dafür wird bereits vor dem eigentlichen Interview gelegt. Um eine funktionierende Arbeitsbeziehung herzustellen, kann und soll vonseiten der Forscher:innen in der Kontakt- und Orientierungs-phase bewusst ein sogenannter Rapport hergestellt werden, wie es auch in anderen Interaktionsprozessen betont wird (z. B. Heubrock & Palkies 2008: 602ff.; Wilimzig & Nielsen 2017: 26ff.; Bachmair et al. 2011: 35ff.).

In den Interviews der vorliegenden Untersuchung wurde mit Blick auf einen gelingenden Gesprächsverlauf die Anfangsphase daher bewusst gestaltet. So wurde beispielsweise, um eine vertraute Atmosphäre herzustellen, zu Beginn über ein nicht inhaltsbezogenes Gesprächsthema gesprochen, um einerseits mögliche Unklarheiten, Unsicherheiten oder auch Nervosität abzubauen, andererseits aber auch einen ersten Eindruck vom Sprachstil oder der Sprechgeschwindigkeit, an die sich im Interview angepasst werden kann, zu erhalten (vgl. Wilimzig & Nielsen 2017: 26ff.; Heubrock & Palkies 2008: 602ff.). War die befragte Person bereits aus früheren Berufskontakten bekannt, konnte an vergangene Situationen oder gemeinsame Erfahrungen angeknüpft werden. Handelte es sich im Gegensatz dazu um eine bisher nicht näher bekannte Person, die allerdings schnell eine informelle Kommunikationsform anbot, schloss sich die Fragen nach der Anrede in Du-Form an, um mögliche Distanzen abzubauen.

Neben der vertrauensvollen Gesprächsatmosphäre war ein weiteres Ziel der Gesprächsführung, mögliche Interaktionseffekte zu kontrollieren. Dabei geht es nicht um eine pathologische Sicht auf Kommunikation, bei der jegliche Abweichungen vom idealen, störungsfreien Interview als vermeidbarer Defekt interpretiert werden (vgl. Bogner & Menz 2001: 487). Vielmehr soll die soziale Situation *Interview* auf die Einflussmöglichkeiten, die sich laut Bogner und Menz (2001: 488) aus der Rollenausgestaltung und Interaktion innerhalb eines Expert:inneninterviews[17] ergeben, reflektiert werden. Die Überlegungen erfolgen vor der Annahme, dass „Äußerungen immer in Relation zu einem in spezifischer Weise wahrgenommenen Gegenüber konstituiert werden“ (vgl. ebd.) und daher mit der angenommenen Erwartungshaltung der Interviewerin/Forscherin harmonisiert werden. Das Erwartete leitet sich laut Bogner und Menz (2001: 488) für die befragten Personen aus Vorkenntnissen, Indizien oder gar nur Mutmaßungen bzgl. Qualifikation, fachliche Herkunft, normative Orientierung bzw. untersuchungsfeldrelevantes Macht- und Einflusspotenzial der Interviewerin und nicht zuletzt auch der Kommunikationserfahrung im Interviewverlauf ab (vgl. ebd.).

[17] Auch wenn bei den befragten Berufsvertreter:innen der Expertenstatus nicht vollumfänglich im Sinne des Verständnisses von Liebold und Trinczek (2009: 33ff.) zutrifft, können aufgrund der fachspezifischen Expertise und des anvisierten Untersuchungsgegenstand durchaus Parallelen gezogen werden, sodass die Ausführungen zu Interaktionssituationen zu Expert:inneninterviews durchaus als Orientierung für die vorliegenden Untersuchung genutzt werden können.

Dessen muss sich die Interviewerin bewusst sein, um gezielt die gewünschte Interaktionsstruktur zu fördern. Folgende vier Interaktionsstrukturen werden bei Bogner und Menz (2001: 489ff.) unterschieden:

(1) Wird im gleichen Maße Kenntnis und Information über den Untersuchungsgegenstand angenommen, wird die interviewende Person als gleichberechtigt im Sinne von Kolleg:innen angesehen – sie erscheint als *Co-Expertin*, bei der in der Regel keine Notwendigkeit gesehen wird, Details oder Begründungen auszuführen. Die dadurch entstehende Akzeptanz erzeugt einen Mehrwert auf zwischenmenschlicher Ebene, nämlich dann, wenn aufgrund eines Vertrauensvorschuss schneller in fachlich-inhaltliche Aspekte eingestiegen wird. Zielt das Interview also vor allem auf die Erfassung von technischen und prozessbezogenen Informationen ab, kann sich diese Rollenverteilung als nützlich erweisen. Problematisch wird die horizontal ausgerichtete Gesprächsstruktur dann, wenn es zu einer Verlagerung des Frage-Antwort-Verhältnisses kommt, indem die befragte Person die interviewende Person durch Rückfragen in die Erzählerrolle bringt und sich damit aus der Verantwortung eigener Informationspreisgabe zieht. Die Annahme eines geteilten Wissensbestands über das Untersuchungsfeld führt nicht zuletzt dazu, dass Ausführungen unterbleiben, die Zugang zum Deutungswissen ermöglichen, was wiederum als Voraussetzung z. B. für einen theoriegenerierenden Ansatz benötigt wird (vgl. Bogner & Menz 2001: 489ff.).

Es wurde in der Interviewsituation der vorliegenden Studie vermieden, zu stark bestehendes Wissen in das Gespräch einzubinden und damit vergleichbare Expertise zu signalisieren; auch wurde der Redeanteil der Interviewerin vor dem methodischen Hintergrund eines problemzentrierten Interviews generell gering gehalten (vgl. Witzel 2000).

(2) Nun könnte im Umkehrschluss vermutet werden, dass es vorteilhaft wäre, wenn die Interviewperson durch die befragte Person als *Laie* wahrgenommen wird, da dies als Anlass wahrgenommen werden können, ausführliche Erläuterungen auf technisch-prozessbezogener wie auch der Deutungsebene anzustellen. Es wird durchaus auf das Potenzial interessanter, ertragreicher, umfangreicher Antworten und Monologe gesehen, nicht zuletzt durch eher naive Nachfragen, die in dieser Konstellation gestellt werden können. Zeitgleich besteht allerdings die Gefahr, dass ebenfalls Belanglosigkeiten und Bekanntes widergegeben wird, ohne anspruchsvolle und komplexe Themenbereiche zu erreichen, sodass eine derartige Rollenverteilung insbesondere

in klassischen Expert:inneninterviews als Negativbeispiel angeführt wird (vgl. Trinczek 1995: 65; Bogner & Menz 2001: 490).
Da es sich bei der gewählten Erhebungsform nicht um klassische Expert:inneninterviews handelt, sondern durchaus umfangreiche, ununterbrochene Erzählsequenzen erwünscht sind, aus denen u. a. Deutungswissen rekonstruiert werden kann, wird diese Interaktionskonstellation als weniger problematisch eingeschätzt (vgl. z. B. Liebold & Trinczek 2009: 33ff.), sodass mit Blick auf umfassende Ausführungen durchaus Nachfragen, die geringe Vorkenntnisse signalisieren, in die Gesprächssituation eingebracht wurden.

(3) Weiter beschreiben Bogner und Menz (2001: 491f.) eine Interaktionssituation, in der die interviewende Person als *Autorität* wahrgenommen wird und im Sinne eines ‚überlegenden Fachexperten' „zu testen scheint, ob der Befragte ein seinem Handlungsfeld angemessenes Wissen besitzt oder ‚richtig' [Hervorhebung im Original] handelt" (ebd.: 491). Die auf der Hand liegenden damit einhergehenden Brüche auf der Beziehungseben werden zusätzlich durch die Problematik begleitet, dass die befragte Person sich ggf. besonders gut darstellen möchte, was nicht authentische und realitätsferne Ausführungen zur Folge haben kann. Derartige Interaktionskonstellation können maximal dann als gewinnbringend eingeschätzt werden, wenn der Untersuchungsgegenstand z. B. auf die Analyse von Legitimations- und Rechtfertigungsstrategien abzielt (vgl. ebd.).
Eine derartige Interaktionssituation bietet ein hohes Potenzial an Misstrauen und Distanzierung, was konträr zur methodologischen Ausrichtung dieser Untersuchung ist, da auf einer vertrauensvollen Arbeitsbeziehung Raum für ein offenes Gespräch gegeben werden soll.

(4) Zuletzt wird eine dem Erkenntnisgewinn förderliche Interaktionssituation beschrieben, in der die Interviewerin als *Komplizin* gegen einen gemeinsame Sache oder Kontrahenten gesehen wird (vgl. Herrmanns 2000: 365). Voraussetzung ist das Gefühl von Transparenz, Ehrlichkeit und Diskretion. Auch ist es förderlich, wenn die Forscherin bereits vor dem Interview bekannt ist, um die normative Einstellung einschätzen zu können. Eine derartige Vertrauensbasis bietet die Möglichkeit, Zugang zu vertraulichen Abläufen und Handlungsorientierungen zu erhalten, gleichzeitig aber auch die Einschränkungen dahingehend, dass kritische Nachfragen oder das Aufwerfen einer alternativen Perspektive als Bruch dieser Komplizenschaft interpretiert werden können (vgl. Bogner & Menz 2001: 492).

In den Gesprächen mit den professionellen Akteur:innen wurde daher, das gemeinsame Interesse an einer Verbesserung der Situation hervorgehoben, sei es mit Blick auf die dafür notwendigen finanziellen und personellen Ressourcen oder auch hinsichtlich präventiver Überlegungen oder frühestmöglicher Zugangswege zu den Betroffenen.

Insgesamt erweist es sich für die Untersuchung als förderlich, vor allem ‚den Kampf in gemeinsamer Sache' im Sinne einer Komplizenschaft sowie bei Themen, die intensiver Befassung und Vertiefung bedürfen, sich eher in der Art eines Laien zurückzuhalten, um damit umfassende Erzählanlässe zu fördern. Um am Ende eines inhaltlich ausschöpfenden Gesprächs auf einer gemeinsamen Wissensbasis weitere Erzählimpulse zu generieren, wurden teilweise fachliche eigenen Ausführungen von Seiten des Forscherin eingebracht, die stärker dem Interaktionsmuster einer Wahrnehmung als Co-Expertin entsprechen. Die Gestaltung der Gesprächsführung muss stets mit der nötigen Flexibilität und der Ausrichtung des Erkenntnisinteresses vor Augen erfolgen.

4.1.3 Die Rolle der Befragten – Erhebung von impliziten und expliziten Wissen

Um die Rolle der Befragten und das damit verbundene Erkenntnisinteresse zu definieren, wird zunächst eruiert, inwiefern die befragten Personen dem gängigen Verständnis von Expert:innen zuzuordnen sind. Der Blick in oft rezipierte Methodenbeiträge zum Expert:inneninterview verdeutlicht, dass unterschiedliche Vorstellungen existieren, wer über einen Expert:innenstatus verfügt bzw. wer nicht (vgl. Bogner et al. 2014: 9ff.; Bogner & Menz 2001: 481ff.; Liebold & Trinczek 2009: 33ff.; Hitzler 1994: 14f.; Gläser & Laudel 2009: 117ff.; Pfadenhauer 2009: 456f.; Meuser & Nagel 1989: 3f.; Meuser & Nagel 2009: 466ff.; Sprondel 1979: 149; Schütz 1972: 87ff.).

Nach einem konstruktivistischen Verständnis definieren sich Expert:innen über die Zuschreibung der Expert:innenrolle. Dies geschieht methodisch-relational durch die Forscher:innen, wenn im Sinne des angestrebten Forschungsinteresses eine Person, die geeignetem Sonderwissen (vgl. Exkurs: *Sonderwissen*) ausgestattet zu sein scheint, für die Befragung ausgewählt wird (vgl. Meuser & Nagel 1989: 3f.; Pfadenhauer 2009: 456f.). Dies allein gibt jedoch keinerlei Hinweise darauf, nach welchen Kriterien eine solche Auswahl erfolgt und legt unter Umständen den Schluss nahe, dass eine weite Auffassung der Definition dazu führt, dass jede Person als Expert:in gesehen kann – nämlich als Expert:in der eigenen Lebenswelt (vgl. Meuser & Nagel 2009: 466f.; Liebold &

Trinczek 2009: 34; Bogner et al. 2014: 10f.). Die Zuschreibung eines Expert:innenstatus erfolgt selten im luftleeren Raum, sondern setzt eine Auseinandersetzung mit dem Handlungsfeld und der Feststellung, wer sich innerhalb dessen als Expert:innen auszeichnet, voraus. Eine derartige Wahrnehmung geht in der Regel mit einer gesellschaftlichen Zuschreibung einher; aus sozial-repräsentationaler Perspektive heraus gilt also die Person, die „gesellschaftlich zum Experten gemacht wird, d.h. in der sozialen Realität als Experte gesehen wird" (Bogner & Menz 2001: 482) auch als Expert:in (vgl. auch Meuser & Nagel 2009: 466f.).

Die in der Methodendebatte rund um den Expert:innenbegriff prominente wissenssoziologische Perspektive bezieht sich häufig auf das von Schütz (1972: 87ff.) formulierte Verständnis, nach dem Expert:innen über Wissen in einem begrenzten Gebiet verfügen, das detailliert, spezialisiert und kommunikativ vorliegt (vgl. hierzu auch Liebold & Trinczek 2009: 33ff.; Bogner & Menz 2001: 483). Sprondel (1979: 149ff.) führt die Überlegungen weiter aus, wenn er diesen Wissensvorsprung als Sonderwissen im Rahmen der Berufsausübung beschreibt, wobei diese berufsförmige Verengung durchaus kritisiert wird (vgl. Bogner & Menz 2001: 483). Auch verweisen Meuser und Nagel (1994: 182ff.) darauf, dass es ergänzend zu der Annahme von Schütz und Sprondel bezüglich der expliziten und reflexiven Verfügbarkeit der Wissensinhalte auch implizite Elemente gibt, die nicht direkt abfragbar sind, sondern im Analyseprozess rekonstruiert werden müssen.

Für Bogner und Menz (2001: 485f.) ist nicht allein der Wissensvorsprung entscheidendes Definitionskriterium des Expert:innestatus, vielmehr die Praxiswirksamkeit, also jene Wirkungsmacht, die im besonderen Maße die Handlungsbedingungen anderer Akteur:innen strukturieren und mitbestimmen. Sie definieren den Expert:innenbegriff wie folgt:

> *„Experten lassen sich als Personen verstehen, die sich – ausgehend von einem spezifischen Praxis- oder Erfahrungswissen, das sich auf einen klar begrenzbaren Problemkreis bezieht – die Möglichkeit geschaffen haben, mit ihren Deutungen das konkrete Handlungsfeld sinnhaft und handlungsleitend für Andere zu strukturieren"* (Bogner et al. 2014: 13).

Während der anfängliche Definitionsteil zum problembezogenen Spezialwissen als entscheidendes Kriterium für die Auswahl der zu interviewenden Personen herangezogen wird, ist es kein Kriterium der vorliegenden Untersuchung, ob diese Personen auf dieser Wissensgrundlage auch im besonderen Maße Macht und Einfluss innerhalb oder außerhalb der beruflichen Wirkungsstätte ausübt.

Das Verständnis von Expert:innenwissen dieser Untersuchung lehnt sich also stärker am konstruktivistischen Verständnis nach Meuser und Nagel (2009: 466f.) an. Entscheidend ist, dass jene Personen, die umfassende Kenntnisse von Fallverläufen und Detailwissen zu Loverboy-Phänomenen besitzen, für die Befragung rekrutiert werden. Dies trifft insbesondere auf Sachbearbeiter:innen im Kriminalermittlungsdienst zum Deliktsbereich Menschenhandel sowie auf Mitarbeiter:innen von Fachberatungsstellen Menschenhandel zu.

Um im Interview auf differenzierte Einblicke in das Phänomen zurückgreifen und Kontrastierungen vornehmen zu können, sollten die Befragten auf mindestens fünf Jahre Tätigkeit mit der Bearbeitung von mehr als fünf Loverboy-Fällen in diesem Bereich verfügen. Hier wird erkennbar, dass nicht nur Prozess-, sondern auch Deutungswissen Gegenstand der Befragung sein soll. Neben eher faktenartigen Inhalten zum Fallverlauf werden also auch erfahrungsbasierte Gedanken und Thesen der Expert:innen einbezogen (vgl. Abbildung 13).

16 Vertreter:innen von Polizei und Fachberatungsstellen

sieben Mitarbeiterinnen von ausgewiesenen Fachberatungsstellen	neun Polizeivollzugsbeamt:innen aus spezialisierten Fachkommissariaten

mindestens fünf Jahre Berufserfahrung in dem Themenfeld; mehrere Loverboy-Fälle

Rekrutierung: Der Zugang zu den befragten Personen erfolgte in sechs Fällen über bereits bestehende berufliche Kontakte. Dadurch war eine exakte Einschätzung über den Umfang der Berufserfahrung und ggf. auch bereits bezogen auf die themenspezifischen Wissensbestände möglich. Weiteren sieben Kontakte sind über eine Vermittlung entstanden, in der entweder über Person mit Zentralstellenfunktion (Landeskriminalamt bzw. Koordinierung einer Beratungsstelle) den Kriterien entsprechende Kolleg:innen ausgewählt und für die Befragung gewonnen werden konnten oder bereits befragte Personen auf fachlich versierte Kolleg:innen verwiesen. Zwei Interviewpartner:innen wurde über eine proaktive Anfrage ausgewählt und ein weiterer Interviewpartner suchte den Kontakt, nachdem in einer polizeiinternen Sachbearbeiter:innentagung erste Zwischenergebnisse geteilt wurden und proaktiv nach weiteren Interviewpartner:innen gesucht wurde.

insgesamt 32 Fallbeschreibungen nach typischen und kontrastierenden Kriterien

Abbildung 13: *Untersuchungsgruppe der Haupterhebung*
[eigene Darstellung]

4.2 Beschreibung der Vorstudie

Durch die Vorstudie wurde das ursprünglich geplante Untersuchungsdesign der Hauptstudie modifiziert. Bevor die konkreten Konsequenzen empirisch basiert abgeleitet werden, wird zunächst das Design und die genaue Zielsetzung der Vorstudie skizziert, um anschließend die methodische Umsetzung zu erläutern.

4.2.1 Zielsetzung

Die Aufbereitung des Forschungsstands verdeutlicht, dass es sowohl an gezielten Forschungsvorhaben und somit auch an inhaltlicher Tiefe zu Beschreibung und Erklärung von spezifischen Dynamiken, Strategien und Zwangsmitteln des Loverboy-Phänomens fehlt (vgl. Abschnitte 2.3.3 und 2.3.4). Die vorliegenden empirisch belastbaren Erkenntnisse sind derart gering, dass es ratsam war, eine Vorstudie voranzustellen, um aktuelle Entwicklungen und Fallspezifika soweit zu durchdringen, um sowohl die inhaltliche Ausrichtung wie auch methodische Herangehensweise passgenau entwickeln zu können. Folgende Leitfragen galt es in der Vorstudie empirisch basiert zu überprüfen:

A. Ist eine *Fokussierung auf Betroffene mit deutscher Nationalität*, wie in der Expertise des KOK e.V. fokussiert (vgl. Müller-Güldemeister 2011), sinnvoll und allumfassend, wenn es um eine Untersuchung emotionaler Abhängigkeitsverhältnisse und Zuführungsstrategien im Beziehungskontext geht?

B. Verspricht eine *Befragung von Opfern* umfassende Einblicke in die fokussierten Fallverläufe, Dynamiken sowie Mechanismen und ist zeitgleich ethisch und forschungsökonomisch vertretbar?

C. *Welche Berufsgruppenvertreter:innen* erhalten umfassende und differenzierte Einblicke in die Fallverläufe und sollte daher in der Hauptuntersuchung befragt werden?

D. Welche *Themen- und Vertiefungsbereiche* versprechen den größten Mehrwert mit Blick auf neue Erkenntnisse zum Untersuchungsgegenstand Loverboy-Phänomen?

E. Welche *methodische Herangehensweise* bietet detaillierte Einblicke in Fallverläufe und das damit zusammenhängende Prozess- und Deutungswissen?

4.2.2 Erhebungsdesign

Zeitraum der Erhebung + Auswertung:	01.2017 – 11.2017
Interviewpartner:innen:	3x Polizei, 3x Fachberatungsstellen, 3x Staatsanwaltschaft
Zugang:	proaktive Kontaktaufnahme bei FBS; bestehende Kontakte; Fach- und Sachbearbeiter:innentagungen; Kontaktvermittlung durch andere Interviewpartner:innen
Erhebungsform:	leitfadengestützte Expert:inneninterviews (Liebold & Trinczek 2009)
Auswertungsform:	inhaltlich strukturierende Inhaltsanalyse (Kuckartz 2018)
zentrale Inhalte:	Hintergründe zu Tätern / deutschen Opfern; Datenlage, Zugangswege, Aussagebereitschaft, Lebenssituation Betroffene, Präventionsangebote

Abbildung 14: *Untersuchungsdesign der Vorstudie* [eigene Darstellung]

Dafür wurden in einer Vorstudie insgesamt neun leitfadengestützte Expert:inneninterviews (vgl. Gläser & Laudel 2009: 111ff.; Liebold & Trinczek 2009: 32ff.) mit Berufsvertreter:innen von Polizei, Fachberatungsstellen und Staatsanwaltschaft geführt, um Hintergründe zu Fällen mit deutschen Opfern sowie deren Lebenssituation, Täterstrategien und -konstellationen, Zugangswege zu Betroffenen aus Sicht der Polizei und Fachberatungsstellen, die Aussagebereitschaft sowie nicht zuletzt das bisher verfügbare Präventions- und Interventionsangebot zu thematisieren (vgl. Abbildung 14). Die befragten Personen erlangen ihre Expertise über ihre Berufsgruppenzugehörigkeit und -erfahrung, wodurch sie über spezielles Wissen verfügen, das für das gegenwärtige Forschungsinteresse relevant ist. Wie in dieser Arbeit mit dem Expert:innenstatus umgegangen wird, dessen Legitimation im Zuge der methodischen Wahl aufgeworfen wird, kann im Abschnitt 4.1.3 nachgelesen werden. In einem qualitativen Untersuchungsdesign ist auch die potenzielle Einflussnahme seitens der fragenden Person zu berücksichtigen (hierzu vertiefend Abschnitt 4.1.2). Um z. B. auf spontane Gesprächsexkurse und Vertiefungen reagieren zu können, ist es unabdingbar, dass auch die Interviewerin Kenntnis über zentrale Herausforderungen und aktuelle Entwicklungen im Themenbereich verfügt (vgl. Liebold & Trinczek 2009: 33ff.). Nur so kann ein Wechselspiel „zwischen einer thematisch-kompetenten Gesprächsinitiierung und -leitung sowie einer zurückhaltend-interessierten Haltung“ (Liebold & Trinczek 2009: 38) – einem zentralen Charakteristikum leitfadengestützter Experteninterviews – entstehen.

Diese doppelte Struktur des Interviews, die auch als *geschlossene Offenheit* beschrieben wird, setzt theoretisch-wissenschaftliche Vorüberlegungen voraus, die in Form grob vorstrukturierter Themenbereiche in den Leitfaden eingehen, ohne dabei im Gespräch die Offenheit für neue Aspekte zu verlieren oder Variationen in der Erzählabfolge zu unterbinden (vgl. Liebold & Trinczek 2009: 35). Dieser flexible Einsatz des Interviewleitfadens, „der hinreichend Raum für freie Erzählpassagen mit eigenen Relevanzsetzungen lässt“ (Liebold & Trinczek 2009: 35), verdeutlicht das im interpretativen Paradigma nach Wilson (1973) innewohnende Bestreben eines offenen, explorativen Erkenntnisgewinns und ordnet die Interviewform – trotz thematischer Vorgaben – den offenen Verfahren zu (vgl. Liebold & Trinczek 2009: 35).

Die Interviewleitfäden sind in Themenblöcke gegliedert und unterscheiden sich je nach befragter Berufsgruppe (vgl. Tabelle 5). Bei jeder Berufsgruppe wurde ein möglich erzählanregendes, leicht beantwortbares Themengebiet vorangestellt, um 1) den Gesprächsfluss zu fördern, 2) aber auch Anknüpfungspunkte für den weiteren Gesprächsverlauf zu identifizieren. Im Fall von Strafverfolgungsbehörden wurde die Anzahl bearbeiteter Fälle mit deutschen Opfern erfragt; bei den Fachberatungsstellen musste zunächst sichergestellt werden, dass ein gemeinsames Verständnis über die Zielgruppe besteht, da die Fachberatungsstellen ihre Arbeit teilweise auch auf angrenzende Deliktsfelder fokussieren. Die Leitfäden fungierten als thematische Orientierungshilfe und wurden je nach Gesprächsverlauf flexibel gehandhabt.

Tabelle 5: *Themenbereich in Interviewleitfäden der Vorstudie*
[eigene Darstellung]

Polizei	**Fachberatungsstelle**	**Staatsanwaltschaft**
▪ Fallzahlaufkommen ▪ soziodemografische Informationen aus Hellfelddaten	▪ Zielgruppe der Einrichtung ▪ Erstkontakt/Zugangswege Betroffene	▪ Erfahrungen mit §§ 232 StGB ▪ Fallzahlaufkommen
▪ Erstkontakt/Zugangswege Betroffene ▪ Aussagebereitschaft	▪ Fälle deutscher Betroffene in der Beratung ▪ Nationalitätenvergleich	▪ Nationalitätenvergleich ▪ soziodemografische Informationen aus Hellfelddaten

(Fortsetzung auf der nächsten Seite)

Polizei	Fachberatungsstelle	Staatsanwaltschaft
▪ Hintergründe Täter ▪ Täterstrukturen, -strategien ▪ Anwerbung / Loverboy-Methode ▪ Besonderheiten	▪ Loverboy-Methode ▪ andere Anwerbungsstrategien	▪ Familie / Freunde ▪ Ausbildungssituation ▪ Beziehung zum Täter ▪ Charakterisierung
▪ Lebenssituation Opfer ▪ Familie / Freunde ▪ Ausbildungssituation ▪ Beziehung zum Täter ▪ Charakterisierung ▪ Nationalitätenvergleich	▪ Lebenssituation Opfer ▪ Familie / Freunde ▪ Ausbildungssituation ▪ Beziehung zum Täter ▪ Charakterisierung ▪ Ausstiegsbedingungen	▪ Hintergründe Täter ▪ Täterstrukturen, -strategien ▪ Anwerbung / Loverboy-Methode
▪ Prävention / Intervention ▪ Verbesserung Bekämpfung ▪ allg. Ergänzungen	▪ Hintergründe Täter ▪ Täterstrukturen, -strategien ▪ Verbesserung Bekämpfung	▪ Aussagebereitschaft ▪ Verbesserung Bekämpfung
▪ Betroffenenbefragung	▪ allg. Ergänzungen ▪ Betroffenenbefragung	▪ allg. Ergänzungen ▪ Betroffenenbefragung

Es wurde bewusst vermieden, den Begriff *Loverboy-Methode* vorzugeben, um eine Einschätzung darüber zu gewinnen, wie etabliert die Bezeichnung im jeweiligen Berufsumfeld ist. Sobald dieser Begriff von der befragten Person mit Loverboy-Methode benannt wurde, wurde er auch von der Interviewerin genutzt. Es folgte eine sukzessive Vertiefung, in der Täterhandeln erfragt, die agienden Täterstrukturen eruiert und Fallspezifika bezogen auf die Dynamiken thematisiert wurden.

Um systematisch die im Interviewmaterial innewohnenden Inhalte zu eruieren, bietet sich ein inhaltsanalytisches Auswertungsvorgehen nach Kuckartz (2018: 98, 110f.) – konkret eine *inhaltlich strukturierende Inhaltsanalyse* nach Kuckartz (2018) – an, wobei die vorgegebenen Phasen entsprechend der Zielrichtung der Erkenntnisgewinnung modifiziert wurden. Da dieses Vorgehen ebenfalls als ersten Auswertungsschritt der Hauptuntersuchung genutzt wurde, ist eine umfassende Beschreibung dessen im Abschnitt 4.3.4 nachzulesen.

4.2.3 Ableitungen für die Hauptuntersuchung

Aus der Vorstudie konnten – orientiert an den anfangs genannten Leitfragen – folgende Aspekte abgeleitet werden, die in die inhaltliche wie methodische Ausrichtung der Hauptuntersuchung einfließen.

[A] *Fokussierung auf Betroffene mit deutscher Nationalität*

Zwar werden aus Sicht der Befragten aus der Vorstudie durchaus oft deutsche junge Frauen und Mädchen über eine Liebesbeziehung in die erzwungene Prostitution gebracht,[18] doch sei dies kein exklusiv auf inländische Personen zutreffendes Phänomen, wenn man zum Beispiel den Einzeltäter aus Bulgarien oder Rumänien betrachtet, „der seine Freundin mitbringt und sie dann hier anschaffen lässt",[19] wo durchaus Verbindungen zur Loverboy-Methode zu erkennen sind. Einige der Befragten beobachten zuletzt eine Zunahme von Opfern mit Migrationshintergrund.[20] Eine Befragte hebt dabei exemplarisch die Situation türkischstämmiger Mädchen hervor, bei denen nicht nur Gefahr durch die Täter droht, sondern ebenfalls lebensbedrohliche Sanktionen von Seiten der Familie denkbar sind, sobald die sexuelle Ausbeutung bekannt wird.[21]

Die anfängliche Annahme, das Loverboy-Phänomen sei exklusiv bei inländischen Opfern zu beobachten, wie es in den Niederlanden beschrieben wird (vgl. van San & Bovenkerk 2013: 72; Bubenitschek et al. 2011: 537; Abschnitt 2.3.2), konnte durch die Vorstudie nicht bestätigt werden, da das Vorgehen durchaus auch bei Personen mit Migrationshintergrund sowie ausländischen Opfern festgestellt wird. Dieser Hinweis wurde zum Anlass genommen, die Ausrichtung des Forschungsvorhabens *von der Nationalität der Betroffenen zu lösen und jegliche Fälle mit Verbindungen zur Loverboy-Methode einzubeziehen.*

[B] *Mehrwert und Gegenargumente einer Opferbefragung*

Die Interviews der Vorstudie wurden mit der Bitte um Einschätzung bezüglich einer mündlichen Befragung von Betroffenen der Loverboy-Methode beendet. Die Beurteilung sollte sowohl den möglichen Mehrwert als auch ethisch bedenklich Argumente berücksichtigen. Folgende Einschätzung lässt sich aus den Ausführungen ableiten:[22]

---

[18] vgl. VS_Int4, Abs. 27; VS_Int9, Abs. 11.; Textauszüge können zu Forschungszwecken bei der Autorin (mascha.koerner@posteo.de) angefragt werden.

[19] VS_Int2, Abs. 22

[20] vgl. VS_Int2, Abs. 22VS_Int4, Abs. 33, 35; VS_Int5, Abs. 27, 29; VS_Int8, Abs. 10

[21] vgl. VS_Int4, Abs. 33 („ich kann mich entscheiden, will ich von dem Loverboy umgebracht werden oder von meinem Vater")

[22] vgl. VS_Int1, Abs. 240-259; VS_Int2, Abs. 117-121; VS_Int3, Abs. 44-45; VS_Int4, Abs. 94-111; VS_Int5, Abs. 52-61; VS_Int6, Abs. 62-71; VS_Int7, Abs. 49-60; VS_Int8, Abs. 53-57; VS_Int9, Abs. 80-88

Auf der methodischen Ebene wurde zu bedenken gegeben, dass der Zugang insgesamt sehr schwierig sei; von Seiten der Polizei und Staatsanwaltschaft dürfen keinerlei personenbezogene Daten weitergegeben oder Kontakte vermittelt werden und auch die FBS lehnen eine Kontaktvermittlung prinzipiell ab. Diese Entscheidung wurde auf *ethischer Ebene* mit der Gefahr der erneuten Traumatisierung begründet, wobei durchaus auch darauf verwiesen wird, dass es Frauen gäbe, die einen hohen Drang haben, ihre Geschichte zu teilen und damit potenzielle Opfer vor einer Ausbeutung zu schützen. Insgesamt sei der Grad der Belastung einer erneuten Erzählung der Geschehnisse vorab schwer einschätzbar. Auf der *inhaltlichen Ebene* wurde nicht zuletzt von Seiten der FBS als auch der Strafverfolgungsbehörden darauf verwiesen, dass vermutlich ein geringer Mehrwert aus einer solchen Befragung aufgrund eingeschränkter Reflexionsfähigkeiten zu erwarten sei, da der bisherigen Erfahrung nach zu urteilen nicht selten kognitive und kommunikative Barrieren (z. B. infolge von psychischer Traumatisierung) und gleichzeitig auch nur begrenzte Einblicke in die Gesamtkonstellation des Fallgeschehens bestehen. Ausschlaggeben für die Entscheidung, *keine Opferbefragung in dem Promotionsprojekt durchzuführen*, waren subsumierend neben der Gefahr der Retraumatisierung auch der im Verhältnis dazu stehende geringe Mehrwert für die betrachtete Fragestellung. Eine Opferbefragung würde eine andere Ausrichtung der Forschung voraussetzen und wäre sicherlich in einem gesonderten Forschungsprojekt mit entsprechenden Kapazitäten besser zu realisieren.

[C] *Wahl der Interviewpartner:innen*

Die Befragten der Vorstudie wurden nach deren vermuteten umfassenden Wissen und Einblicken in die Loverboy-Methode ausgewählt. In den Interviews der Vorstudie zeigten sich jedoch deutlich Qualitätsunterschiede. Während Vertreter:innen der Staatsanwaltschaft nur sehr lückenhafte und sekundär gefilterte Einblicke in die Fallverläufe zeigten – es wurde stets auf die Informationsquelle Polizei hingewiesen –, zeigten sowohl Mitarbeiter:innen von FBS und spezialisierten Fachdienststellen der Polizei vielschichtiges Wissen. Insbesondere eine Sensibilisierung für emotionale Abhängigkeitsverhältnisse[23] sowie detaillierte Hintergrundinformationen zu den Zwangsmitteln wurde in den Interviews deutlich, sodass *eine Befragung von spezialisierten Mitarbeiter:innen von Polizei und Fachberatungsstellen* den höchsten Mehrwert bei der Untersuchung der Loverboy-Methode verspricht.

---

[23] vgl. VS_Int1, Abs. 83, 123, 198; VS_Int2, Abs. 82-84, 102; VS_Int3, Abs.31; VS_Int4, Abs. 9, 19; VS_Int6, Abs. 21; VS_Int8, Abs. 5, 8, 30-32, 46

[D] *Inhaltliche Ausrichtung; Hinweise zu Vertiefungsbereichen*
Neben der Fokussierung auf die Kennlern- und Anbahnungsphase, die zum Beispiel Rückschlüsse über die Entstehung von Abhängigkeitsdynamiken und die Wahl der Zwangsmittel zur Prostitutionszuführung geben kann, sollte durch Offenheit in den Gesprächen der Vorstudie Hinweise zu weiteren Themen und Vertiefungsbereichen identifiziert werden.
Als ein weiterer Untersuchungsbereich wurde in der Vorstudie die *Lebenssituation der Betroffenen* hervorgehoben. So werden zerrüttete, konfliktreiche Familienverhältnisse, die Trennungen oder Scheidungen der Eltern[24] oder auch Krankheit oder Tod eines Elternteils[25] als potenzielle belastungsevozierende Faktoren benannt. Auch können Fremdunterbringungen in Wohneinrichtungen oder Pflegefamilien Indikatoren für einen dysfunktionalen Familienbackground sein[26]. Gleichzeitig beobachten die Befragten aber auch gänzlich unauffällige familiäre Konstellationen[27], in denen die Mädchen eventuell sogar „ein sehr gutes Verhältnis zu den Eltern haben, […] [jedoch] auf ihn [Hinweis: Loverboy] reingefallen sind und sich dann erpressbar machen, weil sie die Eltern nicht belasten wollen“[28]. Auch wird vermutet, dass ein sehr behütetes Elternhaus Sehnsüchte schürt, etwas Aufregenderes zu erleben.[29] Die jungen Frauen befinden sich in einer Phase, in der sie beginnen, ein eigenständiges Leben führen zu wollen und sich nach Aufmerksamkeit und Zuneigung außerhalb der Familie sehnen.[30] Damit kann die theoretische Annahme von Bubenitschek et al. (2011: 539), dass der altersbedingte Ablösungsprozess vom Elternaus eine vulnerable Phase erzeugt, durch die Vorstudie gestützt werden.
Bezogen auf die Erkenntnisse zu den Täterstrukturen bei Loverboy-Fällen liegen in der Forschungsliteratur bislang vor allem Hinweise zu Einzeltätern vor. In der Vorstudie wurde jedoch deutlich, dass durchaus Beziehungen ins Milieu[31] oder auch konkret Tatbeteiligungen von weiteren

[24] vgl. VS_Int1, Abs. 61, 176-178, 190-192; VS_Int3, Abs. 41; VS_Int5, Abs. 29; VS_Int6, Abs. 17; VS_Int8, Abs. 10, 14; VS_Int9, Abs. 9
[25] vgl. VS_Int1, Abs. 180; VS_Int4, Abs. 21; VS_Int5, Abs. 43; VS_Int8, Abs. 14
[26] vgl. VS_Int2, Abs. 24; VS_Int9, Abs. 37
[27] vgl. VS_Int3, Abs. 41; VS_Int4, Abs. 27; VS_Int8, Abs. 14; VS_Int9, Abs. 37
[28] VS_Int4, Abs. 41
[29] vgl. VS_Int4, Abs. 29
[30] vgl. VS_Int2, Abs. 108; VS_Int3, Abs. 41; VS_Int5, abs. 43; VS_Int6, Abs. 21; VS_Int7, Abs. 23; VS_Int8, Abs. 10, 14; VS_Int9, Abs. 37, 55
[31] vgl. VS_Int3, Abs. 39; VS_Int4, Abs. 13-15; VS_Int6, Abs. 32-35; VS_Int7, Abs. 40; VS_Int9, Abs. 59

Einzelpersonen vorliegen[32]. Zeitgleich wird aber auch oft auf Einzeltäterschaften verwiesen.[33] Inwiefern dieser Modus Operandi auch mit einem arbeitsteiligen Vorgehen, wie in den Niederlanden zu beobachten, oder gar organisierten Strukturen einhergeht, soll in der Hauptuntersuchung vertiefend untersucht werden. Diesen zwei Bereichen gilt es in der Hauptuntersuchung also neben dem Fallverlauf – bestehend aus der Anbahnungs- und Ausbeutungsphase – ausreichend Aufmerksamkeit zu schenken.

[E] *Konkretisierung der methodischen Herangehensweise*
Neben Details zum Deliktsbereich sowie zur Ausrichtung der Fragestellung brachte die Vorstudie weitere Erkenntnis in methodischer Hinsicht. In den Gesprächen der Vorstudie nutzen einige der befragten Personen Auszüge aus Fallbeispielen, um Aspekte und Dynamiken nachvollziehbar zu vermitteln. Diese Ausführungen wurden derart detailliert und thematisch umfassend skizziert, dass der Erkenntniszuwachs in der *Hauptuntersuchung durch die Rekonstruktion von Fallbeispielen* angestrebt wird.

4.3 Beschreibung der Hauptuntersuchung

Neben der Verdeutlichung des Untersuchungsziels, wird nachfolgend das Erhebungs- und Auswertungsvorgehen detailliert erläutert, um nicht nur die Herleitung der Ergebnisse transparent zu machen, sondern auch auf die Verbindung zum interpretativen Paradigma sowie mögliche Limitationen nachvollziehbar hinzuweisen.

4.3.1 Zielsetzung

Um die zentralen Mechanismen – insbesondere im Zusammenhang emotionalen Abhängigkeitsverhältnissen – der Loverboy-Methode zu identifizieren, werden in der Hauptuntersuchung des Promotionsprojekts Fallbeispiele rekonstruiert, inhaltsanalytisch kategorisiert, über eine Typenbildung systematisiert und Kontrastives gegenübergestellt. Die Beschreibung erfolgt durch fachlich versierte und langjährig im Feld tätige Berufsgruppenvertreter:innen aus den Bereichen Strafverfolgung und Beratung (vgl. Abschnitt 4.1.3). Durch detaillierte Ausführungen und einer zusätzlichen Gegenüberstellung mit kontrastiven Fallfacetten soll einerseits eine Einschätzung über typische Muster, andererseits aber auch Besonderheiten und Einzelphänomene Berücksichtigung bei der Beschreibung möglicher Dynamiken des Loverboy-Phänomens stattfinden.

---

[32] vgl. VS_Int5, Abs. 39; VS_Int9, Abs. 59

[33] vgl. VS_Int1, Abs. 133; VS_Int2, Abs. 94; VS_Int3, Abs. 33; VS_Int8, Abs. 24

4.3.2 Erhebungsdesign

Zeitraum der Erhebung + Auswertung:	05.2018 – 10.2019
Interviewpartner:innen:	9x Polizei, 7x Fachberatungsstellen
Zugang:	bestehende Kontakte; Fach- und Sachbearbeiter:innentagungen; proaktive Kontaktaufnahme bei Beratungsstellen; möglichst Einbezug von Berufsvertreter:innen aus städtischen/ländlichen Regionen, mit hohen/geringen Fallaufkommen, verschiedenen Bundesländern
Erhebungsform:	problemzentriertes Interview (Witzel 2000), halbstandardisiert, mit einem wiederholenden Erzählimpuls in Anlehnung an das kognitive Interview (vgl. Fisher & Geiselman 1992; Hermanutz & Schröder 2015: 35ff.)
Auswertungsform:	inhaltlich strukturierende Inhaltsanalyse (Kuckartz 2018) und typenbildende qualitative Inhaltsanalyse (Kuckartz 2018); kommunikative Validierung
zentrale Inhalte:	offene Fallrekonstruktion zu Loverboy-Fällen, kontrastierende Gegenüberstellung einzelner Facetten, Details zur Anwerbung, den Zwangsmitteln und Ausstieg sowie Fokus auf psychische Gewaltformen und emotionale Abhängigkeitsdynamiken

Abbildung 15: *Untersuchungsdesign der Hauptuntersuchung*
[eigene Darstellung]

Es wurden insgesamt 16 halbstandardisierte Interviews mit Vertreter:innen von FBS und spezialisierten Polizeidienststellen geführt, die sich an den Phasen des problemzentrierten Interviews (PZI) nach Witzel (1985: 227f.) orientieren (vgl. Abbildung 15). Wie auch in der Vorstudie verfügen die befragten Personen qua beruflicher Position über spezielle Wissensbestände (vgl. Liebold & Trinczek 2009: 33ff.), wobei mindestens fünf Jahre Berufserfahrung im Bereich Menschenhandel/Zwangsprostitution sowie Erfahrungen mit mindestens fünf Loverboy-Fällen vorausgesetzt wurden. Nur so kann sichergestellt werden, dass bei der gedanklichen Auswahl und Kontrastierung auf ausreichend Fällen zurückgegriffen werden kann.

Mit der Orientierung am problemzentrierten Interview wurde erneut ein Erhebungsvorgehen gewählt, dass eine „richtige Balance zwischen zu starker und zu geringer Strukturierung" (Döring & Bortz 2016: 377) anstrebt und damit – wie auch das leitfadengestützte Expert:inneninterview – den Prinzipien des interpretativen Paradigmas nach Wilson (1973)

folgt. Es wird dabei eine erzähl- und verständnisgenerierende Kommunikationsstrategie verfolgt, die sich in den vier Elementen des PZI – (1) dem Gesprächseinstieg, (2) der allgemeinen Sondierung, (3) der spezifischen Sondierung und (4) den Ad-hoc-Fragen – widerspiegelt (vgl. Witzel 1985: 244).
Im Gegensatz zum PZI, das sich einer gesellschaftlich relevanten Problemstellung in der Regel über einen biografischen Ansatz nähert (vgl. Witzel 1985: 5; Döring & Bortz 2016: 377), wird in der vorliegenden Erhebung der berufliche Erfahrungsschatz als Bezugsquelle gewählt. Dieser wird über Fallbeschreibungen zugänglich, die – ähnlich wie auch biografische Bezüge – in einer chronologischen und mehrdimensionalen Erzählweise ausgeführt werden. Nun stellt sich die Frage, ob es sich durch die veränderte Bezugsgröße um eine Weiterentwicklung der Methodik handelt. Zwar fokussiert die Hauptuntersuchung weniger die Erfassung individueller Handlungen, sehr wohl aber zielen die Interviews auf die expliziten und impliziten Wissensbestände zum Untersuchungsgegenstand ab. Auch werden die vier Elemente des PZI in einem induktiv-deduktiven Wechselspiel eingesetzt, daher kann eher im Sinne von Mey (2005: 3ff.) argumentiert werden: Im qualitativen Forschungsansatzes entsteht gerade durch Methodenanwendung eine Methodenentwicklung, die allerdings nicht selten „rasch dahingehend fehlinterpretiert, dass jede speziellere Interviewanwendung auch ein eigenes Verfahren nach sich zieht" (Mey 2005: 4). Es handelt sich in diesem Sinne also weniger um eine Weiterentwicklung der Methode, sondern vielmehr um eine notwendige Rückkopplung, durch die erst Passgenauigkeit mit dem untersuchten Gegenstand hergestellt wird (vgl. Mey 2005: 7).

Sind die Grundpositionen und zentralen Elemente der angewandten Methodik geklärt, geht es im Weiteren vertiefend um die praktische Umsetzung, in der sich das induktiv-deduktive Wechselspiel an verschiedenen Stellen der Gesprächsgestaltung deutlich zeigt. Um dem Gespräch nicht durch eine Frage-Antwort-Dynamik die gewünschte Offenheit für subjektive Ausführungen und Zusammenhänge zu nehmen, soll gerade in der Anfangsphase eine narrative Gesprächsstruktur aufgebaut werden (vgl. Witzel 2000: 245). Ein offener, jedoch thematisch definierter Erzählimpuls ermöglicht, dass inhaltliche Abfolge und Aufbau der Erzählung sich an den kognitiven Darstellungspräferenzen der befragten Person orientieren. Um dabei verschiedene kognitive Enkodierungswege – also erinnerungsbezogene Abrufpfade – zu aktivieren und so möglichst detailliertes Erfahrungswissen zum Gegenstand des Gesprächs werden zu lassen, wird dem Erzählimpuls eine kurze Aufforderung im Sinne des kognitiven Interviews nach Fisher und Geiselman (1992: 146ff.; hierzu auch vgl. Milne & Bull 1999) vorangestellt:

> *„Denken Sie*[34] *bitte an* einen *Fall von Zwangsprostitution, bei denen zwischen Täter und Opfer eine Liebesbeziehung bestand. Versuchen Sie bitte, sich auch die Einzelheiten des Falls noch einmal zu vergegenwärtigen."*

Erst dann erfolgt die konkrete Erzählaufforderung:

> *„Jetzt haben Sie den Fall (gedanklich) vor sich liegen. Bitte erzählen Sie mir alles, was Ihnen zu dem Fall einfällt?"*

Die darauffolgende Erzählpassage wird bewusst nicht durch (inhaltliche) Nachfragen unterbrochen, sondern durch aktives Zuhören aufrechterhalten. Sobald die erste Schilderung beendet wurde, folgt eine Wiederholung der Erzählaufforderung, die zur Ausführung weiterer Details und zuvor nicht erwähnten Facetten einladen sollte:

> *„Was fällt Ihnen darüber hinaus noch zu dem Fall ein?"*

Auch hierbei handelt es sich um eine Technik aus dem kognitiven Interview (vgl. Milne et al. 1999: 85ff.; Milne & Bull 1999), durch die der Enkodierungsprozess – in dem Fall also den gedanklichen Abruf von Falldetails – fördern soll.
Erst nach Abschluss dieser erneuten, ununterbrochenen Erzählpassage wechselt das Gespräch in die Phase der allgemeinen Sondierung. Darin geht es um die thematische Vertiefung durch immanente Nachfragen mit dem Ziel der „sukzessiven Offenlegung der subjektiven Problemsicht" (Witzel 2000: 5). Um in der gedanklichen Struktur der befragten Person zu bleiben, wird für Detailnachfragen Bezug auf die anfänglichen Erzählsequenzen genommen. Mithilfe der Gesprächsführungstechnik des Paraphrasierens und Reflektierens (detaillierter dazu Abschnitt 4.3.3) kann der Detaillierungsgrad einer Ausführung vertieft, der Gesprächsgegenstand um weitere Inhalte erweitert oder auch die Chronologie eines Falls genauer verdeutlicht werden:

> *„Sie erwähnten zu Beginn, dass ... – mögen Sie dies noch einmal genauer erläutern?"*
>
> *„Wenn ich es richtig verstanden habe, haben Sie von einem Zusammenhang zwischen X und Y gesprochen; können Sie den Zusammenhang konkreter schildern?"*

---

[34] Sofern vor dem Gespräch sich auf die Du-Form verständigt wurde, wurden die Fragen entsprechend angepasst.

„Das habe ich noch nicht ganz verstanden, wie war XY genau?"

„Sie haben auch etwas zu ... erzählt, können Sie das vielleicht durch ein Beispiel noch ausführlicher beschreiben?"

„Wenn Sie erneut an (die Anwerbung, Vernehmung ...) denken, welche Details könnten noch interessant sein?"

„Wie viel Zeit lag denn zwischen X und Y?"

Zu den erzählgenerierenden Kommunikationsstrategien zählen auch konkrete, theoretisch hergeleitete Nachfragen zu noch fehlenden Falldetails, die bislang von der befragten Person ausgeklammert wurden (vgl. Witzel 2000: 5f.).
Die sogenannten Ad-hoc-Fragen sollen erst im späteren Verlauf des Gesprächs gestellt werden, um die oben genannte Frage-Antwort-Dynamik zu vermeiden (vgl. Witzel 2000: 5f.):

„Welche anderen Personen haben in diesem Fall ebenfalls eine Rolle gespielt?"

„Was ist Ihnen über die Lebensumstände des Opfers bekannt?"

„Gab es beim Opfer bereits körperliche oder psychische Gewalterfahrungen vor dieser Tat?"

„Was wissen Sie über die Beziehung zu Familie und Freuden?"

„Hat das Opfer etwas Einschneidendes erlebt?"

In der vorliegenden Erhebung wurde – anders als in der klassischen Vorgehensweise des PZI – als weiterer Vertiefungs- und Differenzierungstechnik, die Kontrastierung gewählt. Wie auch die spezifische Sondierung, auf die anschließend eingegangen wird, bieten Fragen zur Fallkontrastierung die Möglichkeit einer Überprüfung der eigenen Sichtweisen und auch (Selbst-)Reflexion in der vorliegenden Problemstellung ggf. einseitiger Täter-Opfer-Wahrnehmungen und idealtypischer Fallverläufe:

„Kennen Sie einen Fall (mit einer ‚Liebesbeziehung'), in dem sich das gerade Beschriebene anders dargestellt hat/gegenteilig war?"

„In welchen Aspekten unterscheidet sich dieser Fall von anderen Fällen, in denen ebenfalls eine vorgespielte Liebesbeziehung (List) zur Zwangsprostitution genutzt wurde?"

„Fällt Ihnen ein Fall ein, der überhaupt nicht in dieses Muster passt?"

„Gab es etwas, dass Ihnen bei diesem Fall das erste Mal begegnet ist? Also etwas eher Ungewöhnliches?“

Auch hier konnten Ad-hoc-Fragen angeschlossen werden, die nunmehr stärker auch subjektive Einschätzungen einbeziehen. Basierend auf langjährigen Berufserfahrungen sollten subjektiv als schlüssig erachtete Motive und Beschreibungen erläutert werden. Um dabei allerdings der Reproduktion von Vorbehalten entgegenzuwirken, wurden möglichst bildliche, dezidierte Ausführungen erfragt:

„Wenn Sie noch einmal an den Täter/Tatverdächtigen denken, was fällt Ihnen da ein?“ ggf. auch „... wie würden Sie ihn beschreiben?“

„Wie schätzen Sie den Grad der Organisiertheit/Planung bei den Tathandlungen ein?“

„Welches Motiv lag der Tat Ihrer Ansicht nach zugrunde?“

„Wie würden Sie das Opfer außenstehenden Personen beschreiben? Bitte schildern Sie auch Details.“

Nachdem sich derartige Einschätzungen zunächst auf die tatbeteiligten Personen bezogen hatten, folgte am Ende des Gesprächs eine Bewertung der Falldynamiken und Wirkungszusammenhänge:

„Warum war es Ihrem Eindruck nach für das Opfer schwierig, aus der Situation herauszukommen?“

„Was war Ihrer Meinung nach ausschlaggebend dafür, dass das Opfer aus der Zwangslage gekommen ist?“

„Wenn Sie sich den Fall einmal im Gesamten vor Augen rufen, an welchen Wendepunkten/Stellen hätte es anders laufen müssen, damit es nicht zu der Ausbeutungssituation gekommen wäre?“

„Was hätte es gebraucht, damit sich das Opfer früher der Polizei/FBS anvertraut hätte?“

Auch hier wurden die Fragen nur optional und nicht vollständig oder standardisiert in das Gespräch eingebracht. Die Interviewführung setzte also ein hohes Maß an Flexibilität und auch theoretisches Vorwissen sowie die Fähigkeit, komplexe Gesprächsstrategien logisch und stringent einzubinden, voraus, um zwar inhaltliche Impulse zum Sinnverstehen zu geben, zeitgleich aber nicht die originäre Sichtweise der befragten Person zu überdecken (vgl. Witzel 2000: 6).

4.3.3 Reflexion der Gesprächsführung

Zum Gelingen der Erhebungsmethodik muss also eine Balance zwischen der Offenheit für neue Themen abseits des (gedanklichen) Gesprächsleitfadens und zeitgleich ein gesprächsfördernder Einbezug von Fachkenntnis erfolgen, um an geeigneter Stelle weitere Gesprächsimpulse zu geben und die Ausführungen damit zu vertiefen (vgl. Witzel 2000: 6; Liebold & Trinczek 2009: 35).

Dies erfordert nicht nur kognitives und strukturelles Geschick, sondern auch den gezielten Einsatz von Gesprächsführungstechniken. Diese können jedoch erst wirkungsvoll zum Einsatz kommen, wenn – vergleichbar mit einem Beratungssetting – eine kooperative, störungsfreie und wertschätzende Gesprächsatmosphäre besteht (vgl. Helfferich 2011: 49; Weinberger 1994: 99f.). In den Interviews wurde daher nicht nur Zeit für Formalitäten,[35] sondern auch zum Ankommen und Einstellen auf das Interview eingeplant. Nicht alle Interviews konnten trotz Ankündigung des benötigten Zeitraums mit entsprechendem Zeitfenster umgesetzt werden. In Gespräche, die durch einen straffen Terminplan der befragten Person, teilweise auch spontan zeitliche Begrenzung erfuhren, musste umso mehr Aufmerksamkeit und Engagement auf die Herstellung einer guten Gesprächsatmosphäre gelegt werden (vgl. Kötter-Mathes 2020: 159). Die sogenannte Rapport-Phase, in der eine zwischenmenschliche Harmonisierung angestrebt werden soll, gewann umso mehr an Bedeutung (vgl. Heubrock & Palkies 2008: 602ff.; Wilimzig & Nielsen 2017: 26), um ein vertrauensvolles Gesprächsfundament aufzubauen, in dem auch kontroverse Teilbereiche des Untersuchungsgegenstands oder ggf. dem Leitbild der Organisation konträre Einschätzungen Raum finden können.

Die Herstellung eines Rapports ist gerade in Gesprächen, die eine vertrauensvolle Arbeitsbeziehung voraussetzen – ob nun ein qualitatives Interview, eine therapeutische Sitzung oder sogar eine polizeiliche Vernehmung – unabdingbar. Sie findet auf verbaler, para- und auch nonverbaler Ebene statt und bedient sich dabei u. a. Techniken aus der Neurolinguistischen Programmierung (vgl. Wood 2006: 197ff.; Wilimzig & Nielsen 2017: 26; Heubrock & Palkies 2008). So wird beispielsweise

[35] Die Aufklärung über die datenschutzrechtliche Rahmung, die Aufzeichnung und Anonymisierung der Erhebung sowie Ergebnisdarstellung in einer späteren Publikation erfolgte bereits vorab in einer telefonischen Absprache, die sich meist an die Terminvereinbarung des Gesprächs anschloss. So wurde einerseits sichergestellt, dass die Befragten mit dem Vorgehen einverstanden sind und nicht vor Gesprächsbeginn spontan ihre Auskunftsbereitschaft zurückziehen, andererseits aber auch dafür Sorge getragen, verantwortungsvoll mit den knappen Zeitressourcen der Interviewpartner:innen umzugehen.

beim sogenannten *Pacing* der Versuch unternommen, das visuelle und auditive Ausdrucksverhalten an das Gegenüber anzupassen. Das kann sich beispielsweise auf Sprechtempo oder -rhythmus, die Tonlage oder auch den verbalen Ausdruck beziehen. Auch kann non-verbal auf physiologischer Ebene das Verhalten gespiegelt werden, wenn es um Haltung, Gestik oder Mimik geht. Als noch umfassender wird das *Matching* verstanden, bei dem eine Angleichung an Sprachstil und Repräsentationssysteme erfolgt (vgl. Wood 2006: 197ff.; Wilimzig & Nielsen 2017: 26ff.). Derartige Anpassungen fanden nur in einem Maße statt, wie sie auch für die Interviewerin stimmig erschienen. Authentizität sowie auch Empathie und Wertschätzung – die drei zentralen Grundsätze Carl Rogers' personenzentrierter Gesprächstherapie – trugen damit ebenfalls in der Interviewsituation zur wertschätzenden und vertrauensvollen Gesprächsatmosphäre bei (vgl. Rogers 1977).
In der vorliegenden Erhebung fand eine sprachliche und non-verbale Harmonisierung dahingehend statt, dass bei der Polizei der Begriff *Opfer* präferiert wurde, während im Gespräch mit Beratungsstellenmitarbeiter:innen vorzugsweise die Bezeichnung *Betroffene* gewählt wurde (hierzu auch vgl. Abschnitte 2.1.2; 6.3.1). Auch wurde der Phänomen-spezifische Wortschatz der befragten Person aus der anfänglichen Erzählpassage übernommen und die folgenden Fragen und Erzählimpulse mit Bezug auf eben diese Wörter gebildet, um eine gemeinsame Kommunikationsebene zu erzeugen. Das bezog sich ebenfalls auf den Grad der Förmlichkeit. Pflegt eine befragte Person einen eher lockeren Erzählstil, der beispielsweise Züge von Sarkasmus beinhaltet, wurde von der Interviewerin nicht künstlich eine förmliche Distanz gewahrt, da diese Dissonanz ebenfalls die Vertrauensbeziehung und die Erzählbereitschaft stören könnte.
Konfrontationen als „schärfste Form, beim Befragten Reflexionsprozesse über seine eigenen Aussagen zu provozieren" (ebd.: 249) setzt dringend voraus, dass bereits eine vertrauensvolle Arbeitsbeziehung hergestellt ist (vgl. Mey & Mruck 2011: 272). Diese Technik soll im PZI zur vertieften Ausführung einladen (vgl. Witzel 1985: 248ff.). In den Gesprächen der Vor- und Hauptuntersuchung wurde jedoch selten eine stark provozierende Form dessen angewandt, vielmehr wurde mithilfe der Gesprächsführungstechnik des *Reflektierens* Emotionen direkt benannt, um Impulse zu tiefergehenden Ausführungen zu geben:

(Quelle: FBS_Int7, Abs. 87-89)

> „*Befragte: [...] Solang eine Frau noch erpresst werden kann Zeit ihres Lebens, wenn sie einmal in der Prostitution gearbeitet hat, kann man den Frauen nicht helfen. (-) Das macht mich verrückt.*
>
> *Interviewerin: Da fühlen Sie sich machtlos, weil es da noch so einige Baustellen gibt.*
>
> *Befragte: Ja dieses Stigma, das ist so ein Druckmittel ähm für das hiesige Jugendamt und erst recht für Jugendämter in den Ländern, in denen Prostitution ganz verboten ist. Aber gut, das ist jetzt nur eine kleine Randbemerkung, weil es mich auch verrückt macht. Aber (-) ja gut.*“

oder auch:

(Quelle: FBS_Int6, Abs. 198-200)

> „*Befragte: [...] Und diese Dankbarkeit, ich muss ihm dankbar sein, er hat mir das und das. Und da muss man erstmal als Beraterin zwei, dreimal tief ein und ausatmen und dann auf deren Niveau begeben und dann den erläutern, dass das äh (-) keine Dankbarkeit sein soll, sondern eher (-) Abneigung.*
>
> *Interviewerin: Ein ganz verschobenes Bild von der Situation.*
>
> *Befragte 1: Weggucken von dem, was eigentlich wirklich angetan wurde. (---) Aber wie Du sagst, ich wiederhole das nochmal, wie das ist echt ein Phänomen, wenn man in der Psyche diesen Menschen reinschauen könnte, wie schaffen sie anhand diesen wenig Ausbildung oder was weiß ich, das ist wirklich eine Lebenserfahrung würde ich eher sagen oder so so so Begabung.*“

Zusätzlich wurden an passender Stelle auch Auszüge aus anderen Interviews sinngemäß wiedergegeben oder allgemeine Thesen aus dem fachlichen Diskurs eingebracht, wie es Gläser und Laudel (2009: 152f.) bei an der Oberfläche bleibenden Gesprächen empfehlen, um Stellungnahmen anzuregen. Bei derartigem Einbezug muss natürlich stets analysiert werden, inwiefern dadurch Positionen künstlich verstärkt werden (vgl. Mey & Mruck 2011: 272).

(Quelle: P_Int8, Abs. 73-75)

> „*Befragter: Mhm ganz sicher ja.*
>
> *Interviewerin: Das ist von Land zu Land unterschiedlich umgesetzt, aber der Grundtenor ist glaube ich, dass erstens wenn es um*

Identifizierung von möglichen Opfern geht, die Personen, die dort am Werk sind, überhaupt nicht geschult oder überhaupt zu wenig Erfahrung auch haben, um da überhaupt/

Befragter: Ja aber das geht auch nicht, die Frauen machen das nicht. Die wollen doch arbeiten, ne? Also ein Opfer bei uns wurde gefragt, in dem Bordell gibt es ein Aufnahmeformular, ne? Da steht drin, waren sie schon einmal in der Prostitution tätig? Äh natürlich sagt sie ja, weil dann hat man sie gefragt, ja das stimmt doch gar nicht, Du warst doch noch gar nicht in der Prostitution. Ja was wäre denn passiert, wenn ich nein gesagt hätte? Dann hätte sie nicht arbeiten dürfen. Also sagt sie ja. Sie will ja. Zu glauben, dass da wirklich viel rauskommt bei irgendwelchen Gesundheitsämtern oder sonst was. Ach nee. Das ist Quatsch genau. Ja man will eigentlich auch nichts ändern."

Ansonsten wurden insbesondere in der *offenen Erzählphase* sowie *allgemeinen Sondierung* erzählfördernde Technik, wie das *aktive Zuhören*, bei dem über non- (wie Kopfnicken) oder para-verbale Reaktionen (wie mhm) Interesse an einer Fortführung der Erzählung signalisiert werden soll, angewandt. Dazu gehört auch das *Aushalten von Pausen*, das oft dazu geführt hat, dass die befragte Person in der für sie notwendigen Denkpause eine weitere Erzählpassage anschließt (vgl. Helfferich 2011: 94f.).

Erzählfördernd und zudem Missverständnissen entgegenwirkend kann auch die Technik des *Paraphrasierens* wirken, in der ein eventuell nur kurz angerissener Sachverhalt mit der vorangestellten Frage, ob dies richtig verstanden wurde, wiederholt wird (vgl. z. B. Helfferich 2011: 93):

„Interviewerin: Und ähm wenn ich das richtig verstanden habe, war die Situation so, dass er eben nach Geld gefragt hat, sie nicht bereit war, das weiter zu tragen, auch keinen Kredit aufzunehmen. Und dann sagten Sie, dass er ja fast systematisch sie dazu gebracht hat. Mögen Sie das vielleicht noch einmal ein bisschen detaillierter beschreiben, was genau ich mir darunter vorstellen kann?" (FBS_Int5, Abs. 12)

Weitere bewusst eingesetzte Fragetechniken sollen exemplarisch an Interviewauszügen erläutert werden. Einzelne Ausführungen dienten als Bezug für eine weitergehende Frage, wie es das folgende Beispiel zeigt. Hier wird die Aussage „er hat sie isoliert" wiederholt, um weitere Mittel zur Verstärkung der Abhängigkeit zu erfragen:

„Interviewerin: Okay (--) und wie würdest Du das einschätzen, Du sagtest gerade, er hat sie isoliert, [...] Isoliert - und was hat er noch getan, um diese Abhängigkeit herzustellen."(P_Int4, Abs. 44)

Die Beschreibung weiterer Details konnte auch über kurze Zusammenfassungen als Schlagwort oder Kurz-Sätze mit leicht erhobener Stimme am Satzende, wie es bei Fragen üblich ist, angeregt werden, wie das nachfolgende Beispiel zeigt:

„Befragte: Nee ich glaube, dass sie/ sie hat einen Schulabschluss, ja/ und ich mein, das war auch eben der äh (-) höchstmögliche. Also quasi das Äquivalent zu hiesigen Abitur (-) und es hat danach aber (-) äh nicht (-) noch nicht mit einer Ausbildung angefangen oder keinen Ausbildungsplatz gefunden, sondern ist dann eben jobben gegangen in diesem Restaurant.

Interviewerin: Mhm mhm und das war dann genau die Zeit, wo die sich kennengelernt habe? (-)

Befragte: Genau sie sagt immer Restaurant, ich habe nie nachgefragt, ob das eher ein Abendrestaurant oder eine Bar oder sowas, weil sie da immer so (-) so sehr ähm (-) äh sensibel schon reagierte, wenn sie überhaupt über die Zeit nur sprechen musste so. Aber sie hat Restaurant gesagt, von daher nehme ich mal an" (FBS_Int7, Abs. 21-23)

Ein abschließender kritischer Blick auf die Interviewführung identifiziert insbesondere zwei Verbesserungspotenziale. Gerade bei zwei befragten Personen, die bereits vorher bekannt waren, fiel der Übergang in die Interviewsituation nicht leicht, da dadurch ein Wechsel vom gegenseitigen Austausch hin zu einer eher einseitigen Inhaltsäußerung entstand. Umso wichtiger war es, sich als Interviewerin zurückzuhalten, um nicht einen Dialog auszulösen. Zukünftig sollte in derartigen Konstellationen klar kommuniziert werden, dass es nachfolgend primär um das berufsspezifische Erfahrungswissen der befragten Person gehen wird und die Redeanteile der Interviewerin daher gering bleiben. Bei der Transkription der Interviews fiel in einer kritischen Reflexion zudem auf, dass an einigen Stellen durch eine erneute Nachfrage weitere Vertiefung potenziell möglich gewesen wäre. Es wäre daher zu überlegen, ob ein geführtes Interview aus Reflexionszwecken direkt im Anschluss auch transkribiert wird, um entsprechende Lerneffekte während der Erhebung zu maximieren.

4.3.4 Auswertungsvorgehen

Das Datenmaterial wurde im ersten Schritt mithilfe der *inhaltlich strukturierenden Inhaltsanalyse* kategorisiert und systematisiert, um aufbauend darauf eine *typenbildende qualitative Inhaltsanalyse* (vgl. Kuckartz 2018: 143ff.) zur Identifizierung mehrdimensionaler Muster durchzuführen.

Da während der Beschreibung der Auswertungsschritte auch Bezüge zur Datenanalysesoftware MAXQDA hergestellt werden, in dem für die gleichen Aspekte mitunter andere Bezeichnungen genutzt werden, wird zur Nachvollziehbarkeit eine Übersicht der begrifflichen Verwendungen vorangestellt (vgl. Tabelle 6).

Tabelle 6: *Begriffe in der Auswertung* [eigene Darstellung]

Auswertung	*MAXQDA*	*Bedeutung*
Hauptkategorie (tw.auch Oberkategorie)	*Code*	Gruppierung nach gemeinsamen Thema
Unterkategorie (tw. auch Subkategorie)	*Subcode*	Unterteilung in der Hauptkategorie untergeordneten Themenbereiche
Notizen	*Memo*	Hintergrundinformationen zur Definition des Codes, einem Ankerbeispiel sowie der Entstehungsform des Codes
Textpassage	*codiertes Segment*	Wortfolge, Satz oder Absatz, der/dem ein Code zugeordnet wurde
Transkript	*Dokument*	Verschriftliche Form des Interviews, die bereits anonymisiert wurde

a) Inhaltlich strukturierende Inhaltsanalyse

Ohne die deduktiv-induktive Grundform der *inhaltlich strukturierenden Inhaltsanalyse* nach Kuckartz (2018: 97ff.) zu verlieren, wurden einige der empfohlenen sieben Auswertungsschritte (vgl. Abbildung 16) teilweise ausgelassen oder zusammengeführt. So erfolgte beispielsweise die anfängliche (1) *initiierende Textarbeit*, in der das Material zunächst gesichtet, wesentliche Textstellen markiert und Notizen zum Material verfasst werden (vgl. ebd.: 101), nicht in einem eigenständigen Auswertungsschritt. Dies war möglich, da die Datenaufbereitung nicht durch Unterstützungskräfte sondern durch die Wissenschaftlerin selbst erfolgte und damit bereits bei der Verschriftlichung der Audiodateien eine intensive Auseinandersetzung mit dem Interviewmaterial stattfand. Wie auch bei Kuckartz (2018: 101) wird im nächsten Auswertungsschritt Bezug auf das theoretische Vorwissen genommen, indem in einem deduktiven Prozess (2) *thematische Hauptkategorien* gebildet werden. Diese finden sich beispielsweise direkt im Leitfaden, der eine empirische Vorrecherche voraussetzt (vgl. Abschnitt 4.3.2; Abbildung 16).

Abbildung 16: *Ablauf einer inhaltlich strukturierenden Inhaltsanalyse* [vgl. Kuckartz 2018: 101]

Um die Anwendbarkeit der deduktiv erschlossenen Kategorien zu überprüfen und sie begrifflich zu schärfen, wurden zunächst exemplarisch drei Interviews codiert. Gleichzeitig konnten dabei bereits *induktive Subkategorien* (5) hergeleitet werden, die die Hauptkategorien weiter ausdifferenzieren. Die Auswertungsschritte (2) und (5) wurden also parallel vollzogen. Es zeigte sich, dass die (3) *Codierung aller Interviews auf Ebene der Hauptkategorien* sowie die im Prozess nach Kuckartz anschließende (4) *Zusammenstellung aller Textpassagen der Hauptkategorien* über die Analysesoftware MAXQDA innerhalb eines Auswertungsschritts erfolgen konnte. Während Kuckartz (2018: 101) die *Bestimmung von Subkategorien* (5) als Auswertungsschritt außerhalb des Materials in Form von einer zunächst unsortierten Auflistung von möglichen Subcodes durchführt und damit im Rahmen der fünften Phase keine Textpassagen als Subcodes codiert werden, wurden in der vorliegenden Arbeit die Subcodes induktiv aus den Interviews erstellt. Zunächst erfolgte eine unverbindliche Zuordnung zu einzelnen Hauptkategorien, die nach vollständiger Codierung aller Interviews geprüft, final geordnet und systematisiert wurde. Durch dieses Vorgehen konnte sichergestellt werden, dass jegliche Unterthemen aus dem Material erfasst wurden. Dieses Vorgehen gleicht dem in Kuckartz (2018: 106) beschriebenen Ordnungsprozess am Anfang der fünften Phase. Hierfür erwies es sich als hilfreich, die Memos zu den Subcodes systematisch aufzubauen und dabei jeweils die Definition, mögliche Abgrenzungen zu anderen Subcodes, ein Ankerbeispiel, die Erstellungsform und nicht zuletzt den Prüfstatus zu notieren (vgl. Abbildung 17). So konnten Dopplungen und unklare Zuordnungen geklärt werden. Auch wurde geprüft, inwiefern der (Sub-)Code weiterhin relevant für die Fragestellung ist, wobei im Sinne eines offenen Blicks für Unbekanntes die Codes zunächst großzügig im Codebaum verblieben.

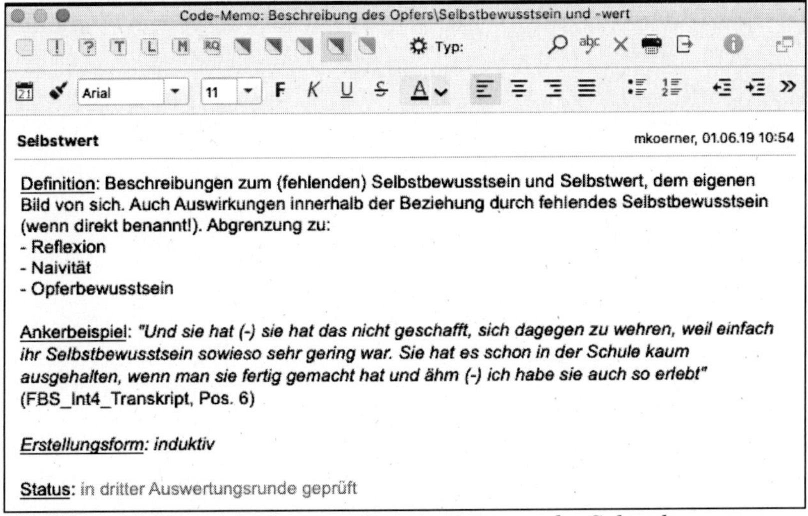
Code-Memo: Beschreibung des Opfers\Selbstbewusstsein und -wert

Selbstwert mkoerner, 01.06.19 10:54

Definition: Beschreibungen zum (fehlenden) Selbstbewusstsein und Selbstwert, dem eigenen Bild von sich. Auch Auswirkungen innerhalb der Beziehung durch fehlendes Selbstbewusstsein (wenn direkt benannt!). Abgrenzung zu:
- Reflexion
- Naivität
- Opferbewusstsein

Ankerbeispiel: *"Und sie hat (-) sie hat das nicht geschafft, sich dagegen zu wehren, weil einfach ihr Selbstbewusstsein sowieso sehr gering war. Sie hat es schon in der Schule kaum ausgehalten, wenn man sie fertig gemacht hat und ähm (-) ich habe sie auch so erlebt"* (FBS_Int4_Transkript, Pos. 6)

Erstellungsform: induktiv

Status: in dritter Auswertungsrunde geprüft

Abbildung 17: *Beispiel Memo zur Systematisierung der Subcodes* [eigene Darstellung]

Mit dem nun vorläufig finalen Codebaum begann die (6) *erneut Codierung aller Dokumente*, um auch die anfänglich bearbeiteten Dokumente auf Codierungen, die erst in den späteren Transkripten erkennbar wurden, zu prüfen. Es wurde dabei auch eine Codierung auf Meta-Ebene ergänzt, durch die die Bewertung eines eher typischen oder ungewöhnlichen Vorkommens kenntlich gemacht wurde.

Die Ableitung geschah auf zweierlei Weise:

1. die Wortwahl der Interviewpartner:innen: Begriffe wie „das kommt selten / kaum / in der Regel nicht vor"; „das ist eher die Ausnahme

/ ein Sonderfall“ oder gegenteilig „eigentlich ist es immer / eher / in der Regel / typischerweise so“

2. eine Kontrastierung: in jedem Interview wurde gefragt, welche Aspekte am geschilderten Fall eher ungewöhnlich waren bzw. ihnen in der Form das erste Mal begegnet sind, oder auch um die Schilderung eines Falles gebeten, der davon stark abweicht. Sofern ein Hauptfall geschildert wurde, der als typisches Abbild einer Loverboy-Systematik gewertet wurde, konnten davon abweichende Fallbeschreibungen ebenfalls als *besonders* eingeordnet werden.

Wurden einem Subcode weniger als 5 codierte Segmente zugeordnet, war zu prüfen, ob der Subcode inhaltlich sinnvoll ist oder sich die Textpassagen auch in anderen Subcodes codieren ließen. Wenig gefüllte Subcodes könnten allerdings auch ein Zeichen der inhaltlichen Vielfalt sein und sollten daher nicht vorschnell gelöscht werden – hier galt die akribische Prüfung des Segments unter Abgleich mit der Fragestellung. Anders verhält es sich bei Codes mit > 60 codierten Segmenten. Hier muss geprüft werden, ob der Subcode eventuell nicht spezifisch genug gewählt wurde und als Sammelkategorie ohne spezifische Themenzuordnung fungiert. Eine entsprechende Feinkategorisierung wurde angeschlossen.
Der letzte Schritt der inhaltlich strukturierenden Inhaltsanalyse sieht die eigentliche Analyse und *Visualisierung der Ergebnisse* (7) vor. Hierzu können verschiedene Vorgehensweisen mit unterschiedlicher Komplexität durchgeführt werden, die je nach Zielsetzung der Inhaltsanalyse auszuwählen sind (vgl. Kuckartz 2018: 118ff.). Das Ziel der Vorstudie ist es, einerseits die Aktualität der Empirie mit den praktischen Bedarfen abzugleichen, andererseits aber auch thematische Bereiche für die Hauptuntersuchung abzugrenzen. Für diese Einschätzung bietet sich deshalb eine Kategorie-basierten Auswertung mittels Darstellung in Haupt-/Unterkategorien an (vgl. Kuckartz 2018: 118).
Die Ergebnisdarstellung der Hauptuntersuchung ist hingegen fallchronologisch orientiert. Zunächst werden also Kategorien, wie die Lebenshintergründe, potenzielle Vulnerabilitätsfaktoren oder auch die Anbahnungsphase, in der der Grundstein für die emotionale Abhängigkeit gelegt wird, fokussiert. Anschließend richtet sich der Blick auf den Fallverlauf. Um mögliche Muster und wiederkehrende Aspekte zu erkennen, wird eine weitere Inhaltsanalyse durchgeführt: Die inhaltlich strukturierenden Inhaltsanalyse bildet damit den ersten Analyseschritt, um das Material für die anschließende *typenbildende qualitative Inhaltsanalyse* nach Kuckartz (2018: 143ff.) vorzubereiten.

b) Typenbildende qualitative Inhaltsanalyse

Eine Typenbildung zielt auf die Identifikation des – wie der Name schon sagt – ‚Typischen' ab, ohne dabei ein Interview oder einen Fall einem Typus gleichzusetzen. Vielmehr zeichnet sich ein Typ durch die gleiche Kombination von Merkmalsausprägungen aus, die untereinander möglichst ähnlich sind und sich zeitgleich zu den anderen Typen maximal abgrenzen; es handelt sich also um untereinander heterogene Typen (vgl. ebd. 145). Der Systematisierungsgrad entspricht dabei nicht dem einer statistischen Auswertung; das Verfahren befindet sich also an der Schnittstelle „zwischen einer hermeneutischen Methodik, die auf das Verstehen des Einzelfalls abzielt, und einer auf gesetzesartige Zusammenhänge fixierten sozialwissenschaftlichen Statistik" (ebd. 145f.; unter Bezugnahme auf Kuckartz 2006; Kuckartz Grunenberg & Dresing 2007; Lazarsfeld 1972).

Empirische Typenbildungsprozesse setzen sich im Kern aus fünf Phasen zusammen:

1. Bestimmung des Merkmalsraums
2. Gruppierung der einzelnen Fälle / Bildung der Typologie
3. Beschreibung der Typologie
4. Zuordnung der Fälle zu den Typen
5. Zusammenhangsanalyse

Kuckartz (2018: 143ff.) konkretisiert den Prozess der Typenbildung über acht Einzelschritte, die auch bei der Auswertung der Hauptuntersuchung in leicht modifizierter Form angewendet werden (vgl. Abbildung 18).
Im ersten Schritt wurde der (1) *Zweck und der Fokus der Typenbildung* herausgearbeitet. Die Entscheidung, welche Dimensionen und Merkmale den Typen zugrunde liegen sollen, hängt schließlich maßgeblich von der grundsätzlichen Zielrichtung der Typenbildung ab.
Die Typenbildung soll ergänzend zu den inhaltsanalytisch aufbereiteten Themen Vulnerabilität, Täterstrategien und Loslösungsprozess bzw. Ausstieg den gesamten Fallverlauf vor dem Hintergrund einer Systematisierung in den Blick nehmen, indem sich wiederholende Muster erkannt werden. Ziel ist es, das natürliche – also aus dem Datenmaterial induktiv erschlossene und theoretisch fundierte, sogenannte merkmalsheterogene oder auch polythetische – Typen entstehen (vgl. Kuckartz 2018: 148ff.).

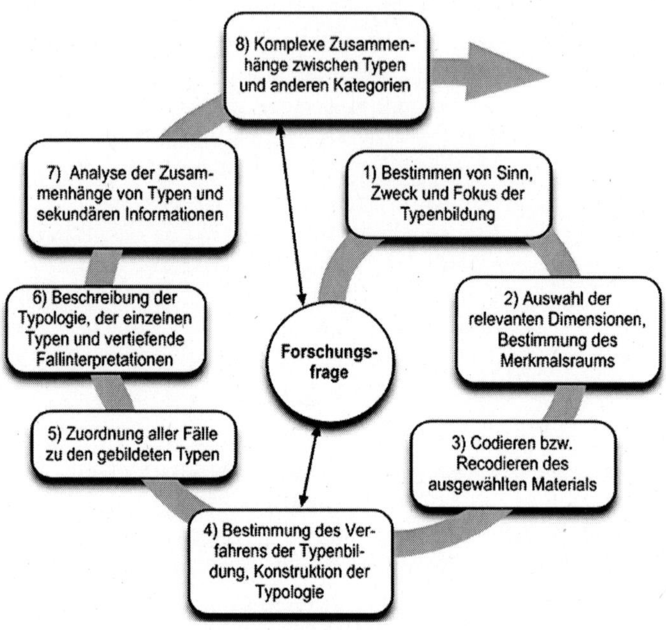

Abbildung 18: *Ablauf einer typenbildenden qualitativen Inhaltsanalyse* [vgl. Kuckartz (2018)]

Der zweite Schritt, die (2) *Auswahl relevanter Dimensionen und Bestimmung des Merkmalsraums*, erfolgte direkt aus dem Datenmaterial, wobei zeitgleich ebenfalls theoretische Erklärungsansätze herangezogen wurden. Jene (Sub-)Codes, die den Merkmalsraum definieren und konstitutiv für die Typenbildung sind, werden auch als primäre Merkmale bezeichnet, die wiederum von sekundären Merkmalen gerahmt werden. Wichtig bei der Auswahl ist nicht nur die inhaltliche Relevanz hinsichtlich der Fragestellung, auch sollte stets beachtet werden, dass pro Merkmal genügend Informationen durch die Befragten gegeben wurden, da anderenfalls die Zuordnung der Fälle zu den Typen (Schritt 5) nicht zuverlässig erfolgen kann (vgl. ebd. 154f.). Zwingend erforderlich, um einen Fall in die Auswertung einzubeziehen, sind Hinweise auf emotionale Abhängigkeit. Charakterisierend für den Fallverlauf sind sowohl der Wendepunkt der Beziehung, ab dem erstmalig Unternehmungen zur Prostitutionszuführung initiiert werden sowie die darauf folgenden Zwangsmittel, durch die die Ausbeutung aufrechterhalten wird.

Diese definieren den Merkmalsraum, in dem Dimensionen verschiedener Typen herausgearbeitet werden sollen (vgl. Tabelle 7; hierzu inhaltlich Abschnitt 5.2).

Tabelle 7: *Dimensionen des Merkmalsraums* [eigene Darstellung]

		Zwangsmittel zur Aufrechterhaltung der Ausbeutung			
		[a] Dimension A	[b] Dimension B	[c] Dimension C	[d] Dimension D
Wendepunkt/ Mittel zu Zuführung in die Prostitution	[1] Dimension X				
	[2] Dimension Y				
	[3] Dimension Z				

Sobald ein passender Merkmalsraum abgesteckt und die Verwendbarkeit des jeweiligen (Sub-)Codes auch formal überprüft wurde, folgte die (3) *erneute Codierung / Recodierung des Datenmaterials* (vgl. ebd. 155f.). Da bereits eine inhaltlich strukturierende Inhaltsanalyse vorangegangen war, beinhaltete dieser Schritt vor allem die Neusortierung der Ebenen, um die Unterstützungstools der Datenanalysesoftware MAXQDA anwenden zu können.

Der (4) *Typenbildungsprozess* beginnt mit Überlegungen zur ungefähren Anzahl der Typen. Sowohl die Fragestellung, als auch die Anzahl der beschriebenen Fälle legten einen eher geringeren Grad der Differenzierung – also eine Typologie mit ca. drei bis fünf Typen – nahe. Vor der Konstruktion der Typen wurden zudem verschiedene Typologie-Varianten mit unterschiedlichen Anzahlen von Typen entworfen, die es im Material zu prüfen galt. Eine überschaubare Anzahl von Typen verspricht nicht zuletzt auch eine plausible und nachvollziehbare Kommunikation für die Dissemination der Forschungserkenntnisse. Die Analyse der Fallbeschreibungen zeigt eine Differenzierung von drei möglichen Prostitutionszuführungen die im Abgleich mit vier Formen der Zwangsmittel die Bildung verschiedener Fallmuster bzw. -typen ermöglichen (vgl. hierzu inhaltlich Abschnitt 5.2).

Sobald die Typologie konstruiert wurde, erfolgt die (5) *Zuordnung der Fallbeschreibungen zu den einzelnen Typen*, wobei keine doppelte Zuteilung möglich ist, da so der Hinweis auf eine nicht trennscharfe Typologie gegeben wäre (vgl. ebd. 156). Im Anschluss erfolgte die (6)

Beschreibung der einzelnen Typen anhand deren Merkmalskombination, die durch Zitate oder grafischen Darstellungen verdeutlicht werden können und erst durch konkrete Fallbeschreibungen greifbar werden. Dies kann auch unter Zuhilfenahme eines repräsentativen Falls, der als Prototyp fungiert, geschehen. Die Beschreibungen der sechsten Phase beziehen sich auf die primären Merkmale und kann optional in der anschließenden Phase ergänzend durch (7) *sekundäre Informationen mit den Typen in Zusammenhang* gebracht werden. Dies bot sich beim vorliegenden Material nur bedingt an, da keine vollständigen Informationen beispielsweise von soziodemografischer Daten, wie in der Lehrliteratur empfohlen wird, vorlag (vgl. ebd. 157ff.). Auch ein Abgleich mit der Berufsgruppenzugehörigkeit hat keinen nennenswerten Mehrwert gebracht (vgl. Abschnitt 6.3). Auch die letzte Phase blickt auf (8) *komplexe Zusammenhängen zwischen Typen und anderen Kategorien*. Dies kann prinzipiell über eine Kreuztabelle oder Segmentenmatrix visualisiert werden, in denen ermittelt wird, welche Themenhäufigkeit bzw. welche Themenvielfalt im jeweiligen Typus abgebildet wird (vgl. ebd. 159). Für die vorliegende Auswertung ist insbesondere der Abgleich mit Vulnerabilitätsfaktoren und dem (emotionalen) Loslösungsprozess von Interesse, was in der zusammenfassenden Ergebnisdiskussion in Abschnitt 6.2 erfolgt.

Um die Analysen, Deutungen sowie die Fallverlaufstypen und damit letztlich die Qualität der Ergebnisse sicherzustellen, wurde(n) in Anlehnung an Lincoln und Guba (1985) sogenannte *member checks* bzw. eine kommunikative Validierung, wie im Deutschen erstmalig durch Scheele und Groeben (1988: 18) benannt, angeschlossen. Diese Rückkopplung der Auswertungsergebnisse, fallübergreifenden Analysen und Interpretationen bildet ein wichtiges Gütekriterium der qualitativer Forschung (vgl. Flick 2022: 536), durch die die unvermeidbare subjektive Färbung durch die Auswertung der Forscherin gemindert werden soll.

Einzelfallbeschreibung	**Ausgewählte Zitate**	**Merkmalsraum Typenbildung**
Der Kernfall wird paraphrasierend bzw. unter Einbezug prägnanter Zitate zusammengefasst und auf mögliche Missverständnisse bzw. Ergänzung hin rückbesprochen.	prägnante Zitate, die in die Ergebnisdarstellung einfließen sollen und nicht zwangsläufig mit dem Kernfall zusammenhängen, werden rückbesprochen.	Die Fall-übergreifende Auswertung zur inhaltsanalytischen Herleitung von typischen Fallmustern wird über eine Kreuztabelle visualisiert und diskutiert.

Abbildung 19: *Aufbau der kommunikativen Validierung* [eigene Darstellung]

Die kommunikative Validierung der Hauptuntersuchung gliederte sich in drei inhaltliche Bereiche, die mit den Befragten individuell rückbesprochen wurde (vgl. Abbildung 19). Der Einstieg fand über den Kernfall, der geschildert wurde und in die Typenbildung eingeflossen ist, statt. Anschließend wurden ausgewählte Zitate und deren Verwendung in der Arbeit vertieft. Im dritten Schritt wurde der Blick auf die Typenbildung gelenkt, indem die Dimensionen anhand der Kreuztabelle (vgl. Tabelle 8) erläutert und besprochen wurden. Zur Vorbereitung auf das Gespräch wurde ein zusammenfassendes Dokument mit der Einzelfallzusammenfassung, den Zitaten und der tabellarischen Darstellung der Merkmalsdimensionen der Typenbildung zugeschickt, damit beim Gespräch direkt inhaltlich eingestiegen werden konnten. Die wenigen Anmerkungen und Änderungsvorschläge sind in die finale Ergebnisdarstellung eingegangen.

5. Ergebnisse zu Vulnerabilität, Täterstrategien und emotionaler Abhängigkeit

Ziel der Untersuchung ist es einerseits, den Erkenntnisstand zum Loverboy-Phänomen durch Detailinformationen zu erweitern und zeitgleich Anhaltspunkte für eine Systematisierung der Fallverläufe zu identifizieren. Andererseits steht aber auch der als zentral benannte Mechanismus emotionaler Abhängigkeit im Fokus, dessen Entstehung und Wirkungsweise es über den Fallverlauf hinweg zu analysieren und im Folgekapitel theoretisch zu erklären gilt.

Der Abschnitt 5.1 schafft daher zunächst die Grundlage weiterer Detailbetrachtungen und Analysen, indem die Entstehung emotionaler Abhängigkeit fokussiert wird. Dabei werden Anhaltspunkte einer Risikopotenzierung bzw. Vulnerabilität für die Opferwerdung geprüft, indem die aktuelle Lebenssituation der Betroffenen oder auch stärker in der Person liegende Aspekte untersucht werden. Erst die gezielte Ausnutzung entsprechender Vulnerabilitäten bedingen die Entstehung einer emotionalen Abhängigkeit, sodass auch das Täterhandeln und daraus entstehende Beziehungsdynamiken vor der sexuellen Ausbeutung einbezogen werden. Aus den Fallbeschreibungen konnten in einem zweiphasigen Auswertungsprozess drei typische Muster im Fallverlauf abgeleitet werden, die sich an der Gestaltung des Wendepunkts hin zur (erzwungenen) Prostitution differenzieren lassen. Die Darstellungen des jeweiligen Falltyps erfolgt im Abschnitt 5.2 nach einheitlichem Schema, indem zunächst anhand verschiedener Fallbeschreibungen Variationen in der Ausgestaltung und Details zum Verlauf der Loverboy-Methode erläutert werden, um abschließend je Fallmuster die Kernelemente zusammenzufassen. Der Abschnitt 5.3 fasst die bereits über die Fallbeispiele in Abschnitt 5.2 angerissenen Täterstrategien über eine Kategorisierung zusammen. Anschließend werden kontrastive Elemente im Fallverlauf, also all jener Details, die als untypisch und ungewöhnlich eingeschätzt werden, betrachtet. Die Ergebnisdarstellung endet mit einer kurzen Zusammenfassung der zentralen Erkenntnisse der Untersuchung. Bezugsquelle der nachfolgenden Darstellung sind die transkribierte Interviews der Hauptuntersuchung. Wenn Textpassagen direkt zitiert werden, wird einerseits der Prozess von der kausalen Schlussfolgerungen aus dem empirischen Material hin zu abstrahierten empirischen Befunden verdeutlicht. Andererseits wird dadurch sprachlicher Abwechslungsreichtum und eine plastische Darstellung ermöglicht. Eine verknüpfende Darstellung der empirischen Befunde unter Einbezug von theoretischen und empirischen Aspekten erfolgt in der Diskussion im Kapitel 6.1 und 6.2.

5.1 Die Anbahnungsphase: Emotionale Abhängigkeit als Ausgangspunkt

Um zu verstehen, wie eine Zuführung zur Prostitution aus einer (vermeintlichen) Liebesbeziehung angebahnt wird, müssen potenzielle Risikofaktoren und die anfänglichen Beziehungsdynamiken – noch bevor es zur sexuellen Ausbeutung kommt – in den Blick genommen werden. Zusammengefasst werden konkrete Anhaltspunkte für eine besondere Vulnerabilität der Opferwerdung, die aus den Beschreibungen der (Lebens-)Hintergründe der Betroffenen ableitbar sind. Der Blick auf die Kontaktinitiierung und anfängliche Anbahnungsphase vor der Prostitutionszuführung, also vor dem Wendepunkt innerhalb der Beziehung, zeigt wie eine emotionale Abhängigkeit hergestellt wird.

Erkenntnisse zu den forschungsleitenden Fragen:

- Welche Hinweise zur Risikopotenzierung bzw. besondere Vulnerabilität, Opfer der Loverboy-Methode zu werden, bestehen?
- Wie gestaltet sich die Anbahnungsphase und inwiefern wird in Verbindung mit einer besonderen Vulnerabilität die Entstehung emotionaler Abhängigkeit begünstigt?

5.1.1 Lebenshintergründe und -phasen als Vulnerabilitätsfaktoren

a) Alter – Nationalität – Bildungsstand

Den Fallbeschreibungen nach beginnt das Altersspektrum der Betroffenen bei minderjährigen und heranwachsenden Frauen unter 21 Jahren bis hin zu einem Opfer, das zum Tatzeitpunkt ungefähr Mitte dreißig war,[36] wobei die Frau als „total blauäugig wie Schulmädchen […] und ja komplett Augen vor der Realität verschlossen“[37] beschrieben wird. Betroffene über 21 Jahren seien eher untypisch, der Schwerpunkt in diesem Phänomen wird bei jungen Frauen gesehen.[38] Ein Vertreter der Polizei definiert den klassischen „Phänotyp […] alle gutaussehend, zierlich, kindlich, hübsch, naiv und (-) unter 21 Jahren“.[39] Gerade im polizeilichen Kontext verknüpfen die Interviewpartner das junge Alter oft mit der Beschreibung ‚naiv‘: so müsse jemand, der „auf die Loverboy Methode reinfällt, schon eine gewisse Naivität mitbringen“[40], beschreibt ein Polizeibeamter.

---

[36] vgl. P_Int1, Abs. 55, 85; P_Int3, Abs. 59; P_Int4, Abs. 53; P_Int7, Abs. 19, 61; FBS_Int1, Abs. 33; FBS_Int2, Abs. 5, 47; FBS_Int5, Abs. 91; FBS_Int7, Abs. 5; P_Int2, Abs. 33; FBS_Int4, Abs. 100

[37] P_Int3, Abs. 53

[38] P_Int8, Abs. 65; vgl. auch FBS_Int2, Abs. 47; FBS_Int4, Abs. 100

[39] P_Int4, Abs. 53

[40] P_Int4, Abs. 53; hierzu auch vgl. P_Int7, Abs. 31

Die Zuführung zur Prostitution über eine Liebesbeziehung sei „die häufigste Vorgehensweise gerade bei Deutschen, Deutschen mit Migrationshintergrund".[41] In den vorliegenden Fallbeispielen bezieht sich der Migrationshintergrund auf die Länder Türkei, Spanien, Griechenland und Vietnam.[42] Es wird außerdem auf Opfer aus Bulgarien bzw. Rumänien – insbesondere mit Bezug zur ethnischen Minderheit der Roma – verwiesen, sodass bei dem Loverboy-Phänomen nicht von einer exklusiven Betroffenheit inländischer Frauen gesprochen werden kann.[43]
Die Beschreibung des Bildungsniveaus reicht von sehr niedriger schulischer Bildung und Analphabetismus – primär bezogen auf Opfer aus Osteuropa und ethnischen Minderheiten[44] – bis hin zum hochschulqualifizierenden Abschluss, wie dem Abitur bzw. einem äquivalenten ausländischen Abschluss.[45] Mehrere Betroffene verfügten zwar über einen Schulabschluss, nicht aber über eine abgeschlossene Ausbildung, was differenzierter zu betrachten ist. Schließlich bedingt das junge Alter per se einen oft noch nicht abgeschlossenen Ausbildungsweg. Teilweise haben die Betroffenen bislang keinen Ausbildungsplatz gefunden oder aber befanden sich in der Kennlernphase noch inmitten ihrer Ausbildung,[46] in zwei Fällen wurden nach der Schule zunächst ein Job zum Geldverdienen angenommen.[47] Auch bestand bei einigen Betroffenen das Bestreben zu studieren bzw. wurde bereits ein Studium aufgenommen.[48] Es zeigt sich in 22 Fallbeispielen ein breitgefächertes Bildungsniveau, wobei den Befragten nach Frauen mit hohem Bildungsstand eher die Ausnahme seien.[49]

Als Abgleich sollen an dieser Stelle auch die bekannten soziodemografischen Hintergründe der Tatpersonen skizziert werden (vgl. Exkurs: *soziodemografische Hintergründe der Loverboys).*

---

[41] P_Int8, Abs. 45; vgl. auch FBS_Int5, Abs. 99; P_Int1, Abs. 99; P_Int4, Abs. 9; P_Int5, Abs. 7; P_Int7, Abs. 33, 59; P_Int8, Abs. 43, 45; P_Int9, Abs. 25; FBS_Int3, Abs. 93; FBS_Int4, Abs. 6; P_Int3, Abs. 55; P_Int4, Abs. 9, 45; P_Int8, Abs. 43, 45

[42] vgl. P_Int3, Abs. 45, 55; P_Int5, Abs. 47; P_Int7, Abs. 33

[43] vgl. P_Int2, Abs. 7, 17, 65; P_Int3, Abs. 33, 59, 71; P_Int8, Abs. 43; FBS_Int1, Abs. 33; FBS_Int7, Abs. 5

[44] vgl. P_Int1, Abs. 55; P_Int2, Abs. 11; FBS_Int3, Abs. 34

[45] vgl. P_Int5, Abs. 47; FBS_Int7, Abs. 21

[46] vgl. P_Int4, Abs. 15; P_Int6, Abs. 25; P_Int8, Abs. 15; FBS_Int1, Abs. 33; FBS_Int7, Abs. 21

[47] vgl. FBS_Int4, Abs. 6; FBS_Int7, Abs. 9, 21;

[48] vgl. P_Int1, Abs. 201, 211; P_Int5, Abs. 7, 47, 55; FBS_Int4, Abs. 118

[49] vgl. P_Int3, Abs. 33; P_int5, Abs. 55; FBS_Int4, Abs. 118

↗ Exkurs: Soziodemografische Hintergründe der Loverboys

[Hinweis: Beschreibungen all jener Aspekte, die potenziell Einfluss auf die Herstellung und Aufrechterhaltung der Zwangslage haben könnten, wie das äußere Erscheinungsbild, das Auftreten oder konkrete Handlungsweisen werden im direkten Zusammenhang mit den Tathandlungen und den Täterstrategien beschrieben (vgl. Abschnitt 5.1.2, 5.2).]

In den geschilderten Fällen mit deutschen oder deutschen Opfern mit Migrationshintergrund waren die Loverboys – sofern dazu Abgaben gemacht wurden – bis auf zwei Ausnahmen deutsche Personen mit Migrationshintergrund. Dieser kann türkischer, marokkanischer [zusätzlich nordafrikanisch ohne weitere Spezifizierung benannt], libanesischer, kroatischer, serbischer, albanischer oder griechischer Herkunft sein und korrespondiert selten mit dem Migrationshintergrund der Opfer.[50] Bei ausländischen Täter-Opfer-Konstellationen liegt hingegen in der Regel die gleiche Nationalität vor,[51] da entsprechende Zugänge in den Herkunftsländern bestehen und systematisch zur Anbahnung genutzt werden, so die Erfahrung aus der Praxis.[52]

Der Altersabstand zwischen Mann und Frau variiert; in den überwiegenden Fällen, die betrachtet wurden, waren die Loverboys ein wenig älter oder aber im gleichen Alter; ca. um die 20 Jahre.[53] Weitaus älter und damit eher als ungewöhnlich im Altersspektrum der Täter einzuordnen, ist ein Täter, der 40 Jahre älter als das Opfer ist. Hier wird vom Polizeibeamten darauf verwiesen, dass die Bindung trotz sexueller Interaktionen nicht allein als die einer romantischen Partnerschaft einzuordnen sei, schließlich habe die Betroffene den Täter „dann als Vaterfigur anerkannt"[54].

Aus den Berichten der Praxisvertreter:innen lässt sich schließen, dass die Loverboys in den betrachteten Fällen, aber auch darüber hinaus, oft über keinen Schulabschluss bzw. keine abgeschlossene Berufsausbildung verfügen.[55] Beispielsweise sei ein Loverboy ab dem dritten Schuljahr auf eine Sonderschule gegangen und habe weder einen Abschluss noch eine Ausbildung erfolgreich absolvieren können;[56] in dem Fall war die

[50] vgl. P_Int1, Abs. 199; P_Int3, Abs. 45; P_Int4, Abs. 9; P_Int7, Abs. 9; P_Int8, Abs. 3; P_Int9, Abs. 25; FBS_Int2, Abs. 7; FBS_Int4, Abs. 6; FBS_Int5, Abs. 37

[51] vgl. P_Int8, Abs. 45

[52] vgl. P_Int1, Abs. 37 – 43; FBS_Int7, Abs. 5

[53] vgl. P_Int1, Abs. 87; P_Int4, Abs. 47; P_Int8, Abs. 3, 55; FBS_Int2, Abs. 5; P_Int6, Abs. 11; P_Int7, Abs. 61; P_Int8, Abs. 49; FBS_Int5, Abs. 37

[54] P_Int9, Abs. 3

[55] vgl. P_Int6, Abs. 39; FBS_Int4, Abs. 104; FBS_Int5, Abs. 53; FBS_Int6, Abs. 188-193

[56] FBS_Int4, Abs. 104; hierzu auch FBS_Int5, Abs. 53

Betroffene dem Loverboy „bildungsmäßig total überlegen“[57]. Eine reguläre, legale Tätigkeit zur Finanzierung des Lebensunterhalts ist in keinem Fall beschrieben worden. Geld wurde in der Regel aus der sexuellen Ausbeutung erlangt bzw. wurde Arbeitslosengeld II bezogen.[58]
Oft besteht vor der Tathandlung bereits eine Milieuverbundenheit oder -affinität.[59] In einem Fall saß der Täter vorher wegen Menschenhandel in einem nahezu identischen Fall, wie dem beschrieben, in Haft.[60] Vorstrafen lagen bei mehreren Tatpersonen vor. Diese bezogen sich beispielsweise auf Urkundenfälschung, Körperverletzung, Milieudelikte bis hin zu Raub.[61]

b) Aktuelle Lebenslage und Hinweise zu familiären Problemlagen

Gerade eine schwierige Lebenssituation ist häufig Ausgangspunkt für die Sehnsucht nach einem besseren Leben. Mädchen und junge Frauen aus osteuropäischen Ländern – insbesondere wenn sie zusätzlich Angehörige einer ethnischen Minderheit sind – leben in einer „unglaublichen Armutssituation […] (-) in einer persönlichen Situation, wo sie nichts zu melden haben und wo sie in einem Dreck hausen“,[62] was anders ausgedrückt als prekäre Lebenssituation ohne Perspektive beschrieben werden kann.[63] Idealisierte Vorstellungen eines Lebens in westlichen Teilen Europas kann die wahrgenommene Diskrepanz zwischen tatsächlichem und angestrebten Lebensstandard vergrößern, wodurch wiederum der Leidensdruck und auch die Vulnerabilität wächst, jede noch so kleine Möglichkeit auf ein besseres Leben zu ergreifen (vgl. Exkurs: *Clanfamilien und vorgetäuschte Liebesbeziehung*).[64] Dic Suchc nach cinem Versorger, „einem Partner, der einem ein gutes Leben ermöglicht“[65] und „eine gesicherte Zukunft verspricht“[66] stehe in diesem Fall im Vorder-

---

[57] FBS_Int4, Abs. 104
[58] vgl. P_Int4, Abs. 9; FBS_Int5, Abs. 47; FBS_Int6, Abs. 120
[59] vgl. P_Int3, Abs. 57, 83; P_Int6, Abs. 52-55; P_Int8, Abs. 3, 49; FBS_Int5, Abs. 5, 11, 37, 45, 53; FBS_Int7, Abs. 34-35, 85
[60] P_Int6, Abs. 57
[61] vgl. P_Int6, Abs. 39, 56-60; P_Int.7, Abs. 37; FBS_Int4, Abs. 47, 56, 82; FBS_Int5, Abs. 49-51
[62] P_Int2, Abs. 79
[63] vgl. P_Int1, Abs. 83; P_Int2, Abs. 11; P_Int3, Abs. 56, 59; P_Int6, Abs. 87, 89; FBS_Int1, Abs. 59
[64] vgl. P_int2, Abs. 79
[65] FBS_Int6, Abs. 177
[66] P_Int2, Abs. 11

grund.[67] Die damit verbundene Hoffnung auf ein besseres Leben wirkt also als Pull-Faktor.

Schwierige Lebensverhältnisse und das Streben nach einem höheren Lebensstandard als vulnerabilitätsevozierende Faktoren lassen sich jedoch nicht nur im Zusammenhang mit Betroffenen aus wirtschaftlich schwachen Regionen Osteuropas bzw. Angehörigen ethnischer Minderheiten feststellen. In vier Fallbeschreibungen schien das Streben nach einem höheren Lebensstandard, der durch eine Partnerschaft erreicht wird, mitunter treibenden Kraft zu sein.[68] Das zeigt sich beispielsweise daran, wenn in der Kennlern- und Anwerbungsphase durch die Loverboys ein luxuriöser Lebensstil mit teuren Autos, Geschenken und hochpreisigen Restaurantbesuchen präsentiert wird, der all das verkörpert – mit den Worten einer Betroffenen gesprochen – „was sich eine Frau so wünscht“[69]. Eine andere Opferzeugin sagte aus, dass das materielle Umwerben ihr signalisierte, dass es sich bei dem Täter um eine gute Partie, um einen „Sechser im Lotto“[70] handelt. Ihr wurde vor Augen gehalten, dass sie ebenfalls ein derartiges Leben führen könnte.[71]

↗ Exkurs: Clanfamilien und vorgetäuschte Liebesbeziehung

Als etwas gesondert zu betrachten, dennoch relevant für die Beurteilung vulnerabilitätsevozierender Faktoren, kann die Einflussnahme von familiäre Clanstrukturen eingestuft werden, die insbesondere in Osteuropa im Hintergrund agieren.[72] Das Spektrum reicht vom impliziten Druck, indem von der Familie erwartet wird, dass die Tochter für die Familie im Heimatland arbeitet bis hin zu aktiver Tatbeteiligung, durch die bei Gegenwehr die Fortsetzung der Prostitution forciert wird.[73] Dieses Einwirken ist auch bei Zwangsprostitution außerhalb der Loverboy-Methode bekannt und nicht exklusiv mit dem Phänomen zu verknüpfen; dennoch zeigen die Fallschilderungen, dass die Kombination aus der Hoffnung nach einem besseren Leben, gezieltem Druck durch die Clanfamilie sowie das Versprechen des Partners, in Deutschland gutes Geld verdienen zu können, eine Opferwerdung wahrscheinlicher macht.

[67] vgl. P_Int2, Abs. 27, 65; P_Int3, Abs. 83; FBS_Int3, Abs. 56

[68] vgl. P_Int2, Abs. 65; P_Int8, Abs. 61; FBS_Int6, Abs. 69-73

[69] P_Int4, Abs. 13

[70] P_Int2, Abs. 65

[71] vgl. P_Int2, Abs. 65; hierzu auch vgl. P_Int8, Abs. 61; FBS_Int3, Abs. 106; FBS_Int6, Abs. 73

[72] vgl. P_Int1, Abs. 73, 187; P_Int3, Abs. 33, 41; P_Int7, Abs. 7; P_Int8, Abs. 61; FBS_Int3, Abs. 108-114; FBS_Int6, Abs. 73, 204-206

[73] vgl. P_Int1, Abs. 73, 183; P_Int2, Abs. 57; P_Int3, Abs. 33; P_Int7, Abs. 7; FBS_Int5, Abs. 79, 83

Die Prostitutionszuführung über eine Liebesbeziehung mit Bezügen zu Clanfamilien hat in der Fachöffentlichkeit bislang keine Aufmerksamkeit erhalten.

Risikopotenzierung kann auch aus familiären Problemlagen resultieren, wenn daraus herausfordernde Entwicklungs- und Bewältigungsaufgaben entstehen, die zu temporären Belastungsempfinden bis hin zu langfristigen Auswirkungen auf Selbstwert, Selbstwirksamkeitserleben oder das Beziehungsverhalten führen (vgl. Abschnitt 3.2). In den Fallbeschreibungen wurden diesbezüglich verschiedenste Hinweise gefunden:

Ein Fall macht deutlich, dass das Aufwachsen in Kinderheimen oder bei Pflegefamilien zu einer besonderen Empfänglichkeit für Geschenke und luxuriöse Unternehmungen führen kann.[74] Dies entsteht den Erfahrungen einer Fachberaterin dadurch, dass den Mädchen und jungen Frauen lange Zeit wenig Materielles verfügbar war und sie insgesamt auch wenig Aufmerksamkeit und Fürsorge erfahren haben. Die besondere Bedürftigkeit werde von Tätern teilweise gar explizit ausgenutzt: „Da sind Mädchen gezielt ausgesucht worden, die im Heimatland in einem (-) Kinderheim aufgewachsen sind, die keine Eltern haben"[75], berichtet eine Beratungsstellenmitarbeiterin bezogen auf die Kontaktinitiierung. Auch während der Anbahnung der Beziehung können junge Frauen, die in Pflegestellen aufgewachsen und dadurch Rückhalt und feste Bezugspersonen fehlen, erhöhte Verletzlichkeit aufweisen, da niemanden verfügbar ist, dem sich bei ersten Problemen in der Beziehung ratsuchend anvertraut werden kann.[76]

In mehreren Fällen stammen die Betroffenen aus zerrütteten Familien.[77] Ursächlich dafür sind Trennung, Alkoholabhängigkeit eines oder beider Elternteile oder auch sexueller Missbrauch, wobei letzteres nur bei einem Fall benannt wurde und damit in den vorliegenden Fällen eine untergeordnete Rolle spielt.[78] Teilweise ist der Leidensdruck bei anhaltender Belastung in den familiären Strukturen derart groß, dass die Betroffene den Eltern oder Geschwistern entkommen wollte. „Wenn ich eh schon Stress habe oder von meinen Eltern weg will, weil die auch doof sind, [...] wohin ziehe ich mich dann zurück, dann habe ich keinen außer

[74] FBS_Int2, Abs. 15

[75] P_Int1, Abs. 107

[76] FBS_Int2, Abs. 15; zu fehlender Bezugsperson auch vgl. P_Int1, Abs. 57; FBS_Int5, Abs. 7, 31; vgl. P_Int1, Abs.107, FBS_Int2, Abs.5; FBS_Int3, Abs. 6

[77] vgl. z. B. P_int1, Abs. 57; P_Int5, Abs. 47; P_Int8, Abs. 61; FBS_Int2, Abs. 15; FBS_Int4, Abs. 6, 14; FBS_Int6, Abs. 59ff.

[78] vgl. P_Int8, Abs. 61

den Vollidioten [Anmerkung: Loverboy/Täter]“[79] subsumiert eine Polizeibeamter und zeigt damit auf, dass schwierige familiäre Verhältnisse dazu führen können, dass Vertrauen und eine stärkere Bindung zum Loverboy gesucht wird.[80] Die Trennung der Eltern wird als relevanter Faktor genannt, der bei mehreren Opfern zutrifft;[81] in einem Fachkommissariat fiel gar auf, dass alle Opfern von Loverboys der vergangenen Jahren aus getrennt lebenden Elternhäusern kamen.[82] Ob nun die Sehnsucht nach einem guten Leben, Schutz oder Geborgenheit: „es musst etwas gefehlt haben“[83], so die Einschätzung zweiter Interviewpartnerinnen. Ein daraus resultierendes Bedürfnis, diese Lücke zu kompensieren, liegt nah.[84]
In mehreren Fällen waren psychische wie physische Gewaltvorerfahrungen im familiären Kontext bekannt bzw. wurden vermutet: „gefühlsmäßig hätte ich gesagt, die hat Gewalterfahrung. Weil so wie das ertragen hat, muss sie eigentlich, muss sie Erfahrung haben, definitiv“[85]. Ob darüber hinaus Opfer Vorerfahrungen mit sexualisierter Gewalt machen mussten, wird nicht explizit thematisiert, jedoch wird ein partielles Aufkommen vermutet.[86]

Im Gegensatz zu eher zerrütteten Familienverhältnissen wird von mindestens fünf Fällen berichtet, in denen die Betroffene aus der äußeren Wahrnehmung entsprechend intakten Familien kommen.[87] Innerhalb der Familie sei „alles solide, Eltern noch zusammen, […] so bürgerlich/ Einfamilienhaus […], beide berufstätig“[88], wobei in zwei Fällen eine schlechte Phase, in der sich die Tochter einsam und unverstanden oder auch in Konkurrenz zu den Geschwistern etwas zurückgesetzt gefühlt habe, als möglicher Ansatzpunkt für Anbahnungsversuche der Täter postuliert wird.[89] Als möglicher alternativer Erklärungsansatz wird eine Faszination für das Rotlichtmilieu und kriminelle Machenschaften durch als ‚naiv‘ beschriebene junge Frauen postuliert.[90]

---

[79] P_Int7, Abs. 57
[80] vgl. FBS_Int1, Abs. 39; FBS_Int2, Abs. 47; FBS_Int4, Abs. 73
[81] vgl. P_Int4, Abs. 9, 45; FBS_Int6, Abs. 59ff.
[82] vgl. P_Int4, Abs. 9
[83] FBS_Int6, Abs. 182; vgl. FBS_Int6, Abs. 168-182
[84] vgl. P_Int4, Abs. 9; P_Int8, Abs. 61; FBS_Int4, Abs. 73
[85] P_Int1, Abs. 167; dazu auch vgl.P_Int2, Abs. 11, 29-31; P_Int3, Abs. 7, 31, 45, 53
[86] vgl. P_Int8, Abs. 61
[87] vgl. P_Int1, Abs. 209; P_Int9, Abs. 13; FBS_Int4, Abs. 6; FBS_Int7, Abs. 75
[88] FBS_Int7, Abs. 75; hierzu auch FBS_Int4, Abs. 6; P_Int6, Abs. 27
[89] vgl. FBS_Int7, Abs. 75; P_Int9, Abs. 13
[90] vgl. P_Int1, Abs. 83, 101-103, 217; P_Int2, Abs. 65; P_Int4, Abs. 53; P_Int5, Abs. 55; P_Int7, Abs. 31; P_Int8, Abs. 41; FBS_Int5, Abs. 91; FBS_Int5, Abs. 91

c) Intrapersonelle Aspekte erhöhter Vulnerabilität

Selbst wenn das Elternhaus dem ersten Eindruck nach intakt zu sein scheint, kann es dennoch „Knartz mit dem jungen Mädchen [geben], die fühlte sich einsam und unverstanden“[91] und lernte in diesem Moment einen Mann kennen. Gerade das Maß an Aufmerksamkeit, das durch einen Täter zu Beginn aufgebracht wird – selbst wenn es in Form von Kontrolle erfolgt – scheint eine starke Macht auf die jungen Mädchen auszuüben.[92] Der Wunsch, „einfach eine starke Schulter [zu] suchen, [...] jemand der das Leben für sie regelt“[93] und das Bedürfnis eines Familienersatzes, der einem Halt gibt, dominieren.[94] Ein Fall verdeutlicht, dass über diese fehlende familiäre Aufmerksamkeit auch gezielt von Täterseite argumentiert werden kann, indem versprochen wird, ihnen die fehlende Geborgenheit nun zu schenken.[95] Die Sehnsucht nach Aufmerksamkeit und Zuneigung oder gar das Gefühl von Einsamkeit kann somit zu stärkeren sozialen Bedürftigkeit führen, was fallübergreifende präsent ist.[96] Ein Beratungsstellenmitarbeiterin verdeutlicht die erhöhte Gefahr der Opferwerdung am Beispiel einer Betroffenen, die durch den Loverboy „das erste Mal das Gefühl [hatte], jemand interessiert sich wirklich für mich“[97]. Dort resultiere die soziale Bedürftigkeit aus fehlenden sozialen Kontakten. Ursächlich für den Einstieg in eine ausbeuterische Beziehung mit einem Mann war der Umstand, dass die junge Frau „völlig alleine war, dass sie keinen Freundeskreis hatte, dass sie von niemanden Bestätigung bekommen hat, dann aber von ihm“[98], einem gutaussehenden Mann mit dem sie sich „schmücken“ und stolz zeigen konnte.[99] In der Praxis wird betont, dass die jungen Frauen ihr Glück und ihre Zukunft oft von einem Partner und weniger von den eigenen Sein und Tun abhängig machen.[100]

Dieses skizzierte Idealbild, einen Mann an der Seite zu haben, der einen beschützt und versorgt, fußt mehreren Befragten nach auf sehr „klassisch

[91] FBS_Int7, Abs. 75

[92] vgl. FBS_Int7, Abs. 101

[93] P_Int8, Abs. 41; hierzu auch vgl. P_Int5, Abs. 47; P_Int8, Abs. 41, FBS_Int6; Abs. 34; FBS_Int7, Abs. 97

[94] vgl. P_int3, Abs. 73; P_Int4, Abs. 9, 15; FBS_Int1, Abs. 33

[95] vgl. FBS_Int6, Abs. 66

[96] vgl. z. B. P_Int6 Abs. 1; P_Int8, Abs. 61; FBS_Int4, Abs. 6, 12; FBS_Int6, Abs. 66, 196; FBS_Int7, Abs. 15, 61

[97] FBS_Int4, Abs. 6

[98] FBS_Int4, Abs. 50

[99] vgl. FBS_Int4, Abs. 12, 50

[100] vgl. FBS_Int7, Abs. 97

konventionelle[n] Mann-Frau-Bildern"[101], was vor allem in Verbindung mit einer südeuropäischen Lebenskultur gebracht wird.[102] Das familiär vorgelebte Rollenbild prägt auch das eigene Rollenverständnis, das folglich auf die eigenen Beziehungsvorstellungen übertragen wird.[103] In der Beratung mehrere Betroffener hat sich bei einer Beraterin der Eindruck verstärkt, dass sich vermehrt auch in der westlichen Kultur ein Rollenverständnis bei jungen Frauen ausprägt, in dem die eigenen Bedürfnisse nicht klar artikuliert bzw. bewusst zurückzustellt werden, um den Partner alles Recht zu machen: „Wenn man nur eine Weile sich fügt, wenn man nur eine Weile das macht, was sie gerne möchten, wenn man nur eine Weile (4) seine eigenen Bedürfnisse zurückstellt, dann (-) sind sie der strahlende Ritter auf dem weißen Pferd".[104]
In diesem Zusammenhang werden Hinweise auf ein geringes Selbstbewusstsein bzw. einen niedrigen Selbstwert gegeben.[105] Von außen ist ein geringes Selbstbewusstsein nicht immer erkennbar. Eine Betroffene beispielsweise tat „immer cool und selbstbewusst, als würde sie wissen, was sie will, (-) aber im Laufe der Beratung konnte man sehr deutlich merken, dass sie sich doch immer nach anderen richtet und was andere ihr sagen und dass sie sich durch die Augen anderer sieht"[106]. Damit erklärt die Interviewpartnerin ihren Eindruck, dass die Klientin sich ihrer selbst nicht bewusst und anfällig für die Beeinflussung Dritter war.[107] Eine andere Interviewpartnerin hebt hervor, dass es für die Betroffenen mit geringem Selbstbewusstsein schwer war einzuschätzen, was in einer Beziehung richtig oder falsch sei.[108] Im Zusammenhang mit einem geringen Selbstwert bzw. Selbstbewusstsein wird weiterhin postuliert, dass Betroffene sich aufgrund dessen nicht „hinzustellen und sagen, nee das lasse ich mit mir nicht machen"[109]. An welcher Stelle Grenzen in einer Liebesbeziehung gesetzt werden bzw. was als potenziell grenzüberschreitend eingeschätzt wird, ist auch abhängig von dem, was die Betroffene vorgelebt bekommen hat. Wird bereits als Kind Gewalt zwischen den Eltern miterlebt, kann dies zu der Annahme führen, dass

[101] FBS_Int7, Abs. 65
[102] vgl. P_Int2, Abs. 11, 63; P_Int5, Abs. 41, 47, 55; FBS_Int7, Abs. 65
[103] vgl. P_Int5, Abs. 47
[104] FBS_Int7, Abs. 97
[105] vgl. FBS_Int2, Abs. 19, 47, 53; FBS_Int4, Abs. 6, 50, 52, 92; FBS_Int5, Abs. 67; FBS_Int6, Abs. 29
[106] FBS_Int4, Abs. 52
[107] vgl. FBS_Int4, Abs. 52
[108] vgl. FBS_Int2, Abs. 19, 47, 53
[109] P_Int7, Abs. 67; hierzu auch vgl. P_Int8, Abs. 41

derartiges Verhalten normal in einer Beziehung sei, schließlich haben „ihre Mutter oder ihr Vater [...] das ja auch lange ausgehalten“.[110]
Zwei Beschreibungen weichen vom Vorhergenannten ab: Während eine Fachberatungsstellenmitarbeiterin kontrastierend zu einem anderen Fall von einer eher selbstbewussten Person spricht, die zwar „psychisch auch sehr stark also sehr labil, aber trotzdem eher selbstbewusst“[111] war, verdeutlicht eine andere Interviewpartnerin ein starkes Selbstbewusstsein anhand der anhaltenden Anzeige- und Aussagebereitschaft, da die Betroffene zu der Erkenntnis kam, ihr sei Unrecht widerfahren, was strafrechtlich zu sanktionieren wäre und selbstbewusst im gesamten Strafverfahren auftrat.[112]

5.1.2 Anbahnungsphase: Entstehung emotionaler Abhängigkeit

a) Kontaktinitiierung und Täterstrukturen

Gerade weil sich die Kommunikation ohnehin mehr und mehr ins Digitale verlagert, ist es nicht verwunderlich, dass auch in diesem Kontext das Internet einen zentralen Ort des Kennenlernens bildet,[113] wobei in den geschilderten Fällen auch die Schule, der Arbeitsplatz, gemeinsame Freunde oder Clubs als Orte des Erstkontakts benannt werden.[114] Bei der Kontaktaufnahme über das Internet oder beim Feiern liegt ein geplantes Vorgehen nah. So hat nach Einschätzung eines Ermittlungsbeamten ein Täter beispielsweise seine „Rolle als Barkeeper ausgenutzt, um Frauen (-) kennenzulernen und anschließend dann auch zur Prostitution zu bringen“[115]. Die Täter hatte Kenntnis von verschiedenen Lokalitäten und auch Online-Plattformen, auf denen er einfach Kontakt zu Frauen herstellen konnte.[116] Ob beim Kennenlernen bei der Arbeit der Zufall dominiert, kann anhand der Beschreibungen nicht abschließend beurteilt werden. Gerade bei Jobs mit viel Kundenkontakt – exemplarisch Café, Bar oder auch Wettbüro – kann jedoch ein gezieltes Ausschauhalten nach potenziellen Opfern nicht gänzlich ausgeschlossen werden.[117]

---

[110] FBS_Int2, Abs. 15; vgl. hierzu auch FBS_Int4, Abs. 12, 88-90
[111] FBS_Int5, Abs. 67
[112] P_Int3, Abs. 33
[113] vgl. P_Int1, Abs. 31-33, 109; P_Int2, Abs. 17; P_Int3, Abs. 7; P_Int8, Abs. 29, 65; P_Int5, Abs. 69; FBS_Int2, Abs. 5, 11; FBS_Int4, Abs. 78; FBS_Int7, Abs. 75
[114] vgl. P_Int1, Abs. 35; P_Int3, Abs. 7; P_Int4, Abs. 10; P_Int5, Abs. 13; 69; P_Int6, Abs. 15; P_Int8, Abs. 3; FBS_Int1, Abs. 33, FBS_Int4, Abs. 6, 10; FBS_Int6, Abs. 45; FBS_Int7, Abs. 5
[115] P_Int8, Abs. 3
[116] P_Int5, Abs. 69
[117] vgl. FBS_Int1 Abs. 33; FBS_Int4, Abs. 10; FBS_Int6, Abs. 157; FBS_Int7, Abs. 5, 23

Die Ausbeutungsidee kann aber auch aus einer sich bietenden Gelegenheit resultieren, wenn der Täter grundsätzlich auf der Suche nach einer Frauenbekanntschaft ist „und dann […] irgendwann einmal […] schnallt, Mensch mit der könnte man was anfangen“[118], so ein Befragter. Eine offensichtlich sich aus der Gelegenheit bietende Tat betrifft in den vorgestellten Fällen sowohl langjährig zurückliegenden Kontakte aus der früheren Heimat und der Schule, als auch neu geknüpfte Kontakte über einen gemeinsamen Freundeskreis oder auch in einer psychiatrischen Klinik.[119]

Oft wird darauf verweisen, dass bei diesem Phänomen stets als Einzeltäter agiert wird, schließlich ist bei der Loverboy-Methode gerade die Interaktion zwischen Täter und Opfer entscheidend für die Prostitutionszuführung. Durch die Fallbeschreibungen der Praxisvertreter:innen werden jedoch Hinweise auf weitere Tatbeteiligte bzw. teilweise sogar organisierte Täterstrukturen gegeben, die an dieser Stelle beschrieben werden. Im Kontakt mit der Frau steht in der Regel primär ein Täter, zu dem eine emotionale Bindung aufgebaut wird.[120] Je nach organisiertem Vorgehen, wie es beispielsweise im osteuropäischen lokalisierten Menschenhandel zu beobachten ist, kann dieser in ein unterschiedlich großes Netzwerk eingebunden sein und dabei beispielsweise gezielt als Anwerber junge Frauen im Herkunftsland *verliebt machen*, um diese mithilfe anderer Tatbeteiligter der Prostitution – in diesem Fall in Deutschland – zuzuführen. In einigen Tätergruppierungen gibt es „wirklich einen strukturellen Aufbau mit Anwerbern, mit Anwerbern im Heimatland, mit einem Lieferer hier nach Deutschland, mit Abnehmern von Großbordellen hier in Deutschland“[121]. Dabei kann das Ausbeutungssystem mit Ankunft in Deutschland direkt erkennbar werden, wenn die Frau über beispielsweise einen Verteiler ins Bordell gebracht wird bzw. eine Wohnung für sie angemietet wird. Je nach Kooperationsbereitschaft und Täter kann die Prostitutionszuführung auch weiterhin unter der Legende der Liebesbeziehung und der Aussicht einer gemeinsamen Zukunft laufen.[122]

Insbesondere im bulgarischen und rumänischen Raum stehen nicht selten auch Clanfamilien im Hintergrund, die sich über die in der

[118] P_Int2, Abs. 35

[119] vgl. P_Int1, Abs. 35; P_Int3, Abs. 7; P_Int4, Abs. 9; FBS_Int5, Abs. 9; FBS_Int6, Abs. 45; FBS_Int7, Abs. 5

[120] vgl. P_Int7, Abs. 55

[121] P_Int1, Abs. 151; hierzu auch vgl. P_Int1, Abs. 189; FBS_Int3, Abs. 18, 50

[122] vgl. P_Int1, Abs. 151; P_Int2, Abs. 11; FBS_Int3, Abs. 132; FBS_Int5, Abs. 43; Abschnitt 5.2.1

Prostitution tätigen Frauen finanzieren und direkt einwirken.[123] Hier stellt sich die Frage, inwiefern eine Anwerbung als Loverboy erfolgt ist. In einem Fallbeispiel gibt die Betroffene zwar an, dass der Tatverdächtigte ihr Freund sei und sie sich aus Liebe den Namen tätowiert habe. In der Ermittlung wurde allerdings festgestellt, dass dies ein Verwandter von ihr war und die Vermutung erhärtete sich, dass die Ausbeutung aus einen „gemeinsamer Entschluss vielleicht von allen, vom Täter, von den Opfern und auch von der Familie, dass die beiden Frauen jetzt arbeiten gehen“[124] resultiert ist. Dieser Fall ist also nur bedingt der Loverboy-Methode zuzuordnen und geht deshalb nicht in die Falltypisierung in Abschnitt 5.2 ein, dennoch verweisen mehrere Interviewpartner:innen darauf, dass auch im Clankontext gezielt über eine Liebesbeziehung angeworben und der Prostitution zugeführt wird.[125]
Ebenfalls organisiert und vernetzt agieren Täter, die Mitglieder einer Rockergruppierung sind.[126] In vielen Gruppierungen ist Prostitution eine feste Einnahmequelle und wird entsprechend geregelt. In einer Türstehervereinigung war es zum Beispiel so, „dass Frauen, die schon länger für diese Gruppierung arbeiten, […], praktisch Hauptfrauen waren von […] Mitgliedern von der *Rockergruppierung und die haben diese jungen Frauen, […] die in die Prostitution eingestiegen sind, betreut vor Ort. Also im Bordell“[127]. Hieran wird direkt erkennbar, dass mehrere Personen beteiligt sind und eine gewisse Aufgabenteilung besteht.[128] Der Weg hin zur Prostitution wird dabei teilweise über Manipulation und Liebesentzug geebnet. Ein gangbarer Weg, um die Frau der Prostitution zuzuführen, ist über die sogenannte Milieuregel, nach der suggeriert wird, dass eine beidseitige Milieuzugehörigkeit Grundvoraussetzung für die Beziehung sei.[129]
In verschiedenen Fallschilderungen werden außerdem Konstellationen festgestellt, in denen der Täter nicht systematisch vernetzt ist, sondern primär als Einzeltäter (unter Einbezug von Mittätern) agiert, wodurch wiederum ein gewisser Grad an Organisation erkennbar wird.[130] Dies

---

[123] vgl. P_Int2, Abs. 11, 57; P_Int7, Abs. 7, 35; FBS_Int5, Abs. 79
[124] P_Int2, Abs. 57
[125] vgl. P_Int1, Abs. 73; P_Int3, Abs. 41; FBS_Int1, Abs. 33; FBS_Int5, Abs. 79, 83; FBS_Int6, Abs. 204
[126] vgl. P_Int8, Abs. 5; FBS_Int2, Abs. 7
[127] P_Int8, Abs. 5; hierzu auch vgl. P_Int8, Abs. 3
[128] vgl. P_Int8, Abs. 5; FBS_Int7, Abs. 37, 75
[129] vgl. P_Int5, Abs. 67, hierzu Abschnitt 5.2.1
[130] vgl. P_Int2, Abs. 17-25; P_Int5, Abs. 45; P_Int7, Abs. 7, 53-55; FBS_Int3, Abs. 132; FBS_Int4, Abs. 64; FBS_Int6, Abs. 122

können Familienmitglieder sein, über die Gelder transferiert und gesichert werden; „das Auto zum Beispiel war immer auf die Schwester zugelassen, […] und die ganzen Gelder, die ins Ausland gegangen sind, sollten angeblich dem Vater gehören“[131]. Auch sind teilweise Gehilfen involviert, „die aber tatsächlich mit dem eigentlichen Geschäft mit den Frauen (-) nichts zu tun hatten, außer dass sie vielleicht mal Geld abgeholt haben für ihn“[132]. In einem Fall hat sich die Zusammenarbeit deutlich enger gestaltet; bereits während der Anbahnung bespricht der Täter mit einem Freund per WhatsApp über die Möglichkeit der Ausbeutung und berät das systematische Vorgehen. Der Freund und spätere Mittäter hat die Vermarktung und Inserate über Online-Portale „gemanagt, weil er auch entsprechend computeraffin war“[133].

b) zeitlicher Rahmen und Umwerbungsstrategien

Die erste Phase des Beziehungsaufbaus zum Opfer ist aus Tätersicht entscheidend, um den Weg in die Zwangsprostitution zu ebnen. Dabei variiert die Dauer zwischen ersten Kennenlernen und der Zuführung zur Prostitution zwischen wenigen Wochen bis hin zu mehreren Jahren.[134] Letzteres bezieht sich auf einen ungewöhnlichen Fall, indem der 40 Jahre ältere Täter eine sexuelle Beziehung zum Opfer aufgenommen und sie langsam und systematisch auf die Prostitution vorbereitet hat, als sie gerade mal 15 Jahre alt war.[135]

Die Anwerbungsphase zwischen einem viertel und dreiviertel Jahr scheint die Regel zu sein[136], was nicht zuletzt auch daran erkennbar ist, dass ein Fall mit eineinhalb jähriger Beziehungsphase bis zur ersten Zuführung zur Prostitution „für relativ lang […] für so einen direkten Einstieg in so eine Loverboy Geschichte oder Beziehungstrickkiste“[137] gehalten wird. Einem Befragten nach zu urteilen „reichen auch schon mal ein intensives Wochenende, WhatsApp oder Facebook Kontakte […] aus und dann ist man der festen Überzeugung, man hat den Mann seines Lebens gefunden und reist quer durch Deutschland zu diesem Menschen hin und am Dienstag geht man der Prostitution nach“[138], womit deutlich wird, wie kurz und bindend die Anwerbungsphase sein kann.

---

[131] P_Int7, Abs. 35; hierzu auch vgl. FBS_Int4, Abs. 64; FBS_Int6, Abs. 122

[132] P_Int7, Abs. 55; vgl. auch FBS_Int7, Abs. 75

[133] P_Int2, Abs. 21; hierzu Abschnitt 5.2.1

[134] vgl. P_Int1, Abs. 37; P_Int2, Abs. 23; P_Int6, Abs. 43; P_Int8, Abs. 65; P_Int9, Abs. 3; FBS_Int2, Abs. 5; FBS_Int6, Abs. 49; FBS_Int7, Abs. 73

[135] vgl. P_Int9, Abs. 3

[136] vgl. FBS_Int2, Abs. 5, 9; FBS_Int6, Abs. 49; FBS_Int7, Abs. 73

[137] FBS_Int7, Abs. 5

[138] P_Int6, Abs. 43

Durch gezieltes Umwerben in der Anbahnungsphase, indem die Partnerin zum Beispiel „nach allen Regeln der Kunst offensichtlich umgarnt und auf Händen getragen“[139] wird, versucht der Loverboy die emotionale Bindung sukzessiv zu stärken. Es wird berichtet, dass der Loverboy durch Komplimente, Geschenke und Unternehmungen der Frau besondere Aufmerksamkeit schenkt und ihr signalisiert, dass er sie hübsch findet, wodurch die Betroffene evtl. „das erste Mal das Gefühl, jemand interessiert sich wirklich für mich“[140] vermittelt bekommt.[141]
Durch Telekommunikationsüberwachung und Einblicke in Chatverläufe haben eine Polizeibeamt:innen außerdem feststellen können, dass Loverboys mitunter kommunikativ sehr manipulierend auftreten und durch gezielte Bestätigung, Aufmerksamkeit und Komplimente genau da ansetzen, wo die Sehnsüchte und soziale Bedürftigkeit einiger Mädchen und Frauen liegen.[142]
Einer Fallbeschreibung nach ist die Betroffene besonders beeindruckt, dass sich der Täter ihr beim ersten Date nicht direkt sexuell nähert, was für „sie dann so ein Zeichen war, da wird was Ernstes draus, es ist nicht nur so ein Art One-Night-Stand[143] und sie darin bestärkt wird, dass er ernsthaftes Interesse an ihr hat.[144]
Einige Täter setzen auch bei der Faszination und Neugier der jungen Frauen an, auf die das Milieu eine Art „magische Anziehungskraft“ ausübt.[145] Der Täter verschafft der jungen Frau Zugang zu einer ihr unbekannten Welt.[146] In mehreren Fällen beeindruckt der Loverboy mit vermeintlichem Luxus, teuren Unternehmungen, Statussymbolen und erweist sich großzügig,[147] indem er die „Wünschen von den Lippen abgelesen hat [und] es gab auch am Anfang Geschenke, Schmuckgeschenke“[148]. Eine Betroffene beschreibt in der Beratung die anfänglichen Treffen mit dem Loverboy und hebt hervor „man hat tolle Autos, die

139 FBS_Int7, Abs. 75
140 FBS_Int4, Abs. 6
141 vgl. P_Int2, Abs. 19, 65; P_Int3, Abs. 49; P_Int4, Abs. 9, 13; P_Int5, Abs. 67; P_Int6, Abs. 41; FBS_Int2, Abs. 11; FBS_Int4, Abs. 10, 102; FBS_Int5, Abs. 95; FBS_Int7, Abs. 75
142 vgl. P_Int2, Abs. 17, 31; P_Int4, Abs. 13; P_Int6, Abs. 67; FBS_Int2, Abs. 15; FBS_Int4, Abs. 4, 24; FBS_Int6, Abs. 64; hierzu vgl. Abschnitt 6.3.1
143 P_Int8, Abs. 3
144 vgl. P_Int8, Abs. 3
145 vgl. P_Int1, Abs. 207
146 vgl. FBS_Int4, Abs. 24
147 vgl. P_Int2, Abs. 19, 65; P_Int3, Abs. 49; P_Int5, Abs. 13; P_Int6, Abs. 41, 67; FBS_Int4, Abs. 24, 102
148 P_Int6, Abs. 41; hierzu auch vgl. FBS_Int2, Abs. 15

Leute gucken nach einem [...]. Man wird mit Stolz erfüllt und ich gehöre dazu"[149]. Nicht nur der großzügige Lebensstil, sondern auch das Gefühl der Zugehörigkeit und Teil des Milieus zu sein, können (anfangs) also positiv wahrgenommen werden. Teilweise hatten die Betroffenen auch bereits vorher Kontakt zum Milieu bzw. waren in der Prostitution tätig.[150] Einige hatten jedoch für sich entschieden, dass sie sich nicht prostituieren wollen und „sind dann halt durch den Beschuldigten da wieder reingekommen"[151].

Nicht immer müssen es teure Geschenke und Gesten sein, wie ein Fall mit zwei Opfern zeigt, in dem der Täter seine vermeintliche Zuneigung allein durch Versprechungen über die gemeinsam Zukunft und Liebesbekundungen zum Ausdruck bringt.[152] Er sagte beispielsweise zu beiden Frauen unabhängig voneinander „er liebt sie über alles, sie ist die Einzige (-) und nur mit der wollte er ein Leben verbringen"[153]. Gerade bei Frauen, die nach einem Versorger und Beschützer streben, einem Partner, der zugleich Familienersatz ist, halten schnell und langandauernd an diesem fiktiven Lebensmodell fest, wodurch erste Einblicke in die Beziehungsdynamiken vor der Prostitutionszuführung gegeben werden.[154] Diese gilt es nun mit Blick auf die Entstehung emotionaler Abhängigkeit differenzierter zu betrachten.

c) Hinweise emotionaler Abhängigkeit

Oft seien die Täter in der Lage, innerhalb kürzester Zeit eine enge emotionale Bindung zum Opfer herzustellen. Die Befragten beobachten, dass die jungen Frauen sich *unsterblich* verlieben und bereit sind, alles zu tun, um den Partner „nicht verlieren zu wollen, dabei kennt man ihn erst zwei Wochen"[155]. Anzeichen emotionaler Abhängigkeit sind also bereits zu einem frühen Zeitpunkt erkennbar.[156]

Die Liebesbeziehung selbst wird bis zum Zeitpunkt der Prostitutionsausübung als weitestgehend normal beschrieben und wahrgenommen,[157] sie wird teilweise sehr spontan eingegangen und schnell als große Liebe

[149] P_Int8, Abs. 61
[150] vgl. P_Int3, Abs. 47; P_Int4, Abs. 41
[151] P_Int4, Abs. 41
[152] vgl. FBS_Int5, Abs. 95
[153] FBS_Int6, Abs. 12
[154] FBS_Int1, Abs. 33
[155] P_Int7, Abs. 31
[156] vgl. bspw. P_Int1, Abs. 15, 71, 113; P_Int2, Abs. 17, 79; P_Int4, Abs. 43; P_Int5, Abs. 25; P_Int5, Abs. 39; P_Int7, Abs. 31; P_Int8, Abs. 49; FBS_Int1, Abs. 61; FBS_Int3, Abs. 8; FBS_Int5, Abs. 7; FBS_Int6, Abs. 16
[157] vgl. P_Int3, Abs. 22, 75; FBS_Int6, Abs. 157

deklariert.[158] Daran zeigt sich, dass es den Tätern gelingt, „innerhalb von kürzester Zeit […] die Frau auf diese Wolke sieben zu heben“[159]. Durch das starke Verliebt-sein wird der Weg in die emotionale Abhängigkeit geebnet.[160] Einige Fallbeispiele zeigen, dass der Loverboy ab dem Zeitpunkt durch gezielte Manipulation und Isolation sukzessiv zum einzigen Ankerpunkt wird, sodass die junge Frau bereits den Kontakt zum sozialen Umfeld verliert und keine Bezugsperson außer den Loverboy hat.[161] Folgt das Opfer einmal nicht den Anweisungen oder droht, sich aus der Situation loszusagen, wird auf unterschiedliche Weisen eingewirkt: Mal wird etwas in Bezug auf die gemeinsame Zukunft in Aussicht gestellt, in anderen Momenten wird viel Aufmerksamkeit und Anerkennung geschenkt oder auch überzeugend vermittelt, dass es alles gar nicht so schlimm sei.[162] In einigen Fällen „reicht oft schon diese[r] Liebesentzug, […] [wodurch] die [Hinweis: Betroffenen] so eine Form entwickeln, hinterher zu laufen“[163], um den Wünschen zu entsprechen, damit sie wieder Zuneigung erhalten.[164] Physische Gewalt scheint hingegen in der Anfangsphase selten angewendet zu werden.[165]

---

[158] vgl. P_Int1, Abs. 37, 79; P_Int3, Abs. 45; P_Int6, Abs. 11, 18, 43; P_Int7, Abs. 19; FBS_Int6, Abs. 16

[159] P_Int5, Abs. 39; hierzu auch P_Int6, Abs. 41

[160] vgl. P_Int1, Abs. 17, 83, 205; P_Int2, Abs. 25, 27; P_Int4, Abs. 37; P_Int7, Abs. 19, 45; FBS_Int6, Abs. 16

[161] vgl. P_Int4, Abs. 9; P_Int9, Abs. 3

[162] vgl. P_Int1, Abs. 75, 115; P_Int3, Abs. 51, 57

[163] P_Int7, Abs. 47; hierzu auch P_Int4, Abs. 9

[164] vgl. P_Int7, Abs. 47

[165] vgl. P_Int4, Abs. 9; P_Int7, Abs. 45; FBS_Int3, Abs. 104

Kernaussage und Limitation

Neben der Zusammenfassung der Ausgangslage vor der Prostitutionszuführung – also potenzielle Vulnerabilität der Betroffenen sowie die Täterstrategien in der Anbahnungsphase – werden ebenfalls potenzielle Limitationen der Aussagekraft beachtet.

- *Vulnerabilität*

Die vorliegende Datenbasis zeigt, dass bei nahezu allen Betroffenen Hinweise zu kritischen intra- und interpersonelle Aspekten gegeben werden. Konkret werden folgende Faktoren benannt, die potenziellen Nährboden für besondere Vulnerabilität bieten:

- Familiäre Problemlagen (z. B. Trennung/Scheidung, häufige Streits, Gewalt(mit-)erleben)
- geringe Bildungsniveau bzw. fehlender Zugang zu Bildung; damit verbunden oft:
- wirtschaftlich prekäre Lage, berufliche Perspektivlosigkeit
- Gewaltvorerfahrung im partnerschaftlichen oder familiären Kontext
- Suche nach Beschützer bzw. Zuneigung und Aufmerksamkeit
- Kognitive Entwicklung nicht vollends abgeschlossen z. B. durch junges Alter, fehlende Lebenserfahrung, Naivität
- fehlendes Selbstbewusstsein
- Streben nach luxuriösem Lebensstil

Die Einzelfallbeschreibungen zu Betroffenen ohne biografische bzw. intrapersonelle Auffälligkeiten könnten jedoch zeitgleich Hinweis darauf sein, dass kein zwangsläufiger und ausnahmsloser Zusammenhang zwischen spezifischen Vulnerabilitätsfaktoren und der Opferwerdung im Loverboy-Kontext besteht. So scheint mitunter allein das anfängliche Verliebt-sein und die Zuneigung und das Umwerben in der Anbahnungsphase eine starke emotionale Bindung zu bedingen, ohne dass besondere Verletzlichkeit vorliegen muss.

Um zu prüfen, ob und inwiefern eine Regelmäßigkeit zwischen spezifischen Vulnerabilitätsfaktoren und der Dauer und Intensität emotionaler Abhängigkeit (eA) besteht, wurden die Fälle nach

A. *Kurze emotionale Bindung:* direkter Bruch bei erstmaliger Prostitutionszuführung
B. *Temporäre emotionale Abhängigkeit:* bis zum Ausstieg aus Zwangslage erkennbar
C. *Intensive, langanhaltende emotionale Abhängigkeit:* Rückkehr zum Täter; anhaltende eA

kategorisiert und mit den Subcodes des Codes *Vulnerabilität* abgeglichen. So sollte festgestellt werden, ob z. B. starke familiäre Probleme eine besonders langanhaltende, schwer zu lösende Bindung an den Täter erzeugen. Derartige Schlussfolgerungen ließen sich jedoch nicht ableiten, es ist kein einheitliches, fallübergreifendes Muster erkennbar. Zwar ist den Praxisvertreter:innen aufgrund ihrer außenstehenden, meist ein Großteil des Fallgeschehens überblickende Perspektive und vor allem aufgrund ihrer professionellen Ausbildung eine fundierte Einschätzung über potenzielle Vulnerabilitätsfaktoren möglich. Zeitgleich kann der Belastungsmoment einzelner Aspekte aber auch von außen nicht erkennbar oder vermittelt worden sein, sodass zur möglichst allumfassenden Einschätzung erhöhter Verletzlichkeit eine Kombination aus Fremd- und Selbstbeurteilung, die verschiedene Quellen einbezieht, sinnvoll wäre, die aus den in Abschnitt 2.3.4 erläuterten Gründen im vorliegenden Projekt jedoch nicht anvisiert und leistbar waren. Die Wissensbestände aus der Praxis zur Einschätzung einer besonderen Vulnerabilität sind daher als nicht abschließend und zwingend vollständig zu verstehen.

- *Täterstrategien der Anbahnung*

Der anfängliche Phase von der Kontaktinitiierung bis zu Aufnahme einer Beziehung ist fallübergreifend relativ vergleichbar und ähnelt einer normalen Beziehungsanbahnung, wobei auffällig stark materiell oder verbal umworben wird. Bereits früh wird die Zuneigung in Abhängigkeit von der Kooperationsbereitschaft der jungen Frauen vermittelt, indem beispielsweise durch Liebesentzug die Sehnsucht nach Aufmerksamkeit temporär nicht erfüllt wird. Derartige Manipulationen und auch sukzessive Isolation vom sozialen Umfeld stärken die Bindung zu der nun primären Bezugsperson, dem Loverboy. Erste Tendenzen einer übermäßigen Bindung bis hin zur emotionalen Abhängigkeit werden erkennbar. So wird das Ziel erreicht, die (junge) Frau derart einzunehmen, dass sie bereit ist, Dinge zu tun, um die Beziehung zu ihrem Partner aufrechtzuerhalten. Die Grundlage für eine Prostitutionszuführung wurde gelegt. Aussagen von Opferzeuginnen, Chat-Protokolle, Protokolle von Telekommunikationsüberwachung und auch Beratungsgespräche ermöglichen den befragten Praxisvertreter:innen umfassender Einblicke in die Anfangsphase der Loverboy-Methode. Limitationen der Aussagekraft sind deshalb nicht erkennbar.

Auf dieser Basis wird im Folgeabschnitt anhand typischer Fallmuster und exemplarischer Fallbeschreibungen verdeutlicht, wie emotionale Abhängigkeit über den Fallverlauf wirkt und in Verbindung mit den Täterstrategien dazu beiträgt, dass eine Loslösung aus der Zwangslage schwer gelingt.

5.2 Fallverlauf: Typisierung und Einzelfallbeschreibungen

Die machtvolle Bindung emotionaler Abhängigkeit zeige sich insbesondere ab dem Zeitpunkt der Prostitutionszuführung, da spätestens hier bemerkbar wird, dass es sich nicht um eine normale Beziehung handelt. Akzeptieren und tolerieren die Betroffenen – trotz hohem Leidensdruck – (temporär) den Wendepunkt der Beziehung und verharren gar in der Situation,[166] kann dies als Hinweis für das Bestehen einer emotionale Abhängigkeit gewertet werden.

Beantwortung der forschungsleitenden Fragen:

- Wie wird der Wendepunkt in der Beziehung eingeleitet, um zur Prostitution zuzuführen und welche Täterstrategien können dabei und im weiteren Fallverlauf typisiert werden?
- Welche Mechanismen erschweren den Loslösungsprozess bzw. hindern am Ausstieg aus der Zwangsprostitution?

Es wurde auf Basis verschiedener Fallbeispiele untersucht, wie emotionale Abhängigkeit wirkt und dazu beiträgt, dass eine Loslösung aus der Zwangslage schwer gelingt, aber auch inwiefern Fälle mit anfänglicher Liebesbeziehung bestehen, bei denen es mit der erstmaligen Prostitutionszuführung zum Bruch kommt und damit – wenn überhaupt – nur von einer kurzzeitigen bzw. keiner emotionalen Abhängigkeit gesprochen werden kann. Insgesamt verweisen 23 von 30 Fallbeschreibungen auf emotionale Abhängigkeitsmomente und liefern zeitgleich ausreichend Informationen in den betrachteten Merkmalsräumen, sodass diese in die Analyse einbezogen werden können. Die darin enthaltenden Wissensbestände zum Loverboy-Phänomen aus der Beratungs- und Strafverfolgungspraxis sollen in systematischer Form nun auch der Fachöffentlichkeit zugänglich gemacht werden. Der Mehrwert der vorliegenden Untersuchung entsteht insbesondere durch facettenreiche Einblicke in das Fallgeschehen der Loverboy-Methode, die über eine reduzierte, vereinfachte oder schematisierte Beschreibung des Fallverlaufs hinausgehen.

Es wurden drei fallübergreifende Muster bei der Zuführung zur Prostitution, also dem Wendepunkt der Beziehung, in Kombination mit den angewendeten Zwangsmitteln ab dem Zeitpunkt der sexuellen Ausbeutung identifiziert. Diese werden anhand verschiedener Fallbeispiele verdeutlicht und in Verbindung mit emotionalen Abhängigkeitsverhältnissen und Vulnerabilitätsfaktoren bewertet.

---

[166] vgl. P_Int1, Abs. 67; P_Int5, Abs. 25; P_Int3, Abs. 51, 57; P_Int7, Abs. 47; FBS_Int4, Abs. 6

Die nachfolgende Tabelle 8 bietet eine Übersicht, wie sich die Fallbeispiele in den zuvor genannten Kategorisierung einordnen lassen:

Tabelle 8: *Zuordnung der Fallverlaufstypen* [eigene Darstellung]

		Zwangsmittel zur Aufrechterhaltung der Ausbeutung			
			ausschließlich negativ-sanktionierend		
		[a] ausschließlich positiv-bestärkend *(Lob, Anerkennung, Erinnerung an Zukunft)*	[b] psychische + finanzielle Gewalt *(Isolation, Demütigung, Beleidigung, Geld einbehalten)*	[c] physische und sexuelle Gewalt *(Vergewaltigung, Schlagen, Freiheitsentzug, Treten)*	[d] Mischform: ambivalentes Verhalten *(Wechselspiel zwischen Lob/Liebesversprechen und Liebesentzug, Bedrohung, Körperverletzung)*
Wendepunkt / Zuführung in die Prostitution	[1] Versprechen einer gemeinsamen Zukunft	4	0	0	7
	[2] Notsituation / Revanchieren	0	1	2	3
	[3] Gewalt / Erpressung / Bedrohung	0	1	3	1

Bei der Zuordnung fällt auf, dass in den meisten Fälle (11) die sexuelle Ausbeutung auf Versprechungen einer gemeinsamen Zukunft aufbaut und in diesem Muster nahezu keine körperliche Gewalt zur Aufrechterhaltung des Zwangs Anwendung findet. In vier Fällen wurde die sexuelle Ausbeutung sogar allein durch positive Verstärkungen, wie Lob, Anerkennung und das Erinnern an die gemeinsame schöne Zukunft aufrechterhalten. Zwangsmittel allein in Form positiver Verstärkung lassen sich in den anderen zwei Fallmustern nicht finden.

In insgesamt sechs Fällen wird die Prostitution über eine finanzielle Forderung – wie eine plötzliche Notsituation und sich für die anfängliche Großzügigkeit zu revanchieren – eingeleitet. In drei dieser Fälle sind die Zwangsmittel ambivalent, indem positiv bestärkt, aber auch sanktioniert wird. Die drei anderen Fälle weisen verschiedene Formen der körperlichen und psychischen Gewaltanwendung auf.

Weitere fünf Fälle, in denen anfänglich eine Liebesbeziehung bestand, sind durch massive physische bzw. sexuelle Gewalt geprägt; erstmalige sexuelle Dienstleistungen wurden allein durch gewaltvollen Zwang herbeigeführt bzw. wurde der Versuch dazu unternommen. Positiv bestärkt z. B. in Form von Zuneigung oder Liebesbekundungen wurden ab dem Zeitpunkt der Zwangsprostitution nicht mehr.

Genaue Einblicke in die drei Fallmuster sowie deren unterschiedliche Ausgestaltung werden nachfolgend mithilfe von Einzelfallbeschreibungen ermöglicht. Hinweise auf potenzielle Vulnerabilitätsfaktoren, die umfassend im vorangegangenen Abschnitt erläutert wurden (vgl. Abschnitt 5.1), werden pro Fall herausgearbeitet. Auch werden fallspezifische Hinweise auf das Bestehen emotionaler Abhängigkeit herausgearbeitet. Eine zusammenfassende, fallübergreifende Übersicht über das Zusammenspiel von Vulnerabilitätsfaktoren und Täterstrategien mit Blick auf die Herstellung und Aufrechterhaltung emotionaler Abhängigkeit folgt im Abschnitt 5.4. Dort findet unter Rückbezug auf die Einzelfallbeschreibungen zudem eine Betrachtung der Beständigkeit derartiger Abhängigkeiten in Verbindung mit dem selbst- oder fremdinitiierten Ausstieg statt.

5.2.1 Fallmuster 1: Versprechen einer gemeinsamen Zukunft

Dieser Kategorie werden 12 Fallbeschreibungen [Fall 1a/b, 5, 7, 9, 13, 15, 17, 18, 21, 23 und 26] zugeordnet, die sich hinsichtlich der Zwangsmittel, die zur Aufrechterhaltung der sexuellen Ausbeutung genutzt werden, in drei Subtypen unterscheiden lassen (vgl. Tabelle 9).

Tabelle 9: *Verteilung Subtypen im Fallmuster 'Versprechen'* [eigene Darstellung]

	Zwangsmittel zur Aufrechterhaltung der Ausbeutung			
		ausschließlich negativ-sanktionierend		
	[a] ausschließlich positiv-bestärkend *(Lob, Anerkennung, Erinnerung an Zukunft)*	[b] psychische + finanzielle Gewalt *(Isolation, Demütigung, Beleidigung, Geld einbehalten)*	[c] physische und sexuelle Gewalt *(Vergewaltigung, Schlagen, Freiheitsentzug, Treten)*	[d] Mischform: ambivalentes Verhalten *(Wechselspiel zwischen Lob/Liebesversprechen und Liebesentzug, Bedrohung, Körperverletzung)*
[1] Versprechen einer gemeinsamen Zukunft	4	0	0	7

a) Zuführung und Zwangsmittel – Erläuterungen am Fallbeispiel

Die Einzelfallbeschreibungen bieten die Möglichkeit, nachzuvollziehen, wie sich das vorgestellte typische Fallmuster im Detail ausgestalten kann und welche Variationen [Subtypen] aufgrund unterschiedlicher Zwangsmittel innerhalb dessen in der Praxis beobachtet werden (vgl. Tabelle 10 – 20).

Tabelle 10: *Fall 1.1 - Fallmuster (1) Versprechen - Subtyp (d) ambivalent* [eigene Darstellung]

Fall 1.1	
Alter Betroffene: 18/19 Jahre	Herkunft Opfer: Rumänien
Alter Loverboy: unter 21 Jahre	Herkunft Loverboy: Rumänien
Hinweise Vulnerabilität: ärmliche Verhältnisse, alleinerziehend, fehlender Zugang zu Bildung, keine berufliche Perspektive, Vater verstorben, Suche nach Versorger, Gewaltvorerfahrung	
Beziehungsdauer bis Zuführung: wenige Wochen	Dauer sexuelle Ausbeutung: unbekannt
Ort des Kennenlernens: Facebook	Zuführung: Geld zur Überbrückung
Zwangsmittel: Hoffnung auf gemeinsame Zukunft, körperliche Gewalt, Manipulation	
Ausstieg: polizeiliche Intervention, Strafverfahren gegen Tatverdächtigen	
Aussagebereitschaft: zögerlich, erst nach Vorlage von TKÜ Protokollen	
Hinweise emotionale Abhängigkeit bis: nach Ausstieg	
Besonderheiten: nach zwei Jahren erneut in Prostitution für neuen Mann tätig	

Tabelle 11: *Fall 1.2 - Fallmuster (1) Versprechen - Subtyp (a) positiv-bestärkend* [eigene Darstellung]

Fall 1.2	
Alter Betroffene: 19/20 Jahre	Herkunft Opfer: Rumänien
Alter Loverboy: unter 21 Jahre	Herkunft Loverboy: Rumänien
Hinweise Vulnerabilität: ärmliche Verhältnisse, alleinerziehend, fehlender Zugang zu Bildung, keine berufliche Perspektive, Täter ist „Liebes des Lebens“	
Dauer bis Zuführung: unbekannt	Dauer sexuelle Ausbeutung: unbekannt
Ort des Kennenlernens: Schule	Zuführung: unbekannt
Zwangsmittel: Lob, Anerkennung, Liebesbekundung (keine psychische/physische Gewalt)	
Ausstieg: polizeiliche Intervention, Strafverfahren gegen Tatverdächtigen	
Hinweise emotionale Abhängigkeit bis: nach Ausstieg; Falschaussage, um ihn zu entlasten	
Besonderheiten: bereits Beziehung in Jugendzeit	

Fallbeschreibung: Ein körperliche Auseinandersetzung vor einem Bordell ist Anlass der polizeilichen Intervention. Die Polizei wird über Dritte verständigt; die Geschädigte ist nicht aussagebereit. Dennoch behält die Polizei das potenzielle Opfer im Blick und kann letztlich durch die Feststellung massiver Körperverletzungen bei einer Bordellkontrolle eine Telekommunikationsüberwachung erwirken.[167] Darüber erlangt die Polizei die Erkenntnisse, dass zwei junge Rumäninnen zwangsprostituiert werden und kann einen Haftbefehl gegen den mutmaßlichen Täter vollstreckt. Erst zögerlich zeigt sich eine der Betroffenen aussagebereit, nachdem sie über das TKÜ Protokoll von Gesprächen zwischen dem Loverboy und der anderen Betroffenen erfährt, in denen er „sich über sie unterhalten hat, wie blöd sie ist und wie man die ausnehmen kann“[168]. Bei der anderen jungen Frau war nach Einschätzung des Polizeibeamten „die Liebe noch so groß, dass sie das alles akzeptiert [...] und bis zum Schluss, bis vor Gericht auch noch für ihn gelogen [hat]“[169], sodass sie wegen Falschaussage eine Strafe erhält.[170]
Die Letztgenannte – fortan zur besseren Differenzierung Betroffene 2 genannt – und der Täter kennen sich bereits aus der Jugend, da sie auf die gleiche Schule gegangen sind und kurzzeitig liiert waren.[171] Sie stammt aus ärmlichen Verhältnisse ohne berufliche Perspektive und hat ein Kind aus einer anderen Partnerschaft. Der Kontakt ist nie ganz abgerissen. In den Vernehmungen offenbart sie, dass er ihre große Liebe ist.[172] Ihr gegenüber wendet der Loverboy keine körperliche Gewalt an und behandelt sie insgesamt besser als die andere junge Frau – Betroffene 1.[173]
Den Kontakt zu der Betroffenen 1 hat der Loverboy über Facebook initiiert; sie ist zu dem Zeitpunkt 20 Jahre alt, bereits Mutter und es wird schnell eine Beziehung eingegangen. Nach wenigen Wochen reisen sie nach Deutschland, um Geld für eine gemeinsame Zukunft zu verdienen. Da er angeblich keine Arbeit aufnehmen kann, schlägt er nach ca. zwei Wochen vor, dass sie zur Überbrückung in der Prostitution gutes Geld verdienen könnte. Aus Liebe zu ihm willigt sie ein. Sie ist fortan darauf bedacht, alles für ihren Partner zu tun und ihn durch den Verdienst von genügend Geld zufrieden zu stimmen, um im Gegenzug Anerkennung

---

[167] vgl. P_Int1, Abs. 15
[168] P_Int1, Abs. 119, hierzu auch vgl. P_Int1, Abs. 121
[169] vgl. P_Int1, Abs. 19
[170] vgl. P_Int1, Abs. 15, 77, 81
[171] vgl. P_Int1, Abs. 35, 79, 89
[172] vgl. P_Int1, Abs. 79, 83, 91
[173] vgl. P_Int1, Abs. 97, 161

und Liebe zu erhalten.[174] Teilweise wendet der Täter massiv Gewalt an, wobei auch von der Betroffenen 1 Streits und körperliche Auseinandersetzungen begonnen werden.[175] Dabei ist weniger der Wunsch das Ausstiegs Anlass zum Streit, vielmehr „war sie nicht zufrieden, wie er mit ihr umgegangen ist.“[176] Wie anfänglich erläutert, wird der Ausstieg durch polizeiliche Aktivität herbeigeführt, ohne Aussagebereitschaft der zwei Betroffenen. Es kommt zur Verurteilung des Täters.[177]
Der Fortgang der Betroffenen 2 ist nicht bekannt. Die Betroffene 1 will gänzlich aus der Prostitution aussteigen, in ihre Heimat zu ihrem Kind zurückkehren und erhielt Unterstützung durch eine Fachberatungsstelle; zwei Jahre später wurde sie bei einer polizeilichen Kontrolle – diesmal mit einem anderen Zuhälter – wieder in der Prostitution angetroffen.[178]

Tabelle 12: *Fall 5 - Fallmuster (1) Versprechen - Subtyp (a) positiv-bestärkend* [eigene Darstellung]

Fall 5	
Alter Betroffene: 23 Jahre	Herkunft Opfer: Serbien (seit Jahren in D)
Alter Loverboy: unbekannt	Herkunft Loverboy: Kroatien
Hinweise Vulnerabilität: sozial schwach, berufliche Perspektivlosigkeit, finanzielle Schwierigkeiten, alleinerziehend, Suche nach Versorger / Vater für Tochter, Partnerschaftsgewalterfahrung, Naivität	
Beziehungsdauer bis Zuführung: 2 Monate	Dauer sexuelle Ausbeutung: 3 Monate
Ort des Kennenlernens: Chat	Zuführung: Vorschlag, Einwilligung aus Liebe
Zwangsmittel: Hoffnung auf gemeinsame Familie, Überreden, (Fortführung aus Liebe)	
Ausstieg: selbstinitiiert	
Aussagebereitschaft: ja, trotz massiver Bedrohung (auch ggü ihrer Familie)	
Hinweise emotionale Abhängigkeit: innerhalb sexueller Ausbeutung	
Besonderheiten: direkter Kontakt mit Fäkalpraktiken führt dazu, dass sie direkt aussteigen will	

Fallbeschreibung: Eine 23-jährige Serbin, die seit mehreren Jahren in Deutschland lebt, wird über einen Chat durch einen Kroaten angeschrieben und systematisch durch Komplimente und Zuneigung „verliebt

[174] vgl. P_Int1, Abs. 31, 33, 37, 47, 49, 51, 53, 55
[175] vgl. P_Int1, Abs. 61, 65,
[176] P_Int1, Abs. 67
[177] vgl. P_Int1, Abs. 119
[178] vgl. P_Int1, Abs. 173

gemacht“, wie durch die WhatsApp-Kommunikation mit einem Freund und späteren Mittäter deutlich wird. So schreibt der Loverboy beispielsweise „also ich gehe jetzt daran und versuche die (-) und jetzt hat sie sich glaube ich schon in mich verliebt, jetzt können wir sie einsetzen“[179]. Er beeindruckt sie mit luxuriösen Autos, lädt sie in teure Restaurants ein und verspricht ihr und ihrer Tochter eine gute Zukunft.[180] Zwei Monate nach dem ersten Kontakt überredet er sie zur Prostitution, wozu sie aus Liebe zu ihm auch zustimmt. Es werden Inserate auf einschlägigen Seiten erstellt.[181]

Da der Täter ihr bereits bei der ersten Prostitutionszuführung einen Freier vermittelt, der Fäkalpraktiken fordern, möchte sie direkt wieder aufhören. Er überredet sie weiterzumachen und verspricht, dass dies lediglich eine einmalige Ausnahme gewesen sei. Dennoch wird sie auch weiterhin mit derartigen Praktiken konfrontiert und fasst daher schnell den Entschluss auszusteigen.[182] Dies gelingt auch; sie sagt polizeilich aus, obwohl der Täter sie und auch ihre Familie nach ihrem Ausstieg bedroht. Beispielsweise wirft er bei ihrer Familie im Herkunftsland Fotos und Schriftstücke zum Beleg der Prostitution in den Briefkasten, um sie zu diskreditieren.[183]

Tabelle 13: *Fall 7 - Fallmuster (1) Versprechen - Subtyp (d) ambivalent* [eigene Darstellung]

Fall 7	
Alter Betroffene: Anfang 30 Jahre	Herkunft Opfer: türkischer Migr.
Alter Loverboy: unbekannt	Herkunft Loverboy: serbischer Migr.
Hinweise Vulnerabilität: alleinerziehend, Suche nach Beschützer, Partnerschaftsgewalterfahrung, Hoffnung auf neue Familie, bereits früher in Prostitution tätig	
Beziehungsdauer bis Zuführung: 3 Wochen	Dauer sexuelle Ausbeutung: andauernd
Ort des Kennenlernens: über Tochter	Zuführung: gemeinsame Zukunft,
Zwangsmittel: Hoffnung auf gemeinsame Familie, Umgarnen, Versprechungen, physische Gewalt	
Ausstieg: polizeiinitiiert, nicht erfolgreich	
Aussagebereitschaft: nein	
Hinweise emotionale Abhängigkeit: andauernd	
Besonderheiten: sehr gewaltgeprägte Beziehung mit Täter 10 Jahre zuvor; bereits in Prostitution	

179 vgl. P_Int2, Abs. 19
180 vgl. P_Int2, Abs. 17, 19, 33, 43, 65, 75
181 vgl. P_Int2, Abs. 17, 19, 21, 23, 25, 27
182 vgl. P_Int2, Abs. 17, 43
183 vgl. P_Int2, Abs. 17, 21, 39

Fallbeschreibung: Zwischen der deutschen Betroffene mit türkischem Migrationshintergrund und dem Loverboy, serbischer Migrationshintergrund, besteht eine Vorgeschichte, die ca. 10 Jahre zurückliegt. Sie hatte damals für ihn angeschafft und in einem Streit, nachdem sie ihm nicht ausreichend Geld verdient hatte, hat er sie massiv verprügelt und gegen Kopf und Bauch getreten. Sie erwartet damals ein Kind von ihm, trieb jedoch ab, weil sie nicht wusste, ob das Kind evtl. einen Schaden von der Körperverletzung davon getragen hat. Sie hat sich damals komplett von ihm distanziert, war jedoch nicht aussagebereit. Aufgrund anderer Zeugenaussagen erhielt er jedoch eine Bewährungsstrafe. Gute 10 Jahre später trifft er zufällig auf ihre Tochter in einer Diskothek und kommt darüber wieder mit der inzwischen 30 jährigen Betroffenen in Kontakt. Nach drei Wochen, in denen sie intensiv über WhatsApp Nachrichten schreiben und sie sich erneut in ihn verliebt, geht sie erneut eine Beziehung mit ihm ein. Sie lässt sich seinen Namen tätowieren und prostituiert sich für ihn.[184]
Insgesamt schaffen fünf Frauen parallel für ihn an, wobei er jeder die große Liebe und die gemeinsame Zukunft mit eigener Familie und Haus verspricht. Auch wissen die Frauen voneinander.[185] Er versichert ihnen jedoch, „sie sind die einzig wahre Liebe und die andere werde ja nur ausgenutzt"[186]. Die Kommunikation zwischen dem Loverboy und den Frauen kann via WhatsApp-Protokolle dezidiert nachverfolgt werden. Durch das permanente Umgarnen hält er die Frauen trotz Gegenwehr weiter am Arbeiten. Aufgrund mangelnder Aussagebereitschaft wird der Fall jedoch eingestellt.[187]

Tabelle 14: *Fall 9 - Fallmuster (1) Versprechen - Subtyp (d) ambivalent* [eigene Darstellung]

Fall 9	
Alter Betroffene: 19 Jahre	Herkunft Opfer: Deutschland
Alter Loverboy: unbekannt	Herkunft Loverboy: libanesischer Migra.
Hinweise Vulnerabilität: Trennung der Eltern, Wunsch nach eigener Familie, „schwierige Phase", Suche nach Beschützer/Halt	
Beziehungsdauer bis Zuführung: „kurze Zeit"	Dauer sexuelle Ausbeutung: 7 Jahre
Ort des Kennenlernens: Stadtteil	Zuführung: schnelles Geld für gemeinsame Zukunft

184 vgl. P_Int3, Abs. 45, 47, 49
185 vgl. P_Int3, Abs. 49
186 P_Int3, Abs. 49
187 vgl. P_Int3, Abs. 45, 49, 51, 57

Zwangsmittel: Isolation, Integration in eigene Familie, Liebesbekundungen, Bestrafung, psychische Gewalt, Konkurrenzsituation unter Frauen, Erpressung Eltern von Prostitution zu erzählen
Ausstieg: finaler Ausstieg durch neuen Partner
Aussagebereitschaft: ja
Hinweise emotionale Abhängigkeit: mehrmalige Rückkehr zum Täter
Besonderheiten: insgesamt 7 Opfer parallel sexuell ausgebeutet

Fallbeschreibung: Die Anfänge des Falls liegen bereits über zehn Jahre zurück, die Ausbeutung selbst erstreckt sich über sieben Jahre, eine Rechtsprechung erfolgt weitere zwei Jahre später. Durch die Ermittlungen werden sieben Opfer bekannt, allerdings sagen lediglich drei davon polizeilich aus.[188]

Das Opfer, um das es nachfolgend primär geht, und der deutsch-libanesische Täter kennen sich bereits mehrere Jahre, da sie aus dem gleichen Stadtteil stammen. Trotz bestehender Partnerschaft zeigt sich der Täter an der damals 19-jährigen Deutschen interessiert und umwirbt sie durch gemeinsame Unternehmungen, luxuriöses Auftreten, Komplimente und Versprechungen.[189] Die Zuführung zur Prostitution erfolgt nach kurzer Zeit, indem er suggeriert, wie einfach und schnell sich auf diesem Weg Geld für die gemeinsame Zukunft verdienen ließe. Zeigt sie mangelnde Kooperationsbereitschaft, droht er damit, sie zu verlassen. Zeitgleich verspricht er ihr die Dinge, die sie sich wünscht. Die junge Frau stammt selbst – wie auch alle in dem Fall bekannt gewordenen Opfer – aus einem getrennt lebenden Elternhaus und sehnt sich nach einer eigenen Familie.[190]

Er isoliert sie sukzessiv von ihrer Familie und Freunden, integriert sie stärker in seine Familien und wird somit nach und nach ihre einziger Bezugsperson.[191] Die Isolation gekoppelt mit ihrem starken Wunsch einer Partnerschaft und Familie erzeugen eine hohe emotionale Abhängigkeit, die der Täter durch gezielte Androhung, sie zu verlassen, wenn sie nicht seinen Forderungen entsprechend Freier bedient, auszunutzen weiß.[192]

Eine Mischung aus Zuneigung und Bestrafung macht das Verhalten für die Betroffene nicht kalkulierbar. Die Ambivalenz zeigt sich an folgendem Beispiel: Zunächst stellt er positive Dinge, wie Urlaube oder Geschenke, in Aussicht und kreiert anschließend Streitsituationen, in deren Folge er als Strafe den Urlaub absagt und der Frau die Schuld zuschreibt.

[188] vgl. P_Int4, Abs. 9, 33-43
[189] vgl. P_Int4, Abs. 9, 13
[190] vgl. P_Int4, Abs. 9, 13, 15, 45, 73
[191] vgl. P_Int4, Abs. 9, 17
[192] vgl. P_Int4, Abs. 9, 17

Der Täter übt Rache in Form sexuellen Zwangs aus und fordert ungewollte sexuelle Praktiken, um den Streit beizulegen und das Geschehene wiedergutzumachen. Die Betroffene muss sich also fügen, um die gewünschte Zuneigung und Aufmerksamkeit zu erhalten.Dadurch, dass parallel mehrere Frauen für ihn arbeiten, entsteht außerdem eine Konkurrenzsituation, in der jede Frau versucht, stets am meisten zu verdienen und entsprechend die meiste Anerkennung und Zuneigung zu erhalten.[193]
Er fördert diese Dynamik und auch emotionale Bindung an ihn, in dem er die Frauen gegeneinander ausspielt und beispielsweise als Form der Aufmerksamkeit kleine Hunde schenkt; fügt die junge Frau sich nicht wie gewünscht bzw. verdient zu wenig Geld, nimmt er ihr den kleinen Hund wieder weg und schenkt ihn einer anderen Prostituierten.[194] Die anfangs 19-jährige Betroffene ist im Laufe der Zeit in der Hierarchie aufgestiegen und macht im Auftrag des Täters den anderen Prostituierten glaubhaft, dass er sie liebe, um sie weiterhin am Arbeiten zu halten. Spätestens ab diesem Zeitpunkt ist nachvollziehbar, dass die Betroffene von den anderen Partnerinnen ihres Freundes weiß. Die Perspektive einer gemeinsamen Zukunft sowie die Liebe zum Täter führen allerdings dazu, dass sie sich weiterhin fügt.

Als zusätzliches Druckmittel kreiert der Täter ein Erpressungsszenario, in dem er ihr androht, ihren Eltern von der Prostitutionsausübung zu berichten und entsprechende Fotos zu zeigen, sollte sie aufhören wollen.[195]
Der Täter nutzt verschiedenste Formen psychischer Gewalt und grenzt sich bewusst von körperlichen Gewalthandlungen ab; dies habe er nicht nötig, da er die Frauen auf psychologische Weise kontrollieren und verletzen könne, so berichtet der Täter in einem aufgezeichneten Telefonat.[196] Alle Betroffenen geben in der Vernehmung an, stark in ihn verliebt gewesen zu sein. Eine starke emotionale Bindung wird nicht zuletzt dadurch erkennbar, dass die Frauen auch nach Aussagen bei der Polizei mehrfach wieder zurück zum Täter kehren.

Das oben beschriebene Opfer beginnt, Ausstiegspläne zu schmieden, indem sie eine Ausbildung in einer anderen Stadt plant. Über einen neuen Lebensgefährten gelingt ihr letztlich der finale Ausstieg; sie sagt bei der Polizei aus und bleibt weiterhin als Zeugin dem Strafverfahren erhalten.[197]

---

[193] vgl. P_Int4, Abs. 9, 17, 37
[194] vgl. P_Int4, Abs. 11, 25, 37
[195] vgl. P_Int4, Abs. 17, 37, 71
[196] vgl. P_Int4, Abs. 23, 43
[197] vgl. P_Int4, Abs. 15, 37, 45, 61, 84

Tabelle 15: *Fall 13 - Fallmuster (1) Versprechen - Subtyp (d) ambivalent* [eigene Darstellung]

Fall 13	
Alter Betroffene: 18 Jahre	Herkunft Opfer: Deutschland
Alter Loverboy: Mitte 20 Jahre	Herkunft Loverboy: griech. Migra.
Hinweise Vulnerabilität: Trennung/Scheidung der Eltern; Naivität, fehlendes Selbstbewusstsein, fehlendes soziales Netzwerk	
Beziehungsdauer bis Zuführung: wenige Wochen	Dauer sexuelle Ausbeutung: 2 Jahre oder mehr
Ort des Kennenlernens: Club	Zuführung: stark verliebt
Zwangsmittel: psychischer Druck, Liebesentzug, Zuneigung, massive physische Gewalt, Drohung	
Ausstieg: Gefahrenabwehr (akuter Gewaltvorfall durch TKÜ bekannt)	
Aussagebereitschaft: zögerlich, erst nach Mitnahme aufs Revier	
Hinweise emotionale Abhängigkeit: mehrfache Rückkehr zum Täter, auch nach Aussage	
Besonderheiten: 3 Frauen zeitgleich sexuell ausgebeutet, wissen voneinander	

Fallbeschreibung: In diesem Fall werden drei deutsche junge Frauen, alle 18 Jahre, von einem Loverboy mittels vorgetäuschter Liebesbeziehung in die Prostitution gebracht. Durch den Hinweis eines Bordellbetreibers wird die Polizei aufmerksam und kann einen Telefonkommunikationsüberwachungsbeschluss erwirken. Durch Observationen wird bekannt, dass zwei Frauen bereits in der Prostitution für ihn arbeiten, eine weitere wird aktuell umworben. Trotz körperlichen Verletzungen, die bei Kontrollen festgestellt werden, sind die Betroffenen nicht aussagebereit. Nach einer Gewalteskalation, die bei der Telefonkommunikationsüberwachung mitverfolgt wird, wird eine junge Frau durch die Polizei aus dem Bordell geholt und vernommen. Dabei berichtet sie von massiven Gewaltanwendungen und Drogenverabreichungen.[198]

Die Frauen wissen voneinander; Eifersucht wird durch Schläge unterbunden. Teilweise versucht der Loverboy neue Frauen in anderen Bordellen abzuwerben. Es arbeiten bis zu sechs Frauen zeitgleich für den Täter, wobei nicht alle aussagebereit sind und somit nicht zu allen Hintergründe bekannt werden.[199]

Die Betroffenen, zu denen Informationen durch die Aussagen und Ermittlungen vorliegen, sind stark in ihn verliebt und haben die sexuelle Ausbeutung „letztendlich deswegen auch über sich [...] ergehen lassen".[200] Der Kontakt bei zweien wurde im Club initiiert, die andere hatte

[198] vgl. P_Int7, Abs. 19, 43, 71

[199] vgl. P_Int7, Abs. 23, 25, 27

[200] P_Int7, Abs. 27; hierzu auch vgl. P_Int7, Abs. 17, 29, 55, 57

bereits in der Prostitution gearbeitet und wird im Bordell abgeworben. Zwischen dem Kennenlernen und der Prostitutionszuführung liegen in allen Fällen nur zwei Wochen. Dort ist bereits eine emotionale Abhängigkeit feststellbar, da die Frauen sich der Forderung der Prostitution fügen, da sie ihren Partner nicht verlieren wollen. Es wird ein Ausbeutungszeitraum von gut zwei Jahren nachgewiesen, wobei mehr vermutet wird.[201] Währenddessen arbeitet der Loverboy mit psychischem Druck und Liebesentzug, auffällig stark fällt aber auch die Gewalteskalation im physischen Bereich aus. Auch droht er damit, sie an andere Zuhälterringe zu verkaufen.[202]

Tabelle 16: *Fall 15 - Fallmuster (1) Versprechen - Subtyp (d) ambivalent* [eigene Darstellung]

Fall 15	
Alter Betroffene: 18 Jahre	Herkunft Opfer: türkischer Migra.
Alter Loverboy: 20 Jahre	Herkunft Loverboy: türk. Migra.
Hinweise Vulnerabilität: nicht vollständig ausgereift, Suche nach Beschützer/Halt	
Beziehungsdauer bis Zuführung: 14 Tage	Dauer sexuelle Ausbeutung: 3 Monate
Ort des Kennenlernens: Bar	Zuführung: aus Liebe zu ihm, Milieuregel, Zukunft
Zwangsmittel: Isolation, Integration in eigene Familie (Strukturen), Aussicht auf gemeinsame Zukunft	
Ausstieg: Flucht nach Konflikt mit Rockergruppierung	
Aussagebereitschaft: ja	
Hinweise emotionale Abhängigkeit: emotionaler Bruch nach Bekanntwerden neue Freundin	
Besonderheiten: Vorbereitung der Prostitutionszuführung nach einem Tag; arbeitet nach Bruch mit Ursprungstäter vom *Onkel* aus Rockergruppierung	

Fallbeschreibung: Die Fall ist in der Rocker- und Türsteherszene zu verorten und erstreckt sich von der Anwerbung über die Ausbeutung bis hin zum Ausstieg drei Monate.[203] In seiner Rolle als Barkeeper spricht der türkischstämmige Täter das 18-jährige, deutsche-türkische Opfer gezielt an, woraufhin es am Folgetag zu einem Treffen kommt.[204] Dort beeindruckt er mit einem hochpreisigen Fahrzeug und führt sie in ein teures Restaurant aus. Da der Täter beim ersten Treffen keinerlei intime Annäherungsversuche unternimmt, scheint er sie – in der Wahrnehmung des Opfers – zunächst besser kennenlernen zu wollen und eine feste

[201] vgl. P_Int7, Abs. 27, 37, 39, 41
[202] vgl. P_Int7, Abs. 23, 33, 55, 57, 59, 65
[203] vgl. P_Int8, Abs. 3, 9
[204] vgl. P_Int8, Abs. 3, 53

Beziehung anzustreben. Direkt am darauffolgenden Tag fahren sie gemeinsam zu seiner Familie, wo sie sich mit der angeblichen Tante unterhält. Ihr wird offenbart, dass es in der Familie üblich ist, dass die Männer den Geschäften im Milieu nachgehen, während die Frauen in der Prostitution tätig sind.[205] Zeitgleich wird der besondere Zusammenhalt innerhalb der Familie betont. Auf der Rückfahrt erkundigt sich der Loverboy, ob sich das Opfer auch vorstellen könne, in der Prostitution tätig zu sein, was sie verneint. Er zeigt sich in der Folge deutlich distanziert und unterkühlt. Der weitere Kontakt und die Zuneigung sind maßgeblich von ihrer Bereitschaft, sich zu prostituieren, abhängig. Nachdem sie intim werden, erklärt sie sich bereit, es einmal zu probieren, um der Milieuregel zu folgen und die Chance auf eine gemeinsame Zukunft zu haben. Auch möchte sie ihn vor seiner Familie nicht blamieren und ebenfalls in den Kreis der Familie aufgenommen werden. Zwischen dem ersten Treffen und der Prostitutionszuführung liegen 14 Tage.[206]

Wie in der Gruppierung üblich, übernehmen die bereits länger in der Prostitution tätigen Frauen, die sogenannten Hauptfrauen, die Einarbeitung der neuen Partnerinnen. Sukzessiv wird der Arbeitseinsatz erweitert; während sie zu Beginn unter der Woche noch ihre Arbeit als Friseurin nachgeht, weitet sich nach kurzer Zeit die Prostitutionstätigkeit auf die gesamte Woche aus, sodass sie ihre Ausbildung als Friseurin abbricht.[207] Sie zieht von ihrer Familie weg und wird stärker in die Rocker-/Türstehergruppierung integriert. Damit bricht der Kontakt zu ihrer Familie und ihren Freundinnen ab. Die Mitglieder der Gruppierung werden ihre neue Familie, ihre einzige Bezugspersonen, die allerdings durch permanente Anwesenheit Kontrolle ausüben.[208] Wenn ihr Wunsch, die Prostitution zu beenden, stärker wird, überredet der Täter sie mit der Aussicht auf die gemeinsame Zukunft weiterzumachen. Körperliche Gewalt wird nicht angewendet.[209]

Der erste emotionale Bruch erfolgt, als sie erfährt, dass er inzwischen eine weitere Freundin hat.[210] Sie sucht aus Unmut daraufhin den Kontakt zu einem hochrangigen Mitglied, einem angeblichen Onkel des Täters, der im Ausland beheimatet ist. Dieser erklärt ihr, dass die Beziehung zu mehreren Frauen normal sei, sie allerdings alternativ auch für ihn arbeiten könne. Sie willig ein und lässt sich ihr ehemals dem Ursprungstäter

---

[205] vgl. P_Int8, Abs. 3, 11, 23
[206] vgl. P_Int8, Abs. 3, 11, 13, 23, 61
[207] vgl. P_Int8, Abs. 3, 15, 19
[208] vgl. P_Int8, Abs. 5
[209] vgl. P_Int8, Abs. 27, 59
[210] vgl. P_Int8, Abs. 5, 27

gewidmetes Tattoo überstechen und arbeitet fortan für den *Onkel*. Nach kurzer Zeit wächst in ihr erneut das Bestreben auszusteigen, weil die Prostitution nichts für sie sei, woraufhin der *Onkel* sie per Telefon massiv mit Schlägen bedroht und sie erpresst, den Eltern etwas zu sagen, sollte sie aussteigen.[211] Die dreimonatige Ausbeutungssituation endet nach einem Konflikt mit der Gruppierung, in dessen Folge sie geschlagen wird, laut schreiend flüchtet und die Polizei um Hilfe ruft.[212]

Tabelle 17: *Fall 17 - Fallmuster (1) Versprechen - Subtyp (d) ambivalent* [eigene Darstellung]

Fall 17	
Alter Betroffene: 10 Jahre (Erstkontakt); 14 Jahre (Beziehung); 18 Jahre (Prostitutionszuführung)	Herkunft Opfer: Deutschland
Alter Loverboy: 40 Jahre älter	Herkunft Loverboy: Deutschland
Hinweise Vulnerabilität: keine bekannt (evtl. „fühlt sich in Familie unverstanden“)	
Beziehungsdauer bis Zuführung: 4 Jahre	Dauer sexuelle Ausbeutung: 11 Jahre
Ort des Kennenlernens: Reiterhof	Zuführung: gemeinsamer Reiterhof/Zukunft
Zwangsmittel: Isolation von Familie, Liebesbekundung, gemeinsame Zukunft, massive körperliche und sexuelle Gewalt, Freiheitsentzug Ausstieg: Flucht nach Gewalteskalation	
Aussagebereitschaft: ja	
Hinweise emotionale Abhängigkeit: bis nach dem Ausstieg	
Besonderheiten: systematische Vorbereitung seit der Kindheit/Jugend; sehr intelligent und anschließend beruflich erfolgreich	

Fallbeschreibung: Der vierzig Jahre ältere Täter lernt die Betroffene bereits als 10-jähriges Mädchen auf seinem Reiterhof kennen. Mit 14 Jahren kommen sich der Täter und die Betroffene körperlich auf einer Party näher und haben Geschlechtsverkehr. Sie verliebt sich daraufhin in ihn und gerät zeitgleich in Konflikte mit ihren Eltern. Zwar erbringt sie in der Schule stets gute Leistungen, verhält sich aber eher aufmüpfig. Als negative Gerüchte über den Reiterhof zunehmen und zeitgleich die Beziehung zum späteren Täter enger wird, nehmen die Eltern ihr das Pferd weg. Daraufhin distanziert sie sich weiter von ihren Eltern und intensiviert die Bindung zum Täter.[213] Er versorgt sie mit Kleidung, Essen, bietet ihr eine Unterkunft und stellt die Eltern schlecht dar, sodass sie ihn

[211] vgl. P_Int8, Abs. 5
[212] vgl. P_Int8, Abs. 5, 9
[213] vgl. P_Int9, Abs. 3

als eine Art Vaterfigur anerkennt und die Eltern gänzlich verstößt.[214] Die Familie versucht dennoch den Kontakt aufrecht zu erhalten, meldet sie als vermisst und unternimmt auch in den folgenden Jahren, in denen sie in der Prostitution tätig ist, zahlreiche Kontaktversuche.[215]
Mit Blick auf eine gemeinsame Zukunft stellt er ihr in Aussicht, dass sie einen eigenen Reiterhof aufbauen könnten. Das dafür benötigte Geld in Höhe von 1,5 Mio. € sei relativ schnell in der Prostitution verdient. Um sie systematisch auf die Prostitution vorzubereiten, fährt er mit Ihr einerseits in anderen Städte, um vom Café aus Prostitutionsstätten zu beobachten, und andererseits übt er verschiedenste sexuelle Praktiken mit ihr aus, die in der Prostitution besonders gut vergütet werden. Mit 18 Jahren beginnt sie im Bordell zu arbeiten und bedient dort zwischen 20 und 40 Freier pro Tag. Die Zwangsprostitution erstreckt sich auf einen Zeitraum von ca. 11 Jahren. Sie ist in der gesamten Zeit körperlicher Gewalt ausgesetzt. Um keine sichtbaren Verletzungen zu erzeugen, nutzt der Täter häufig halbgefüllte PET Flaschen zum Schlagen. Auch vergewaltigt er sie regelmäßig auf brutale Weise. Zwei Jahre nach Prostitutionsbeginn wird sie in Folge einer körperlichen Auseinandersetzung im Krankenhaus vom Landgerichtsarzt untersucht, der eindeutige Misshandlungen feststellt, sie aber streitet dies ab und sagt, sie sei gegen ein Waschbecken gefallen. Ab da an hat die Polizei Kenntnis vom Fall und versucht über regelmäßige Kontrollen ein Vertrauensverhältnis zu der Betroffenen aufzubauen und sie zum Ausstieg zu bewegen. Zwei bis drei Jahre vor dem finalen Ausstieg wagt sie bereits einen Ausstiegsversuch. Es wird Kontakt zu einem Opferanwalt hergestellt und eine Aussage bei der Polizei geplant. Jedoch entscheidet sie sich spontan gegen eine Aussage und kehrt zum Täter und in die Prostitution zurück.
Die Betroffene steht unter starker Kontrolle, sie darf das Haus nicht allein verlassen und keinerlei Kontakte zu anderen Personen pflegen. Heimlich sucht sie dennoch immer wieder Kontakt – über Briefe oder Treffen – zu ihrer ehemaligen Lehrerin.[216] Auch ihre Schwester wartet häufig vor dem Bordell, um Gelegenheit zu haben, mit ihr zu sprechen. Doch auch hier gelang zunächst kein Ausstieg.[217] Auslöser für die Ausstieg ist ein Vorfall, bei dem der Täter das Opfer erneut massiv körperlich misshandelt und zur Bewusstlosigkeit würgt. Als sie wieder zu sich kommt, flieht sie laut schreiend durchs Fenster und erhält Hilfe durch

[214] vgl. P_Int9, Abs. 3
[215] vgl. P_Int9, Abs. 3, 15, 17
[216] vgl. P_Int9, Abs. 3, 15, 27
[217] vgl. P_Int9, Abs. 15

Passanten, die dann ihre Schwester verständigen, mit der sie gemeinsam Anzeige bei der Polizei erstattet. Sie legt eine umfangreiche Aussage ab. Sie tritt als stabile Zeugin auf, die sowohl bei Gericht als auch bei der Polizei detailreich aussagt.[218] Im Rahmen des Strafverfahrens wird sie begutachtet; es wird eine starke emotionale Abhängigkeit zum Täter festgestellt. Der Täter wird zu einer mehrjährigen Haftstrafe verurteilt. Er schreibt ihr aus dem Gefängnis weiterhin Briefe, in denen er von gemeinsamen, schönen Leben spricht. Auch sie bleibt ihm emotional verbunden, was daran erkennbar ist, dass sie aus Sehnsucht nachts teilweise um die JVA läuft.[219]

Tabelle 18: Fall 18 - Fallmuster (1) Versprechen - Subtyp (d) ambivalent [eigene Darstellung]

Fall 18	
Alter Betroffene: 18 Jahre	Herkunft Opfer: Rumänien
Alter Loverboy: über 30 Jahre	Herkunft Loverboy: Rumänien
Hinweise Vulnerabilität: Mutter verstorben, sehr strenge Schwester, Wunsch eigene Familie zu gründen; keine Perspektive	
Beziehungsdauer bis Zuführung: unbekannt	Dauer sexuelle Ausbeutung: 2 Jahre
Ort des Kennenlernens: Wettbüro	Zuführung: gemeinsame Zukunft in Deutschland
Zwangsmittel: Aussicht Familie/Zukunft, physische Gewalt	
Ausstieg: polizeiliche Intervention; Anzeige durch Dritte	
Aussagebereitschaft: ja, zögerlich	
Hinweise emotionale Abhängigkeit: konnte sich nicht lösen mehrere Monate nach Ausstieg	
Besonderheiten: /	

Fallbeschreibung: Eine junge Frau aus Rumänien lernt im Heimatland einen Mann kennen, als sie ca. 18 Jahre alt ist. Ihre familiäre Situation ist problembehaftet und so glaubt sie, „mit ihm habe ich einen Ersatz und gründe meine eigenen Familie"[220]; sie gehen eine Beziehung ein. Sie besitzt eine Schulabschluss, äquivalent zur Mittleren Reife, und arbeitet in einem Wettbüro. Dort lernten sie sich auch kennen.[221] Er schlägt vor, gemeinsam nach Deutschland zu gehen, „das sei toll, er kenne Deutschland, da könne man super arbeiten, sie könnten Geld verdienen und sich dann ein Leben aufbauen" [222]. Aus Liebe zu ihm fügt sie sich der

[218] vgl. P_Int9, Abs. 17, 19
[219] vgl. P_Int9, Abs. 21, 27, 31
[220] FBS_Int1, Abs. 33
[221] vgl. FBS_Int1, Abs. 33, 37, 39
[222] FBS_Int1, Abs. 39

Forderung der Prostitution und arbeitete längerfristig für ihn. Er wendet oft körperliche Gewalt gegen sie an.[223] Durch eine massive Gewalteskalation, bei der die Polizei verständigt wird, wird der Fall bekannt und die junge Frau aus der Situation geholt. Auch Monate nach der Tat ist sie emotional stark an den Täter gebunden, möchte sich nicht von seinen Klamotten trennen, ihn im Gefängnis besuchen und keine Aussage machen.[224]

Tabelle 19: *Fall 21 - Fallmuster (1) Versprechen - Subtyp (a) positiv-bestärkend* [eigene Darstellung]

Fall 21	
Alter Betroffene: 16 Jahre (Anfang)	Herkunft Opfer: Bulgarien (ethnische Minderheit)
Alter Loverboy: unbekannt	Herkunft Loverboy: Bulgarien
Hinweise Vulnerabilität: im Kinderheim aufgewachsen, prekäre Verhältnisse im Herkunftsland, bildungsfern (Analphabetin), hohe Liebesbedürftigkeit, kognitiv nicht ausgereift	
Beziehungsdauer bis Zuführung: unbekannt	Dauer sexuelle Ausbeutung: mehrere Jahre
Ort des Kennenlernens: Kinderheim	Zuführung: gutes Leben in Deutschland
Zwangsmittel: intrinsisch (stolz ihm Geld zu verdienen und Hauptfrau zu sein)	
Ausstieg: neuer Partner holt sie aus Bordell	
Aussagebereitschaft: teilweise, äußert sich aber nicht belastend gegenüber Täter („hat mir auch Gutes getan")	
Hinweise emotionale Abhängigkeit: emotionale Bindung an Täter bleibt über Jahre in Teilen bestehen	
Besonderheiten: /	

Fallbeschreibung: Die Ursprünge des in Bezug auf osteuropäische Opfer typischen Falls liegen in Bulgarien; Täter und Opfer besitzen die gleiche Nationalität. Die Ausbeutung selbst erfolgt in Deutschland und erstreckt sich über mehrere Jahre. Der Täter wirbt das damals 16-jährige Opfer, das in einem Kinderheim in Bulgarien groß wird und in entsprechend brüchigen und ärmlichen Verhältnissen lebt, gezielt an, indem er eine gesicherte Zukunft und ein gutes Leben in Deutschland verspricht.[225] Die Betroffene ist Angehörige einer Minderheit, die im Herkunftsland über keinerlei Zugang zum Bildung verfügt. Sie ist Analphabetin.[226] Wie genau die Zuführung in die Prostitution erfolgt ist, ist nicht

[223] vgl. FBS_Int1, Abs. 41, 61, 63
[224] vgl. FBS_Int1, Abs. 33, 37, 41, 61, 63, 65
[225] vgl. FBS_Int3, Abs. 6, 10, 16
[226] vgl. FBS_In3, Abs. 56, 106

bekannt. Die junge Frau gibt später an, dass er sie aufrichtig geliebt habe und sie seine Hauptfrau, also etwas Besonderes für ihn ist, weil er sie im Gegensatz zu anderen Frauen nicht weiterverkauft und auch keine körperliche Gewalt anwendet. Sie sieht es als ihre Aufgabe, ihm Geld zu verdienen und berichtet mit Stolz, dass er durch sie teure Anschaffungen machen kann. Ein emotionaler Bruch entsteht bei ihr, als sie mitansehen muss, wie ihr Freund, der Täter, Geschlechtsverkehr mit einer anderen Frau hat. Über ihren *Aufpasser*, der ebenfalls das Bestreben hat, das Milieu zu verlassen und zu dem sie parallel eine Beziehung aufbaut, gelingt ihr der dauerhafte Ausstieg.[227] Bei der polizeilichen Aussage betont sie mehrfach, dass er ja auch viel Gutes für sie getan habe und sie ihm dankbar dafür sei.[228]

Tabelle 20: *Fall 26 - Fallmuster (1) Versprechen - Subtyp (a) positiv-bestärkend* [eigene Darstellung]

Fall 26	
Alter Betroffene: über 21 Jahre (mehrere)	Herkunft Opfer: Deutschland
Alter Loverboy: unbekannt	Herkunft Loverboy: unbekannt
Hinweise Vulnerabilität: Sehnsucht nach Familie, luxuriöses Leben	
Beziehungsdauer bis Zuführung: 2-3 Monate	Dauer sexuelle Ausbeutung: 5-6 Jahre
Ort des Kennenlernens: gemeinsame Clique	Zuführung: gemeinsame Zukunft, gutes Leben
Zwangsmittel: Heirat, Familie, gutes Leben und die Liebe versprochen, Integration in eigene Familie (keine Gewalt)	
Ausstieg: Bruch nach fehlender Unterstützung	
Aussagebereitschaft: alle aussagebereit	
Hinweise emotionale Abhängigkeit: Loslösung mit Ausstieg	
Besonderheiten: mehrere Frauen leben einvernehmlich gemeinsam in polygamen Beziehungskonstrukt, Dankbarkeit für das Leben, dass der Loverboy ihnen ermöglicht	

Fallbeschreibung: In dem nachfolgenden Fall werden mehrere Frauen Opfer der Ausbeutung, wobei diese voneinander wissen und in eine Art familiären Verhältnis miteinander leben.[229] Die Anwerbung verläuft bei jeder Frau gleich: Die erste Kontaktaufnahme erfolgt über eine gemeinsame Clique im Stadtteil.[230] Zunächst beschreibt der Täter der Frau ein schöne Welt, eine gemeinsame Zukunft und die große Liebe[231] und

[227] vgl. FBS_Int3, Abs. 6, 8, 29-30, 50, 104
[228] vgl. FBS_Int3, Abs. 46, 78
[229] vgl. FBS_Int6, Abs. 12-14
[230] vgl. FBS_Int6, Abs. 45, 47
[231] vgl. FBS_Int6, Abs. 12, 16

untermalt dies mit regelmäßigen Unternehmungen und Urlauben[232]. Nach zwei bis drei Monaten bringt er die Betroffene, die primär in dem Fall beschrieben wird, in die Prostitution, wobei es nur zu einzelnen Einsätzen mit mehreren Wochen Pause dazwischen kommt. Zu vermuten ist, dass in den Zwischenzeiten eine seiner anderen Frauen in der Prostitution tätig ist.[233] Als Argumentation, um die Frau in die Prostitution zu bringen, nennt er oft Geldnot und den Anspruch, den luxuriösen Lebensstil auch weiterhin halten zu können.[234]

Parallel dazu isoliert er das Opfer mehr und mehr von der eigenen Familie, redet bewusst negativ über sie und integriert sie in die eigene Familie. Auch seine Mutter kümmert sich um das Opfer und die anderen Frauen. Sie fahren gemeinsam in den Urlaub und die Betroffene nennt die Mutter vom Täter *Mama*, was zeigt, dass seine Familie zu einer Art Ersatzfamilie für sie wird.[235]

Jede der Frauen sagt aus, dass sie ihn lieben und einverstanden mit dem polygamen Beziehungskonstrukt ist, was ebenfalls daran erkennbar ist, dass sie auch nach Ende der Ausbeutung weiterhin freundschaftlich miteinander verbunden sind.[236]

Der Täter scheint fähig, die Betroffene derart zu manipulieren, indem er jeder einzelnen Frau Versprechungen über die gemeinsame Zukunft und große Liebe macht, sodass sie selbst während des Strafverfahrens weiterhin Dankbarkeit für die Zuneigung des Täters empfindet.[237] Zu körperlichen Gewaltanwendungen kommt es nicht.[238]

Der Bruch zum Täter erfolgt, als die Betroffene selbst angeklagt wird, an der sie beteiligt war, und in dem Moment, in dem er ihr nicht zur Seite steht, zur Erkenntnis kommt, dass sie ausgenutzt wird. Sie wendet sich daraufhin an die Polizei.[239] Weder sie noch einer der anderen drei Frauen, die in diesem Zuge den Ausstieg geschafft haben, sind wieder zu ihm oder in die Prostitution zurückgekehrt.[240]

---

[232] vgl. FBS_Int6, Abs. 12, 29
[233] vgl. FBS_Int6, Abs. 49, 51-53
[234] vgl. FBS_Int6, Abs. 34-37
[235] vgl. FBS_Int6, Abs. 30
[236] vgl. FBS_Int6, Abs. 12-14, 41, 151-155
[237] vgl. FBS_Int6, Abs. 16, 29, 54-57, 186, 198-200, 209
[238] vgl. FBS_Int6, Abs. 16
[239] vgl. FBS_Int6, Abs. 83-98
[240] vgl. FBS_Int6, Abs. 101-102

b) Kernmerkmale des Fallmusters ‚Versprechen'

- Liebesbeziehung und Tendenzen starker emotionaler Bindung
- Zuführung über das Versprechen einer gemeinsamen Zukunft
- bei ausländischen Betroffenen: mit Immigration nach Deutschland verbunden
- Übergang in Prostitution erfolgt ohne emotionalen Bruch
- Aufrechterhaltung der Liebesbeziehung / des anfänglich präsentierten Lebensstil von Kooperationsbereitschaft der Betroffenen abhängig
- Bei mehrere Parallelbeziehungen entsteht Konkurrenzdenken mit dem Bestreben, für Loverboy die „beste Frau" zu sein, was von Täterseite bestärkt wird
- Physische Gewaltanwendung erfolgt nicht isoliert, sondern bildet immer ein Bestandteil eines Mischform der angewendeten Zwangsmittel; das wiederum macht Verhalten schwer kalkulierbar und die Hoffnung auf gemeinsame Zukunft wird bestärkt

c) Zusammenfassende Beschreibung des Fallmusters ‚Versprechen'

Bei diesem typischen Fallmuster gestaltet sich der Übergang von der anfänglich aufgebauten Liebesbeziehung hin zur sexuellen Ausbeutung wenig radikal. In dem Glauben, dass durch die Prostitution das benötigte Geld für die versprochene gemeinsame, schöne Zukunft verdient wird, willigt die Betroffene zunächst ein.[241] Bei ausländischen Betroffenen ist dies meist mit einer Einreise in ein anderes, wirtschaftlich besser gestelltes Land verbunden, was aus Sicht der Betroffenen eine Bestätigung des gemeinsamen Plans sein kann, schließlich lässt ihr Partner für sie sogar seine Heimat zurück.[242] Um die Bereitschaft aufrecht zu erhalten, wird teilweise eine kurzer, begrenzter Zeitraum genannt, in der die Geldeinnahme lediglich als Überbrückung gedacht sein.[243]

Bei Personen, die bereits in Deutschland leben, wird ein luxuriöser Lebensstil, mit der die junge Frau der in der anfänglichen Kennlernphase beeindruckt wurde, oder die Fortführung der Beziehung instrumentalisiert; wenn sie der Prostitution zustimmt, hat sie weiterhin Zugang zu einem derartigen Leben bzw. legt der Loverboy ihre Kooperationsbereitschaft als Voraussetzung für die Fortsetzung der Liebesbeziehung fest. Um die Zuneigung und den Lebensstil der ersten Beziehungsphase

[241] vgl. P_Int1, Abs. 47, 49, 51-53, 73-75, 79; vgl. P_Int2, Abs. 17, 27; P_Int3, Abs. 49; P_Int4, Abs. 9, 15; FBS_Int1, Abs. 33; FBS_Int3, Abs. 6, 10

[242] vgl. P_Int1, Abs. 37, 47; FBS_Int1, Abs. 39, 41; FBS_Int3, Abs. 6, 10

[243] vgl. P_Int1, Abs. 47; P_Int5, abs. 17; P_Int8, Abs. 3, 11, 13, 23, 61; FBS_Int1, Abs. 39

weiterhin zu erfahren, muss sie sich also der Forderung fügen.[244] Sind die Gefühle derart stark, muss nicht zwingend ein überzeugendes Zukunftsszenario bestehen, die Betroffene „hat es dann auch tatsächlich aus Liebe gemacht"[245], wie die Aussage bei der Polizei offenbart.
Der Zeitraum zwischen erstem Kennenlernen und dem Wendepunkt hin zur Prostitution ist nicht einheitlich zu fassen; er reicht von zwei Wochen bis hin zu mehreren Jahren, in denen eine Liebesbeziehung zu bestehen scheint.[246] Hingegen dauert die sexuelle Ausbeutung in einem überwiegenden Teil der hier zugeordneten Fälle mehreren Jahre an.[247] In lediglich 2 von 11 Fällen ist wird die Betroffene kürzer als ein Jahr ausgebeutet.[248]
Ist der Einstieg in die Prostitution erfolgt, zeige sich je nach Kooperationsbereitschaft und Täter verschiedene Strategien, um die sexuelle Ausbeutung fortzuführen. In zwei Fällen ist die Liebe und Bindung zum Täter derart stark, dass die jungen Frau primär das Ziel verfolgt, Zuneigung zu erhalten, indem sie ihren Partner glücklich macht; also besonders viel Geld verdient.[249] Gerade auch bei Konkurrenzsituationen, also wenn mehrere Frauen für den Loverboy anschaffen, ist eine Dynamik feststellbar, in der die Frauen versuchen durch besonders ‚gute Arbeit' die Aufmerksamkeit und Zuneigung des Täters auf sich zu ziehen und sich besser als die anderen Frauen darstellen.[250] Durch Zusicherungen „sie [ist] die einzig wahre Liebe und die andere werde ja nur ausgenutzt"[251], werden sie darin vom Täter bestärkt.
Lässt die Kooperationsbereitschaft nach, wird in einem Großteil der hier kategorisierten Fälle zusätzlich psychische Gewalt angewendet, die sich von Erpressungen, die Prostitutionstätigkeit bei Familie und Freunden publik zu machen, über Gewaltandrohungen gegenüber ihr oder ihrer Familie bis hin zu Isolation, Demütigungen und Beleidigungen erstreckt. Besonders schwer kalkulierbar wird das Verhalten für die Betroffenen, wenn sich derartige Bedrohungen, Gewaltanwendungen und Einschüchterungen mit Zuneigungen und Liebesbekundungen abwechseln, da so

---

[244] vgl. P_Int1, Abs. 51; P_Int2, Abs. 43, 65; P_Int4, Abs. 9, 13, 17, 25; P_Int7, Abs. 17; P_Int8, Abs. 3, 13; P_Int9, Abs. 3; FBS_Int6, Abs. 53
[245] P_Int5, Abs. 17, auch P_Int2, Abs. 27; P_Int8, Abs. 23
[246] vgl. P_Int1, Abs. 37; P_Int2, Abs. 25; P_Int3, Abs. 45, 47; P_Int4, Abs. 56; P_Int7, Abs. 29, 39; P_Int8, Abs. 3; FBS_Int6, Abs. 48
[247] vgl. P_Int4, Abs. 9; P_Int4, Abs. 9; P_Int7, Abs. 37; FBS_Int3, Abs. 8, 15
[248] vgl. P_Int2, Abs. 23, 43; P_Int8, Abs. 9
[249] vgl. P_Int1, Abs. 51; FBS_Int3, Abs. 6, 32
[250] vgl. P_Int1, Abs. 77; FBS_Int3, Abs. 6
[251] P_Int3, Abs. 49; hierzu auch vgl. P_Int4, Abs. 37; P_Int7, Abs. 23, 27

jedes Mal die Hoffnung auf eine Rückkehr zu den anfänglich guten Zeiten in der Beziehung aktiviert wird. Dies scheint bei diesem Fallmuster eine stärker verbreitete Täterstrategie zu sein, schließlich wurde derartig ambivalentes Verhalten in neun von 11 Fällen beobachtet.[252]

Eine selbstinitiierter Ausstieg und damit verbundene Aussagebereitschaft wird eher selten beobachtet; meist gehen Anzeigen Dritter oder polizeiliche Aktivitäten voraus.[253] In den Fällen, in denen die Betroffene aus eigenem Antrieb sich aus der Zwangslage löst, sind Eifersucht, eine Gewalteskalation, massiver Leidensdruck aufgrund der Prostitution oder die Unterstützung eines neuen Partners der Auslöser (vgl. Abbildung 20).[254]

d) Visualisierung des Fallmusters ,Versprechen'

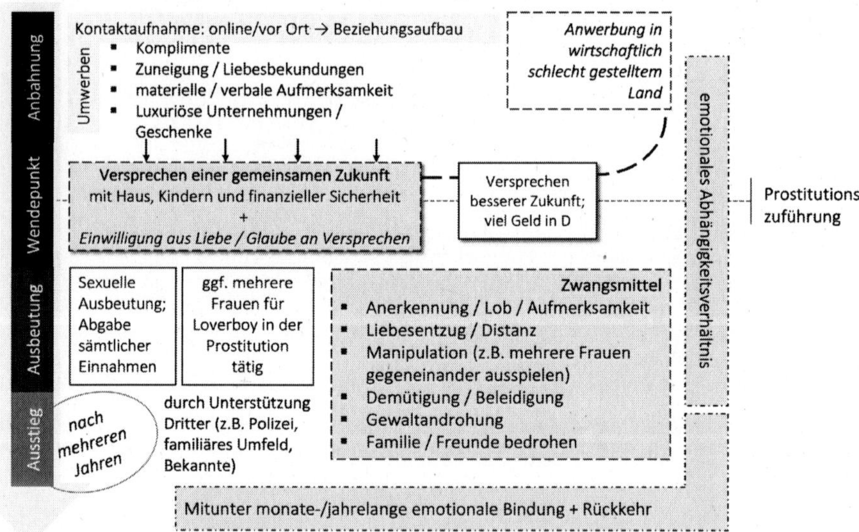

Abbildung 20: *idealtypische Darstellung des Fallmusters 'Versprechen'* [eigene Darstellung]

---

[252] vgl. P_Int1, Abs. 57, 61,63-65, 169; P_Int3, Abs. 51, 57; P_Int4, Abs. 9, 1517; P_Int7, Abs. 19, 31, 55, 65; P_Int8, Abs. 27; P_Int9, Abs. 3; FBS_Int1, Abs. 60-63; FBS_Int6, Abs. 10-43

[253] vgl. P_Int1, Abs. 15, 77, 81, 119; P_Int3, Abs. 49; P_Int7, Abs. 19, 43, 71; FBS_Int1, Abs. 33,, 53, 61, 63, 65

[254] vgl. P_Int2, Abs. 17, 21, 39, 43; . P_Int4, Abs. 9, 15, 62; P_Int8, Abs. 5; P_Int9, Abs. 17, 19; FBS_Int3, Abs. 6, 8, 50; FBS_Int6, Abs. 83-98

5.2.2 Fallmuster 2: Aushelfen in einer Notsituation bzw. Forderung sich zu revanchieren

Dieser Kategorie wurden sechs Fallbeschreibungen [Fall 6, 12, 19, 23, 24 und 29] zugeordnet, die sich hinsichtlich der Zwangsmittel, die zur Aufrechterhaltung der sexuellen Ausbeutung genutzt werden, in zwei Subtypen unterscheiden lassen (vgl. Tabelle 22 – 27).

Tabelle 21: *Verteilung Subtypen im Fallmuster ‚finanzielle Notsituation‘* [eigene Darstellung]

	Zwangsmittel zur Aufrechterhaltung der Ausbeutung			
		ausschließlich negativ-sanktionierend		
	[a] ausschließlich positiv-bestärkend *(Lob, Anerkennung, Erinnerung an Zukunft)*	[b] psychische + finanzielle Gewalt *(Isolation, Demütigung, Beleidigung, Geld einbehalten)*	[c] physische und sexuelle Gewalt *(Vergewaltigung, Schlagen, Freiheitsentzug, Treten)*	[d] Mischform: ambivalentes Verhalten *(Wechselspiel zwischen Lob/Liebesversprechen und Liebesentzug, Bedrohung, Körperverletzung)*
[2] Notsituation / Revanchieren	0	1	2	3

a) Zuführung und Zwangsmittel – Erläuterungen am Fallbeispiel

Tabelle 22: *Fall 6 - Fallmuster (2) finanzielle Not, Subtyp (c) negativ-sanktionierend* [eigene Darstellung]

Fall 6	
Alter Betroffene: 30 Jahre	Herkunft Opfer: Rumänien
Alter Loverboy: unbekannt	Herkunft Loverboy: Rumänien
Hinweise Vulnerabilität: Partnerschaftsgewalterfahrung, Wunsch neuer Vater für das Kind	
Beziehungsdauer bis Zuführung: 1 Jahr	Dauer sexuelle Ausbeutung: unklar
Ort des Kennenlernens: Jugendbekanntschaft, erneute Kontaktaufnahme über Facebook	Zuführung: zur Überbrückung, denn er findet keinen Job; zunächst Tabledance
Zwangsmittel: physische Gewalt, Einschüchterung, Erpressung, Manipulation	
Ausstieg: durch Cousin befreit	
Aussagebereitschaft: ja	
Hinweise emotionale Abhängigkeit: während Ausbeutung	
Besonderheiten: parallel schafft andere Frau für ihn an, ist ihr bekannt	

Fallbeschreibung: Der zukünftige Täter nimmt über Facebook nach einigen Jahren Kontakt zu seiner Exfreundin aus der Jugendzeit auf. Die inzwischen 30-jährige Frau aus Rumänien hat ein Kind aus einer anderen Partnerschaft, lebt aber getrennt vom Vater, da dieser sie geschlagen hat. Nach kurzer Zeit gehen sie erneut eine Beziehung ein und es werden Pläne für eine gemeinsame Zukunft geschmiedet. Aufgrund eingeschränkter Möglichkeiten wird entschieden, nach Deutschland zu gehen, da dort besser Geld verdient werden könne.[255] Zu diesem Zeitpunkt sind sie ca. ein knappes Jahr zusammen.[256] Er offenbart ihr, dass er keinen Job finde und auch sie bekäme keinen Job im Verkauf, wie ursprünglich angestrebt. Alternativ ließe sich gutes Geld im Tabledance Bereich verdienen und versichert ihr, „ich möchte das ja gar nicht, nur so lange, wie es notwendig ist und ich bin da absolut dagegen, aber was sollen wir denn machen“[257]. Sie willigt aus Liebe zu ihm ein.[258] Da auch dies nicht genug Geld einbringen würde, schlägt er kurze Zeit später vor, sie solle doch in der Prostitution tätig werden. Auf Gegenwehr wird einmalig physischer Gewalt reagiert, was sie nachhaltig einschüchtert und sie sich fügt; so gelingt es ihm, sie der Prostitution zuzuführen. Parallel skizziert er ein Erpressungsszenario, in dem er ihre Familie über die Tätigkeit informieren würde, sollte sie sich widersetzen.[259] Zeitgleich schafft eine andere Frau für ihn an, der er auch sagt, „sie wäre die große Liebe, die andere wird nur ausgenutzt“[260]. Der Zeitraum der Prostitution erstreckt sich über ein halbes Jahr.[261] Als der Leidensdruck wächst, erkennt sie, dass er nicht ihre große Liebe ist und vertraut sich ihrem Cousin an, der sie in Begleitung eines Kumpels gewaltvoll aus dem Bordell holt und zur Polizei fährt und sie Anzeige gegen ihn erstattet.[262] Vor seiner Festnahme fährt er nach Rumänien und bedroht ihre Familie.[263] Das Verfahren verläuft zugunsten des Angeklagte, da ihr von Seiten der Verteidigung vorgeworfen wird, sie hätte sich freiwillig prostituiert.[264]

---

[255] vgl. P_Int3, Abs. 7, 9, 23
[256] vgl. P_Int3, Abs. 77
[257] P_Int3, Abs. 11
[258] vgl. P_Int3, Abs. 11, 25
[259] vgl. P_Int3, Abs. 11, 19
[260] P_Int3, Abs. 13; auch vgl. P_Int3, Abs. 17, 29, 83, 85
[261] vgl. P_Int3, Abs. 13
[262] vgl. P_Int3, Abs. 11, 13, 33, 63, 87
[263] vgl. P_Int3, Abs. 27
[264] vgl. P_Int3, Abs. 19, 21, 79

Tabelle 23: *Fall 12 - Fallmuster (2) finanzielle Not, Subtyp (b) negativ-sanktionierend* [eigene Darstellung]

Fall 12	
Alter Betroffene: 20 Jahre	Herkunft Opfer: türkischer Migra.
Alter Loverboy: unbekannt	Herkunft Loverboy: unbekannt
Hinweise Vulnerabilität: keine bekannt	
Beziehungsdauer bis Zuführung: wenige Monate	Dauer sexuelle Ausbeutung: 2 Monate
Ort des Kennenlernens: Musikszene, Fan von ihm	Zuführung: finanzielle Unterstützung bei Musikprojekt, Privatkredit dafür aufgenommen, den er nicht zurückzahlen kann
Zwangsmittel: psychischer Druck, später physische Gewalt	
Ausstieg: vertraut sich Familie an	
Aussagebereitschaft: ja	
Hinweise emotionale Abhängigkeit: bis zum Ausstieg	
Besonderheiten: /	

Fallbeschreibung: Eine junge Frau, 20 Jahre alt, aus Deutschland mit türkischem Migrationshintergrund lernt in der Musikszene einen Mann kennen, der dort als Rapper bekannt ist. Ihr gefällt seine Musik und sie besucht regelmäßig seine Konzerte. Er beeindruckt sie mit einem luxuriösen Lebensstil und macht ihr Geschenke. Sie gehen sehr schnell eine Liebesbeziehung ein und ziehen auch zusammen.[265] Um ihn finanziell bei einem neuen Musikprojekt zu unterstützen, nimmt sie einen Kredit auf und leiht sich auch innerhalb ihrer Familie Geld.[266] Der Loverboy offenbart ihr nach drei Monaten, er könne das Geld nicht zurückzahlen, „aber man könne andere Wege finde, um an Gelder zu finden, und was sie denn davon hält, sich evtl. zu prostituieren“ [267]. Sie könne sich das nicht vorstellen, da allerdings der soziale Druck auch seitens der Familie wächst, willigt sie schließlich ein, die Höhe des Privatkredits zu erarbeiten. Der psychische Druck wird weiterhin aufrechterhalten – durch ihn und auch durch die Verpflichtungen ihrer Familie gegenüber.[268] Er nimmt ihr das gesamte Geld ab und investiert es in neue Projekt bzw. seinen Lebensstil und hat zudem inzwischen eine neue Freundin, woraufhin sie sich nicht mehr prostituieren will.[269] Er führt sie fortan unter

[265] vgl. P_Int6, Abs. 11, 15, 19, 41, 67
[266] vgl. P_Int6, Abs. 11, 29, 67
[267] P_Int6, Abs. 11
[268] vgl. P_Int6, Abs. 11
[269] vgl. P_Int6, Abs. 11, 33, 71

Anwendung physischer Gewalt der Prostitution zu.[270] Die Prostitutionsausübung erstreckt sich über einen Zeitraum von zwei Monaten.[271] Die Betroffene entschließt sich, sich ihrer Familie anzuvertrauen und diese begleiten sie bei der Anzeigenerstattung. Sie sagt umfassend aus. Parallel zum Verfahren erfolgen bereits eine Einflussnahmen über die neue Freundin, die anbietet die Schulden bei der Familie zu begleichen, würde die Betroffene ihre Aussage zurückziehen.[272] Der Täter saß bereits davor wegen eines nahezu identischen Falls in Haft wegen Menschenhandel.[273]

Tabelle 24: *Fall 19 - Fallmuster (2) finanzielle Not, Subtyp (c) negativ-sanktionierend* [eigene Darstellung]

Fall 19	
Alter Betroffene: 17 Jahre	Herkunft Opfer: Deutschland
Alter Loverboy: 20 Jahre	Herkunft Loverboy: Bosnien/Serbien
Hinweise Vulnerabilität: Gewalt in Partnerschaft der Eltern, fortan in Pflegefamilie aufgewachsen, empfänglich für Geschenke und Zuneigung, Bruch mit Pflegefamilie	
Beziehungsdauer bis Zuführung: 6 Monate	Dauer sexuelle Ausbeutung: 6 Monate
Ort des Kennenlernens: Facebook	Zuführung: revanchieren für Geschenke, finanziell aushelfen
Zwangsmittel: Isolation, massive körperliche Gewalt, Kontrolle, Vergewaltigung	
Ausstieg: durch Razzia	
Aussagebereitschaft: ja	
Hinweise emotionale Abhängigkeit: innerhalb sexueller Ausbeutung	
Besonderheiten: Täter aus Rockergruppierung	

Fallbeschreibung: Die junge Frau, 17 Jahre, stammt aus einer ländlichen Region in Deutschland und wächst in einer Pflegefamilie auf, da der alleinerziehende Vater mit der Erziehung überfordert ist. Über Facebook kommt sie in Kontakt mit dem 20-jährigen Loverboy, der ihr Komplimente macht und sich mit ihr treffen möchte. Die Kennlernphase erstreckt sich über circa ein halbes Jahr.[274] Nachdem sie eine Beziehung eingegangen sind, kurz nach dem 18. Geburtstag der Betroffenen, beginnt er zu fordern, dass sie sich für die anfängliche Zeit revanchiert: „wir haben hier jetzt ganz viel gemeinsam gemacht und Du hast auch Geschenke gekriegt von mir und [...] ich habe jetzt wenig Geld und könntest Du nicht einmal gegen Geld mit einem Bekannten schlafen. Ja ich

270 vgl. P_Int6, Abs. 11, 29, 71
271 vgl. P_Int6, Abs. 11, 21
272 vgl. P_Int6, Abs. 11-13
273 vgl. P_Int6, Abs. 57-63
274 vgl. FBS_Int2, Abs. 5, 9

kenn den doch und ich passe auch auf, dass nichts passiert"[275]. Sie willig schließlich ein und lässt sich als Zeichen der Liebe seinen Namen tätowieren. Ihr wird bewusst, dass er eine Rockergruppierung angehört, die bekannt dafür ist, sehr gewaltvoll zu agieren.[276] Die sexuelle Ausbeutung nimmt zu, sie gibt sämtliches Geld ab bzw. begleicht alle Fixkosten der gemeinsamen Wohnung. Verdient sie ihm nicht genug Geld, wendet er massive physische Gewalt und Kontrolle an und vergewaltigt sie, so wie es in dieser Rockergruppierung üblich zu sein scheint.[277] Die Hoffnung auf Rückkehr zur Liebesbeziehung besteht trotz Zunahme der Gewalt weiterhin und sie prostituiert sich auch in dem Glauben, dass dies für die gemeinsame Zukunft sei.[278] Ihr gelingt nach ca. einem halben Jahr der sexuellen Ausbeutung der Ausstieg, nachdem sie sich bei einer Razzia einem Polizeibeamten anvertrauen kann. Zu dem Zeitpunkt erfährt sie, dass drei weitere Frauen parallel zu ihr für ihn in der Prostitution arbeiten mussten; auch denen gelingt in diesem Moment der Ausstieg.[279] Im Strafverfahren wird die Täter zu zwei Jahren Haft verurteilt.[280]

Tabelle 25: *Fall 23 - Fallmuster (2) finanzielle Not - Subtyp (d) ambivalent* [eigene Darstellung]

Fall 23	
Alter Betroffene: Anfang 20 Jahre	Herkunft Opfer: Deutschland
Alter Loverboy: unbekannt	Herkunft Loverboy: Nordafrika
Hinweise Vulnerabilität: Mobbing in Schule, psychische Probleme (Depression, Ängste, selbstverletzendes Verhalten), keine Unterstützung durch Vater, kein soziales Netzwerk, Wunsch nach Zuneigung und Partnerschaft, fehlendes Selbstbewusstsein	
Beziehungsdauer bis Zuführung: /	Dauer sexuelle Ausbeutung: 2 Jahre
Ort des Kennenlernens: Job	Zuführung: Finanzierung des Lebensunterhalts
Zwangsmittel: gemeinsame Zukunft, Bedingung der Beziehung, Kontrolle, körperliche Gewalt,	
Ausstieg: Flucht mit Unterstützung der Nachbarin	
Aussagebereitschaft: zögerlich im zweiten Anlauf	
Hinweise emotionale Abhängigkeit: Fortführung der Prostitution für ehem. Partner und dessen neue Freundin – innerhalb der Ausbeutung	
Besonderheiten: Täter drogen- und alkoholabhängig	

[275] FBS_Int2, Abs. 5; hierzu auch vgl. FBS_Int2, Abs. 9
[276] vgl. FBS_Int2, Abs. 7
[277] vgl. FBS_Int2, Abs. 5, 7, 27, 35, 39
[278] vgl. FBS_Int2, Abs. 29
[279] vgl. FBS_Int2, Abs. 5, 9, 29, 61
[280] vgl. FBS_Int2, Abs. 5

Fallbeschreibung: Eine junge Frau aus Deutschland, aufgewachsen in einer gutbürgerlichen Familie, schließt die Schule mit der mittleren Reife und auch einer Ausbildung ab, will aber nicht in ihrem Ausbildungsberuf arbeiten, sodass sie sich zur Überbrückung einen Job sucht. Dort lernt sie den späteren Täter kennen. Er signalisiert Interesse, unternimmt viel mit ihr, beeindruckt sie mit teuren Geschenken und einem luxuriösen Auto, sodass sie kurze Zeit darauf eine Liebesbeziehung eingehen.[281] „Sie hatte das erste Mal das Gefühl, jemand interessiert sich wirklich für mich“[282], nachdem sie bereit sin der Schulzeit wegen ihres Äußeren Mobbing erfahren hat und sich diesbezüglich auch in Therapie befand. Sie nimmt 20 kg für ihn ab. Auch ist sie stolz, einen gutaussehenden Freund zu haben und „dass sie sich auch mit ihm schmücken konnte“[283]. Die Familie findet ihn anfangs auch charmant und unterstützt die Beziehung.[284] Der Loverboy stammt auch Nordafrika, hat einen großen Familien- und Freundeskreis und ist aufgrund seiner Drogenabhängigkeit bereits im Milieu vernetzt und ist mehrfach vorbestraft.[285] Zur Finanzierung ihres Lebensunterhalts – die Betroffene ist inzwischen zu ihm gezogen – schlägt er vor, sie könne sich prostituieren, wozu sie zunächst auch einwilligt. Sie distanziert sich zu ihrer Familie, kündigt ihren regulären Job und arbeitet nun vorwiegend in der Wohnungsprostitution. Nach und nach verliert er das Interesse an ihr, nicht aber an den Einnahmen und beginnt stärker zu kontrollieren und auch körperliche Gewalt bei Gegenwehr anzuwenden. Daraufhin offenbart sie sich ihrer Schwester an, die sich an die Eltern wendet. Bei einer daraufhin initiierten polizeilichen Kontrolle sagt sie auf dem Revier aus, dass sie sich freiwillig prostituiert, woraufhin ihre Eltern schließen, ihre Tochter wolle sich nicht helfen lassen und den Kontakt zu ihr abbrechen.[286]
Die sexuelle Ausbeutung erstreckt sich über zwei Jahre. Bereits psychische Gewalt reicht aus, um die junge Frau einzuschüchtern. In der Zeit lernt der Täter eine neue Frau kennen und bekommt mit ihr auch ein Kind. Die Betroffene schafft nun für den Täter und seine neue Familie an. Langsam realisiert sie, dass es sich nicht mehr für sie interessiert, kann sich jedoch weiterhin nicht aus der Situation lösen. Sie vertraut sich letztlich einer Nachbarin an, mit deren Hilfe ihr die Flucht gelingt.[287]

---

[281] vgl. FBS_Int4, Abs. 6, 10, 24
[282] FBS_Int4, Abs. 6
[283] FBS_Int4, Abs. 650; hierzu auch vgl. FBS_Int4, Abs. 12
[284] vgl. FBS_Int4, Abs. 6, 10
[285] vgl. FBS_Int1, Abs. 6, 56, 58, 60, 76, 82, 108, 110
[286] vgl. FBS_Int4, Abs. 6, 28, 40, 82
[287] vgl. FBS_Int4, Abs. 6, 32, 38, 48, 92

Tabelle 26: *Fall 24 - Fallmuster (2) finanzielle Not - Subtyp (d) ambivalent* [eigene Darstellung]

Fall 24	
Alter Betroffene: Mitte 20 Jahre	Herkunft Opfer: Deutschland
Alter Loverboy: Mitte 20 Jahre	Herkunft Loverboy: unbekannt
Hinweise Vulnerabilität: schwierige Kindheit, psychisch labil (stationäre Therapie), familiäre Probleme	
Beziehungsdauer bis Zuführung: 3-4 Jahre	Dauer sexuelle Ausbeutung: 3-4 Monate
Ort des Kennenlernens: stationäre Therapie	Zuführung: gibt ihm Geld für Schulden
Zwangsmittel: Versprechen gemeinsame Zukunft/Urlaub/Heirat, Isolation, psychischer Druck, Kontrolle, Erpressung Familie von Prostitution erzählen, finanzielle Verbindlichkeiten durch Kredite	
Ausstieg: Flucht durch Unterstützung einer Freundin	
Aussagebereitschaft: ja	
Hinweise emotionale Abhängigkeit: andauernd auch nach Ausstieg	
Besonderheiten: /	

Fallbeschreibung: Die junge Frau Mitte 20 lernt während einer stationären Therapie einen jungen Mann kennen, mit dem sie eine Liebesbeziehung eingeht, die über mehrere Jahre „on-off" läuft. Er verspricht ihr Urlaube und ein gemeinsames Leben, indem er sie heiratet. In der Zeit leiht sie ihm immer wieder Geld, damit er seine Schulden tilgen kann. Ihr ist bekannt, dass er Verbindung zum Milieu hat und andere Frauen zur Prostitution bringt, jedoch hält er dies fern von ihr.[288] Bei einer erneuten Bitte, ihm Geld zu leihen, weigert sie sich, woraufhin „er dann systematisch quasi sie dazu gebracht hat, sich zu prostituieren" [289]. Sie findet das nicht gut, fügt sich aber. Zunächst arbeitet sie im Massagesalon und anschließend im Bordell, um möglichst viel Geld zu verdienen. Dies führt soweit, dass sie die Stunden ihres regulären Job reduziert, um mehr für ihn zu arbeiten. Sie wird sukzessiv stärker von ihrem sozialen Umfeld isoliert. Er hält sie durch psychischen Druck, starker Kontrolle, Drohungen ihrer Familie von der Prostitution zu erzählen und finanziellen Verbindlichkeiten, in dem Kredite auf ihren Namen abgeschlossen werden, in der sexuellen Ausbeutung.[290] Zeitgleich nutzt er aber auch positive Bestärkung, indem er beispielsweise sagt: „jetzt mach das noch ein bisschen und dann fahren wir in den Urlaub"[291]. Nach ungefähr drei

[288] vgl. FBS_Int5, Abs. 5, 7, 9, 11, 31
[289] FBS_Int5, Abs. 5; hierzu auch FBS_Int5, Abs. 7, 43, 45, 49, 51
[290] Vgl. FBS_Int5, Abs. 13, 15, 17
[291] FBS_Int5, Abs. 15

bis vier Monaten gelingt ihr der Ausstieg mithilfe einer Freundin, die sie abholt, nachdem sie sich ihr anvertraut. Auslöser ist eine Situation, in der sie in ihrem regulären Job krankgeschrieben ist und er sie dennoch zwingt, sich zu prostituieren. Mithilfe der Freundin wird sie in ein anderes Bundesland gebracht, wird dort zunächst in einer psychiatrischen Klinik betreut und erstattet Anzeige bei der Polizei.[292] Der emotionale Loslösungsprozess erstreckt sich über mehrere Monate, da sie gedanklich weiterhin an die Anfangszeit der Beziehung und die Versprechen von Liebe, Heirat und gemeinsamen Urlauben festhält.[293]

Tabelle 27: *Fall 29 - Fallmuster (2) finanzielle Not - Subtyp (d) ambivalent* [eigene Darstellung]

Fall 29	
Alter Betroffene: 18 Jahre	Herkunft Opfer: Deutschland
Alter Loverboy: Ende 20 Jahre	Herkunft Loverboy: unbekannt
Hinweise Vulnerabilität: (kaum, höchstens:) schwierige Phase	
Beziehungsdauer bis Zuführung: unbekannt	Dauer sexuelle Ausbeutung: 6 Monate
Ort des Kennenlernens: Internet	Zuführung: Geld für kranke Mutter / Zukunft
Zwangsmittel: gemeinsame Zukunft, Liebesentzug, Kontrolle	
Ausstieg: durch Unterstützung eines Bekannten	
Aussagebereitschaft: ja	
Hinweise emotionale Abhängigkeit: innerhalb sexueller Ausbeutung	
Besonderheiten: parallel mehrere Frauen, die für ihn arbeiten	

Fallbeschreibung: In diesem Fall lernen sich die Betroffene und der Loverboy im Internet kennen und treffen sich mehrmals in einer Diskothek. Er verhält sich sehr charmant, umgarnt sie und sie gehen zügig eine Beziehung ein.[294] Nach drei Monaten berichtet er, dass seine Mutter schwer erkrankt sei und er dringend Geld benötige. Ein „Bekannter würde ihm das Geld leihen können, aber er hätte dazu die Bedingung gestellt, dass er einmal auch mit ihr schlafen darf"[295]. Sie willigt ein und er arrangiert ein Treffen auf einem Parkplatz. Dies wiederholt sich mehrfach und er mietet eine Wohnung für sie an, um sie weiter der Prostitution zuführen zu können. Fortan verspricht er das Geld für deren gemeinsame Zukunft zu sparen, was sie auch hofft. Jedoch distanziert er sich sukzessiv von ihr und lebt einen luxuriösen Lebensstil, was sie auch mitbekommt.

[292] vgl. FBS_Int5, Abs. 5, 13, 19, 21-23, 25
[293] vgl. FBS_Int5, Abs.7, 57, 59, 95
[294] vgl. FBS_Int7, Abs. 75, 77
[295] FBS_Int7, Abs. 75

Insgesamt wird sie sechs Monate sexuell ausgebeutet. Sie traut sich nicht, sich ihren Eltern anzuvertrauen, kann sich aber mithilfe eines Bekannten, der die Polizei verständig, aus der Situation lösen.[296]

b) Kernmerkmale des Fallmusters ‚finanzielle Notsituation'

- oft besteht vorab eine längere Liebesbeziehung mit entsprechendem Vertrauen und emotionaler Bindung
- Zuführung über finanzielle Notlage oder die Forderung, sich für die anfängliche Großzügigkeit zu revanchieren
- Prostitution wird als ‚einfacher' Weg, Geld zu verdienen, offeriert
- bei Gegenwehr werden verschiedene Formen von Gewalt – psychisch, wie physisch – angewendet, wobei Zwangsmittel mit massiver Gewaltanwendung dominieren
- der Zeitraum der sexuellen Ausbeutung ist im Vergleich zum Muster 1 kürzer; bei allen zugeordneten Fällen besteht die Zwangslage maximal 6 Monate
- es zeigt sich ein selbstinitiierter Ausstieg, der immer unter Zuhilfenahme der Unterstützung Dritter aus dem Familien-/Bekanntenkreis (ein einem Fall durch eine Razzia) realisiert wird
- dennoch findet auch hier ein mitunter schwerer, andauernder Loslösungsprozess statt

c) Zusammenfassende Beschreibung des Fallmusters ‚finanzielle Notsituation':

Im Zentrum dieses Fallmusters steht die Zuführung zur Prostitution aus einer finanziellen Notsituation heraus. Denkbar sind zwei Szenarien, die in der Forderung münden, schnell Geld von der Betroffenen zu erhalten, um die Option der Prostitutionstätigkeit nahe zu legen.[297] In einer Variante wird die Partnerin darum gebeten, die Schulden des Loverboys zu begleichen bzw. bei einer familiäre Notlage und einmaligem Projekt finanziell zu unterstützen. Als Option, schnell Geld zu verdienen, wird die Prostitution offeriert.

Da in diesen Fällen meist eine längere, anscheinend gefestigte Partnerschaft besteht, ist die Betroffene bereit auszuhelfen, indem sie der Prostitution zustimmt oder aber einen Kredit aufnimmt, der ihr den Druck finanzieller Verbindlichkeiten verschafft, wodurch wiederum die Option des schnellen Geldes in der Prostitution näher rückt.

[296] vgl. FBS_Int7, Abs. 75, 77

[297] vgl. P_Int3, Abs. 11; P_Int6, Abs. 11; FBS_Int2, Abs. 5; FBS_Int5, Abs. 5; FBS_Int7, Abs. 75

Nicht selten sind die Loverboys bereits im Milieu tätig, wovon auch die Betroffene weiß.[298] Als anderes Szenario wird nach einer anfänglich luxuriösen Zeit, in der die Frau materielles Umwerben erfährt, letztlich gefordert, sich für die Großzügigkeiten zu revanchieren bzw. nun einen Beitrag zu der Beziehung zu liefern.[299]
Bei Gegenwehr werden verschiedene Formen von Gewalt angewendet. Diese reichen von Erpressung, über Drohungen bis hin zu massiver körperlicher Gewalt. Hoffnungen auf eine gemeinsame Zukunft wechseln sich teilweise ab, wobei den Beschreibungen nach gewaltvolle Zwangsmittel dominieren.[300] Auffällig ist der verhältnismäßig kurze Zeitraum der sexuellen Ausbeutung; die hier kategorisierten Fällen erstrecken sich über wenige Monate – maximal ein halbes Jahr.
In allen Fällen wird außerdem ein selbstinitiierter Ausstieg beobachtet, der entweder mithilfe von Familie, Freunden bzw. Bekannten oder durch direkte Kontaktaufnahme zur Polizei umgesetzt wird.[301] Dennoch sind auch hier klare Hinweise auf emotionale Abhängigkeiten gegeben, die sich entweder durch einen schweren Loslösungsprozess auch nach der Ausbeutung oder an dem Umstand, dass die Betroffene sich überhaupt bereit erklärt, sich gegen ihren Willen zu prostituieren, zeigen (vgl Abbildung 21).[302]

---

[298] vgl. P_Int3, Abs. 11, 25, P_Int6, Abs. 11, 29, 67; FBS_Int5, Abs. 13, 15, 17; FBS_Int7, Abs. 75

[299] vgl. FBS_Int2, Abs. 5, 7, 27, 35, 39

[300] vgl. P_Int3, Abs. 11, 19; . P_Int6, Abs. 11, 29, 7; FBS_Int2, Abs. 5, 7, 27, 35, 39; FBS_Int5, Abs. 13, 15, 17; . FBS_Int7, Abs. 75, 77

[301] vgl. P_Int3, Abs. 11, 13, 63, 87; P_Int6, Abs. 11-13; FBS_Int2, Abs. 5, 9, 29, 61; FBS_Int5, Abs. 5, 13, 19, 21-23, 25; . FBS_Int7, Abs. 75, 77

[302] vgl. P_Int3, Abs. 11, 25; . P_Int6, Abs. 11; FBS_Int2, Abs. 7; FBS_Int5, Abs. 57, 59

d) Visualisierung des Fallmusters ‚finanzielle Notsituation'

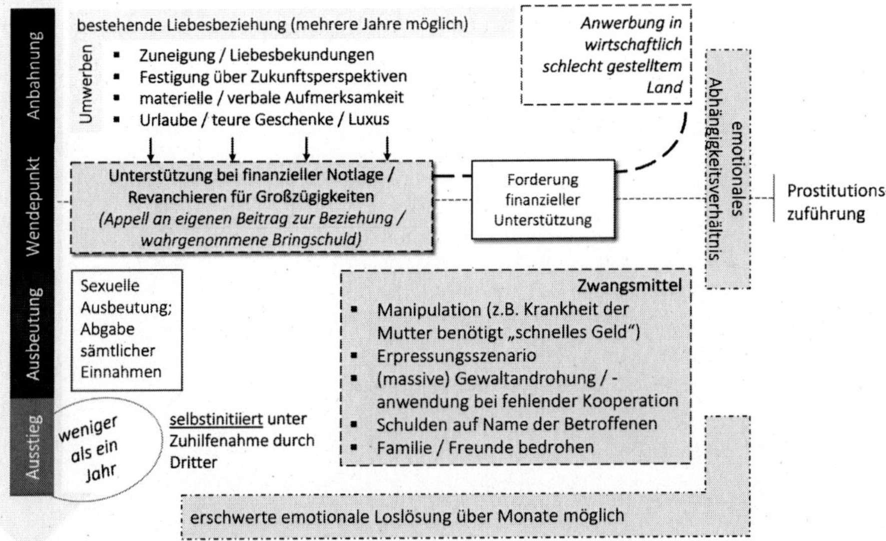

Abbildung 21: *idealtypische Darstellung des Fallmusters ‚finanzielle Notsituation'* [eigene Darstellung]

5.2.3 Fallmuster 3: Einsatz körperlicher Gewalt oder Erpressung

Dieser Kategorie wurden fünf Fallbeschreibungen [Fall 10, 11, 25 27 und 28] zugeordnet, die sich entlang der angewendeten Zwangsmittel nicht weiter in Subtypen unterscheiden lassen (vgl. Tabelle 29 – 33).

Tabelle 28: *Verteilung Subtypen im Fallmuster ‚Gewalt oder Erpressung'* [eigene Darstellung]

	Zwangsmittel zur Aufrechterhaltung der Ausbeutung			
		ausschließlich negativ-sanktionierend		
	[a] ausschließlich positiv-bestärkend *(Lob, Anerkennung, Erinnerung an Zukunft)*	[b] psychische + finanzielle Gewalt *(Isolation, Demütigung, Beleidigung, Geld einbehalten)*	[c] physische und sexuelle Gewalt *(Vergewaltigung, Schlagen, Freiheitsentzug, Treten)*	[d] Mischform: ambivalentes Verhalten *(Wechselspiel zwischen Lob/Liebesversprechen und Liebesentzug, Bedrohung, Körperverletzung)*
[3] Gewalt / Erpressung / Bedrohung	0	1	3	1

a) Zuführung und Zwangsmittel – Erläuterungen am Fallbeispiel

Tabelle 29: *Fall 10 - Fallmuster (3) Gewalt - Subtyp (d) ambivalent* [eigene Darstellung]

Fall 10 [3 Opfer]	
Alter Betroffene: unter 21 Jahre (3 Opfer)	Herkunft Opfer: Deutschland
Alter Loverboy: 19 Jahre	Herkunft Loverboy: türkischer Migr.
Hinweise Vulnerabilität: Trennung/Scheidung Eltern, Milieu hat Reiz des Verbotenen, Naivität	
Beziehungsdauer bis Zuführung: wenige Wochen	Dauer sexuelle Ausbeutung: 1,5 Jahre
Ort des Kennenlernens: unbekannt	Zuführung: gewaltvoll
Zwangsmittel: Isolation, massive Körperverletzung	
Ausstieg: finaler Ausstieg durch Eifersucht	
Aussagebereitschaft: zögerlich, nicht alle sind aussagebereit	
Hinweise emotionale Abhängigkeit: mehrmalige Rückkehr zum Täter	
Besonderheiten: Konkurrenz zwischen den Frauen	

Fallbeschreibung: Ausgangspunkt dieses Falls sind Hinweise zu einer mögliche Zwangsprostitution in einem Wohnungsbordell. Bei Kontrollen konnte die Prostituierte jedoch nicht vom Täter isoliert werden und hatte Angst, sich zu äußern. Parallel dazu ist eine andere junge Frau, nachdem sie einen Tag in der Prostitution gearbeitet hat, von ihrem sehr aggressiven Zuhälter geflohen und hat detailliert bei der Polizei ausgesagt. Es handelte sich in beiden Fällen um denselben Täter.[303] Dieser saß bereits wegen Körperverletzung für eineinhalb Jahre in Haft und ist dort weiterhin negativ aufgefallen.[304] Insgesamt sind drei Opfer identifiziert betroffen, alle unter 21 Jahre und aus Deutschland stammend. Die Loverboy war zu Beginn der Tat 19 Jahre und hat die drei jungen Frauen bis zu eineinhalb Jahren für sich in der Prostitution arbeiten lassen. Die jungen Frauen stammen alle aus getrennt lebenden Elternhäusern und sind in den Täter verliebt.[305] Die Zuführung zur Prostitution verläuft auf der emotionalen Ebene, wechselt dann jedoch schnell ins gewaltvolle: mehrere Tage oder gar Wochen schmeichelt er ihr und hat „sie weichgekocht [...] letztendlich, sodass sie sich dann mit ihm getroffen hat (-) gleich ins Auto verfrachtet wurde und ins nächste Bordell gebracht wurde“[306]. Der Täter misshandelt die jungen Frauen massiv mit verschiedenen Gegenständen, zeitgleich „konnte [er] sehr gut mit den Frauen sprechen, auch mit Zuckerbrot und Peitsche, [...] hat die richtigen Worte

[303] vgl. P_Int4, Abs. 64
[304] vgl. P_Int4, Abs. 47
[305] vgl. P_Int4, Abs. 43, 45, 64, 68
[306] P_Int4, Abs. 68

gefunden im richtigen Moment, was die Frauen halt auch hören wollten.“[307]. Die jungen Frauen kehren mitunter auch nach den Misshandlungen und der Aussage bei der Polizei zum Täter zurück, weil sie „sich diesem Sog [...] nicht entziehen“ [308] konnte. Der dauerhafte Ausstieg gelingt einer der Betroffenen aufgrund von Eifersucht auf die anderen Frauen, die auch Ausgangspunkt für die Anzeige bei der Polizei ist.[309]

Tabelle 30: *Fall 11 - Fallmuster (3) Gewalt - Subtyp (b/c) negativ-sanktionierend* [eigene Darstellung]

Fall 11	
Alter Betroffene: Anfang 20 Jahre	Herkunft Opfer: südeurop. Migra.
Alter Loverboy: unbekannt	Herkunft Loverboy: südeurop. Migra.
Hinweise Vulnerabilität: konservatives Rollenverständnis, „Hang zur Verbrecherwelt“	
Beziehungsdauer bis Zuführung: mehrere Jahre	Dauer sexuelle Ausbeutung: unklar
Ort des Kennenlernens: Club	Zuführung: als Rache/Demütigung nach Eifersucht
Zwangsmittel: (Zuführungsversuch) Vergewaltigung, massive Körperverletzung, Freiheitsberaubung	
Ausstieg: Flucht zur Familie	
Aussagebereitschaft: ja	
Hinweise emotionale Abhängigkeit: schreibt im Briefe in Untersuchungshaft	
Besonderheiten: Täter aus Rockergruppierung	

Fallbeschreibung: Bei diesem Fall bleibt es beim Versuch der sexuellen Ausbeutung, der anscheinend aus einer Kurzschlussreaktion von Seiten des Täters initiiert wird.[310] Die Anfang 20-jährige angehende Studentin mit südeuropäischen Migrationshintergrund und der Täter mit südosteuropäischen Migrationshintergrund lernen sich bei einer Tanzveranstaltung auf einer Partymeile kennen und beginnen kurze Zeit später eine Liebesbeziehung.[311] Er machte ihr Geschenke und sie haben eine Kurzreise zusammen unternommen.[312] Zwar ist ihr bekannt, dass er einer Rockergruppierung angehört und im Milieu als Zuhälter tätig ist, allerdings nimmt sie keine direkten Zuführungsversuche zur Prostitution wahr.[313] Im Laufe der Beziehung nimmt seine Eifersucht massiv zu. In einer

[307] P_Int4, Abs. 45
[308] P_Int4, Abs. 72
[309] vgl. P_Int4, Abs. 43, 64, 68, 70, 72
[310] vgl. P_Int5, Abs. 7
[311] vgl. P_Int5, Abs. 7, 41, 47, 55
[312] vgl. P_Int5, Abs. 15
[313] vgl. P_Int5, Abs. 13, 23, 25, 59

Streitsituation verprügelt und vergewaltigt er die junge Frau zunächst und sagte ihr dann „so jetzt gehst Du für mich anschaffen auf den Strich und [wollte] mit Gewalt das Ganze durchsetzen“[314]. Da sie infolge massiver Schläge und verbaler Attacken weinte und nicht in der Lage war, Freier anzusprechen, fuhr der Täter mit ihr wieder weg und vergewaltigte sie erneut mehrfach und dokumentierte dies ebenfalls mit dem Handy.[315] Anschließend hielt er sie zwei Tage gefangen. Um keinen Verdacht bei der Familie auszulösen, so sagte sie, müsse sie sich nun dringend bei der Familie wieder zeigen.[316] In der Annahme, dass „sein Einfluss auf sie groß genug ist“[317], hat er sie zu ihrer Familie gehen lassen. Dort angekommen vertraut sie sich direkt ihrer Familie an und diese unterstützt sie dabei, Anzeige zu erstattet.[318] Der Loverboy konnte festgenommen und in Untersuchungshaft genommen werden. Noch während der Gerichtsverhandlung schreibt sie ihm Briefe in die Untersuchungshaft, in denen sie anbietet, ihm zu verzeihen und dass es ja auch nicht so schlimm gewesen sei, er es doch bitte erklären solle und sie wieder an die Beziehung von davor anknüpfen könnten.[319] Von Seiten der Familie des Täters werden im gleichen Zeitraum Entschädigungszahlung getätigt. Er wird zu einer geringen Haftstrafe verurteilt.[320] Der Täter galt als angesehenes Mitglied in der Rockergruppierung; seine massiven Gewaltanwendung und Demütigungen jedoch „ging immerhin mit einem hohen Ansehensverlust in seiner Gruppierung einher“[321].
Es konnte festgestellt werden, dass er weitere Frauen hat in der Prostitution für sich arbeiten lassen, wobei zumindest mit einer Frau parallel zum oben beschriebenen Fall ebenfalls eine angebliche Liebesbeziehung bestand.[322] Diese Frau war nicht aussagebereit.[323] Offiziell war er mit einer weiteren Frau verheiratet, mit der er auch ein Kind hatte.[324]

[314] P_Int5, Abs. 7
[315] vgl. P_Int5, Abs. 7, 19, 25
[316] vgl. P_Int5, Abs. 7
[317] P_Int5, Abs. 7
[318] vgl. P_Int5, Abs. 7, 35
[319] vgl. P_Int5, Abs. 7, 25, 37, 59, 61
[320] vgl. P_Int5, Abs. 7
[321] P_Int5, Abs. 9
[322] vgl. P_Int5, Abs. 9
[323] vgl. P_Int5, Abs. 9, 25
[324] vgl. P_Int5, Abs. 21

Tabelle 31: Fall 25 - Fallmuster (3) Gewalt - Subtyp (b/c) negativ-sanktionierend [eigene Darstellung]

Fall 25	
Alter Betroffene: unter 21 Jahre	Herkunft Opfer: unbekannt
Alter Loverboy: unbekannt	Herkunft Loverboy: unbekannt
Hinweise Vulnerabilität: bipolare Störung, drogenabhängig, sehr labil	
Beziehungsdauer bis Zuführung: mehrere Jahre	Dauer sexuelle Ausbeutung: andauernd
Ort des Kennenlernens: unbekannt	Zuführung: durch Zwang des Clans
Zwangsmittel: Drohung, Erpressung, Druck durch Clan-Familie	
Ausstieg: Verlauf unbekannt, Rückkehr	
Aussagebereitschaft: nein	
Hinweise emotionale Abhängigkeit: weiterhin Kontakt zum Täter / ins Milieu	
Besonderheiten: /	

Fallbeschreibung: In diesem Fall erhält eine unter 21 Jährige durch eine Liebesbeziehung zu einem Clan Mitglied zunächst Kontakt zum Drogenmilieu und begeht auch selbst Straftaten in diesem Bereich.[325] „Ihr war das schon sehr bewusst, wie gefährlich diese Strukturen sind [...], aber sie hat sich trotzdem weiter dem bewusst oder unbewusst auch ausgesetzt“.[326] Der Täter stammt vermutlich aus Osteuropa oder Russland und hat vorwiegend über Versprechungen versucht, die junge Frau an sich zu binden.[327] Als er sie der Prostitution zuführen wollte, hat sie Gegenwehr gezeigt, dem durch Druck und Kontrolle des Clans begegnet wurde. Es wurde eine Erpressungsszenario aufgebaut, in dem ihr gesagt wurde, wenn sie sich nicht fügen würde „dass sie sie auffliegen lassen würde, dass sie ja eh nicht zur Polizei gehen kann, weil sie ja auch quasi auch mit gemacht hat“[328]. Elemente der Beziehung waren zu dem Zeitpunkt nicht mehr erkennbar, stattdessen wurde mit Druck, Kontrolle und auch sexueller Gewalt vorgegangen.[329] Über die genauen Ausstiegsverlauf sind keine Details bekannt; sie zeigte im gesamten Beratungsverlauf ambivalentes Verhalten, das zwischen Aussagebereitschaft, dem Verbleib in der Wohnung, in der sie vergewaltigt wurde und damit keine Möglichkeiten des Zeugen- bzw. Opferschutzes bestanden, bis hin zur Rückkehr ins Milieu und zum Täter schwankte.[330] Neben ihr wurde eine weitere junge Frau sexuell ausgebeutet, deren Verlauf sich dem

325 vgl. FBS_Int5, Abs. 79, 83, 95
326 vgl. FBS_Int5, Abs. 79
327 vgl. FBS_Int5, Abs. 95
328 vgl. FBS_Int5, Abs. 83
329 vgl. FBS_Int5, Abs. 79, 83, 95
330 vgl. FBS_Int5, Abs. 67, 71, 79, 80, 95

Fallmuster „finanzieller Notlage / revanchieren" zuordnen lässt und im Abschnitt 5.2.2 beschrieben wurde (siehe Fall 24).

Eine Beratung und Stabilisierung erfolgte nur schwer, da die Betroffene wenig kooperierte bzw. in derart ungeordneten Tagesstrukturen lebte, dass sie Beratungstermine oft nicht wahrnahm. Es wurde eine bipolare Störung festgestellt und sie wurde bereits mit unter 20 Jahren als berufsunfähig eingestuft.[331]

Tabelle 32: *Fall 27 - Fallmuster (3) Gewalt - Subtyp (b/c) negativ-sanktionierend* [eigene Darstellung]

Fall 27	
Alter Betroffene: jung	Herkunft Opfer: Osteuropa
Alter Loverboy: unbekannt	Herkunft Loverboy: Osteuropa, gleiche Heimat
Hinweise Vulnerabilität: Vater früh verstorben, familiäre Probleme, psychisch labil	
Beziehungsdauer bis Zuführung: wenige Monate	Dauer sexuelle Ausbeutung: wenige Wochen
Ort des Kennenlernens: Café	Zuführung: gewaltvolle Zuführung
Zwangsmittel: Drohung gegen Familie, psychische und physische Gewalt	
Ausstieg: von Freier befreit	
Aussagebereitschaft: ja	
Hinweise emotionale Abhängigkeit: Bruch mit Zuführung	
Besonderheiten: weitere Frauen arbeiten für ihn	

Fallbeschreibung: Eine junge Frau aus Osteuropa lernt einen Mann im Café kennen und geht kurze Zeit später eine Liebesbeziehung mit ihm ein. Nach einiger Zeit schlägt der Loverboy vor, nach Deutschland zu gehen, um dort in geregelten Verhältnissen Geld zu verdienen. Direkt nach Ankunft führt er sie gewaltvoll der Prostitution zu und nutzt ihre ausländerspezifische Hilflosigkeit aus. Er erwartet von ihr, Geld zu verdienen und für seine Bedürfnisse zu sorgen. Parallel dazu lässt der Täter weitere Frauen für ihn anschaffen, zu denen er ebenfalls eine vermeintliche Liebesbeziehung führt. Die Betroffene weiß zwar von weiteren Frauen, nicht aber deren Beziehung zum Täter. Er wendet nicht nur psychische, sondern vor allem physische Gewalt an, um sie in der Prostitution zu halten.[332] Der Ausstieg gelingt ihr über einen Freier, der sie aus dem Bordell holt und zur Polizei bringt. Sie geht gerichtlich gegen ihn vor, trotz weiterer Drohungen ihr und ihrer Familie gegenüber.[333]

[331] vgl. FBS_Int5, Abs. 67, 83, 91, 93

[332] vgl. FBS_Int6, Abs. 157

[333] FBS_Int6, Abs. 161,

Tabelle 33: *Fall 28 - Fallmuster (3) Gewalt - Subtyp (b/c) negativ-sanktionierend* [eigene Darstellung]

Fall 28	
Alter Betroffene: 21 Jahre	Herkunft Opfer: Albanien
Alter Loverboy: Anfang 20 Jahre	Herkunft Loverboy: Albanien
Hinweise Vulnerabilität: familiäre Probleme mit Stiefmutter, Mutter früh verstorben, Einsamkeit, naiv, konventionelle Rollenverständnis	
Beziehungsdauer bis Zuführung: 1,5 Jahre	Dauer sexuelle Ausbeutung: 6-8 Wochen
Ort des Kennenlernens: Restaurant	Zuführung: gewaltvoll direkt nach Ankunft Ausland
Zwangsmittel: Vergewaltigung, massive körperliche Gewalt, Freiheitsberaubung	
Ausstieg: Flucht	
Aussagebereitschaft: ja	
Hinweise emotionale Abhängigkeit: Bruch mit Prostitutionszuführung	
Besonderheiten: /	

Fallbeschreibung: In einem Restaurant, in dem eine junge Frau nach Abschluss ihres Abiturs arbeitet, lernt sie einen Mann kennen, mit dem sie eine Liebesbeziehung eingeht. Sie ist zu Zeitpunkt des Kennenlernen 18 Jahre alt und von zu Hause ausgezogen, da der Vater nach dem Tot der Mutter eine neue Frau kennenlernte und sie und ihre Geschwister in der neuen Familie mit Abschluss der Schule nicht mehr erwünscht waren.[334] Der Partner ist ein wenig älter als sie und erzählte ihr, dass er geschäftlich viel im Ausland tätig ist.[335] Beide stammen aus Albanien und führen bis zum ersten Vorfall, bei dem er sie zur Prostitution bringen will, über eineinhalb Jahre eine Partnerschaft.[336] Das Paar lebt in der Zeit relativ isoliert und es haben „offensichtlich keine soziale Kontakte außerhalb dieser Partnerschaft bestanden"[337], zumindest hat die Betroffene weder Familie noch Freunde von dem Loverboy kennengelernt. Ihrer Ansicht nach entspreche dieser Umstand typischen albanischen Beziehungen.[338] Nach eineinhalb Jahren schlug er dann vor, gemeinsam ins Ausland zu gehen, um dort eine schöne Zukunft zu haben; „ich habe da gute Kontakte und ein Freund von mir ist da total reich geworden"[339]. Sie kündigte ihren Job und ihre Wohnung und reiste zusammen mit ihm per Bus nach Österreich. Dort holte sie ein angeblicher Freund ab, bei dem sie

[334] vgl. FBS_Int7, Abs. 15, 27
[335] vgl. FBS_Int7, Abs. 33, 63, 65, 71
[336] vgl. FBS_Int7, Abs. 5, 21, 23, 33, 71
[337] vgl. FBS_Int7, Abs. 9
[338] vgl. FBS_Int7, Abs. 9, 69
[339] vgl. FBS_Int7, Abs. 5

zunächst wohnen sollte. Bereits am zweiten Abend drängt er sie dazu, mit dem besagten Freund gegen Geld zu schlafen. Aufgrund von Gegenwehr wurde zu diesem Zeitpunkt bereits physische Gewalt angewendet. Sie wurde fortan in der Wohnung eingesperrt und regelmäßig zu sexuellen Dienstleistungen durch Gewaltanwendung gezwungen; ihr wird schnell bewusst, dass keine Hoffnung auf eine Fortführung der Beziehung besteht und ihr gelingt nach ca. sechs bis acht Wochen die Flucht durch ein Fenster, da eine Zwischentür in der Wohnung versehentlich nicht zugeschlossen war. Von dort lief sie zum Busbahnhof und konnte mit Hilfe einer Passantin ein Busticket in das Nachbarland lösen. Dort fand sie Zuflucht in einer Frauenunterkunft und vertraute sich nach einiger Zeit den Beraterinnen an. Aufgrund von Drohungen, er sei im Herkunftsland derart gut vernetzt, dass er ihre Familie jederzeit ausfindig machen können, war sie nicht direkt aussagebereit. Als sie sich allerdings zur Kooperation mit der Polizei entschied, konnte der Täter nicht ausfindig gemacht werden.[340]

b) Kernmerkmale des Fallmusters ‚Gewalt'

- Liebesbeziehung und Tendenzen starker emotionaler Bindung
- Teilweise bereits Kontakte zum Milieu (hier Drogenkriminalität)
- Emotionaler Bruch der Beziehung mit erstem sexuellen Ausbeutungsversuch
- Keine Prostitutionszuführung durch positive Verstärkung bzw. psychische Gewalt möglich, da Betroffene Gegenwehr zeigt
- Gewaltanwendung zur Durchsetzung und Aufrechterhaltung des Zwangs
- Fehlende Aussagebereitschaft bei Angst vor Repressalien (auch gegen Familie)
- Trotz frühem Bruch bzw. Lossagen aus der Zwangslage sind mitunter langanhaltende emotionale Bindungen zum Täter erkennbar

c) Zusammenfassende Beschreibung des Fallmusters ‚Gewalt'

Im Gegensatz zu den zuvor beschriebenen Fallmustern entsteht bei dieser Fallkategorie mit dem ersten Zuführungsversuch zur Prostitution ein emotionaler Beziehungsbruch,[341] sodass das Erbringen sexueller Dienstleistungen nicht als (zunächst) „freiwilliger Beitrag" zur Beziehung, sondern ausschließlich unter Gewaltanwendung herbeigeführt bzw. aufrechterhalten wird.[342] Freiheitsberaubung, massive Körperverletzung

[340] vgl. FBS_Int7, Abs. 5, 29, 37-39, 49
[341] vgl. P_Int5, Abs. 7, 35; FBS_Int7, Abs. 31, 43
[342] vgl. P_Int5, Abs. 7, 19 ; FBS_Int5, Abs. 5; FBS_Int6, Abs. 157; FBS_Int7, Abs. 5

und/oder (Gruppen-)Vergewaltigungen werden eingesetzt, um das Opfer zu brechen.[343] Vor dem Hintergrund der vormals teilweise sehr intensiven und auch langandauernden Partnerschaft liegt es nah, dass der von physischer Gewalt geprägte Wendepunkt als Konsequenz der mangelnden Bereitschaft zur Prostitution zu werten ist. Schließlich zeigen die vorangegangenen Fallmuster, dass zu dieser Phase in der Regel positive Verstärkung, Manipulation und maximal psychische Gewalt ausreicht, um die junge Frau der Prostitution zuzuführen.[344] Tendenzen von Gegenwehr können also meist auch ohne physische Gewaltanwendung abgewendet werden.

Der Zeitraum der Zwangsprostitution zwischen erstmaliger Prostitution und Ausstieg bzw. Ausstiegsversuchen scheint eher kurz; drei von insgesamt fünf Opfern ergreifen bei der ersten Gelegenheit die Flucht.[345] In dem anderen hierzu kategorisierten Fall ist nicht genau bekannt, ob ein kompletter Ausstieg geschafft wurde, da die Betroffene noch während der psychosozialen Beratung weiterhin Kontakt zum Täter und dem Umfeld hatte bzw. auch aktiv gesucht hatte. Hier spielten Clan-Strukturen im Hintergrund eine entscheidende Rolle, durch die die Betroffene permanenter Kontrolle und Drohung ausgesetzt war.[346]

Auch wenn bei diesem Fallmuster die Zuführung offensichtlich nicht über eine emotionale Abhängigkeit erfolgt, sprechen zwei Faktoren dafür, derartige Fallverläufe dennoch dem Modus Operandi der Loverboy-Methode zuzuordnen: Erstens besteht – wie auch bei den anderen Fallkategorien – vorab eine mitunter intensive Liebesbeziehung, in der gemeinsame Zukunftsszenarien skizziert werden. Das verbale und materielle Umwerben ist ebenfalls beobachtbar.[347] Zweitens werden trotz bereits früher Gegenwehr gegen die Zwangsprostitution und einem relativ schnellen Entkommen aus der Zwangslage auch in diesem Fallmuster langandauernde emotionale Bindung zum Täter erkennbar, indem beispielsweise nach dem Ausstieg noch aktiv Kontakt zum ehemaligen Partner gesucht wird oder Versöhnungsunternehmungen seitens des Loverboys angenommen werden.[348] Es zeigen sich also durchaus Parallelen

---

343 vgl. P_Int4, Abs. 43, 45, 47; P_Int5, Abs. 7, 19, 43; FBS_Int7, Abs. 5, 31, 69; bestätigt durch andere Praxisvertreter:innen FBS_Int1, Abs. 63; FBS_Int3, Abs. 90; FBS_Int4, Abs. 78

344 vgl. P_Int1, Abs. 107; P_Int5, Abs. 41, 43; FBS_Int3, Abs. 104

345 vgl. P_Int4, Abs. 64; P_Int5, Abs. 7, 35, FBS_Int7, Abs. 5

346 vgl. FBS_Int5, Abs. 67, 79, 95

347 vgl. FBS_Int6, Abs. 157; P_Int5, Abs. 15, 23; FBS_Int5, Abs. 76-77, 95; FBS_Int7, Abs. 5

348 vgl. FBS_Int5, Abs. 67, 79; P_Int5, Abs. 37, 59; P_Int4, Abs. 64, 72

zu den anderen Fallmustern, sodass Aggressivität und das Unvermögen seitens des Täters, einer manipulativen Prostitutionszuführung zu erreichen, das Fallmuster charakterisiert (vgl. Abbildung 22).

d) Visualisierung des Fallmusters ‚Gewalt‘

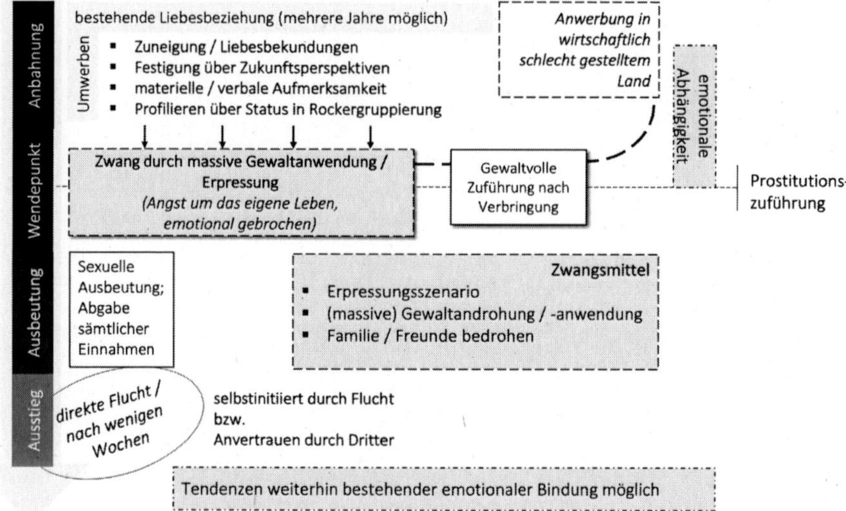

Abbildung 22: *idealtypische Darstellung des Fallmusters ‚Gewalt‘* [eigene Darstellung]

Kernaussage und Limitation

Nachdem im Abschnitt 5.1 die Lebenshintergründe zu den Betroffenen und die Anbahnungsphase bis hin zur Liebesbeziehung und ersten Tendenzen starker emotionaler Bindungen an den Täter Gegenstand der Betrachtung waren, widmete sich der Abschnitt 5.2 dem Fallverlauf während der sexuellen Ausbeutung. Die Fallbeschreibungen verdeutlichen, dass Zuführung und Aufrechterhaltung der sexuellen Ausbeutung vielfältige Gestaltungsformen annehmen können, sodass nicht von „dem klassischen Loverboy-Fall“ gesprochen werden kann. Aus den Wissensbeständen der Beratungs- und Strafverfolgungspraxis sind unterschiedliche Fallmuster ableitbar, die sich nach der Form der Prostitutionszuführung sowie den angewendeten Zwangsmitteln während der sexuellen Ausbeutung differenzieren.
Limitierend zu beachten ist bei einer solchen Kategorisierung, dass nicht immer Trennschärfe besteht, da durchaus unterschiedliche Argumentationen angewendet werden können.

So ist es beispielsweise denkbar, dass neben der finanziellen Notlage auch Liebesbekundungen und die Zukunft der Beziehung bestärkend betont werden. Die Zuordnung der Fälle zum jeweiligen Fallmuster wird von der Strategie abhängig gemacht, die von den Befragten in dem jeweiligen Fall als entscheidendes Zuführungsargument rekonstruiert wird. In einem Teil der Fallbeschreibungen wurden O-Töne aus Vernehmungen, Aktenaufzeichnungen, TKÜ- oder Chat-Protokollen als ergänzende Informationsquelle in den Interviews herangezogen, die die Erzählungen unterstreichen. Es ist dennoch möglich, dass trotz gezielter Nachfrage nicht alle Zwangsmittel benannt wurden bzw. der Auskunftsperson bekannt sind, sodass eine andere als die hier präsentierte Zuteilung zu bestärkenden oder sanktionierenden Zwangsmitteln bzw. einer Mischform aus beiden denkbar ist. Aufgrund der qualitativen Ausrichtung der Untersuchung geht es aber weniger um numerische Vergleiche, sondern vielmehr um Tendenzen von angewendeten und kombinierten Täterstrategien, bei denen insbesondere die Details im Fallverlauf durch exemplarische Einblicke in das Fallgeschehen und die Analyse des Mechanismus der emotionalen Abhängigkeit einen Erkenntniszuwachs bedeuten.

Wendepunkt „gemeinsame Zukunft"

In elf Fällen knüpft die Zuführungsstrategie an der zuvor aufgebauten Beziehung und der in Aussicht gestellten Lebensperspektive an, wenn für die gemeinsame Zukunft (temporär) Geld in der Prostitution verdient werden soll. Auffällig ist, dass in allen Fällen diese Hoffnung durch positive Bestärkung (wie z. B. Erinnerung an die gemeinsame Zukunft, Lob, Anerkennung, Liebesbekundungen) zum Teil über Jahre aufrechterhalten wird, wobei dies meist in einem Wechselspiel mit sanktionierenden Zwangsmitteln – in der Praxis auch als Zuckerbrot und Peitsche[349] betitelt – vorkommt. Zuneigung, Aufmerksamkeit und Liebesversprechungen wechseln sich mit Demütigungen, Liebesentzug, Kontrolle, Drohungen, Erpressung, Schlägen oder sexueller Gewalt ab, sodass das Verhalten für die Betroffene nicht kalkulierbar wird und trotz hohem Leidensdruck die Hoffnung auf eine Rückkehr zur anfangs glücklichen Beziehung bestehen bleibt.

Wendepunkt „finanzielle Notlage / sich revanchieren"

Bei diesem Fallmuster, dem sechs Fälle zugeordnet werden können, wird eine finanzielle Notsituation kreiert, in der die Partnerin als Zeichen der Unterstützung und Verbundenheit zum Täter finanziell aushelfen soll.

[349] vgl. P_Int4, Abs. 11, 23, 45; P_Int5, Abs. 43; P_Int8, Abs. 3, 51, 59; P_Int9, Abs. 27

Da zu diesem Zeitpunkt andere Finanzierungsmöglichkeiten meist nicht möglich oder ausgeschöpft sind, wird der schnelle Verdienst über die Prostitution nahegelegt. In einer weiteren Variante dieses Musters wird das Revanchieren für die Großzügigkeiten und Geschenke der Anfangszeit gefordert. Die Fortsetzung der Beziehung und damit verbunden auch Zuneigung und Hoffnung auf die gewünschte gemeinsame Zukunft werden an die Kooperationsbereitschaft der Frau geknüpft. Im Gegensatz zu den Fällen des zuvor beschriebenen Wendepunkt über das Versprechen einer gemeinsamen Zukunft zeigen sich bei den hier kategorisierten Fällen neben ambivalenten Täterstrategien auch Verläufe, in denen nach Zuführung ausschließlich psychische oder physische Gewalt als Zwangsmittel fungieren.

Wendepunkt „Einsatz körperlicher Gewalt oder Erpressung"
Noch extremer mit Blick auf psychische und physische Gewaltanwendung sind die fünf Fälle als Repräsentation des dritten Fallmusters zu bewerten, bei denen eine Prostitutionszuführung über den Einsatz körperlicher Gewalt oder Erpressung initiiert wird. Zwar geht diesem Wendepunkt ebenfalls verbales und/oder materielles Umwerben, Zuneigung, Aufmerksamkeit, der Aufbau einer Liebesbeziehung und das Inaussichtstellen einer gemeinsamen Zukunft voraus, allerdings führen Gegenwehr der Betroffenen und auch eine zu Aggressivität neigende Persönlichkeit des Loverboys zur direkten Gewaltanwendung, die sich auch fortführt. Erinnerungen an die gemeinsame Zukunft oder Zuneigungen finden nicht mehr statt. In den Fällen begrenzt sich die sexuelle Ausbeutung überwiegend auf einen kurzen Zeitraum, der durch selbstinitiierte Ausstiegsversuche oder Flucht beendet wird. Dennoch zeigen sich auch in diesem Fallmuster Tendenzen emotionaler Abhängigkeiten, die trotz Ausstieg und teils massiven Gewalterfahrungen auch Monate nach der Zwangslage erkennbar werden.

5.2.4 Kategorisierung der Täterstrategien

Die vorangegangenen Fallbeschreibungen und -muster 3 haben ein breites Spektrum von Zwangsmitteln bzw. Täterstrategien offenbart. Wie bereits den Subtypen entnommen werden kann, zeigt sich folgende Differenzierung (vgl. Abbildung 23):

positiv-bestärkend	Zuckerbrot & Peitsche	negativ-sanktionierend
➢ Anerkennung, Lob ➢ Geschenke ➢ Versprechungen ➢ Überreden, Überzeugen ➢ gegeneinander ausspielen ➢ Integration in Familie etc.		➢ Beleidigung ➢ Liebesentzug ➢ Schuldzuschreibung ➢ Demütigung ➢ Isolation ➢ Kontrolle, Druck ➢ Schulden ➢ Erpressung ➢ Bedrohung ➢ Körperverletzung ➢ Freiheitsberaubung ➢ Vergewaltigung

Abbildung 23: *Kategorisierung der Täterstrategien*

Neben negativ-sanktionierenden Zwangsmitteln, wie Manipulation, Erpressung, Kontrolle, Isolation, Bedrohung, Demütigung, Beleidigung, Freiheitsberaubung, Körperverletzung oder Vergewaltigung werden in Loverboy-Fällen auch ausschließlich positiv-bestärkende Vorgehensweisen seitens der Täter zur Aufrechterhaltung der Zwangslage genutzt. Dazu zählen beispielsweise Lob, Zuneigung, Liebesbekundungen oder Versprechen bezüglich der gemeinsamen Zukunft. Zehn von insgesamt 22 verwertbaren Fällen weisen darüber hinaus eine Mischform auf, in der sich sanktionierende und bestärkende Vorgehensweisen abwechseln. Die verschiedenen Formen der Zwangsmittel werden nachfolgend systematisiert dargestellt und auf deren potenziell bestärkende Wirkung auf die emotionale Abhängigkeit hingewiesen.

a) Positiv-bestärkende Täterstrategien/Zwangsmittel

An vier Loverboy-Fällen wird deutlich, dass die sexuelle Ausbeutung – mitunter über mehrere Jahre – allein auf Basis emotionaler Abhängigkeit und positiv-bestärkender Strategien der Täter aufrechterhalten werden kann [Nr. 1b, 5, 21, 26].[350]

---

[350] Zur Verdeutlichung der angewendeten Zwangsmittel werden hier (und auch im folgenden Abschnitt) auch Beschreibungen aus anderen Fällen herangezogen, in denen positiv-bestärkende Vorgehensweisen einen Teil der Strategie „Zuckerbrot & Peitsche“ darstellen.

Ein Bruch zum Vorgehen des Täters in der Anbahnungsphase findet demnach nicht statt. Es werden zum Beispiel die anfänglichen Versprechungen von der gemeinsamen Zukunft weiter aufrechterhalten; „sie soll sich doch vorstellen, wie schön das wird“[351]. Auch wird die Partnerin in die eigene Familie integriert, wodurch sie das Gefühl von Zugehörigkeit und Geborgenheit vermittelt bekommt.[352] Die Strategie appelliert gezielt an die Sehnsucht nach einer gesicherten, glücklicheren Zukunft und eigenen Familie; Hoffnung und Bindung bleiben bestehen.

In anderen Fällen dominieren materielle und verbale Aufmerksamkeiten und Zuneigungen. Geschenke, Urlaube und luxuriöse Unternehmungen werden als Anreiz für die Fortführung der Prostitution in Aussicht gestellt.[353] Eine oft noch stärkere Empfänglichkeit der Betroffenen zeigt sich im Zusammenhang mit Lob und Anerkennung. Das Bestreben stets gut vor dem Loverboy dastehen zu wollen, ihm genügend Geld zu verdienen, sich loyal zeigen und als seine Hauptfrau anerkannt zu werden, wird mehrfach in der Praxis betont: „Das Wichtigste war, [...] sie wollte von ihm gelobt werden, [...] sie wollte einfach nur gut vor ihm dastehen“[354]. Zuneigung, Aufmerksamkeit, Lob und Liebesbekundungen der Loverboys können also als bestärkende Strategie an eben diese Empfänglichkeit anknüpfen.

Werden mehrere Frauen zeitgleich sexuell ausgebeutet, kann es durch Eifersucht und Konkurrenz zum emotionalen Bruch kommen.[355] Um den Frauen weiterhin das Gefühl zu vermitteln, etwas Besonderes zu sein und damit die emotionale Bindung zu festigen, werden sie häufig gegeneinander ausgespielt, indem der Loverboy einer Frau die wahre Liebe zusichert und zeitgleich schlecht über die andere Frau spricht und dieser lediglich die Rolle der Geldverdienerin zuschreibt. Diese Masche findet allerdings bei allen Frauen gleichermaßen Anwendung.[356]

Nicht zuletzt wird auch durch überzeugen bzw. überreden eine positivbestärkende Form des Zwangs ausgeübt, indem zum Beispiel davon gesprochen wird, dass die Prostitution nur eine Ausnahme sei und dies

---

[351] P_Int3, Abs. 49; hierzu auch vgl. P_Int1, Abs. 73; P_Int6, Abs. 75; P_Int9, Abs. 27; FBS_Int6, Abs. 16; FBS_Int7, Abs. 75

[352] vgl. P_Int8, Abs. 3, 5, 11; FBS_Int6, Abs. 12, 29, 66

[353] P_Int4, Abs. 25; hierzu auch vgl. P_Int1, Abs. 115; P_Int4, Abs. 9; P_Int5, Abs. 15

[354] P_Int1, Abs. 51; hierzu auch vgl. P_Int1, Abs. 53, 73, 81, 169-171; FBS_Int3, Abs. 32, 74, 78, 104; ; P_Int3, Abs. 49; P_Int5, Abs. 39; FBS_Int4, Abs. 6

[355] P_Int8, Abs. 27; hierzu auch vgl. P_Int1, Abs. 19; P_Int4, Abs. 63; P_Int8, Abs. 27; FBS_Int3, Abs. 50

[356] vgl. P_Int1, Abs. 119; P_Int3, Abs. 13-17, 49; P_Int5, Abs. 39; P_Int6, Abs. 79; P_Int9, Abs. 47

lediglich kurzzeitig notwendig sei, wie ein Polizeibeamter plastisch rekonstruiert: „komm also das ist für uns, du musst das halt einfach machen, dass es uns später einmal besser geht“[357]. Diese positiv-bestärkenden Vorgehensweisen zeigen sich nicht nur als exklusive Strategie in den vier oben benannten Fällen, sondern finden auch in zehn von 22 Fällen in einem Wechselspiel mit negativ-sanktionierenden Zwangsmitteln Anwendung, wie an späterer Stelle erläutert wird.

b) Negativ-sanktionierende Täterstrategien/Zwangsmittel

Negativ-sanktionierende Zwangsmittel differenzieren sich in psychische und physische Formen. In acht Fällen agiert der Loverboy nach der Prostitutionszuführung ausschließlich mit derartigen Täterstrategien [Nr. 6, 10, 11, 12, 19, 25, 27, 28], wobei dies insbesondere im Zusammenhang mit Fallmuster 3 feststellbar ist, in dem der Wendepunkt ohnehin bereits unter Einsatz von Gewalt gestaltet wird.

Sobald der erste Schritt in Richtung sexuelle Dienstleistung vollzogen wurde, bietet sich den Loverboys eine Grundlage für Erpressung, indem gedroht wird, intime Foto- und Videoaufnahmen preiszugeben bzw. die Familie über die Prostitutionsausübung zu informieren.[358] In einem Fall baut die Erpressung auf der Rolle als Mutter auf, indem der Täter droht, das Jugendamt über die Prostitution zu informieren, wodurch die Sorge forciert wird, dass das Kind der Frau entzogen wird.[359] Auch kann vorgehalten werden, dass sie selbst involviert ist und strafrechtliche Konsequenzen befürchten muss. Nicht selten richten sich Drohungen auch gegen die Familie der Betroffenen.[360] Derartige Bedrohungen müssen nicht zwangsläufig auf einem realistischen Szenario aufbauen, wenn dem Täter beispielsweise keinerlei Hintergrundinformationen zum Aufenthaltsort der Familie bekannt sind.[361] Allerdings stellen sie sich real für die Opfer dar, wodurch das Ziel des Täters, die Frau am Ausstieg zu hindern, erreicht wird. Oft zeigt also bereits die Androhung von Gewalt ohne tatsächlich physisch zu schädigen Wirkung. Das wiederum sorgt im Sinne des Gewinnstrebens dafür, dass die Frau weiterhin arbeitsfähig ist und nicht durch massive Verletzungen ausfällt.[362]

---

[357] P_Int8, Abs. 27; hierzu auch vgl. P_Int2, Abs. 43; P_Int3, Abs. 57

[358] vgl. P_Int1, Abs. 73; P_Int2, Abs. 39; P_Int3, Abs. 11, 19; P_Int4, Abs. 17; P_Int5, Abs. 55; P_Int7, Abs. 45, 47; P_Int8, Abs. 5; FBS_Int1, Abs. 63; FBS_Int5, Abs. 15

[359] vgl. FBS_Int7, Abs. 85

[360] vgl. P_Int2, Abs. 21, 39; P_Int3, Abs. 27; P_Int5, Abs. 31, 55; FBS_Int5, Abs. 13, 95

[361] vgl. P_Int5, Abs. 55

[362] vgl. P_Int5, Abs. 43

Um die Integrität des Opfers zu schädigen, finden Demütigungen und Beschimpfungen statt.[363] Eine Form der Demütigung besteht beispielsweise darin, dass die Betroffene gezwungen wird, zuzuschauen, während der Täter – ihr vermeintlicher Liebespartner – Geschlechtsverkehr mit anderen Frauen hat.[364]
In mehreren Fällen hat der Loverboy die Frau systematisch von Familie und Freunden isoliert, um die einzige Bezugsperson zu sein.[365] Dafür werden entweder durch hohe Arbeitsauslastung jegliche Freiräume für die Kontaktpflege eliminiert[366] oder einen Keil zwischen Familie/Freunde und der Betroffenen getrieben, indem diese als schlecht und böse dargestellt werden.[367] So erlangt der Täter größtmögliche Kontrolle über das Opfer und schützt nicht zuletzt auch seine selbst entworfenen Abhängigkeitskonstrukte, denn schließlich „ist das immer eine Gefahr, denn jeder von der Welt [Anmerkung: Außenwelt] könnte die auf die Idee bringen, hier was da gerade abläuft, ist eine Seifenblase, die platzen wird"[368].
Damit einher geht oft auch intensive Kontrolle bis zur permanenten Überwachung, indem der Betroffenen zum Beispiel Handy und Ausweispapiere abgenommen werden, sie engmaschig überwacht und beobachtet wird oder nur mit *Aufpasser* das Haus verlassen darf.[369] Auch kann das Smartphone zur Überwachung genutzt werden, indem entsprechende Software zur Ortsbestimmung oder Datensynchonisation installiert wird. Intensive Kontrollmaßnahmen, wie stündliche Anrufe, werden aufgrund besonderer Empfänglichkeit nicht selten auch als Form der Aufmerksamkeit und Zuneigung des Loverboys wahrgenommen, wenn sich beispielsweise erkundigt wird: „Schatzi, wo bist Du, ich mache mir Sorgen um Dich und was Du so machst"[370].

[363] vgl. P_Int1, Abs. 57; P_Int2, Abs. 51; P_Int5, Abs. 19, 43, 59; P_Int9, Abs. 3, 31; FBS_Int6, 92
[364] FBS_Int4, Abs. 92; hierzu auch vgl. FBS_Int3, Abs. 6
[365] vgl. P_Int1, Abs. 113-115; P_Int4, Abs. 9, 17, 43, 45; P_Int5, Abs. 27; P_Int8, Abs. 5; P_Int9, Abs. 3, 15, 27, 29, 31; FBS_Int2, Abs. 5; FBS_Int4, Abs. 6; FBS_Int6, Abs. 64, 74-77; 78-81; FBS_Int7, Abs. 5, 9, 69
[366] vgl. FBS_Int2, Abs. 5; FBS_Int5, Abs. 13
[367] vgl. P_Int9, Abs. 3; FBS_Int6, Abs. 64, 74-77
[368] FBS_Int6, Abs. 81
[369] vgl. P_Int2, Abs. 59; P_Int5, Abs. 7, 17, 45; P_Int8, Abs. 5; FBS_Int2, Abs. 27, 37; FBS_Int3, Abs. 18, 50; FBS_Int5, Abs. 17, 83, 95
[370] P_Int4, Abs. 6

Wenn der Täter über verbale Mittel nicht zum Ziel kommt bzw. um Widerworte und Widerstand des Opfers zu brechen, findet in sechs der analysierten 22 Fälle auch körperliche Gewalt statt.[371] Diese wird beispielsweise als Strafe genutzt, wenn zu geringe Einnahmen erarbeitet werden oder die Betroffene bestimmte Praktiken verweigert oder auch aus Rache, Eifersucht oder Erniedrigung.[372] Die Praxisvertreter:innen geben verschiedene Beispiele massiver Gewaltanwendungen. So wurde ein Opfer vom Täter „misshandelt, ausgepeitscht mit einem Gürtel, in die Rippen getreten, mit einem Messer angestochen, mit einem Baseballschläger die Nase gebrochen"[373] oder auch „im Eiswasser [ge]bad[t] [...] mit Steckdosen verprügel[t]"[374]. Einige Täter achten hingegen während der körperlichen Gewaltanwendungen darauf, dass möglichst wenig Spuren sichtbar werden, indem halb gefüllte PET Flaschen genutzt werden.[375] Extreme Gewaltanwendungen werden in einigen Tätergruppierungen genutzt, um die Opfer einzuschüchtern. So berichtet eine Beraterin, dass beim sogenannten *Bäume zählen* Frauen im Beisein anderer Prostituierter gegen Bäume geschlagen werden. In einem anderen Fall hat die Betroffene berichtet, dass eine Mitprostituierte als abschreckendes Beispiel im Wald vergraben oder über das Geländer eines Hausdachs gehalten wurde.[376] Einzelne Fälle zeigen auch, dass Frauen durch den Täter während der Ausbeutung vergewaltigt und eingesperrt werden.[377]

c) Ambivalente Täterstrategien/Zwangsmittel

In zehn Fällen zeigt sich ein Wechselspiel zwischen negativ-sanktionierenden und positiv-bestärkenden Vorgehensweisen [Nr. 1a, 7, 9, 13, 15, 17, 18, 23, 24, 29], indem sich die zuvor beschriebenen Beispiele von Strafe, Bedrohung, Demütigung oder Liebesentzug mit bestärkenden Handlungen wie Aufmerksamkeit, Geschenke, Zuneigung und Liebesversprechungen abwechselnd und damit ein völlig unvorhersehbares Verhalten entsteht; der Täter agiert mit *Zuckerbrot und Peitsche*.[378]

---

[371] vgl. P_Int1, Abs. 73; P_Int3, Abs. 11; P_Int6, Abs. 29, 71; P_Int7, Abs. 31; P_Int8, Abs. 27, 35; FBS_Int2, Abs. 5; FBS_Int4, Abs. 6; FBS_Int6, Abs. 57; FBS_Int7, Abs. 85

[372] vgl. P_Int1, Abs. 61, 105; P_Int2, Abs. 65, P_Int3, Abs. 11, 25; P_Int4, Abs. 43, 45, 47; P_Int5, Abs. 7, 43; P_Int7, Abs. 7, 9, 49; P_Int8, Abs. 49, 51; P_Int9, Abs. 3, 17; FBS_Int2, Abs. 7, 35, 37; FBS_Int3, Abs. 100; FBS_Int4, Abs. 6; FBS_Int6, Abs. 143, 157; FBS_Int7, Abs. 5

[373] P_Int4, Abs. 43

[374] P_Int4, Abs. 45

[375] vgl. FBS_Int3, Abs. 128; P_Int9, Abs. 3

[376] vgl. FBS_Int2, Abs. 7, 35, 37; FBS_Int3, Abs. 100

[377] vgl. P_Int2, Abs. 3, 27, 31; P_Int9, Abs. 3; FBS_Int2, Abs. 5, 35; FBS_Int3, Abs. 88, 90, 100; FBS_Int6, Abs. 157; . P_Int5, Abs. 7; FBS_Int7, Abs. 5

[378] vgl. P_Int4, Abs. 11, 23, 45; P_Int5, Abs. 43; P_Int8, Abs. 3, 51; P_Int9, Abs. 27

So wird beispielweise zunächst Zuneigung geschenkt, worauf ein drastischer Schnitt durch Liebesentzug folgt, indem gedroht wird, sich zu trennen, wenn sich der Forderung nicht gefügt wird.[379] Durch gezielten Liebesentzug und Reduktion des Kontakts entsteht laut einem Befragten bei der Frau die Dynamik ihm „hinterher zu laufen dann und recht schnell dann wieder, ja dann mache ich das halt, wenn Du mich dann wieder lieb hast“[380].

Teilweise wird die Bestrafung von der Betroffenen als logische Konsequenz für Fehlverhalten deklariert, schließlich habe sie „etwas falsch gemacht, er musste sie ja deswegen schlagen, aber jetzt ist wieder alles gut, wenn sie wieder brav ist“[381]. Der Frau wird also die Schuld zugesprochen, woraus schnell auch eine sich verselbstständigende Dynamik folgen kann, indem durch eigene Schuldzuschreibungen die Verursacherrolle übernommen wird und eine Bestrafung als gerechtfertigt eingeschätzt wird.[382]

Ein weiteres Beispiel aus einem Fall verdeutlicht ebenfalls ambivalentes Verhalten seitens des Loverboys. Dieser hat den Frauen kleine Hunde geschenkt, damit sie nicht so alleine sind, ihnen diese als Strafe bei fehlender Kooperation aber wieder weggenommen und einer anderen Prostituierten geschenkt, die für ihn gearbeitet hat.[383] Dies stellt eine Variante des Wechselspiels aus Zuneigung und Bestrafung dar, die zeitgleich die Konkurrenz zwischen mehreren Frauen schürt.

Wie anfangs bereits beschrieben ist das Verhalten für die Betroffenen kaum kalkulierbar. Sanktionen und hoher Leidensdruck durch Gewalt werden zeitweise gemindert, indem der Täter Zuneigung gibt und die Hoffnung auf eine Rückkehr zur unbeschwerten Zeit bestärkt.

---

[379] vgl. P_Int4, Ans.9; P_Int7, Abs. 47; P_Int8, Abs. 3, 13; FBS_7, Abs. 75

[380] P_Int7, Abs. 47

[381] P_Int9, Abs. 27

[382] FBS_Int1, Abs. 33; hierzu auch vgl. P_Int1, Abs. 121, 169; P_Int4, Abs. 9; P_Int9, Abs. 27; P_Int6, Abs. 79; FBS_Int1, Abs. 33

[383] vgl. P_Int4, Abs. 11

5.3 Untypische Elemente im Fallverlauf

Beantwortung der forschungsleitenden Frage:

- Können kontrastive Elemente, die eher untypisch für Loverboy-Fälle sind, identifiziert werden? Wenn ja, welche?

Eine Kategorisierung in Fallverlaufstypen bietet immer auch den Raum für davon abgrenzbare bzw. nicht zu integrierende Elemente, die eine kontrastive Perspektive auf die Loverboy-Methode offerieren. Aufgrund des qualitativen Designs des Forschungsprojekts werden Aussagen über seltene Aspekte nicht über nummerische Werte abgeleitet. Die Häufigkeit der Beschreibung eines Inhalts kann, muss aber nicht Hinweis auf häufiges oder seltenes Auftreten sein. Eine Einschätzung zu untypischen, seltenen bzw. besonderen Elementen folgt daher über zwei Zugänge: Einerseits wurden die Praxisvertreter:innen explizit danach gefragt, welche Aspekte am geschilderten Fall eher ungewöhnlich waren bzw. ihnen in der Form das erste Mal begegnet sind oder – sofern der geschilderte Fall als nicht ungewöhnlich gewertet wurde – um die Schilderung eines Falles gebeten, der vom Hauptfall stark abweicht. Andererseits wurden sprachliche Umschreibungen (wie z. B. ungewöhnlich, außergewöhnlich, eine Ausnahme, ein Extrembeispiel, eine Besonderheit, eine Einzelgeschichte, überraschend, nicht klassisch, das ist sonst anders, das habe ich noch nie erlebt, untypisch, selten) als entsprechende Hinweise einbezogen. An dieser Stelle kann es insofern zur Doppelung zwischen einem *typischen Fallmuster* und *kontrastivem Element* kommen, als dass ein Element als etwas Ungewöhnliches durch die Befragte bewertet wird, dies zeitgleich aber derart oft geschieht, sodass daraus wiederum ein typischer Aspekt abgeleitet wird, wie es beispielsweise bei der „gewaltvollen Prostitutionszuführung" festzustellen ist. Dieser Diskrepanz und als potenziell „methodische Unsauberkeit" zu kritisierenden Umstand wird durch transparente Darstellung begegnet.

Folgende Elemente werden als ungewöhnlich gewertet:

- Ein *hohes Bildungsniveau*, dass sich über einen Studienabschluss bzw. dem Bestreben danach definiert, sei eher ungewöhnlich.[384] Eine kontrastive Einzelfallbeschreibung, die aufgrund der fehlenden Detailinformationen nicht in die Typenbildung eingegangen ist, verdeutlich über Paraphrasierung der Vernehmungsinhalte, dass die junge Studentin sich im Nachhinein nicht erklären könne, wie es zur sexuellen Ausbeutung kam. Sie sei neugierig und durch das leicht zu verdienende Geld beeindruckt gewesen. Finanzielle oder familiäre

[384] vgl. P_Int1, Abs. 201; P_Int5, Abs. 55

Probleme bestanden jedoch nicht. Sie war sich sicher, dass sie sich zu keinem Zeitpunkt auf die Prostitutionstätigkeit einlassen würde. Durch die Manipulation des Loverboys kam es letztlich doch zur sexuellen Ausbeutung. Über einen neuen Freund gelang der Ausstieg. Aufgrund von Scham zeigte sie sich zunächst nicht anzeige- und aussagebereit und es brauchte an der Stelle intensive polizeiliche Intervention.[385] Auch die junge Frau aus Fall 11 „mit dem relativ hohen Bildungsabschluss und auch dem Plan zu studieren, [sei] natürlich damit schon ein außergewöhnliches Opfer"[386], so der Interviewpartner. Bei genauerer Betrachtung revidiert er diese Aussage jedoch zügig, schließlich seien ihm mehrere intelligente junge Frauen im Loverboy-Fallkontext bekannt, bei denen „so ein bisschen der Hang zu dieser, zu dieser Verbrecherwelt, so zu diesen harten Jungs"[387] ausschlaggebend sei. Die Milieu-Faszination wird damit erneut als Vulnerabilitätsfaktor im Zusammenhang mit einem hohen Bildungsniveau betont. Diese sei nicht nur Resultat aus dem verruchten Image, ebenso könne das Machtgefüge im Milieu und die betonte Stärke und Stellung in der Gruppierung imponieren und attraktiv wirken.[388]

- Ein Fall, der als maximal atypisch bewertet wurde, jedoch aufgrund fehlender Aussagebereitschaft nicht weiter polizeilich verfolgt werden konnte und dementsprechend auch nur lückenhaft vorliegt, bezieht sich auf die *ungewöhnliche Täter-Opfer-Konstellation*. Der Anfangsverdacht bezog sich auf eine Zwangsprostitution, bei der innerhalb einer lesbischen Beziehung die sexuelle Ausbeutung über körperliche Gewaltanwendung initiiert wurde. Inwiefern hier eine Zuordnung zur Loverboy-Methode erfolgen kann, ist aufgrund der geringen Hintergrundinformationen nicht abschließend zu beantworten.[389] Als ebenfalls ungewöhnliches Element einer Täter-Opfer-Konstellation wird der 40-jährige Altersunterschied und die zusätzlich lange Dauer bis zur ersten Prostitutionszuführung im Fall 17 erachtet. Bei der gezielten Anwerbung der 14-Jährigen Betroffenen und der vierjährigen systematischen Vorbereitung auf die Prostitutionstätigkeit werden manipulative Strategien festgestellt, die sich über ein Zusammenspiel der Repräsentation als beschützende Vaterfigur bei zeitgleicher Isolation vom vermeintlich schädigenden familiären

[385] vgl. P_Int1, Abs. 201-215
[386] P_Int5, Abs. 55
[387] P_Int5, Abs. 55
[388] vgl. P_Int1, Abs. 205, 207; P_Int5, Abs. 55
[389] vgl. P_Int3, Abs. 67-71

Umfeld und der Kreation eines gemeinsamen erstrebenswerten Zukunftsziels, für das es als Kollektiv zu streben gilt, charakterisieren.[390]

- Eine *lange (vermeintlich unbeschwerte) Beziehungsdauer* bis zur Prostitutionszuführung, die sich über ein Zeitintervall von über einem Jahr definiert, wird als atypisch für die Loverboy-Methode erachtet. Dies zeigt sich allerdings gleich in mehreren Fällen (6, 11, 17, 24 und 28). Gründe für die im Vergleich zu den anderen Fällen verhältnismäßig lange Dauer können darin bestehen, dass die Loverboys in der Zwischenzeit andere Einnahmequellen akquirieren, wie beispielsweise durch die sexuelle Ausbeutung anderer Frauen.[391] Im Fall 24 hat die Betroffene ihren Partner lange Zeit finanziell unterstützt. Sobald diese Unterstützung wegfiel, erfolgte die Prostitutionszuführung. Hier wird vor dem Hintergrund eines Gewinnstrebens agiert.[392]

- „Das atypische war in dem Fall einfach die Gewaltbereitschaft von ihm“[393], so die Einschätzung zum Fall 1a. Doch gleich in mehreren Fällen wird von *extremer Form der physischen Gewalt* berichtet, wobei diese immer als Extrembeispiel und etwas Ungewöhnliches bewertet wird, da in der Regel psychische Täterstrategien zur Durchsetzung des Zwangs ausreichen würden.[394] Die Gewaltanwendung in Fall 19 grenzt sich zusätzlich ab. Hier erfolgt körperliche Gewalt weniger als Folge einer eskalierenden Streitsituation, wie beispielsweise der Zuführungsversuch als Bestrafungsmaßnahme im Fall 11.[395] Vielmehr wird massive Gewalt durch die Tätergruppierung als systematisches Mittel zur Abschreckung und zum Brechen mangelnder Kooperation kollektiv eingesetzt.[396]

- Es wird mehrfach bekannt, dass *zeitgleich weitere Frauen* für den Loverboy Geld in der Prostitution verdienen.[397] Teilweise entsteht aus dem Bekanntwerden einer weiteren Freundin der Auslöser zur Loslösung aus der Zwangslage,[398] teilweise wird über manipulatives

390 vgl. P_Int9, Abs. 3, 5, 25

391 vgl. FBS_Int5, Abs. 63; FBS_Int7, Abs. 71

392 vgl. FBS_Int5, Abs. 63

393 P_Int1, Abs. 105

394 vgl. P_Int1, Abs. 69, 73, 105, 143; P_Int5, Abs. 43, 67; P_Int7, Abs. 55, 59; FBS_Int2, Abs. 35

395 vgl. P_Int5, Abs. 43, 67

396 vgl. FBS_Int2, Abs. 35

397 vgl. z. B. P_Int1, Abs. 19; P_Int3, Abs. 13, 17; P_Int4, Abs. 9, 29, 43; P_Int5, Abs. 9; P_Int6, Abs. 71; P_int7, Abs. 17, 27; P_Int8, Abs. 47; FBS_Int2, Abs. 5, 29; FBS_Int3, Abs. 3; FBS_Int4, Abs. 6;

398 vgl. P_Int4, Abs. 64; P_Int8, Abs. 27

Agieren des Täters, der verspricht „sie wäre die große Liebe, die andere wird nur ausgenutzt"[399], die sexuelle Ausbeutung weiterhin aufrechterhalten. Ungewöhnlich hingegen wird die Situation in Fall 26 bewertet, in der sich mehrere Frauen in einer Art polyamourösen Beziehung mit dem Täter gegenseitig akzeptieren und auch nach dem Ausstieg weiterhin in freundschaftlicher Art miteinander verbunden sind.[400]

Bevor die typischen aber auch kontrastiven Erkenntnisse zum Loverboy-Phänomen in Deutschland theoretisch und empirisch diskutiert werden, erfolgt eine kurze Zusammenfassung der zentralen Ergebnisse der Untersuchung.

5.4 Zusammenfassung zentraler Ergebnisse

Orientiert an der forschungsleitenden Fragestellung *„Welche Vulnerabilitätsfaktoren und Täterstrategien zeigen sich bei der Loverboy-Methode in Deutschland und inwiefern bedingen diese die Entstehung von emotionaler Abhängigkeit?"* wurden in 16 narrativ angelegten Interviews mit langjährig im Deliktsbereich tätigen Vertreter:innen von Polizei und Fachberatungsstellen Menschenhandel insgesamt 31 Fälle rekonstruiert. 22 davon erfüllen die Voraussetzungen, um in eine Typenbildung einbezogen zu werden. Für vertiefende Einzelbetrachtung von Vulnerabilitätsfaktoren und Täterstrategien konnten hingegen alle Fallbeschreibungen sowie auch ergänzende, teils kontrastive Einzelinformationen in die inhaltsanalytische Auswertung einbezogen werden.
Die bisherigen empirischen Erkenntnisse – und auch flankierenden Beschreibungen ohne Empirie-Bezug – verweisen auf zentrale Phasen und Wendepunkte im Loverboy-Fallverlauf, die sich wie folgt schematisch visualisieren lassen (vgl. Abbildung 24).

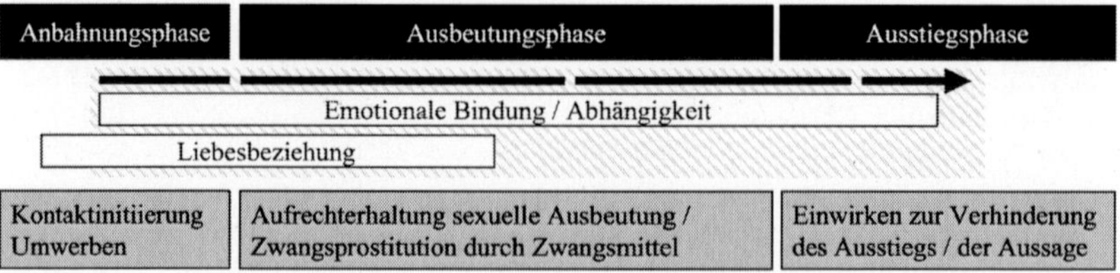

Abbildung 24: *Schema eines Loverboy-Falls* [eigene Darstellung]

---

[399] P_Int3, Abs 13; hierzu auch vgl. P_Int1, Abs. 23, P_Int3, Abs. 13, 17, 49; P_Int5, Abs. 39; FBS_Int3, Abs. 6, 20; FBS_Int4, Abs. 48

[400] vgl. FBS_Int6, Abs. 38-43: 151-153; ähnlich auch bei P_Int8, Abs. 47, Informationen liegen lückenhaft vor.

Das erhobene explizite wie implizite Wissen aus der Strafverfolgungs- und Beratungspraxis zeichnet bezogen auf Vulnerabilitätsfaktoren ein differenziertes Bild. Konkret wurde im Zusammenhang mit den soziodemografischen Hintergründen der Betroffenen festgestellt, dass die Loverboy-Methode inländische wie auch ausländische Frauen betrifft. Bei Letzteren wird neben der Sehnsucht nach einem stabilen familiären Umfeld oft die prekäre wirtschaftliche Lebenslage instrumentalisiert, indem der Loverboy als Versorger auftritt und eine finanziell vielversprechende Perspektive mit der Einreise nach Deutschland offeriert. Ungleiche Machtverhältnisse, die sich beispielsweise in Form eines konservativen, oft kulturbedingten Rollenverständnis von Beziehungsgestaltung äußern, tragen ferner dazu bei, dass die Entscheidungsmacht primär beim Mann gesehen wird, dem sich die Frau unterzuordnen hat.
Letzteres ist auch auf die Situation von deutschen Frauen mit Migrationshintergrund übertragbar, wenn deren Werte und Einstellungen in einem kulturellen Umfeld geprägt werden, in dem ein Machtgefälle zwischen Mann und Frau im Rahmen traditioneller Rollenbilder vermittelt wird. Hinzu kommt an dieser Stelle, dass aufgrund der Tabuisierung von Prostitution als etwas Schambehaftetes selbst bei ansonsten unproblematischen Familienverhältnissen Ansprechpartner:innen fehlen oder sogar Gefahr durch Sanktion droht und zusätzlich eine Erpressbarkeit entsteht, sobald z. B. intimes Bildmaterial als Druckmittel verfügbar ist.
Das Loverboy-Phänomen betrifft zu einem erheblichen Teil deutsche Frauen. Der Altersbereich liegt den Ausführungen nach um den Zeitpunkt der Volljährigkeit; das Altersspektrum spannt sich allerdings zwischen 14 und 35 Jahren zum Zeitpunkt des Erstkontakts mit dem Loverboy. Teilweise wurde altersübergreifend Unerfahrenheit und Naivität hervorgehoben. Die Fallbeispiele verweisen auf mitunter massive familiäre Problemlagen, wie Aufwachsen in Pflegefamilien, Erleben von häuslicher Gewalt, missbräuchlicher Alkoholkonsum der Eltern oder Trennung/Scheidung. Aber auch scheinbar vollkommen unauffällige, jugendliche Entwicklungsverläufe werden festgestellt, in denen eine geringes Selbstbewusstsein, Streit mit den Eltern oder fehlende Zugehörigkeit zur Peergroup als potenzielle Ausgangspunkte von Vulnerabilität vermutet werden.
Kontakt zu potenziellen Opfern wird sowohl im alltäglichen Leben, wie auch im digitalen Bereich hergestellt. Es folgt intensives verbales und/oder materielles Umwerben, wodurch eine Liebensbeziehung aufgenommen und der Grundstein für die emotionale Bindung gelegt wird. Die Liebesbeziehung kann unterschiedlich lang ohne direkten Hinweis einer bevorstehenden sexuellen Ausbeutung bestehen. Der Moment, in

dem erstmals die Option der Prostitution von Seiten des Loverboys thematisiert wird, markiert das Ende der Anbahnungs- und den Übergang in die Ausbeutungsphase. Hier zeigt sich aufgrund der (vorgetäuschten) Liebesbeziehung im Gegensatz zu anderen Fällen von Zwangsprostitution die bindende Wirkung der emotionalen Abhängigkeit an den Täter, woraus ein Zwangsmoment entsteht. Bis es zur Prostitutionszuführung kommt, können wenige Tage bis hin zu Jahren vergehen, in denen weiterhin eine Liebesbeziehung wahrgenommen wird. Kürzere Zeiträume werden allerdings als die Regel beschrieben. Es zeigen sich fortan drei Formen der Zuführung in die Prostitutionstätigkeit:

In der Hälfte der in die Untersuchung einbezogenen Fälle wird die gemeinsame Zukunftsperspektive weiterhin hervorgehoben und vor diesem Hintergrund die Notwendigkeit, schnell viel Geld zu verdienen, vorgeschlagen. Es wird wenig Gegenwehr beobachtet bzw. kann diese meist durch positiv-bestärkende oder ambivalente Täterstrategie abgewendet werden. Auch im weiteren Fallverlauf ist körperliche Gewalt eher zweitrangig und hängt maßgeblich von der gezeigten Gegenwehr ab. Oft reichen bereits besondere Aufmerksamkeiten, Zuneigung und Versprechen – bzw. gegenteilig – Liebesentzug und Distanz, damit eine Prostitution fortgesetzt wird. Bei dieser Form der Zuführung werden außerdem Fälle beobachtet, in denen keinerlei negativ-sanktionierenden Täterstrategien eingesetzt werden, sondern die Aufrechterhaltung des Zwangs ausschließlich auf Lob, Anerkennung, Liebesbekundungen, Versprechen einer gemeinsamen Zukunft und Zuneigung zu gründen scheint.

Auch in dem Fallmuster, in dem über eine finanzielle Notlage bzw. die Forderung, sich für die anfänglichen Ausgaben zu revanchieren, die Prostitution herbeigeführt wird, kommen ambivalente Täterstrategien, in denen sich positiv-bestärkende und negativ-sanktionierende Handlungen abwechseln, zum Tragen, womit das Verhalten für die Betroffenen schwer kalkulierbar wird. Gezielte Manipulationen, wie beispielsweise die sogenannte Milieu-Regel, nach der die Beziehung nur fortgeführt werden kann, wenn die (junge) Frau fortan auch im Milieu als Prostituierte tätig wird, werden eingesetzt. Ein weiterer Zwangsmoment entsteht für die Betroffenen, wenn sie zur Erfüllung der Geldforderung Schulden aufnehmen und nun den zusätzlichen Druck verspüren, Geld verdienen zu müssen. Die Ausbeutungszeiträume in diesem Fallmuster bewegen sich tendenziell kürzer und überschreiten bei den betrachteten Fällen nicht 6 Monate.

Im dritten und letzten Fallmuster dominiert der Einsatz negativ-sanktionierender Täterstrategien, der bereits den Wendepunkt in der Beziehung hin zur Prostitution definiert, oft als Reaktion auf Gegenwehr, aber auch – so scheint es – bedingt durch eine eher gewaltvolle Täterpersönlichkeit. In diesen Fällen wird oft ein direkter Bruch der Beziehung wahrgenommen und es kommt zu Flucht oder Fluchtversuchen. Der Einsatz massiver körperlicher Gewalt wird in der Praxis eher als Seltenheit eingeschätzt, dennoch werden sechs Fälle mit übermäßigen bzw. ausschließlichen Einsatz negativ-sanktionierender Handlungen beschrieben. In weiteren 10 Fällen wird teilweise Gewalt angewendet.

Über welchen Zeitraum sexuelle Ausbeutung in den identifizierten Falltypen andauert, variiert zwischen wenigen Tagen bis hin zu mehreren Jahren. Das Ende der Ausbeutungsphase wird durch selbst- oder fremdinitiierte Ausstiegsunternehmungen eingeleitet. In über der Hälfte der Fälle werden Hinweise auf eine emotionale Abhängigkeit auch lange Zeit nach dem Ausstieg gegeben, was mit der Gefahr der Rückkehr zum Täter und der Abnahme der Aussagebereitschaft einhergeht. Die emotionale Abhängigkeit kann damit als zentrales Hemmnis bezogen auf den fremd- bzw. selbstinitiierten Ausstieg und Zugang zu Betroffenen in Loverboy-Fällen identifiziert werden. Aber auch Fälle, in denen eine emotionale Loslösung noch während der Ausbeutung erfolgt, werden beschrieben. Nicht immer führt dies dazu, dass auch Hilfe gesucht, Hilfsangebote angenommen bzw. ein Ausstieg initiiert wird, da entsprechende Repressalien durch den Täter erwartet bzw. direkt angedroht werden.

6. Diskussion und Bewertung der Ergebnisse

Die Ergebnisse werden nachfolgend in bestehende empirische Erkenntnisse und theoretische Erklärungsansätze eingeordnet und diskutiert. Entsprechend der forschungsleitenden Fragestellung steht dabei zunächst die Instrumentalisierung von Vulnerabilität durch mehr oder weniger intentionales Täterhandeln – ob nun in der Anwerbungs-, Ausbeutungs- oder auch Ausstiegsphase – mit Blick auf die Entstehung bzw. Aufrechterhaltung von emotionaler Abhängigkeit im Vordergrund (Abschnitt 6.1). Inwiefern darauf aufbauend von Täterseite eingewirkt wird, um die sexuelle Ausbeutung herzustellen, möglichst lang aufrechtzuerhalten bzw. dem Ausstieg entgegenzuwirken, wird anhand der drei als typisch identifizierten Fallverlaufsmuster vertieft (Abschnitt 6.2). Die Forschungsarbeit schließt mit einer Bewertung der Aussagekraft und möglicher Limitationen, einer Einschätzung zum Geltungsbereich sowie der pointierten Zusammenfassung des Beitrags zur Wissenschaft, um nicht zuletzt Hinweise zur wissenschaftlichen Anschlussfähigkeit abzuleiten.

6.1 Entstehung emotionaler Abhängigkeit durch Instrumentalisierung von Vulnerabilität

Bereits Hinweise zu den soziodemografischen Daten und der Lebenssituation der Betroffenen können vulnerable Ansätze offenbaren, die bei gezielter Umwerbung bzw. Beziehungsanbahnung die Entstehung starker emotionaler Bindung ermöglichen oder gar begünstigen (Abschnitt 6.1.1). Der Einbezug theoretischen Wissens verhilft zu einem besseren Verständnis über die dabei potenziell abhängigkeitsverstärkenden Mechanismen und Kausalketten (Abschnitt 6.1.2).

Diskussion der forschungsleitenden Fragen:

- Welche Hinweise zur Risikopotenzierung bzw. besondere Vulnerabilität, Opfer der Loverboy-Methode zu werden, bestehen?
- Wie gestaltet sich die Anbahnungsphase und inwiefern wird in Verbindung mit einer besonderen Vulnerabilität die Entstehung emotionaler Abhängigkeit begünstigt?

6.1.1 Betroffenen-Merkmale und erhöhte Vulnerabilität

In den deutschen Nachbarstaaten wird die Loverboy-Methode vorrangig mit der Opferwerdung inländischer Betroffener verknüpft (vgl. van San & Bovenkerk,2013: 72; Baier et al. 2019: 694; Verwijs et al. 2011: 57f.). Die nationalen empirischen Erkenntnisse schließen sich dem überwiegend an (vgl. Scheer & Dufner 2015: 19ff.; Müller-Güldemeister 2011:

24; BKA 2020: 9, 23; Bubenitschek et al. 2011: 539ff.), was zusätzlich durch den zweiten GRETA-Evaluationsbericht unterstrichen wird, in dem mehrfach auf die erhöhte Gefahr der Viktimisierung deutscher Personen durch die Loverboy-Methode verwiesen wird (vgl. Council of Europe 2019: 7, 22, 65).

Die Fallbeschreibungen der vorliegenden Untersuchung zeichnen ein differenziertes Bild. Neben deutschen Betroffenen, mit denen das Phänomen weiterhin stark verknüpft wird, werden zudem auch Opfer aus osteuropäischen Ländern in Verbindung mit einer Anwerbung über eine Liebesbeziehung benannt.[401] Dies sei laut einzelner Aussagen allerdings kein neuartiges Phänomen, sondern seit Jahren eine gängige Masche in der Zwangsprostitution,[402] wie auch die nicht öffentlich zugängliche Sonderauswertung vom BKA anhand der Top 3 Nationalitäten der vergangenen Jahre bestätigt (vgl. Abschnitt 2.1.1, Abbildung 4). Gründe, warum die Loverboy-Methode dennoch vorrangig mit der Viktimisierung inländischer Personen verknüpft wird, können folgende sein: Die Berichterstattung baut oft auf Einzelfällen mit deutschen jungen Frauen auf (vgl. Schulte-Trux 2022; BKA 2020: 10; Netzwerk gegen Menschenhandel e.V. 2020; ARD | Das Erste 2020), sodass diese Konstellation präsenter ist und ggf. häufiger reproduziert wird, ohne andere Betroffenenmerkmale in Betracht zu ziehen. Auch ist es denkbar, dass durch die Darstellung deutscher junger Frauen dafür sensibilisiert werden soll, dass Menschenhandel nicht zwangsläufig ein grenzüberschreitendes Vorgehen verlangt und – in Anlehnung an die Erkenntnisse aus den Niederlanden – auch inländischen jungen Frauen betrifft (vgl. van San & Bovenkerk 2013: 72; Bubenitschek et al. 2011: 539ff.). Zeitgleich steht bei Betroffenen aus Südosteuropa die Thematiken wirtschaftlich schwieriger Verhältnisse, fehlender Zugang zu Bildungsangeboten mit daraus resultierender beruflicher Perspektivlosigkeit und auch sexistische und rassistische Verfolgung von ethnischen Minderheiten stärker im Vordergrund (vgl. Prasad 2014; Riegler 2014: 101ff.; Howe 2021: 50ff.; Brücker et al. 2013: 10; Zentner 2009: 29ff.). Dass dieses mehrdimensionale Vulnerabilitätsspektrum zeitgleich auch instrumentalisiert werden kann, um eine Liebesbeziehung auf den Versprechen eines besseren (gemeinsamen) Lebens im Ausland, guter Berufsaussichten, materiellen Luxus oder einer sicheren Perspektive für die Familiengründung

---

401 vgl. FBS_Int5, Abs. 99; P_Int1, Abs. 99; P_Int4, Abs. 9; P_Int5, Abs. 7; P_Int7, Abs. 33, 59; P_Int8, Abs. 43, 45; P_Int9, Abs. 25; FBS_Int3, Abs. 93; FBS_Int4, Abs. 6; P_Int3, Abs. 55; P_Int4, Abs. 9, 45; P_Int8, Abs. 43, 45

402 vgl. P_Int2, Abs. 7, 17, 65; P_Int3, Abs. 33, 59, 71; P_Int8, Abs. 43; FBS_Int1, Abs. 33; FBS_Int7, Abs. 5

aufzubauen, zeigen verschiedene Fallbeispiele der Hauptuntersuchung.[403] Der ersehnte Partner soll als Versorger eine bessere Lebensperspektive ermöglichen.[404] Es wird ein Wechselspiel aus Push- und Pull-Faktoren erkennbar, bei dem die prekären, diskriminierenden und oft aussichtslosen Umstände im Heimatland zu einer erhöhten Empfänglichkeit gegenüber dem Versprechen eines gesicherten, besser gestellten Lebens in den westlichen Ländern führen (vgl. Zühlke et al. 2012: 302). In den Niederlanden wurden nach Auskünften von Loverboys die Anwerbung immigrierter Frauen als herausfordernd und unmoralisch beschrieben (vgl. van San & Bovenkerk 2013: 73; Braspenning 2006: 334). Die vorliegenden Fallbeschreibungen aus Deutschland können letzteres nicht bestätigen.[405] Dreizehn Fallbeispiele zeigen, dass auch Personen mit Migrationshintergrund über die Loverboy-Methode sexuell ausgebeutet werden; in einem Land mit einer divers aufgestellten Gesellschaft kein unerwartetes Ergebnis. Relevant ist in diesem Zusammenhang weniger die Tatsache, dass ein Migrationshintergrund besteht, sondern vielmehr, inwiefern damit gegebenenfalls bestimmte kulturelle Werte, Rollenbilder oder konservative Beziehungsmuster vorgelebt wurden (detaillierter zu potenziellen migrations- und kulturspezifischen Einflussfaktoren vgl. Egger & Schär Moser 2008: 32ff.; Schröttle & Khelaifat 2008: 64ff.). Verschiedene Interviewpartner:innen verwiesen auf die teilweise sehr konservativen Rollenbilder in der Herkunftsfamilie, in der den männlichen Familienmitgliedern Macht und Dominanz zugesprochen werde, diese für Entscheidungen zuständig seien und die Frauen eher eine passive Rolle einnehmen und sich dem unterzuordnen haben. Derartige Vorstellungen und Erfahrungen können Vorbild und Referenzrahmen für die eigene Beziehung bilden.[406] So wird in 13 von 22 Fällen die Sehnsucht nach einem Versorger und Beschützer als Vulnerabilitätsfaktor identifiziert (vgl. Kapitel 5.3.1).

Zeitgleich kann es aber auch an Rückhalt und vertrauensvollen Ansprechpartner:innen in der Familie fehlen, wenn Prostitution als sehr

[403] vgl. P_Int1, Abs. 31-37, 47, 49, 51-55; FBS_Int1, Abs. 39; FBS_Int3, Abs. 6, 10; P_Int3, Abs. 7, 9, 23; FBS_Int6, Abs. 157; FBS_Int7, Abs. 5

[404] vgl. P_Int1, Abs. 55, 57, 83, 159; P_Int2, Abs. 11, 27, 65; FBS_Int3, Abs. 6, 8

[405] vgl. FBS_Int5, Abs. 99; P_Int1, Abs. 99; P_Int5, Abs. 7; P_Int7, Abs. 33, 59; P_Int9, Abs. 25; FBS_Int3, Abs. 93; FBS_Int4, Abs. 6; P_Int3, Abs. 55; P_Int4, Abs. 9, 45; P_Int8, Abs. 43, 45

[406] vgl. P_Int5, Abs. 41, 47, 55; P_Int8, Abs. 7; FBS_Int2, Abs. 15, 47; FBS_Int7, Abs. 65; 97-101

schambehaftet und tabuisiert wahrgenommen wird oder gar Gewalt als Bestrafung bei Bekanntwerden der Prostitutionstätigkeit droht.[407] Unabhängig von der Nationalität oder dem kulturellen Hintergrund wurden konfliktreiche Familienhintergründe, wie Partnerschaftsgewalt, Trennung oder Alkoholabhängigkeit eines oder beider Elternteile, identifiziert.[408] Der Leidensdruck bei anhaltender Belastung in den familiären Strukturen ist derart groß, dass die Betroffenen den Eltern oder Geschwistern entkommen wollten und damit eine stärkere Empfänglichkeit gegenüber der Zuneigung und Aufmerksamkeit der Loverboys zeigen.[409] Die Auswirkungen belastender Familienverhältnisse werden im folgenden Abschnitt 6.1.2 unter Einbezug theoretischer Erkenntnisse zu Beziehungs- und Bindungsverhalten, Selbstwirksamkeitserleben sowie die Entwicklung des Selbstwerts weiter vertieft.

Bislang wurden in Deutschland keine empirischen Erkenntnisse über den Bildungsstand der Betroffenen und einer damit einher gehenden erhöhten Vulnerabilität veröffentlicht. Das erhöhte Risiko einer Viktimisierung bildungsferner Opfer, wie beispielsweise bei der sexuellen Ausbeutung von Frauen ethnischer Minderheiten, denen oft der Zugang zu Bilder verwehrt bleibt (vgl. ERRC 2011: 41ff.; Riegler 2014), bestätigt sich in einige Fällen.[410] Allerdings wird insgesamt auf ein breitgefächertes Bildungsniveau von fehlendem Schulabschluss bis hin zum Abitur und Studienambitionen hingewiesen, wobei Frauen mit hohem Bildungsniveau – Einschätzungen aus der Praxis nach – eher die Ausnahme bilden.[411] Als limitierend in der Aussagekraft ist zu bedenken, dass das junge Alter vieler Betroffener per se oft keinen abgeschlossenen Ausbildungsweg bedingt. Die Befunde weisen insgesamt auf keinen alleinig determinierenden Zusammenhang zwischen einem geringen Bildungsstand und der erhöhten Gefahr der Opferwerdung hin.

Sowohl in der bisherigen Forschung, als auch in den Fallbeschreibungen gilt ein junges Alter – in der Regel unter 21 Jahren – als oft betonter Vulnerabilitätsfaktor (vgl. z. B. Müller-Güldemeister 2011: 24; BKA 2018: 10, 13; Scheer & Dufner 2015: 21f.; MYRIA 2015: 30ff.; Bubenitschek et al. 2011: 541), wobei das Altersspektrum anhand eines

---

407 vgl. P_Int8, Abs. 7; FBS_Int2, Abs. 47

408 vgl. P_int1, Abs. 57; . P_Int4, Abs. 9, 45; P_Int5, Abs. 47; P_Int8, Abs. 61; FBS_Int2, Abs. 15; FBS_Int4, Abs. 6, 14; FBS_Int6, Abs. 59ff.

409 vgl. P_Int7, Abs. 57; FBS_Int1, Abs. 39; FBS_Int2, Abs. 47; FBS_Int4, Abs. 73

410 vgl. P_Int1, Abs. 73, 187; P_Int3, Abs. 33, 41; P_Int7, Abs. 7; P_Int8, Abs. 61; FBS_Int3, Abs. 108-114; FBS_Int6, Abs. 73, 204-206

411 vgl. P_Int3, Abs. 33; P_int5, Abs. 55; FBS_Int4, Abs. 118

eher als untypisch bewerteten Einzelfalls bis hin zu Mitte 30 ausgeweitet wird.[412]
Beachtet werden muss im polizeilichen Kontext allerdings, dass aufgrund der gesetzlich verankerten Schutzaltersgrenze bessere polizeiliche Handhabe und Ermittlungsansätze bestehen, sodass Opfer unter 21 Jahren in der Strafverfolgung(-sstatistik) überrepräsentiert sind (vgl. Abschnitt 2.1.1; Körner & Völschow 2018: 34f.). Warum die Anwerbung minderjähriger und heranwachsender Frauen für die Loverboys jedoch generell attraktiv scheint, erklärt sich in zweierlei Weise: Zunächst besteht eine Nachfrage nach jungen, möglichst erst kurz in der Prostitution tätigen Frauen, um beispielsweise vermeintlichen das Risiko der Ansteckung mit sexuell übertragbaren Krankheiten zu minimieren (vgl. Müller-Güldemeister 2011: 20; Scheer & Dufner 2015: 22; Schulze et al. 2014: 31ff.). Darüber hinaus wird durch die befragten Praxisvertreter:innen das junge Alter mit einem weiteren Merkmal verknüpft. Jemand müsse, der „auf die Loverboy Methode reinfällt, schon eine gewisse Naivität mitbringen“[413].
Während Naivität – abgeleitet vom Adjektiv *native* für ursprünglich, gebürtig oder auch kindlich – im jungen Lebensalter noch als positive Zuschreibung gilt, wird Naivität im Erwachsenenalter mit Unwissenheit, leichter Beeinflussbarkeit und der fehlenden Fähigkeit, etwas zu hinterfragen, assoziiert und eher negativ bewertet. Ursachen werden unter anderem in mangelnder Lebenserfahrung oder einer problembehafteten Kindheit gesehen (vgl. Drake et al. 2008: 304ff.; Duden „naiv“ 2022).

Ausgehend von der Beschreibung einer naiven bzw. (sehr) jungen Betroffenen können also Zusammenhänge zu zwei Hauptkategorien erhöhter Vulnerabilität erkannt werden: geringe Lebenserfahrung, die als normaler Aspekt der Jugendphase zu betrachten ist, und belastende Kindheitserfahrungen. Hieraus lassen sich wiederum theoretisch psychologische Modelle und Konzepte ableiten, die verschiedenartig Einfluss auf die Entstehung emotionaler Abhängigkeit bzw. die erschwerte Loslösung trotz wahrgenommenen Leidensdruck haben (vgl. Abbildung 25), wie die Darstellungen im Folgeabschnitt zeigen.

---

[412] vgl. P_Int3, Abs. 53; P_Int4, Abs. 53; P_Int7, Abs. 31; P_Int8, Abs. 65; FBS_Int2, Abs. 47; FBS_Int4, Abs. 100

[413] P_Int4, Abs. 53; hierzu auch vgl. P_Int7, Abs. 31

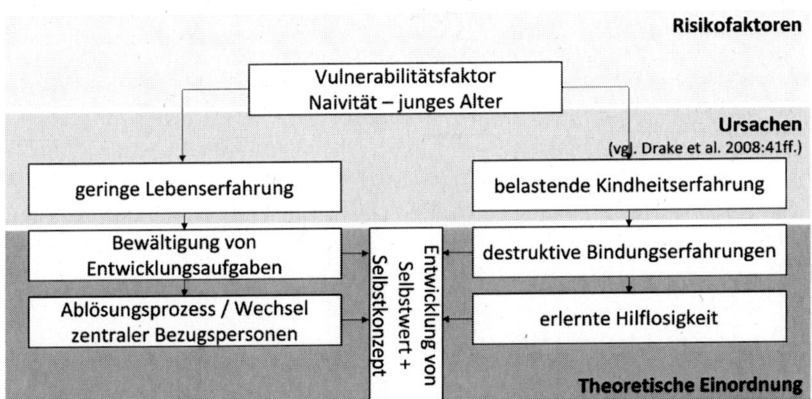

Abbildung 25: *theoretische Einordnung Vulnerabilität* [eigene Darstellung]

6.1.2 Zusammenspiel von Vulnerabilität, Täterstrategien und emotionaler Abhängigkeit

Die nachfolgende Darstellung heben das theoretische Konstrukt in den Vordergrund, von dem ausgehend die Auswirkungen im Zusammenhang mit einer besonderen Empfänglichkeit für die Anwerbungsstrategien des Loverboys konkretisiert werden.

a) Destruktive Bindungserfahrungen und deren Auswirkung auf das eigene Bindungsverhalten

Die bislang nicht empirisch fundierte Annahmen von Bubenitschek et al. (2011: 539), nach der eine gestörte Eltern-Kind-Bindung vor dem Hintergrund bindungstheoretischer Überlegungen (vgl. z. B. Ainsworth & Bowlby 1991; Sandmeier Rupena 2010: 54ff.; Fraley & Roisman 2015: 11) das Risiko der Opferwerdung erhöht, kann anhand verschiedenster Hinweise aus der Strafverfolgungs- und Beratungspraxis zu den Lebensumständen und der familiären Situation zunächst gestützt werden: Diese reicht von einer frühen Trennung von den Eltern durch Todesfälle, Drogensucht bzw. weiterer Gründe, die das Aufwachsen im Kinderheim bzw. einer Pflegefamilie bedingen, über fehlenden Rückhalt und Vertrauen in der Familie, bis hin zur elterlichen Scheidung bzw. Trennung und nicht zuletzt das (Mit-)Erleben von Gewalt im (früh-)kindlichen Alter.[414] Dass derartige Prägungen unsichere bzw. desorganisierte Bindungsmuster begünstigen, die über die Lebensspanne hinweg Bestand haben, konnten mehrere Längsschnittuntersuchungen bestätigen (vgl.

[414] vgl. P_intl, Abs. 57, 107; P_Int5, Abs. 47; P_Int8, Abs. 61; FBS_Int2, Abs. 5, 15; FBS_Int3, Abs. 6; FBS_Int4, Abs. 6, 14; FBS_Int5, Abs. 7, 31; FBS_Int6, Abs. 59ff.

Simpson et al. 2007: 533ff.; Fraley & Roisman 2015: 12ff.; Kirkpatrick & Davis 1994: 503ff.; Waters, Hamilton & Weinfield 2000: 678; Waters et al. 2000: 687ff.; Weinfield et al. 2000: 695ff.). Aus Bindungserfahrungen entstehen Bindungsstile/-typen, die sich als kognitive Schemata repräsentieren und Einfluss auf das Selbstkonzept, die Emotionsregulation sowie das Bindungsverhalten u. a. auch in intimen Beziehungen haben (vgl. Fraley & Roisman 2015: 12ff.; Berlin et al. 2008; Bowlby 1969; Simpson et al. 2007: 355ff.; Collins & Read 1990: 645; Hazan & Shaver 1987: 521ff.; Blonigen et al. 2008: 229ff.).
Die bindungstheoretisch begründete Annahme von Bubenitschek und Kolleg:innen, dass Probleme in der Herkunftsfamilie es begünstigen, „dass Kinder und Jugendliche zu Beginn der Adoleszenz Ansprechpartner und Vertraute außerhalb der Familie suchen und somit in besonderem Maße anfällig für die „Loverboys"-Methode sind" (Bubenitschek et al. 2011: 539) ist durchaus möglich, jedoch ebenso in Verbindung mit einem in der Adoleszenz normalen Ablösungsprozess und Wechsel der zentralen Bezugspersonen denkbar.[415] Entscheidender sind die Befunde aus der Bindungsforschung bezogen auf die Verbindung zwischen frühkindlichem Bindungsmuster und den Ausprägungen dessen in romantischen Beziehungen. So sind insbesondere die unsicheren bzw. desorganisierten Bindungsstile Ausgangspunkt eines geringen Selbstbewusstseins und Selbstwerts, zeitgleich aber auch verantwortlich, destruktive romantische Bindungen einzugehen. Ein (unsicher-)ängstlich-ambivalenter Bindungsstil bedingt beispielsweise starke Abhängigkeiten und das Bestreben in einer Partnerschaft zu sein, auch wenn diese belastend ist, was vor allem im fortgeschrittenen Fallverlauf zum Tragen kommt. Am Fall 23 wird dies besonders deutlich: „sie musste sich dann mit ansehen, dass er mittlerweile eine andere Frau hatte, [...], die auch noch ein Kind von ihm bekam und sie musste anschaffen für die beiden. [...] sie hatte immer noch das Gefühl, er will auch was von ihr und hat vieles eben akzeptiert und toleriert".[416] Der Partner bzw. die Beziehung werden trotz Beziehungsschwierigkeiten idealisiert (vgl. Collins & Read 1990: 647; Feeney und Noller 1990: 286ff.; Pistole 1989: 508f.).
Auch die klammernde Bindung, wie sie Bartholomew & Horowitz (1991) beschreiben, ist geprägt durch das Gefühl der eigenen Wertlosigkeit, Selbstzweifel und auch starke Unsicherheiten, die durch die Bestätigung, Liebe und Akzeptanz des Partners versucht werden zu

[415] Zum Ablösungsprozess und dem Wechsel der Bezugspersonen als normaler Prozess im Zuge des Adoleszenz mehr im Abschnitt 3.2.2
[416] FBS_Int4, Abs. 6

kompensieren. Zurückweisungen werden als enorm schmerzhaft erlebt, da die Person die Selbstzweifel bestätigt sieht (vgl. Bartholomew & Horowitz 1991: 227ff.). Der Liebesentzug als Täterstrategie setzt an dieser Stelle an und kommt u. a. bereits bei der Umwerbung zum Einsatz.[417] Durch gezielte Reduktion des Kontakts entsteht laut einem Befragten bei der Frau die Dynamik, ihm „hinterher zu laufen dann und recht schnell dann wieder, ja dann mache ich das halt, wenn Du mich dann wieder lieb hast“[418]. Im Fall 15 wird der Liebesentzug bereits am zweiten Tag eingesetzt, um den Weg in die Prostitution zu ebnen; eine Liebesbeziehung könne nur eingegangen werden, wenn die Betroffene bereit sei, in der Prostitution tätig zu sein, wie es die sogenannte *Milieuregel* verlange.[419] Die Bindungsforschung liefert also verschiedene Erklärungsansätze, die eine starke emotionale Bindung an den Partner trotz belastender Beziehung begünstigen.

b) Auswirkungen erlernter Hilflosigkeit

Das Erleben oder Miterleben häuslicher Gewalt oder auch konfliktreicher Trennungen können nicht nur negative Auswirkungen auf das Bindungsverhalten erzeugen, sondern sich ebenfalls beeinträchtigend auf die positive Entwicklung des Selbstkonzepts und der Sozialkompetenz auswirken (vgl. z. B. Mullender et al. 2002; Dlugosch 2010; Knop & Heim 2019). Zeitgleich befinden sich die (mit-)betroffenen Kinder in einer Situation, in der sie mitunter wiederholt und über Jahre keinen mindernden Einfluss nehmen können und somit andauernd fehlende Selbstwirksamkeit erleben. Es entsteht ein Gefühl von Hilflosigkeit, das sich kognitiv manifestieren kann und damit mit hoher Wahrscheinlichkeit auch im eigenen Lebenslauf zum Beispiel in Form von Erdulden von Beziehungsgewalt im Erwachsenenalter reproduziert wird (vgl. Dlugosch 2010: 271ff.; Felitti et al. 1998: 245ff.; Baier & Pfeiffer 2015: 51; Bargai et al. 2007: 268; Clemens et al. 2019: 93ff.). Da die Ursache der Unkontrollierbarkeit in der eigenen Person gesehen wird, geht erlernte Hilflosigkeit außerdem – wie auch schon unsichere Bindungsstile – mit einem geringen Selbstwertgefühl einher (vgl. Clements & Sawhney 2000: 221ff.; Richter 1995: 34ff.).

In 14 von 22 Fällen werden Lebensumstände und -erfahrungen beschrieben, die auf (erlernte) Hilflosigkeit hinweisen oder diese bedingen könnten. Dazu zählen einerseits – wie zuvor ausgeführt – problematische

---

[417] vgl. P_Int4, Ans.9; P_Int7, Abs. 47; P_Int8, Abs. 3, 13; FBS_7, Abs. 75

[418] P_Int7, Abs. 47

[419] vgl. P_Int8, Abs. 3, 11, 13, 23, 61

Familienverhältnisse,[420] wie sie auch von Baier et al. (2019: 964) als Vulnerabilitätsfaktor postuliert werden. Eine 17-jährige Betroffene hat über Jahre die Gewalt des Vaters gegen ihre Mutter erlebt, ohne dass zu es zu einer Trennung kam. Möglich ist nun, dass das Verharren in der eigenen Gewaltbeziehung eine Form der erlernten Hilflosigkeit darstellt oder aber im Sinne des Modelllernens das Vorleben destruktiver Beziehungsdynamiken der eigenen Eltern einen Referenzrahmen ausbildet, sodass die junge Frau schwer einschätzen kann, welches Verhalten in einer Beziehung normal und welches grenzüberschreitend ist (vgl. Wallerstein et al. 2002: 303).[421]
Weiterhin können auch bereits zuvor erlebte Partnerschaftsgewalt Hinweise auf erlernte Hilflosigkeit geben.[422] So berichtet eine Beratungsstellenmitarbeiterin von einer Klientin, die bereits vor der sexuellen Ausbeutung eine gewaltvolle Paarbeziehung erleben musst und auch nach der Loslösung vom Täter erneut Partnerschaftsgewalt erfahren hat.[423] Ohne eine Verantwortlichkeit zuschreiben zu wollen, verdeutlichen derartige sich wiederholende Situationen, dass geeignete Abwehrmechanismen bzw. ein Repertoire an Bewältigungsstrategien, der gewaltvollen Paarbeziehung zu entgehen oder Hilfsangebote anzunehmen, eingeschränkt sind (vgl. Brzank 2012: 76; Barnett 2001: 8f.; Aguilar & Nightingale 1994: 42ff.; mehr dazu im Abschnitt 6.2). Nicht zuletzt verweist die Ausführungen im Fall 23 auf erlernte Hilflosigkeit: die junge Frau hat über Jahre Mobbing in der Schule erlebt und dabei wenig Rückhalt in der Familie erfahren. Von Seiten des Vaters wurde abwertend reagiert und ihr die Schuld zugeschrieben; die Mobbingangriffe dauerten an, ohne dass die junge Frau die Situation – allein oder mit Unterstützung von Dritten – mindern konnte. In der späteren ausbeuterischen Beziehung verbleibt sie ebenfalls lang, obwohl ihr bekannt war, dass der Loverboy inzwischen eine neue Freundin hat, mit der er eine Familie gründet und sie fortan für ihn und seine Familie Geld in der Prostitution verdient.[424] Erlernte Hilflosigkeit kann also einerseits erklären, warum Betroffene in der Ausbeutungssituation trotz Leidensdruck verharren und nicht aktiv nach Hilfe suchen, andererseits aber auch bei Hilfsangeboten von außen (z. B. bei einer Milieukontrolle) sich nicht als Opfer hilfesuchend an die Polizeibeamt:innen werden; schließlich bestehen weiterhin

[420] Hierzu zählen die Fälle 1a, 9, 10, 13, 18, 19, 21, 23, 24, 27, 28
[421] vgl. FBS_Int2, Abs. 15
[422] Hierzu zählen die Fälle 5, 6, 7; Gewalt geprägten Beziehungsdynamiken ausführlicher im Abschnitt 6.2.
[423] vgl. FBS_Int2, Abs. 21; vergleichbar auch P_Int4, Abs. 70; P_Int8, Abs. 37
[424] vgl. FBS_Int4, Abs. 6, 32, 38, 48, 92

der Glaubenssatz, keinen Einfluss auf die Verbesserung der Situation nehmen zu können (vgl. Walker 1994: 78).

c) Bewältigung von Entwicklungsaufgaben und dadurch bedingte (temporäre) Empfänglichkeit

Die Entwicklungsaufgaben in der Jugendphase können ebenfalls Ursprung einer erhöhten Vulnerabilität gegenüber der Loverboy-Methode sein, ohne dass zwangsläufig belastende Lebensumstände vorherrschen. Sie „war gerade [...] einfach ein bisschen in der schlechten Phase, ein bisschen Stress mit den Eltern. Ansonsten alles solide übrigens, Eltern noch zusammen, jüngerer Brüder, so bürgerlich/ Einfamilienhaus [...], beide berufstätig und trotzdem gab es eben Knartz mit dem jungen Mädchen, die fühlte sich einsam und unverstanden“[425], wie es eine Beratungsstellenmitarbeiterin umfassend beschreibt und damit einen konkreten Hinweis auf die vulnerable Phase der Adoleszenz gibt (vgl. Bolten 2009: 66; Aram et al. 2003: 572ff.). Innerhalb kürzester Zeit sehen sich die Jugendlichen mit einer Vielzahl von Entwicklungsaufgaben konfrontiert, die es erfolgreich zu meistern gilt; ob nun das Behaupten in der Peergroup, die Ablösung von den Eltern als primäre Bezugspersonen, Umgang mit körperlichen Veränderungen, schulische Aufgaben, die erste Liebesbeziehung oder auch Auseinandersetzungen mit eigener Identität (vgl. Eschenbeck & Knauf 2018: 24; Aram et al. 2003: 572ff.). Wie derartige Anforderungen bewältigt werden, hängt vom individuellen, aber auch verfügbaren sozialen Bewältigungsrepertoire ab. Lazarus und Kollegen verdeutlichen im sogenannten Anforderungs-Bewältigungs-Modell oder auch transaktionalen Stressmodell den komplexen Bewertungsprozess von als stressend wahrgenommenen Situationen (vgl. Lazarus & Folkman 1984; Lazarus & Launier 1981; Hampel 2007: 235; Lohaus et al. 2010: 20ff.; Thyen et al. 2009: 29; vgl. detailliert im Abschnitt 3.2.2). Erfährt die junge Frau keinen Rückhalt durch Familie oder Freunde, fehlt es an sozialen Ressourcen, wodurch die Wahrscheinlichkeit angemessener, situationsgerechter Problemlösung sinkt.[426] Auch schulische Probleme, Unzufriedenheit mit dem Äußeren oder Streit mit den Eltern können Auslöser von Stress sein. Kommt es zur Kumulation oder ungünstiger Kombination verschiedener Stressoren, kann dies die (temporäre) Empfänglichkeit für die Zuneigung, Aufmerksamkeit und die vermeintliche Unterstützung durch den Loverboy erhöhen.[427]

---

425 FBS_Int7, Abs. 75; vgl. auch P_Int9, Abs. 13

426 vgl. FBS_Int2, Abs. 15; FBS_Int4, Abs. 50; P_Int1, Abs. 115

427 vgl. P_Int7, Abs. 67; FBS_Int2, Abs. 5, 7, 15; FBS_Int4, Abs. 6, 12, 50, FBS_Int6, Abs. 66, 196; FBS_Int7, Abs. 15, 61, 75, 97

Zusätzlich kann von Täterseite die Abwesenheit von sozialen Bewältigungsressourcen forciert werden, indem gezielt bereits in der Anfangsphase vom sozialen Umfeld isoliert wird und damit ggf. der zuvor verfügbare Rückhalt wegbricht (vgl. hierzu mehr in Abschnitt 6.2).[428]
Auch wenn die Hauptuntersuchung nur wenig Erkenntnisse diesbezüglich bereithält, soll gerade mit Blick auf die rasant fortschreitende Verlagerung der Kommunikation in den digitalen Raum zumindest auf die damit einhergehende Entwicklungsaufgabe hingewiesen werden. Verschiedene aktuelle Untersuchungen weisen auf den hohen Nutzungsumfang derartiger Kommunikationsplattformen hin (vgl. mpfs 2021: 32) und auch im Zusammenhang mit der Kontaktanbahnung der Loverboy-Methode wird vermehrt auf Facebook und Instagram verwiesen (vgl. CCV 2012: 18f.; Kramer 2020: 438; BKA 2018: 10).[429] Ob zeitgleich ein Bewusstsein für die Gefahren besteht, ist anzuzweifeln. Die Kommunikation geht oft mit geringeren Hemmnissen und einer vermeintlichen Vertrautheit einher, wodurch zügig eine als eng wahrgenommene Bindung entsteht (vgl. Rack & Sauer 2020: 24f.; Valkenburg & Peter 2011: 122ff.), vorschnell intime Bildmaterialen verschickt werden und es infolge dessen zu einer Erpressbarkeit kommt.[430] Ein Beamter berichtet dazu passend, dass in einem Fall bereits ein Wochenende mit intensivem Schreiben über WhatsApp oder Facebook gereicht hat, um der Überzeugung zu sein „man hat den Mann seines Lebens gefunden“[431] und sich zur Prostitution bereiterklärt. Darüber ist es möglich, dass nicht nur die Kommunikation, sondern auch die Selbst- oder Fremddarstellung auf den an Beliebtheit gewinnenden sozialen Plattformen, wie Instagram oder TikTok, wesentlichen Einfluss auf die Vulnerabilität junger Frauen ausübt. Verschiedene Untersuchungen verweisen auf die Verstärkung eines negativen Körperselbstbilds bei Mädchen durch omnipräsente weibliche Schönheitsideale und unrealistische Darstellungen auf Social Media weiter potenziert werden und dabei Depressionen und Essstörungen begünstigen (vgl. Cole et al. 2001: 1737ff.; Lindberg et al. 2006: 70ff.; Hagger et al. 2005: 299ff.; Robins & Trzesniewski 2005: 159). Ein geringer Selbstwert wiederum kann in Verbindung mit Einsamkeit und der

[428] vgl. P_Int4, Abs. 9; P_Int9, Abs. 3

[429] vgl. P_Int1, Abs. 31-33, 109; P_Int3, Abs. 7; P_Int8, Abs. 29, 65; P_Int5, Abs. 69; FBS_Int2, Abs. 5, 11; FBS_Int4, Abs. 78; FBS_Int7, Abs. 75; Da die Fallbeispiele zeitlich vor die Pandemie und den damit einhergehenden Kontakteinschränkungen zu verorten sind, kann kein Bezug zu Auswirkung hergestellt werden.

[430] vgl. P_Int1, ABS 73; P_Int4, Abs. 17; P_Int5, Abs. 55; P_Int7, Abs. 57; FBS_Int1, Abs. 63

[431] P_Int6, Abs. 43

Bedürftigkeit nach Zuneigung Ausgangspunkt einer erhöhten Empfänglichkeit gegenüber der Anwerbung sein; hierzu gleich mehr.[432]

d) Wechsel zentraler Bezugspersonen und Instrumentalisierung dessen durch den Loverboy

Eine weitere jugendtypische Entwicklungsherausforderung ist die Ablösung und der Wechsel zentraler Bezugspersonen (vgl. Lohaus et al. 2010: 205f), wodurch ebenfalls eine Risikopotenzierung entstehen kann. Sucht die Jugendliche bei innerfamiliären Konflikten beispielsweise stärker außerfamiliäre Kontakte, kann der Loverboy die Rolle der Bezugsperson übernehmen, indem er die gewünschte Aufmerksamkeit, Zuneigung und das Verständnis vermittelt.[433]

Auch wird ein gewisser „Hang zu dieser, zu dieser Verbrecherwelt, so zu diesen harten Jungs“[434] beobachtet, was mit einem jugendtypischen erhöhten Risiko- und Experimentierverhalten erklärbar ist, wenn beispielsweise die Zugehörigkeit zu bestimmten Gruppen bzw. Anerkennung und ein gewisser Status durch die Peers angestrebt wird (vgl. Horn 2009: 414). In welchen Kreisen und Peergroups sich eine heranwachsende Person aufhält, hat einen entscheidenden Einfluss auf ihre Einstellungen, Werte und Normen (vgl. Vitaro et al. 1999: 299ff.). Spätestens ab Integration in die (Täter-)Kreise des Loverboys im Milieu, teilweise aber bereits vorher, ist die Betroffene den Denkweisen intensiv ausgesetzt. Wird dann beispielsweise mehrheitlich betont, dass es gängig sei, dass die Freundinnen der Mitglieder einer Rockergruppierung der Prostitution nachgehen, kann dies – zumindest anteilig – dazu beitragen, dass das Milieu romantisiert und die Prostitution als Teil der Beziehung verstanden wird.[435]

Aber auch die Abwesenheit eines Freundeskreises kann belastungsevozierend sein. Erfährt eine junge Person beispielsweise Ablehnung oder gar Mobbing durch Gleichaltrige, wie beispielsweise im Fall 23, erhöht dies das Risiko externalisierender Verhaltensprobleme und internalisierender Symptome, wie Depressionen, Ängstlichkeit oder suizidale Tendenzen, deren Auswirkungen auf den weiteren Lebensverlauf als langfristig eingeschätzt werden (vgl. Lohaus et al. 2010: 206). Im konkreten Fall wird die Vulnerabilität in der Tatsache gesehen, dass sie „völlig alleine war, dass sie keinen Freundeskreis hatte, dass sie von niemanden

432 FBS_Int4, Abs. 6

433 vgl. P_Int7, Abs. 57; FBS_Int1, Abs. 39; FBS_Int2, Abs. 47; FBS_Int4, Abs. 73

434 P_Int5, Abs. 55

435 vgl. P_Int1, Abs. 205-207; P_Int4, Abs. 9; P_Int5, Abs. 67; P_Int8, Abs. 61

Bestätigung bekommen hat, dann aber von ihm"[436], einem gutaussehenden Mann mit dem sie sich stolz zeigen konnte.[437]
Der jugendtypische Ablösungsprozess von den primären Bezugspersonen – meist den Eltern – geht oft auch mit ersten Erfahrungen mit intimen Liebesbeziehungen einher. Während eine romantische Beziehung in der frühen Adoleszenz Lernanlass für den Aufbau sozialer Kompetenz, erste sexuelle Erfahrungen und Selbstvertrauen bildet, übernimmt mit dem Übergang in das frühe Erwachsenenalters der Partner die Rolle der zentralen Bezugsperson mit entsprechender Bindungs- und Fürsorgefunktionen (vgl. Connolly et al 2000; Furman & Wehner 1994, 1997; Freeman & Brown 2001: 666ff.; Leven & Utzmann 2015: 273ff.). Verstärkt werden kann auch dieser jugendtypische Prozess, indem die junge Frau durch den Loverboy vom sozialen Umfeld isoliert wird (vgl. CCV 2012: 17).[438]
Die Beschreibungen aus der Praxis lassen vermuten, dass im Zusammenhang mit den ersten Erfahrungen einer Liebesbeziehung drei destruktive und gefährdungspotenzierende Perspektiven bei den jungen Betroffenen dominieren:

(1) Der Wunsch, „einfach eine starke Schulter [zu] suchen, [...] jemand der das Leben für sie regelt"[439] wird mehrfach im Fallkontext betont. Dies kann – aber muss nicht – auf konfliktreiche Familiensituationen zurückzuführen sein.[440] Möglicher Hintergrund vermag ebenso die Adaption konventioneller Rollenvorstellungen sein, in denen die Frau eher eine passive, weniger autonome Rolle einnimmt, so die Thesen verschiedener Praxisvertreter:innen.[441]
(2) Aber auch Beobachtungen, nach denen die junge Frau ihren eigenen Wert zugunsten einer Beziehung herabsetzt und die eigenen Bedürfnisse zurückstellt, werden thematisiert. „Wenn man nur eine Weile sich fügt, wenn man nur eine Weile das macht, was sie gerne möchten, wenn man nur eine Weile seine eigenen Bedürfnisse zurückstellt, dann (-) sind sie der strahlende Ritter auf dem weißen Pferd".[442] Ursächlich können fehlende Lebenserfahrungen, destruktive Beziehungsvorbilder oder die Vorstellung, lediglich mit einem

---

436 FBS_Int4, Abs. 50
437 vgl. FBS_Int4, Abs. 12, 50
438 vgl. P_Int4, Abs. 9; P_Int9, Abs. 3
439 P_Int8, Abs. 41; hierzu auch vgl. P_Int5, Abs. 47; P_Int8, Abs. 41, FBS_Int6; Abs. 34; FBS_Int7, Abs. 97
440 vgl. P_int3, Abs. 73; P_Int4, Abs. 9, 15; FBS_Int1, Abs. 33
441 vgl. P_Int5, Abs. 47 vgl. P_Int2, Abs. 63; FBS_Int7, Abs. 65, 97, 98
442 FBS_Int7, Abs. 97

Partner sei man glücklich, wie es beispielsweise im Zusammenhang mit unsicheren Bindungsstilen beschrieben wird.

(3) Geringe Lebenserfahrungen, Naivität oder destruktive Beziehungsvorbilder können ebenfalls erklärend sein für die Unfähigkeit einzuschätzen, „was jetzt in einer Beziehung richtig oder falsch ist“[443].

Gewalt in Teenagerbeziehungen – unabhängig von dem Ziel der sexuellen Ausbeutung – scheint insgesamt kein seltenes Randphänomen zu sein (vgl. Stahlke 2018: 14ff.), so zeigt beispielsweise die Erhebung der Europäischen Agentur für Grundrecht von 2014, dass 22 % der Frauen körperliche oder sexuelle Gewalt durch den Partner ab dem 15. Lebensjahr erfahren haben (vgl. FRA 2014: 12ff.). Derartige Erkenntnisse weisen nicht nur auf das grundsätzliche Viktimisierungsrisiko junger Frauen im Partnerschaftskontext hin, sondern führen unter Umständen auch dazu, dass im sozialen Umfeld, dem Bekannten- und Freundeskreis entsprechende Beziehungsvorbilder präsent sind, die gewaltvolle Übergriffe seitens des Partners als normal und akzeptabel erscheinen lassen.[444]

e) Geringes Selbstwertempfinden / -bewusstsein als Ansatzpunkt für Manipulationen

Dass ein geringer Selbstwert Ansatzpunkt für Manipulation von Seiten des Loverboys sein kann, zeigt folgende Beschreibung sehr anschaulich: „im Laufe der Beratung konnte man sehr deutlich merken, dass sie sich doch immer nach anderen richtet und was andere ihr sagen und dass sie sich durch die Augen anderer sieht“[445]. Verschiedenste Ausführungen aus der Praxis, ob nun mit konkretem Fallbezug oder grundsätzlich als charakterisierend für Betroffene der Loverboy-Methode, unterstreichen dies und bestätigen damit die Ergebnisse der niederländischen Untersuchung von van San und Bovenkerk (2013: 72).[446] Diese stellten in einer Täterbefragung fest, dass bei der Opferauswahl selektiv vorgegangen wird, in dem gezielt Mädchen mit geringem Selbstwertgefühl und stärkerer Problembelastung angeworben werden.

Selbst wenn bei der Beschreibung der Vulnerabilitätsfaktoren nicht explizit ein geringes Selbstwertgefühl benannt wird, weisen verschiedenste Ausführungen darauf hin, dass zumindest eine erhöhte Risikopotenzierung besteht, einen negativen Selbstwert auszubauen.

[443] FBS_Int2, Abs. 47; hierzu auch vgl. FBS_Int4, Abs. 88-90

[444] vgl. FBS_Int2, Abs.15

[445] FBS_Int4, Abs. 52

[446] vgl. P_Int2, Abs. 65; FBS_Int2, Abs. 19, 47, 53; FBS_Int4, Abs. 6, 50, 52, 92; FBS_Int5, Abs. 67; FBS_Int6, Abs. 29

In den vorangestellten Abschnitten wurden beispielsweise mehrfach die negativen Auswirkungen entsprechend belastender Bindungserfahrungen oder Entwicklungsherausforderungen auf Selbstkonzept bzw. Selbstwert beschrieben.
Zu ergänzen ist, dass die Entwicklung des Selbst eine jugendtypische Entwicklungsaufgabe per se bildet, die bei Mädchen im stärkeren Maße Vulnerabilität erzeugen kann. Der Selbstwert von Mädchen sinkt in der Adoleszenz laut Robins et al. (2002: 428) nahezu doppelt so stark wie bei Jungen im gleichen Alter. Umwelteinflüsse spielen hierbei eine zentrale Rolle (vgl. Raevuori et al. 2007). Ursächlich oder zumindest verstärkend für ein negatives Körperselbstbild bei Mädchen können beispielsweise gesellschaftliche präsente überhöhte weibliche Schönheitsideale sein (vgl. Cole et al. 2001: 1737ff.; Lindberg et al. 2006: 70ff.; Hagger et al. 2005: 299ff.; Robins & Trzesniewski 2005: 159).
Ein geringes Selbstwertgefühl und die damit verbundene Vulnerabilität der Opferwerdung hängt also nicht nur mit problematischen Erfahrungen zusammen, sondern kann bereits eine Resultat der Jugendphase sein, in der Gefühle geringen Selbstwerts, „Einsamkeit oder stärkerer sozialer Bedürftigkeit"[447] einen Nährboden für die Umwerbung des Loverboys schaffen. Durch Komplimente, verbale und materielle Aufmerksamkeit und Zuneigung des Loverboys hat die junge Frau nun „das erste Mal das Gefühl, jemand interessiert sich wirklich für mich"[448].

6.2 Täterstrategien und abhängigkeitsfördernde Dynamiken im Loverboy-Fallverlauf

Anhand der drei als typisch identifizierten Fallmuster, die sich in den Strategien der Zuführung wie auch der Aufrechterhaltung der sexuellen Ausbeutung unterscheiden, werden die Zwangsmomente des Täterhandelns unter Einbezug besonderer Vulnerabilität sowie dessen (nachhaltig) bindende Wirkung diskutiert.

Diskussion der forschungsleitenden Fragen:

- Wie wird der Wendepunkt in der Beziehung eingeleitet, um zur Prostitution zuzuführen und welche Täterstrategien können dabei und im weiteren Fallverlauf typisiert werden?
- Welche Mechanismen erschweren den Loslösungsprozess bzw. hindern den Ausstieg aus der Zwangsprostitution?

---

[447] FBS_Int7, Abs. 97

[448] FBS_Int4, Abs. 6; hierzu auch P_Int2, Abs. 19, 65; P_Int3, Abs. 49; P_Int4, Abs. 9, 13; P_Int5, Abs. 67; P_Int6, Abs. 41; FBS_Int2, Abs. 11; FBS_Int4, Abs. 10, 102; FBS_Int5, Abs. 95; FBS_Int7, Abs. 75, 97, 101

6.2.1 Prostitutionszuführung und -aufrechterhaltung vor dem Hintergrund der Freiwilligkeit

Wie zuvor erläutert, knüpfen die Loverboys mehr oder weniger gezielt an die (temporären) Bedürfnisse und Empfänglichkeiten der Betroffenen an. Um zu verstehen, welche Dynamiken zur Herstellung oder Aufrechterhaltung der Zwangslage wirken, ganz gleich ob physische Gewalt genutzt wird oder allein verbal auf emotionaler Ebene agiert wird, werden die drei identifizierten Fallmuster sowie verschiedenen Varianten von Täterstrategien nachfolgend theoriebasiert diskutiert.[449]

a) Muster Gewalt und der Einsatz negativ-sanktionierender Täterstrategien

Massive Gewaltausübung in Form von Eskalationen bis hin zu Gruppenvergewaltigungen, um die Frau der Prostitution zuzuführen, werden in einer niederländischen Handreichung als bekanntes Vorgehen beschrieben (vgl. CCV 2012: 17). In Deutschland hingegen werden eher Zuführungsformen betont, die keiner physischen Gewaltanwendung bedürfen bzw. in denen erst im weiteren Fallverlauf zur Aufrechterhaltung der sexuellen Ausbeutung physische Gewalt genutzt wird (vgl. Müller-Güldemeister 2011: 22ff.; Scheer & Dufner 2015: 23; BKA 2018: 13). In fünf Fallbeschreibungen der vorliegenden Untersuchung wird jedoch deutlich, dass eine gewaltvolle Form der Zuführung auch in Deutschland Relevanz besitzt. Ursächlich für die frühe Gewaltanwendung ist meist direkte Gegenwehr seitens der Betroffene (vgl. Abschnitt 5.2.3). Ausschließlich bei diesem Fallmuster werden direkte Flucht bzw. Fluchtversuche benannt. Eine erstmalige Gewalthandlung führt also zum direkten Bruch, wie auch im Beziehungsmuster *rasche Trennung* von Helfferich et al. (2004: 43). Trotz direktem Beziehungsbruch werden Fälle mit mehreren Monaten der sexuellen Ausbeutung beobachtet, in denen sich der Einsatz negativ-sanktionierender Täterstrategien fortsetzt.

Die deutsche Forschungsliteratur beschreibt die Zwangsmittel Isolation, Kontrolle, Erpressung und körperliche Gewalt – ohne weitere Spezifizierung (vgl. Müller-Güldemeister 2011: 24; Scheer & Dufner 2015: 23; Helfferich et al. 2010: 173; Bubenitschek et al. 2011: 539), die durch das erhobene Wissen detaillierter gefasst werden können. Es lassen sich verschiedenste Handlungen der Kategorien negativ-sanktionierende Täterstrategien zuordnen (vgl. Abbildung 26):

449 Die nachfolgende verknüpfende Darstellung von Prostitutionszuführung und den fortan eingesetzten Zwangsmitteln dient lediglich der Vermeidung von Dopplungen und bildet keinen exklusiven Zusammenhang ab. Der Zuführungsweise können unterschiedliche Zwangsmittel folgen, wie im Abschnitt 5.2 ausführlich dargestellt.

Beleidigung; Liebesentzug Distanz; Schuldzuschreibung; Demütigung; Isolation; Kontrolle über Aufenthaltsort, der Smartphones, der Kontakte; Druck ausüben; Verbieten, anderer Berufstätigkeit nachzugehen; Geld abnehmen; Überwachung; Schulden auf ihren Namen erzeugen; durch Waffen einschüchtern; Anschreien; mit dem Leben bedrohen; Erpressung; über Wohl/Sorgerecht der Kinder erpressen; Bedrohung; Schlagen; Treten; Würgen; mit Gegenständen misshandeln bzw. sie gegen Gegenstände schlagen; an den Haaren über den Boden ziehen; verschiedene Formen der Freiheitsberaubung; Drogen verabreichen und Vergewaltigung

Abbildung 26: *Identifiziertes Täterhandeln: physische Gewalt* [eigene Darstellung]

Die vermuteten Parallelen zu den Gewaltformen von Partnerschaftsgewalt, die im *Rad der Gewalt* zusammengefasst werden, bestätigen sich nahezu vollumfänglich (vgl. Abbildung 11; Scheer & Dufner 2015: 23). Lediglich die Täterstrategien Schulden verursachen, Drogen verabreichen sowie Liebesentzug werden im Zusammenhang mit Partnerschaftsgewalt weniger thematisiert. Letzteres ist jedoch im Zusammenhang mit ambivalenten Täterstrategien und den darin erkennbaren Parallelen zur Gewaltspirale nach Walker (1977) bzw. modifiziert (Peichl 2011) durchaus bedeutsam und wird daher an späterer Stelle erneut aufgegriffen.

Die negativ-sanktionierenden Täterstrategien Drogen verabreichen und Schulden verursachen sind keine unbekannten Handlungen der Zwangsprostitution. Ziel ist es, darüber eine finanzielle bzw. substanzielle und damit wiederum finanzielle Abhängigkeit zu schaffen, die den Druck aufrechterhält, weiterhin der Prostitution nachzugehen. Zeitgleich sollen die Frauen durch Drogenkonsum insgesamt gefügiger und länger einsetzbar sein.[450] Bei den physischen Gewalthandlungen ist der Zwang direkt erkennbar, wohingegen bei ambivalenten Täterstrategien oder gar solchen, die ausschließlich positiv-bestärkend Intention vermitteln, der Zwangsmoment und damit die Abwesenheit eines Willensentschluss aus freien Stücken, wie es bei Sexarbeiter:innen mit bewusster Entscheidung für die Tätigkeit der Fall ist, nicht immer direkt zu fassen ist (vgl. Müller-Güldemeister 2011: 27; Becker 2021; Kähler 2015: 198ff.).

Zwar zeigen sich im Fallmuster *Gewalt* durch Gegenwehr und Fluchtunternehmungen durchaus kurze Ausbeutungszeiträume von maximal sechs Monaten, dennoch spielt auch hier die emotionale Abhängigkeit

---

[450] vgl. P_Int2, Abs. 11, 59; P_Int4, Abs. 15; P_Int6, Abs. 11, 29; P_Int7, Abs. 17, 19; FBS_Int4, Abs. 6, 104, 114; FBS_Int5, Abs. 15

im Zuge der Liebesbeziehung eine zentrale Rolle. Dies wird beispielsweise daran erkennbar, dass auch nach dem Ausstieg aktiv Kontakt zum ehemaligen Partner gesucht oder Versöhnungsangebote vom Loverboys angenommen werden. Es stellt sich daher die Frage, warum eine (emotionale) Loslösung nicht früher bzw. nur schwer gelingt.[451]

Erste Erklärungen für die starke, anhaltende Bindung zum Täter liefert das adaptierte Verständnis des Stockholm-Syndrom, das von Godenzi (1993: 250) auf die Dynamik innerhalb der Partnerschaftsgewalt übertragen wurde. Gerade die ersten drei Voraussetzung sind in diesem Fallmuster erfüllt:

1. „Ein Mann bedroht eine Frau auf schwerste Weise (z. B. mit dem Tod).
2. Die Frau kann nicht ausweichen, so dass ihr Leben ganz vom Mann abhängig ist.
3. Die Frau ist isoliert von anderen Bezugspersonen, ihre einzige Perspektive ist ein Leben mit dem Mann."

Ob und inwiefern auch die vierte und letzte Voraussetzung „Der Mann ist auch zärtlich und liebenswürdig zu der Frau." (ebd.) nach der gewaltvollen Prostitutionszuführung weiterhin zutrifft, hängt von den im Fallverlauf dominierenden Zwangsmitteln ab. Im Fall 10 wird von Täterseite beispielsweise nach gewaltvoller Zuführung fortan ambivalent agiert: trotz massiver körperlicher Gewalt hat er „die richtigen Worte gefunden im richtigen Moment, was die Frauen halt auch hören wollten"[452]. Die theoretischen Annahmen des Stockholm-Syndroms werden daher an der Stelle der Beschreibung ambivalenter Täterstrategien vertiefend betrachtet.

In den anderen vier Fällen, die durch gewaltvolle Zuführung charakterisiert sind, werden ausschließlich negativ-sanktionierenden Täterstrategien eingesetzt. Der mehrwöchige Verbleib in der Zwangslage wird daher aus theoretischer Sicht eher als eine Form der Überlebensstrategie interpretiert, bei der das aktive Suchen nach Hilfe mit der Gefährdung des eigenen Lebens verbunden wird (vgl. Greber & Kranich 2013: 105/9f.). Weiterhin ist es denkbar, dass aufgrund psychischer Traumatisierung in Folge der massiven Gewalterfahrungen durch den Täter sowie innerhalb der Prostitution, jegliche Abwehrmechanismen unterdrückt und täteridentifizierender Ansichten und Realitäten übernommen werden. Dem Partner gegenüber wird damit Loyalität signalisiert (vgl. Igney 2008: 46; Vogt 2021: 182ff.).

---

[451] vgl. FBS_Int5, Abs. 67, 79; P_Int5, Abs. 37, 59; P_Int4, Abs. 64, 72

[452] P_Int4, Abs. 45

b) Muster Versprechen und der Einsatz positiv-bestärkender Täterstrategien

Das Versprechen einer gemeinsamen Zukunft wird in der vorliegenden Untersuchung zunächst als zentrale Strategie benannt, der als bindendes Element in der Anwerbungsphase eingesetzt und in 13 von 22 Fällen auch als primäres Szenario bei der Prostitutionszuführung genutzt wird (vgl. Abschnitt 5.2.1), wie es bereits in der niederländischen und ansatzweise auch nationalen Forschung festgestellt wurde (vgl. van San & Bovenkerk 2013: 71f.; Scheer & Dufner 2015: 23; Verhoeven et al. 2015: 55ff.).

In mehreren Fällen zeigt sich eine (anfängliche) Einwilligung zur Prostitution aus Liebe.[453] In Fallbeschreibungen mit ausländischen Tätern und Opfern kommt oft die Komponente besserer wirtschaftlicher Zukunftsaussichten für die gemeinsamen Lebenspläne hinzu.[454] Dass die anfängliche Einwilligung nicht als Freiwilligkeit zu werten ist, wird aus der Betrachtung bzw. des Verständnisses des Gesamtkontextes deutlich. Gerade die (vier) Fälle, in denen ausschließlich positiv-bestärkender Täterstrategien zum Einsatz kommen, lassen auf kaum bzw. leicht zu brechende Gegenwehr bei zeitgleich hoher Bedürftigkeit nach Liebe, Aufmerksamkeit und Zuneigung schließen, wie folgende Beschreibung exemplarisch verdeutlicht: „Das Wichtigste war, sie wollte einfach sie wollte von ihm gelobt werden, [...] ihr ist es gar nicht darum gegangen, [...] dass man das Geld irgendwie spart für die gemeinsame Zukunft, sie wollte einfach nur gut vor ihm dastehen“[455]; es ginge ihr folglich „nur um Anerkennung und um Liebe letztendlich. Sie war total verliebt in ihn.“[456].

[453] vgl. P_Int2, Abs. 17, 19, 21, 23, 25, 27; P_Int3, Abs. 45, 47, 49; P_Int4, Abs. 9, 13, 15, 45, 73; P_Int7, Abs. 27, 37, 39, 41; P_Int8, Abs. 3, 11, 13, 23, 61; . P_Int9, Abs. 3, 15, 27; FBS_Int6, Abs. 49, 51-53

[454] Vgl. P_Int1, Abs. 31, 33, 37, 47, 49, 51, 53, 55; FBS_Int1, Abs. 39

[455] P_Int1, Abs. 51

[456] P_Int1, Abs. 53

Wie auch bei der anfänglichen Umwerbung, setzt sich das reziproke Verhältnis von Vulnerabilität und Täterhandeln fort: Die besonderer Empfänglichkeit für Zuneigung, Aufmerksamkeit, Liebesversprechen, der Perspektive einer eigenen Familie und/oder der Sehnsucht nach einem Versorger und Beschützer trifft auf entsprechende Handlungen und Versprechungen durch den Loverboy, die die Sehnsüchte und Bedürfnisse (angeblich) erfüllen, wodurch eine starke emotionale Abhängigkeit erzeugt wird.[457] Dies hat mitunter jahrelange Ausbeutung und wiederholte Rückkehr zum Täter zur Folge. Der Zwangsmoment, der zeitgleich die Freiwilligkeit der Prostitutionstätigkeit negiert, liegt bei diesem Fallmuster also nicht in einer durch körperliche Gewalt oder Freiheitsberaubung herbeigeführtes Verwehren des Hilfeersuchens, sondern in der gezielten Manipulation der jungen Frau durch anscheinendes Erfüllen der Bedürfnisse und Sehnsüchte über Anerkennung, Lob, Geschenke, Versprechungen, Überreden oder Integration in die eigene Familie.

c) Muster ‚finanzielle Notsituation/revanchieren' und der Einsatz ambivalenter Täterstrategien

Elemente der in der niederländischen Handreichung des CCV (2012: 17) beschriebenen Zuführungsform über eine (fingierte) finanzielle Not mit der Bitte um kurzzeitige Unterstützung finden sich auch in den Wissensbeständen der Strafverfolgungs- und Beratungspraxis in Deutschland wieder. Der erstmalige Zwang baut auf einem erpresserischen Moment auf emotionaler Ebene auf und grenzt sich damit vom erpresserischen Vorgehen ab, bei dem gedroht wird, intimes Bildmaterial zu veröffentlichen (vgl. Abschnitt 5.2.3 oder auch Müller-Güldemeister 2011: 24; Bovenkerk & van San 2011: 196). Oft liegt ebenfalls ein glückliches Zukunftsszenario zugrunde, das droht wegzufallen, wenn sich die Frau den Forderungen nicht fügt. Diese Ambivalenz aus greifbarer Erfüllung der eigenen Wünsche bzw. des Strebens nach einer glücklichen Partnerschaft sowie dessen erwarteter Wegfall bei mangelnder Einwilligung erzeugt einen Zwangsmoment, durch den eine Zuführung ohne massive Gewaltanwendung möglich wird, wobei auch hier nicht von einer Einwilligung aus freien Stücken gesprochen werden kann.

Liebesbekundungen, Zuneigung und Aufmerksamkeit in Abhängigkeit von der Kooperationsbereitschaft stellen auch den zentralen Zwang der ambivalenten Täterstrategien dar, die von den Praxisvertreter:innen mitunter als *Zuckerbrot und Peitsche* bezeichnet werden.[458]

---

457 Details zu der theoretischen Fundierung der hier genannten Vulnerabilität wurden bereits im Abschnitt 6.1.2 ausführlich erörtert.

458 vgl. P_Int4, Abs. 11, 23, 45; P_Int5, Abs. 43; P_Int8, Abs. 3, 51; P_Int9, Abs. 27

Derartige Täterstrategien werden in 11 von 22 Fällen beschrieben und können nicht nur aufgrund deren Häufigkeit als prägnante Vorgehensweise im Bereich des Loverboy-Phänomens gefasst werden. Relevanter ist die daraus resultierende emotionale Abhängigkeitsdynamik, die sich aus theoretischen Erkenntnissen im Zusammenhang mit Partnerschaftsgewalt ableiten lässt, wie auch Scheer und Dufner (2015: 23) im Loverboy-Kontext postulieren.

Wie bereits im vorherigen Abschnitt kurz skizziert, treffen bei dieser Strategie (lebens-)bedrohende Gewalt, die Isolation vom sozialen Umfeld und damit dem erschwerten Zugang zu Hilfe auf zugleich zärtliche und liebenswerte Handlungen seitens des Täters, wie es Godenzi (1993: 250) ebenfalls bei der Übertragung des Stockholm-Syndroms auf Abhängigkeitsdynamiken im Kontext Partnerschaftsgewalt definiert. Das daraus resultierende Bestrafungs- und Belohnungssystem besitzt eine bindungs- und abhängigkeitsverstärkende Wirkung (vgl. Herman 2018: 110ff.).

Bereits Ende der 1980er Jahre wird die Übertragbarkeit des Stockholm-Syndroms auf die Beziehung zwischen Zuhälter und Zwangsprostituierten – ohne zwangsläufig vorliegende Liebesbeziehung – untersucht. Die Autorinnen kommen zu dem Schluss, dass eine Wechselwirkung zwischen Push- und Pull-Faktoren zu einem Abhängigkeitsverhältnis führen, indem einerseits vonseiten der Prostituierten versucht wird, dem Zuhälter zu gefallen (Pull-Faktor), andererseits das Gefühl von Wut und Angst präsent ist. Die Ambivalenz aus der Angst vor Repressalien bei zeitgleicher Angst, die einzig positive Beziehung zu beenden, konsolidiert das Abhängigkeitsverhältnis (vgl. Graham, Rawlings & Rimini 1988; Bullens & Van Horn 2000). Dieser Schluss trifft umso mehr auf die Konstellation in Loverboy-Fällen zu, da die Betroffene zusätzlich verliebt ist und die Hoffnung besteht, an die anfängliche Zeit der Beziehung anzuknüpfen.

Detaillierter noch werden die abhängigkeitsfördernden und an die Gewaltsituation bindenden Dynamiken unter Zuhilfenahme der *Gewaltspirale* von Walker (2016: 91 ff.;1977: 252 ff.) – bzw. weiterentwickelt von Peichl (2011: 9ff.) – deutlich. Nach einem Spannungsaufbau erfolgt die Explosionsphase, die durch massive Gewaltereignisse charakterisiert ist, auf die kurzzeitig Reue und Zuwendung in Form von Entschuldigungen und Entschädigungen folgen, die allerdings schnell Schuldzuweisung bzw. Schuldübernahme der Betroffenen, Bagatellisierung und Verleugnung der Gewalt nach sich ziehen. An verschiedenen Stellen lassen sich Elemente aus den Fallbeschreibungen zu den ambivalenten Täterstrategien der Loverboy-Methode in die theoretischen Ausführungen zur

Gewaltspirale einordnen. Es ist ebenfalls ein Spannungsaufbau hin zu mitunter massiven Gewaltanwendungen feststellbar, wobei bei den Täterhandlungen der Loverboys zentraler Ausgangspunkt in der Regel fehlende Kooperationsbereitschaft ist.[459] Physische und psychische Traumatisierung können die Folge sein.[460] Besonders deutlich zeigen sich Parallelen in Bezug auf die Phase der Reue und Wiedergutmachung in Form materieller und emotionaler Aufmerksamkeiten sowie Versprechungen, dass dies nicht wieder vorkäme. Aufmerksamkeiten und Liebeszugeständnisse zeigen sich außerdem, wenn es um das gegenseitige Ausspielen mehrerer Frauen, die für den Loverboy arbeiten, geht oder um die Kooperationsbereitschaft wieder herzustellen, wenn es zu kritischen Situationen mit Freiern gekommen ist. Die Betroffene lässt sich daraufhin erneut auf die Forderung ein, verzeiht und/oder bagatellisiert das Vorgefallene bzw. gibt sich sogar teilweise selbst die Schuld daran: „sie hat ihn ja in Schutz genommen, auf die Schläge bezogen: ‚ja (-) ich habe halt etwas verkehrt gemacht, das war in Ordnung'"[461]. Diese Denkmuster sind durchaus vergleichbar mit den Dynamiken der Gewaltspirale und können sich destruktiv auf das Opferbewusstsein und infolge dessen auf die Anzeigebereitschaft (auch: Rücknahme der Anzeige) auswirken (vgl. Peichl 2011: 13ff.).
Ein weiterer Aspekt der erweiterten Gewaltspirale wird in einer Fallausführung erkennbar: Indem der Loverboy „so in die weinerliche Schiene [geht]. [...] löst [er] bei den Frauen den Beschützerinstinkt aus [...] und sie [sind] dann halt weich geworden [...] und dadurch [konnte] er sie letztendlich auch manipulieren".[462] Aus psychoanalytischer Sicht zeigt sich laut Peichl (2011: 13ff.) eine Art Rollenumkehr, in der die Betroffene den Täter umsorgt und (sich) für sein Wohlergehen verantwortlich gemacht wird (bzw. fühlt).
Dass der phasenartige, wiederkehrende Verlauf der Gewaltspirale nicht uneingeschränkt auf die Situation im Loverboy-Kontext übertragen werden kann, wird in zweierlei Weise deutlich: (1) Während im Partnerschaftsgewaltkontext Gewalteskalationen im Zeitverlauf in kürzeren Abständen auftreten oder an Intensität zunehmen (vgl. Messing et al. 2018; Boxall & Morgan 2020; Stark 2012), werden in Loverboy-Fällen teilweise gegenteilige Dynamiken berichtet. In einem Fall kommt es nach einer einmaligen Körperverletzung fortan nicht mehr zu physischer

[459] vgl. P_Int3, Abs. 11, 19; . P_Int6, Abs. 11, 29, 7; FBS_Int2, Abs. 5, 7, 27, 35, 39; FBS_Int5, Abs. 13, 15, 17; . FBS_Int7, Abs. 75, 77
[460] vgl. FBS_Int1, Abs. 59; FBS_Int5, Abs. 59
[461] P_Int1, Abs. 169
[462] P_Int4, Abs. 23

Gewalt, da die Betroffene derart eingeschüchtert war und sich den Forderungen gefügt hat.[463] Eine Gewaltpotenzierung stellt sich also nicht per se ein, sondern ist primär an die Durchsetzung der Forderung, sich weiterhin zu prostituieren, geknüpft. Die Übertragung der Gewaltspirale bezieht sich nicht auf die erfahrene Gewalt durch die Zwangsprostitution, sondern auf die Handlungen des Loverboys, die die Prostitutionstätigkeit erzwingen. Diese können sich nicht nur negativ-sanktionierend oder positiv-bestärkend, sondern auch in einer Kombination aus beiden zeigen. Die Theorie zur Gewaltspirale findet folglich vor allem in Bezug auf das unkalkulierbare Wechselspiel aus Gewalt und Versöhnung sowie der daraus resultierenden bindungs- und abhängigkeitsverstärkenden Wirkung Anwendung in der Loverboy-Methode.

6.2.2 Mechanismus emotionaler Abhängigkeit, Loslösungsprozess und Ausstieg

In der bisherigen Fachliteratur zum Loverboy-Phänomen wird postuliert, dass die Loslösung aus der Zwangslage aufgrund emotionaler Abhängigkeit schwer oder gar nicht gelingt (vgl. van San & Bovenkerk 2013: 71; Scheer & Dufner 2015: 23; Müller-Güldemeister 2011: 22ff.; Bullens & van Horn 2000). Auch fehlende Erfahrungen, was in einer gleichberechtigten Beziehung zu akzeptieren ist, sowie gewaltvoll durchgesetzter Zwang seitens des Täters werden als Hemmnisse beschrieben – ohne dabei Kausalitäten zu vertiefen (vgl. BKA 2018: 7; Scheer & Dufner 2015: 21; Müller-Güldemeister 2011: 23ff.; Helfferich et al. 2010: 174).

Zunächst gilt es festzustellen, ob und inwiefern emotionale Abhängigkeit über die sexuelle Ausbeutung hinweg besteht und überhaupt als Grund für ein erschwertes Lossagen infrage kommt oder ob vielmehr angedrohte bzw. befürchtete Repressalien seitens des Täters, wie es Scheer und Dufner (2015: 23) und auch Müller-Güldemeister (2011: 23) beschreiben, in erster Linie den Ausstieg unterbinden. Die Fallbeschreibungen aus Strafverfolgungs- und Beratungspraxis verweisen bezogen auf die Beständigkeit emotionaler Abhängigkeit über die sexuelle Ausbeutung hinweg auf vier Varianten:

a) es kommt mit Prostitutionszuführung zu einem Bruch der emotionalen Bindung/Abhängigkeit; direkte Gegenwehr, Ausstiegsversuche bzw. der Ausstieg sind die Folge

[463] vgl. P_Int3, Abs. 11, 19

b) die emotionale Bindung/Abhängigkeit löst sich im Verlauf der sexuellen Ausbeutung; ein Ausstieg wird jedoch noch nicht aktiv initiiert
c) die emotionale Bindung/Abhängigkeit löst sich im Verlauf der sexuellen Ausbeutung; sobald es zur emotionalen Loslösung kommt, wird auch ein Ausstieg initiiert
d) eine emotionale Bindung/Abhängigkeit ist auch nach dem Ausstieg aus der sexuellen Ausbeutung feststellbar; es kann aber muss nicht zur Rückkehr zum Täter kommen

Die Variante a) gleicht dem Gewaltbeziehungsmuster *rasche Trennung* nach Helfferich et al. (2004: 43), bei dem es nach einer einmaligen Misshandlung bzw. bezogen auf den betrachteten Deliktbereich nach der Prostitutionszuführung zum emotionalen Bruch kommt und infolge dessen auch Trennungs-/Ausstiegsunternehmungen geplant oder gar umgesetzt werden. Jedoch lassen die Beschreibungen aus der Praxis Abweichungen vermuten. Während die Autorinnen das Muster rasche Trennung als charakteristisch für ein junges Alter der Frauen sehen, da diese „einen Generationenwandel, was das selbstbewusste Vertreten von Ansprüchen an eine gleichberechtigte Beziehung angeht" (ebd.) markieren, steht dies im Widerspruch zum als typisch benannten jungen Alter der Betroffenen von der Loverboy-Methode. Im Fall 11 flieht die Betroffene noch vor dem ersten Freierkontakt zu ihrer Familie und sagt polizeilich aus. Im weiteren Fallverlauf nimmt sie allerdings erneut Kontakt zum Loverboy auf, indem sie Briefe in die Untersuchungshaft schreibt, in denen sie das Vorgefallene bagatellisiert und Entschuldigungen für sein Verhalten sucht. Dynamiken, die aus der Gewaltspirale nach Walker (1977) bekannt sind. Dass in der Loverboy-Methode grundsätzlich weniger von selbstbewussten Ansprüchen an eine gleichberechtigte Beziehung durch die jungen Frauen auszugehen ist, zeigen verschiedenste Fallbeschreibungen (vgl. Abschnitt 5.1.1), deren potenzielle Ursprünge und Entstehungszusammenhänge im Abschnitt 6.1.2 bereits diskutiert wurden.

Die anfangs skizzierte Möglichkeit, dass angedrohte bzw. erwartete Repressalien des Täters einen Ausstieg verhindern oder verzögern, findet sich in der Variante b) wieder, in der eine emotionale Loslösung noch während der sexuellen Ausbeutung stattfindet, jedoch keine Hilfeersuche direkt erfolgen. Grund dafür kann die Angst um das eigene Leben oder das der Familie sein, sodass aus einer Art Überlebensbindung bzw. -strategie heraus agiert wird (vgl. Igney 2008: 46; Vogt 2021: 182ff.;

Peichl 2010: 304ff.). Ist der Ausstieg letztlich gelungen, bleibt es bei einem kompletten Ausstieg ohne Rückkehr zum Täter.[464]
Bei der Variante c), in der mit fortschreitender emotionaler Loslösung auch der Ausstieg angebahnt und durch konkrete Unternehmungen vorbereitet wird, können je nach Ausbeutungsdauer Parallelen zum Muster des *fortgeschrittenen Trennungsprozess* nach Helfferich et al. (2004: 44ff.) konstatiert werden. Entgegen der Annahme schwindender Handlungsfähigkeit, wie sie in der Gewaltspirale beschrieben werden, nimmt die Handlungsmacht der Betroffenen zu. Es findet ein innerer Loslösungsprozess und auch erste (heimliche) Schritte zur Trennung statt (vgl. Helfferich et al. 2004: 44ff.). Bei den zugeordneten Fällen bleibt es ebenfalls bei einem kompletten Ausstieg ohne Rückkehr zum Täter.
Ohne Anspruch auf Repräsentativität ist beim Loverboy-Phänomen eine stärkere Tendenz zur Variante d), in der auch Monate oder gar Jahre nach dem physischen Ausstieg, Hinweise auf eine weiterhin bestehende emotionale Bindung zum Loverboy gegeben werden.[465] Damit bestätigt sich die emotionale Abhängigkeit als ein wesentliches Hemmnis, wenn es um die erschwerte Loslösung und Hilfeersuchen geht. Wie auch beim Muster *ambivalenten Beziehung*, das deutliche Parallelen zum Modell der Gewaltspirale nach Walker (1977) erkennen lässt, sind in den Fallbeschreibungen Hinweise auf Hilflosigkeit, Ratlosigkeit, Handlungsunfähigkeit und Ineffektivität erkennbar (vgl. Helfferich et al. 2004: 46f.). Wie stark die emotionale Abhängigkeit weiterhin zu sein scheint, verdeutlicht die rekonstruierte Aussage einer Betroffenen bezogen auf räumliche Distanz: „ich muss hier weg, solange ich hier bin, werde ich immer wieder zu ihm zurück gehen".[466]Auffällig ist darüber hinaus, dass gerade ambivalente Täterstrategien zum Einsatz kommen, die die emotionale Bindung weiter intensivieren. Charakteristisch und zeitgleich im Einklang mit den Beschreibungen von Helfferich et al. (2004: 46ff.) ist die Tatsache, dass selbst wenn es zu einer Trennung bzw. dem Ausstieg kommt, muss diese a) nicht von Dauer sein, da es nicht selten zur erneuten Kontaktaufnahme bzw. gar zur Rückkehr zum Täter kommt, bzw. b) der Ausstieg nicht deckungsgleich mit dem inneren Lösungsprozess ist. Wie auch in den untersuchten Fälle von Helfferich et al. (2004: 46ff.) sind die Betroffenen der vorliegenden Studie auch nach einer Trennung emotional noch eng mit dem Partner bzw. der Beziehung gebunden.[467]

---

[464] vgl. P_Int2, Abs. 17, 21, 39; P_Int8, Abs. 39; FBS_Int6, Abs. 157, 161; FBS_Int7, Abs. 75

[465] vgl. FBS_Int1, Abs. 33; FBS_Int3, Abs.8, 50, 78; FBS_Int5, Abs. 57, 59

[466] P_Int4, Abs. 70

[467] vgl. P_Int4, Abs. 9, 15, 17, 27, 45, 62, 64, 84; FBS_Int5, Abs. 70, 75

Dies muss nicht zwangsläufig auch mit fehlendem Unrechtsbewusstsein einhergehen, schließlich zeigen sich einige Betroffene langfristig aussagebereit und treten als stabile Zeuginnen auf;[468] „ihr war ganz klar bewusst, dass was er gemacht hatte, war falsch und trotzdem war es schwer für sie, sich da auch von zu lösen"[469].

Während in den Varianten a) und b) weniger die emotionale Abhängigkeit als zentraler Hinderungsfaktor zu werten ist – hier werden nicht selten negativ-sanktionierende Täterstrategien zur Aufrechterhaltung des Zwangs genutzt –, verdeutlichen die Varianten c) und d) den stärkeren Einfluss intensiver emotionaler Bindung. Durch die starke emotionale Bindung bleibt die Ausbeutungssituation aufrechterhalten, indem beispielsweise durch den Loverboy wiederkehrend positiv-bestärkende Impulse gegeben werden, die die Betroffene in dem Glauben der gemeinsamen Zukunft und exklusiven Liebe lässt. Die Bruch der emotionalen Bindung/Abhängigkeit und der Ausstieg bzw. Ausstiegsversuch finden nicht zwangsläufig zeitgleich statt, wie Variante d) verdeutlicht. In 11 von 22 Fällen ist auch Wochen oder Monate nach dem Ausstieg eine enge emotionale Bindung an den Loverboy feststellbar, die eine Rückkehr zum Täter bedingen kann. Die emotionale Abhängigkeit kann also durchaus als wesentlicher Einflussfaktor in Bezug auf einen erschwerten Ausstieg aus der Zwangslage gewertet werden.

Darüber hinaus sind auch die Folgen einer kPTBS, wie sie im Abschnitt 2.2.2 ausführlich beschrieben wurden, als hemmender Faktor bei der emotionalen und auch physischen Loslösung zu bedenken. Die DeGPT (o.J.) verweist beispielsweise auf eine mögliche Beeinflussung der Selbstwahrnehmung, durch die sich Betroffene hilflos und außerstande fühlen, Einfluss auf das Leben nehmen zu können, soziale Isolation oder auch Schuldgefühle wahrgenommen werden und die Annahme besteht, niemand könne sie verstehen. Das Vertrauen zu anderen ist nachhaltig gestört und auch die Hoffnung auf eine Verbesserung der Situation weicht und geht in Resignation über. Diese Aspekte können also ebenfalls bzw. zusätzlich dazu beitragen, dass eine Loslösung nur schwer gelingt.

---

468 vgl. P_Int1, Abs. 77, 81; P_Int5, Abs. 37, 59; P_Int9, Abs. 19

469 FBS_Int5, Abs. 57

6.3 Bewertung und Ausblick

Nachdem die zentralen Untersuchungsergebnisse in der Gesamtschau anhand theoretischer und bestehender empirischer Erkenntnisse diskutiert wurden, gilt es abschließend auch mögliche Limitationen, den Geltungsbereich sowie den Beitrag für die Wissenschaft transparent zu machen. Schließen wird die Arbeit mit Verweisen zur Anschlussfähigkeit aus Sicht der Praxis und Forschung.

6.3.1 Hinweise zur Aussagekraft und mögliche Limitationen

Bei der Aussagekraft der Ergebnisse sind trotz Qualitätssteigerung nicht zuletzt durch eine kommunikative Validierung Limitationen zu berücksichtigen. Beispielsweise gilt es stets zu bedenken, dass es sich bei der Untersuchung um eine explorative, nicht aber um eine repräsentative Studie handelt. Verteilungen der Fälle zu den typischen Fallmustern weisen also lediglich auf Tendenzen hin und geben keinen allgemeingültigen Hinweis auf prozentuelles Auftreten. Der Schwerpunkt der explorativen Forschung liegt vielmehr in der Identifikation von Detailinformationen, Facettenreichtum und typischen Elementen des Loverboy-Phänomens durch die Systematisierung des expliziten und impliziten Wissens aus der Praxis. Die Ergebnisse sind entsprechend in diesem forschungsparadigmatischen Sinne zu verwenden.

Bei der Einschätzung zur Vulnerabilität wird die professionelle, außensehende und fallüberblickende Perspektive der Praxisvertreter:innen herangezogen. Dennoch sind diesbezügliche Limitationen denkbar, die sich aus zweierlei Umstand herleiten: [1] Im konstruktivistischen Sinne ist es möglich, dass bestimmte Vulnerabilitätsfaktoren nicht als solche identifiziert werden, da diese bislang weder an entsprechendes Erfahrungs- oder Theoriewissen anknüpfen und dadurch von den Praxisvertreter:innen nicht direkt in Verbindung mit einer besonderen Verletzbarkeit gesetzt werden. Um dem entgegenzuwirken, wurden in der Auswertung daher nicht nur Vulnerabilitätsfaktoren einbezogen, die auch als solche betitelt wurden, sondern in einem induktiv-deduktiven Prozess unter Einbezug von Theoriewissen jegliche Fallausführungen auf eine mögliche Risikopotenzierung hin analysiert. [2] Weiterhin ist es denkbar, dass Belastungsmomente und destruktive Erfahrungen, die Ursprung einer besonderen Verletzbarkeit sind, im Rahmen der polizeilichen oder beraterischen Intervention nicht erkennbar, erfragt oder anderweitig vermittelt worden sind. Für eine allumfassende Beurteilung wird daher eine Verbindung von Fremd- und Selbstbeurteilung, also der Selbstauskunft von Betroffenen, als sinnvolle Ergänzung in zukünftiger Forschung erachtet.

Auch bezogen auf die Typisierung der Fallverläufe anhand der Gestaltung der Zuführung und der Täterstrategien ist zu beachten, dass die Verteilungen keinen Anspruch auf Repräsentativität erheben. Die Zuordnung der Fälle zum jeweiligen Fallmuster wird von der Strategie abhängig gemacht, die von den Befragten in dem jeweiligen Fall als entscheidendes Zuführungsargument rekonstruiert wird. In mehreren Fallbeschreibungen können O-Töne aus Vernehmungen, Aktenaufzeichnungen, TKÜ- oder Chat-Protokollen als ergänzende Informationsquelle in den Interviews herangezogen werden, die die Erzählungen unterstreichen. Es ist dennoch möglich, dass trotz gezielter Nachfrage nicht alle Zwangsmittel benannt wurden bzw. der Auskunftsperson bekannt sind, sodass eine andere als die hier präsentierte Zuteilung zu bestärkenden oder sanktionierenden Zwangsmitteln bzw. einer Mischform aus beiden denkbar ist. Aufgrund der qualitativen Ausrichtung der Untersuchung geht es jedoch weniger um numerische Vergleiche, für die eine exakte Zuteilung erforderlich wäre, sondern vielmehr um Tendenzen von angewendeten und kombinierten Täterstrategien, bei denen insbesondere die Details im Fallverlauf durch exemplarische Einblicke in das Fallgeschehen und die Analyse des Mechanismus der emotionalen Abhängigkeit einen Erkenntniszuwachs bedeuten.
Die Fallausführungen wurden nicht zuletzt auf mögliche Unterschiede zwischen der Perspektive der Polizei und die der Beratung hin untersucht. Differenzen zeigen sich Mandatsbedingt in der Zielrichtung des professionellen Handelns, wenn beispielsweise von Seiten der Polizei die Aussagebereitschaft und auch Täterstrukturen und -handeln weniger aber die Vulnerabilität fokussiert wird, die Beratungsstellenmitarbeiterinnen hingegen meist weniger Einblicke in die genauen strafbaren Handlungen, dafür aber im Rahmen der psychosozialen Begleitung umfassende Informationen über die Lebenshintergründe und das soziale Umfeld und daraus resultierende Vulnerabilitäten erhalten. Im Sinne zweier sich mehrheitlich überschneidender Wissens- und Erfahrungsbestände mit einer spezifischen Detailkenntnis konnten Wissensbestände in der Breite untersucht und damit ausdifferenziertere Erkenntnisse zu gewonnen werden, als wenn nur eine der beiden Akteursgruppen befragt worden wäre.
Ohne linguistischen Analyseschwerpunkt gilt es für die Beurteilung potenzieller Berufsgruppenunterschiede dennoch sprachliche Unterschiede zu prüfen. Neben unterschiedlicher Terminologie im Zusammenhang mit den tatbeteiligten Personen (vgl. Abschnitt 2.1.2), konnten lediglich im Zusammenhang mit der Charakterisierung von Tätern und Opfern minimale kontrastive Schilderungen festgestellt werden. Während

beispielsweise von Seiten der Polizei mehrfach die Beschreibung „naiv“ gewählt wurde, haben Vertreter:innen der FBS vor allem Umschreibungen wie Unwissenheit, Unerfahrenheit oder leichter Beeinflussbarkeit gewählt. Wertungen bzw. subjektive Färbung der Charakterisierungen wurden in der Untersuchung bewusst als Einschätzung akzeptiert, jedoch als solche kenntlich gemacht, in dem im Konjunktiv geschrieben wurde bzw. O-Töne in Form von Zitaten gewählt wurden.
Auch wenn durch die Untersuchung ein sehr breites und – methodisch gesehen – gesättigtes Spektrum an potenziellen Vulnerabilitätsfaktoren, Täterstrategien sowie deren Dynamik in Verbindung mit emotionaler Abhängigkeit identifiziert wurde, können der stetige gesellschaftliche Wandel, Dynamiken innerhalb sozialer Medien oder auch unvorhergesehene Ereignisse, wie zuletzt die Corona Pandemie, neue und veränderte Vulnerabilitäten und Bedingungen erzeugen. Denkbar ist zum Beispiel eine Beschleunigung der Verlagerung der Kommunikation in die digitale Welt. Entsprechende Tendenzen und Trends sind bereits aus neusten Beobachtungen erkennbar. Beispielsweise stellt das BKA (2020: 24) fest, dass sich „durch Einschränkungen wie Kita oder Schulschließungen sich die Tatgelegenheiten [erhöhten], gleichzeitig verringerten sich Aufdeckungsmöglichkeiten. Zudem dürfte sich die Zeit, die Kinder und Jugendliche täglich im Internet verbrachten, während der Pandemie deutlich erhöht haben“. Problematisch ist in diesem Zusammenhang, dass ein Kontakt über das Internet oft mit einer geringeren Hemmschwelle einhergeht, sodass früh Vertrauen geschenkt, eine Bindung aufgebaut und im Zuge dessen auch intimes Material geteilt wird. Veränderungen betreffen also nicht nur das Angebot sexueller Dienstleistungen, die während des Pandemie-bedingten Prostitutionsverbots ausweichend über Dating- und Social Media-Portale angeboten wurden, sondern auch die täterseitige Kontaktanbahnung.

6.3.2 Beitrag zur Wissenschaft und Geltungsbereich

Mit dem Forschungsprojekt erfolgt erstmals eine empirisch und theoretisch fundierte Aufbereitung und Systematisierung der Wissensbestände zum Loverboy-Phänomen in Deutschland. Dabei konnten bisherige empirische Erkenntnisse bestätigt, korrigiert bzw. konkretisiert vor allem aber erweitert werden. Es wurde einerseits das reziproke Verhältnis von Vulnerabilität und Täterstrategien analysiert und theoretisch fundiert, andererseits über eine Typenbildung typische Fallverlaufsmuster identifiziert. Die neu gewonnenen Erkenntnisse bieten insgesamt Detailwissen zu Vulnerabilitätsfaktoren, Anwerbung, Prostitutionszuführung, Täterstrategien zur Aufrechterhaltung der sexuellen Ausbeutung sowie zu

Loslösung bzw. konkreten Ausstiegsunternehmungen in Verbindung mit der im Loverboy-Phänomen als charakteristisch definierten emotionalen Abhängigkeit. Neben einem generellen Einblick in verschiedene Loverboy-Fallverläufe, sind 10 zentrale Erkenntnisse aus der Untersuchung hervorzuheben:

1. Anders als in der niederländischen Forschung ausgewiesen und zunächst auch auf Deutschland übertragen (vgl. van San & Bovenkerk 2013; Bubenitschek et al. 2011; Scheer & Dufner 2015), findet die Loverboy- Methode im deutschen Bundesgebiet auch aber nicht exklusiv bei inländischen Personen Anwendung [15 von 22 Opfer sind Deutsch oder Deutsch mit Migrationshintergrund]. Verschiedene Fälle zeigen, dass auch bei Personen anderer *Nationalitäten* – vorzugsweise aus wirtschaftlich schwachen Staaten – über eine vorgetäuschte Liebesbeziehung der Prostitution zugeführt wird. Es kann widerstandslos in das Zielland immigriert werden, da Sehnsüchte nach einem finanziell gesicherten Leben und einem Partner, der als Versorger und Beschützer fungiert, von Täterseite instrumentalisiert werden (vgl. Fälle 1a/b; 6; 18; 21; 27; 28).
2. Die Feststellung, dass im Deliktsfeld Zwangsprostitution vermehrt bildungsferne Personen viktimisiert werden (vgl. Prasad 2014: 87f.; Riegler 2014: 101ff.; Howe 2021: 50ff.) konnte bislang im Zusammenhang mit der Loverboy-Methode empirisch weder verifiziert noch falsifiziert werden. Ein Blick in die Untersuchungsergebnisse verweist auf ein breites *Bildungsspektrum* bei den Betroffenen: Es werden durchaus bildungsferne Personen – primär im Zusammenhang mit ethnischen Minderheiten, deren Zugang zu Bildung strukturell und kulturell erschwert wird – viktimisiert (vgl. Fälle 1a, 21). Zeitgleich verfügen mehrere Opfer über eine abgeschlossene Berufsausbildung, einen hohen schulischen Abschluss oder streben einen universitären Abschluss an (vgl. z. B. Fälle 9, 13, 17). Im Gegensatz dazu sind bei nahezu allen Tatverdächtigen und Tätern keine oder sehr niedrige Bildungsabschlüsse festgestellt worden.
3. *Vulnerabilität* entsteht auch – aber nicht nur – in Folge kritischer Lebensereignisse und problembehafteter Familienverhältnisse (vgl. Fälle 1a, 9, 13, 18, 19, 21, 24, 27) wie bereits im Zusammenhang mit der Loverboy-Methode vermutet (vgl. Baier et al. 2019: 695; Bubenitschek et al. 2011: 539). Darüber hinaus haben die Fallrekonstruktionen die Erkenntnis bestätigt, dass auch Entwicklungsprozesse und -aufgaben innerhalb der Jugendphase allein ein erhöhtes Vulnerabilitätsrisiko erzeugen. Fehlende Akzeptanz in der Peergroup bis hin zu Mobbing, der Ablösungsprozess von den elterlichen Bezugspersonen

oder Unerfahrenheit bei ersten romanischen Beziehungen (vgl. Eschenbeck & Knauf 2018: 24ff.; Stahlke 2018: 71; Hampel 2007: 235; Lohaus et al. 2010: 20ff., 206; Thyen et al. 2009: 29; Vierhaus & Wendt 2018: 154) erzeugt eine temporäre Bedürftigkeit, die gezielt von den Loverboys durch intensives Umwerben ausgenutzt wird (vgl. Fall 23, 29).

4. Ein *geringer Selbstwert* bildet den Ergebnissen zufolge einen weiteren zentralen Vulnerabilitätsfaktor (vgl. z. B. Fälle 13, 15,19, 23, 29), dessen Ursache in destruktiven frühkindlichen Bindungserfahrung, dem Miterleben von elterlicher Gewalt, zeitgleich aber auch einem grundsätzlich niedrigem Selbstwert bei Mädchen im Zuge der Adoleszenz liegen kann (vgl. Collins & Read 1990: 647; Robins et al. 2002: 430; Robins & Trzesniewski 2005: 159; Baldwin & Hoffmann 2002: 107ff.; Rosenblum & Lewis 1999: 54ff.). Als Folge eines geringen Selbstbewusstseins bzw. Selbstwerts entsteht eine Empfänglichkeit für Anerkennung und Zuneigung; zeitgleich werden destruktive Beziehungsmuster akzeptiert, trotz Leidensdruck in Beziehungen verharrt und im Sinne erlernter Hilflosigkeit passiv agiert (vgl. Dutton und Painter 1981: 146ff.; Capaldi et al. 2012: 246; Schickedanz & Plassmann 2019: 435ff.; Dlugosch 2010: 79ff.).
5. In fünf Fällen vergeht bis zur Prostitutionszuführung mehr als ein Jahr bis hin zu vier Jahren, in denen eine als normal wahrgenommene Partnerschaft erlebt wird (vgl. Fälle 6, 11, 17, 24, 28). Eine derart *lange Dauer bis zum ersten Zuführungsversuch* wird vor dem Hintergrund eines strategischen und gewinnorientierten Täterhandels als untypisch eingeschätzt.
6. Eine als zentral identifizierte Täterstrategie zur Zuführung, aber auch Aufrechterhaltung der sexuellen Ausbeutung bildet der Wechsel zwischen positiv-bestärkenden und negativ-sanktionierenden Handlungen – einem *Agieren mit Zuckerbrot und Peitsche*. Vergleichbar mit den wechselnden Phasen, die in der Gewaltspirale nach Walker (1977) sich wiederholende Partnerschaftsgewalt mit entsprechenden emotionalen Abhängigkeitsdynamiken erklären, wirkt auch hier die temporäre, jedoch nicht kalkulierbare Rückkehr zu positiven Beziehungsmomenten bindungsverstärkend. Während im Zusammenhang mit der Gewaltspirale weniger das intentionelle Handeln des gewalttätigen Partners beschrieben wird, verdeutlicht sich der rasche Wechsel des ambivalenten Täterhandelns in Abhängigkeit von der Kooperationsbereitschaft des Opfers den strategischen und intentionellen Einsatz dieser Form der Manipulation. Die Folge ist eine Verstärkung

der emotionalen Bindung aufgrund der Hoffnung auf Rückkehr zu dem anfänglich offerierten Lebensstil und den Versprechungen.

7. In der Literatur wird auf den priorisierten Einsatz psychischer Gewalt verwiesen, *physische Gewalt* werde eher spät im Fallverlauf eingesetzt als höchste Eskalationsstufe (vgl. Müller-Güldemeister 2011: 24; Scheer & Dufner 2015: 23; Helfferich et al. 2010: 173). Basierend auf den Ergebnissen kann das insbesondere von Baier et al. (2019: 689) negierte Kriterium ‚Anwendung von physischer Gewalt in der Initiierungsphase' nicht pauschal als Ausschlusskriterium bei der Kategorisierung als Loverboy-Phänomen verstanden werden. Wie das Fallmuster *Gewalt* verdeutlicht, entsteht in mehreren Fällen ein Zuführungsszenario, bei dem direkt körperliche Gewalt zur Zwangsdurchsetzung erfolgt. Als ursächlich wird hier mangelnde Kooperationsbereitschaft sowie eine ohnehin gewaltbereite Tatperson vermutet.
8. Über die merkmalsorientierte Typenbildung – die Merkmalsräume konstruieren sich auf den Dimensionen Prostitutionszuführung und Täterstrategien – wurden *drei typische Fallverlaufsmuster* identifiziert. (1) Versprechen einer gemeinsamen Zukunft, (2) Aushelfen in einer Notsituation bzw. Forderung sich zu revanchieren und (3) Einsatz körperlicher Gewalt oder Erpressung. Innerhalb der Subtypen variieren die eingesetzten Täterstrategien zwischen positiv-bestärkenden, negativ-sanktionierenden und vor allem einer Mischform beider Pole in Form ambivalenter Handlungen (vgl. Kapitel 5.2)..
9. Das Bekanntwerden einer *weiteren Freundin bzw. Prostituierten des Loverboys* kann als Auslöser des Lossagens aufgrund von Eifersucht fungieren (vgl. Fälle 10; 13; 15; 21; 23), in mehreren Fallbeispielen stellt sich hingegen eine Art Konkurrenzsituation ein, in der die Frauen nach Anerkennung und ihrer vermeidlich höheren Stellung streben, indem sich fügsam gezeigt und möglichst viel Geld erarbeitet wird (vgl. Fälle 1a/b; 6; 9; 29). Eine weitere Variante gilt als eher ungewöhnlich: hier arbeiten und leben mehrere Frauen in anscheinender Akzeptanz in einer familiären Form zusammen (vgl. Fall 26).
10. Zwar zeigen sich in den Fallverläufen unterschiedliche Zeitpunkte der emotionalen Loslösung, die teilweise bereits vor dem Ausstieg bzw. Ausstiegsversuch liegen oder auch zeitgleich dazu zu verorten sind (vgl. Abschnitt 6.2.2). Ohne Anspruch auf Repräsentativität ist den Untersuchungsergebnissen beim Loverboy-Phänomen allerdings eine stärkere Tendenz zur Variante, in der auch Monate oder gar Jahre nach dem physischen Ausstieg eine enge, einflussnehmende emotionale Abhängigkeit zum Loverboy besteht. Die *Beständigkeit der*

emotionalen Abhängigkeit gilt als wesentliches Hemmnis, wenn es beispielsweise um die psychische Loslösung, Hilfeersuchen, Kooperation im Strafverfahren und auch nachhaltige Stabilität geht. Als Erklärung hierfür kann zusammenfassend – jedoch an dieser Stelle vereinfacht (vgl. ausführlich Kapitel 6) – festgehalten werden, dass emotionale Bindung in einer derart nachhaltigen Form durch das Zusammenspiel von romantischer Aufmerksamkeit, Anerkennung, verbalen und materiellen Umwerben sowie Zuneigung, die auf eine grundsätzliche Empfänglichkeit aufgrund seit Jahren verankerter destruktiver kognitiver Schemata oder temporärer Unsicherheiten trifft und im weiteren Verlauf auf manipulierende Weise bestärkt wird.

Der erweiterte Kenntnisstand zur Loverboy-Methode besitzt in erster Linie Gültigkeit für Deutschland. Eine Übertragbarkeit auf andere Länder ist grundsätzlich denkbar, bedingt allerdings zunächst eine vergleichbare wirtschaftliche Stellung und Stabilität, da gerade in Verbindung mit Betroffenen aus osteuropäischen Ländern die Verdienstmöglichkeiten sowie die Aussicht auf ein besser gestelltes Leben als Pull-Faktoren instrumentalisiert werden. Zu Bedenken ist weiterhin, dass die liberale Gesetzgebung in Deutschland in Bezug auf die Prostitutionstätigkeit – zumindest vor dem Skript freiwilliger Prostitution – leichteres Agieren der Täter:innen ermöglicht, ohne direkt Strafverfolgung zu befürchten.[470] Ob daraus eine eingeschränkte Übertragbarkeit auf Länder mit restriktiveren Regelungen in Bezug auf das Prostitutionsgewerbe resultiert, war nicht Gegenstand der Untersuchung und kann nicht abschließend beantwortet werden. Fest steht allerdings, dass Menschenhandel und sexuelle Ausbeutung aufgrund der hohen Verdienstmöglichkeiten bei zeitgleich geringem Entdeckungsrisiko weltweit als lukratives Geschäft gelten,[471] auch an Orten, an denen weniger liberale Regelungen für das Prostitutionsgewerbe bestehen (vgl. ILO 2014: 15ff.). Allerdings stehen die deutschen Strafverfolgungsbehörden aufgrund der Möglichkeit zur freiwilligen, legalen Prostitutionsausübung vor der Herausforderung, die fehlende Freiwilligkeit und damit einhergehenden Zwangsmoment in Loverboy-Fällen nachzuweisen, was in der Regel eine frühe Aussagebereitschaft der Opfer erfordert.

---

[470] An dieser Stelle wird keine politische Positionierung zu den hiesigen Regularien des Prostitutionsgesetzes (ProstG) bzw. Prostituiertenschutzgesetzen (ProstSchG) im Abgleich zu anderen Systemen, wie beispielsweise dem nordischen Modell, angestrebt.

[471] Weltweit wurden zwei Drittel der Gewinne durch erzwungene sexuelle Ausbeutung erzielt, was schätzungsweise 99 Milliarden US-Dollar pro Jahr ausmacht (vgl. ILO 2014: 15).

6.3.3 wissenschaftliche Anschlussfähigkeit

Durch das vorliegende Promotionsprojekt ist nun eine dezidierte wissenschaftliche Auseinandersetzung zur Situation des Loverboy-Phänomens in Deutschland erfolgt, die als erste Antwort auf die Forderung nach umfassender Forschung gewertet werden kann (vgl. Müller-Güldemeister 2011; Baier et al. 2019: 695; Wulff-Besold 2020: 83). Um Lösungsansätze für das komplexe, schwer zu bekämpfende und vor allem gesellschaftlich höchst relevante Themenfeld zu generieren, bedarf es nicht nur einer Übertragung der wissenschaftlichen Erkenntnisse in praktische Handlungsempfehlungen, Strategien und Konzepte, wie sie konkret für Deutschland durch den Monitoringzusammenschluss GRETA gefordert wurden (vgl. Council of Europe 2019: 7, 16, 22, 65). Auch kann durch das empirische Hintergrundwissen auf Individualebene (z. B. im Rahmen von Aus- und Fortbildung) eine Sensibilisierung und infolge dessen auch Vorbeugung von Vorbehalten und Fehleinschätzung erreicht werden. Der dezidierte Wissenschafts-Praxis-Transfer ist jedoch kein Gegenstand des Promotionsprojekts und findet daher in vertiefter Form in anschließenden Publikationen in Zusammenarbeit mit Praxisvertreter:innen statt.

Die mit dem Promotionsprojekt geschaffene wissenschaftliche Grundlage ist ein erster von weiteren erforderlichen Schritten der wissenschaftlichen Auseinandersetzung. Ein Bedarf an fortführender bzw. ergänzender Forschung wird beispielsweise im Zusammenhang mit folgenden Aspekten gesehen:

(1) Die vorgenommene Typenbildung macht verschiedene Fallverlaufsmuster sichtbar, die in deren Auftretenshäufigkeit und Zusammenhang einzelner Variablen quantitativ beleuchtet werden könnte.

(2) Ergänzend wären Untersuchungen, in denen die Befragung von Betroffenen und auch den Loverboys im Vordergrund steht, sinnvoll, um das Phänomen aus weiteren Perspektiven zu beleuchten. Die vorliegende Arbeit könnte somit um eine Selbsteinschätzung über Vulnerabilitätsfaktoren und Belastungsmomente der Betroffenen sowie Hinweise zur Auswahl von Tatgelegenheiten, möglichen Kontaktwegen, detaillierten Täterstrukturen sowie Intention des Einsatzes verschiedener Zwangsmittel durch die Loverboys ergänzt werden.

(3) Auch wäre es denkbar, dass Hinweis auf Persönlichkeits- bzw. Bindungstypen testtheoretisch untersucht werden, wobei bei der Interpretation bzw. der Verwertung der Ergebnisse stets mit

Vorsicht agiert werden müsste, um Stigmatisierung, Victim Blaming und Reduktion auf allein diese Merkmale zu vermeiden.

(4) Ein stärker praxisorientierter Forschungsansatz nimmt die Zusammenarbeit der fachlich spezialisierten, aber auch nur flankierend mit dem Delikt betrauten Berufsgruppen in den Blick, um handlungsorientierte Verbesserungen anzustreben.

(5) Nicht zuletzt wäre es eine wertvolle Ergänzung, ausschließlich kontrastive Fälle in den Blick zu nehmen. Wie in der Untersuchung der Wissensbestände verdeutlicht, könnten das beispielsweise gleichgeschlechtliche Partnerschaften, Konstellationen mit großem Altersunterschied, akzeptierendes Zusammenleben mehrerer Frauen, die sich für den Loverboy prostituieren oder Beziehungen mit langer Dauer bis zur erstmaligen Prostitutionszuführung sein.

Dezidierte Forschung stärkt nicht nur den wissenschaftlichen Diskurs über diese spezielle Vorgehensweise im Bereich Menschenhandel zum Zweck sexueller Ausbeutung, auch können empirisch fundierte Erkenntnisse dazu beitragen, national- wie internationalpolitische Strategien, Konzepte oder auch konkrete Handlungsempfehlungen für die Praxis zur Bekämpfung der schwerwiegenden Menschenrechtsverletzung – ob nun in Form generalpräventiver oder auch selektiver wie indizierter Prävention – abzuleiten, sodass eine nachhaltige Verbesserung initiiert wird.

7. Verzeichnisse

7.1 Abkürzungsverzeichnis

BKA = Bundeskriminalamt
CCV = Centrum voor Criminaliteitspreventie en Veiligheid
DeGPT = Deutschsprachige Gesellschaft für Psychotraumatologie
DIMR = Deutschen Instituts für Menschenrechte
FBS = Fachberatungsstellen Menschenhandel
GRETA = Group of Experts on Action against Trafficking in Human Beings
ICD-10/11 = International Statistical Classification of Diseases and Related Health Problems (Version 10/11)
KOK e. V. = Koordinierungskreis gegen Menschenhandel e. V.
kPTBS = komplexe posttraumatische Belastungsstörung
LB = Loverboy
LKA = Landeskriminalamt
MH = Menschenhandel
MH/S = Menschenhandel zum Zweck der sexuellen Ausbeutung
MHKBG = Ministerium für Heimat, Kommunales, Bau und Gleichstellung des Landes Nordrhein-Westfalen
Palermo Protokoll = Zusatzprotokoll zur Verhütung, Bekämpfung und Bestrafung des Menschenhandels, insbesondere des Frauen- und Kinderhandels, zum Übereinkommen der Vereinten Nationen gegen die grenzüberschreitende organisierte Kriminalität
ProstG = Prostitutionsgesetz
ProstSchG = Prostituiertenschutzgesetz
PZI = Problemzentriertes Interviews
StGB = Strafgesetzbuch
StGB (a.F.) = Strafgesetzbuch (alte Fassung)
StPO = Strafprozessordnung
TKÜ = Telekommunikationsüberwachung
TV = Tatverdächtigte:r
UBSKM = Unabhängiger Beauftragter für Fragen des sexuellen Kindesmissbrauchs

7.2 Abbildungsverzeichnis

Abbildung 1: § 232a StGB - Zwangsprostitution [Quelle: eigene Darstellung]....19
Abbildung 2: Übersicht der Begriffsverwendung [eigene Darstellung]...............22
Abbildung 3: Alter TV und Loverboy-Opfer 2017-2021 - aufsummiert................24
Abbildung 4: Top 3 Staatsangehörigkeit Loverboy-Opfer 25
Abbildung 5: Beispiel für Denkfallen aus der Fallbeschreibung 30
Abbildung 6: Vier Phasen der Loverboy-Methode [nach CCV 2012: 16] 50
Abbildung 7: relevante theoretische Erklärungsansätze [eigene Darstellung].....57
Abbildung 8: transaktionales Stressmodell nach Lazarus (1981) 66
Abbildung 9: hierarchischen Selbstkonzeptmodell von Shavelson et al. (1976) [vgl. Lohaus et al. 2010: 176]..71
Abbildung 10: Changes in mean levels of self-esteem, by sex [vgl. Baldwin & Hoffmann 2002: 107] 73
Abbildung 11: Rad der Gewalt [vgl. Glas et al. 2021: 175] 76
Abbildung 12: Die Erweiterung der Spirale der Gewalt.......................................79
Abbildung 13: Untersuchungsgruppe der Haupterhebung 94
Abbildung 14: Untersuchungsdesign der Vorstudie [eigene Darstellung]...........96
Abbildung 15: Untersuchungsdesign der Hauptuntersuchung...........................103
Abbildung 16: Ablauf einer inhaltlich strukturierenden Inhaltsanalyse.............114
Abbildung 17: Beispiel Memo zur Systematisierung der Subcodes 115
Abbildung 18: Ablauf einer typenbildenden qualitativen Inhaltsanalyse [vgl. Kuckartz (2018)]...118
Abbildung 19: Aufbau der kommunikativen Validierung [eigene Darstellung]..120
Abbildung 20: idealtypische Darstellung des Fallmusters 'Versprechen' [eigene Darstellung] 162
Abbildung 21: idealtypische Darstellung des Fallmusters ‚finanzielle Notsituation' [eigene Darstellung]...173
Abbildung 22: idealtypische Darstellung des Fallmusters ‚Gewalt' [eigene Darstellung] 182
Abbildung 23: Kategorisierung der Täterstrategien...185
Abbildung 24: Schema eines Loverboy-Falls [eigene Darstellung]...................194
Abbildung 25: theoretische Einordnung Vulnerabilität [eigene Darstellung] 203
Abbildung 26: Identifiziertes Täterhandeln: physische Gewalt [eigene Darstellung] 214

7.3 Tabellenverzeichnis

Tabelle 1: Definitionskriterien der Loverboy-Methode im Vergleich zu anderen Phänomenen sexueller Gewalt [modifizierte Darstellung nach Baier et al. (2019: 690)] *18*

Tabelle 2: Gesamtanzahl Loverboy-Opfer 2017-2021 [eigene Darstellung, basierend auf Sonderauswertung BKA; BKA 2017: 8; BKA 2018: 7; BKA 2019: 13; BKA 2020: 9; BKA 2021: 9] *23*

Tabelle 3: Chronologische Übersicht thematisch relevanter Veröffentlichungen [eigene Darstellung] *32*

Tabelle 4: Alphabetische Übersicht thematisch relevanter Veröffentlichungen [eigene Darstellung] *35*

Tabelle 5: Themenbereich in Interviewleitfäden der Vorstudie *97*

Tabelle 6: Begriffe in der Auswertung [eigene Darstellung] *113*

Tabelle 7: Dimensionen des Merkmalsraums [eigene Darstellung] *119*

Tabelle 8: Zuordnung der Fallverlaufstypen [eigene Darstellung] *142*

Tabelle 9: Verteilung Subtypen im Fallmuster 'Versprechen' [eigene Darstellung] *143*

Tabelle 10: Fall 1.1 - Fallmuster (1) Versprechen - Subtyp (d) ambivalent [eigene Darstellung] *144*

Tabelle 11: Fall 1.2 - Fallmuster (1) Versprechen - Subtyp (a) positiv-bestärkend [eigene Darstellung] *144*

Tabelle 12: Fall 5 - Fallmuster (1) Versprechen - Subtyp (a) positiv-bestärkend [eigene Darstellung] *146*

Tabelle 13: Fall 7 - Fallmuster (1) Versprechen - Subtyp (d) ambivalent [eigene Darstellung] *147*

Tabelle 14: Fall 9 - Fallmuster (1) Versprechen - Subtyp (d) ambivalent [eigene Darstellung] *148*

Tabelle 15: Fall 13 - Fallmuster (1) Versprechen - Subtyp (d) ambivalent [eigene Darstellung] *151*

Tabelle 16: Fall 15 - Fallmuster (1) Versprechen - Subtyp (d) ambivalent [eigene Darstellung] *152*

Tabelle 17: Fall 17 - Fallmuster (1) Versprechen - Subtyp (d) ambivalent [eigene Darstellung] *154*

Tabelle 18: Fall 18 - Fallmuster (1) Versprechen - Subtyp (d) ambivalent [eigene Darstellung] *156*

Tabelle 19: Fall 21 - Fallmuster (1) Versprechen - Subtyp (a) positiv-bestärkend [eigene Darstellung] *157*

Tabelle 20: Fall 26 - Fallmuster (1) Versprechen - Subtyp (a) positiv-bestärkend [eigene Darstellung] *158*
Tabelle 21: Verteilung Subtypen im Fallmuster ‚finanzielle Notsituation' [eigene Darstellung] *163*
Tabelle 22: Fall 6 - Fallmuster (2) finanzielle Not, Subtyp (c) negativ-sanktionierend [eigene Darstellung] *163*
Tabelle 23: Fall 12 - Fallmuster (2) finanzielle Not, Subtyp (b) negativ-sanktionierend [eigene Darstellung] *165*
Tabelle 24: Fall 19 - Fallmuster (2) finanzielle Not, Subtyp (c) negativ-sanktionierend [eigene Darstellung] *166*
Tabelle 25: Fall 23 - Fallmuster (2) finanzielle Not - Subtyp (d) ambivalent [eigene Darstellung] *167*
Tabelle 26: Fall 24 - Fallmuster (2) finanzielle Not - Subtyp (d) ambivalent [eigene Darstellung] *169*
Tabelle 27: Fall 29 - Fallmuster (2) finanzielle Not - Subtyp (d) ambivalent [eigene Darstellung] *170*
Tabelle 28: Verteilung Subtypen im Fallmuster ‚Gewalt oder Erpressung' [eigene Darstellung] *173*
Tabelle 29: Fall 10 - Fallmuster (3) Gewalt - Subtyp (d) ambivalent [eigene Darstellung] *174*
Tabelle 30: Fall 11 - Fallmuster (3) Gewalt - Subtyp (b/c) negativ-sanktionierend [eigene Darstellung] *175*
Tabelle 31: Fall 25 - Fallmuster (3) Gewalt - Subtyp (b/c) negativ-sanktionierend [eigene Darstellung] *177*
Tabelle 32: Fall 27 - Fallmuster (3) Gewalt - Subtyp (b/c) negativ-sanktionierend [eigene Darstellung] *178*
Tabelle 33: Fall 28 - Fallmuster (3) Gewalt - Subtyp (b/c) negativ-sanktionierend [eigene Darstellung] *179*

7.4 Literaturverzeichnis

Abramson, Lyn Y.; Metalsky, Gerald I. & Alloy, Lauren B. (1989). Hopelessness depression: A theory-based subtype of depression. *Psychological review*, *96*(2), 358–372.

AG feministisches Sprachhandeln (2014). *Was tun? Sprachhandeln – aber wie? W_Ortungen statt Tatenlosigkeit. | Anregungen zum Nachschlagen Schreiben_Sprechen_Gebärden Argumentieren Inspirieren Ausprobieren Nachdenken Umsetzen Lesen_Zuhören antidiskriminierenden Sprachhandeln*. Online verfügbar unter URL: https://feministisch-sprachhandeln.org/wp-content/uploads/2014/03/onlineversion_sprachleitfaden_hu-berlin_2014_ag-feministisch-sprachhandeln.pdf [letzter Zugriff: 26.03.2023].

AG Prostitution (2021). *Regelung der Prostitution in Österreich. Empfehlungen der Arbeitsgruppe „Prostitution" im Rahmen der Task Force Menschenhandel*. Bundeskanzleramt, Sektion III Frauenangelegenheiten und Gleichstellung.

Aghamanoukjan, Anahid; Buber, Renate & Meyer, Micheal (2009). Qualitative Interviews. In *Qualitative Marktforschung* (S. 415–436). Berlin/Heidelberg: Springer.

Aguilar, Rudy J. & Nightingale, Narina N. (1994). The impact of specific battering experiences on the self-esteem of abused women. *Journal of Family Violence*, *9*(1), 35–45. Online verfügbar unter URL: https://doi.org/10.1007/BF01531967 [letzter Zugriff: 26.03.2023].

Ainsworth, Mary (1972). *Attachment and dependency: A comparison*. Winston.

Ainsworth, Mary & Bowlby, John (1991). An ethological approach to personality development. *American psychologist*, *46*(4), 333.

Ainsworth, Mary & Wittig, B. A. (1969). Attachment and Exploratory Behaviour of One-year-olds in a Strange Situation, cit. *Bowlby J., Attaccamento e perdita, 2*.

Allik, Jüri; Laidra, Kaia; Realo, Anu & Pullmann, Helle (2004). Personality development from 12 to 18 years of age: Changes in mean levels and structure of traits. *European Journal of Personality*, *18*(6), 445–462.

Amato, Paul R. (2001). Children of divorce in the 1990s: An update of the Amato and Keith (1991) meta-analysis. *Journal of Family Psychology*, *15(3)*, 355–370.

Amato, Paul R. & Keith, Bruce (1991). Parental divorce and the well-being of children: A meta-analysis. *Psychological Bulletin*, *110*(1), 26–46. https://doi.org/10.1037/0033-2909.110.1.26 [letzter Zugriff: 26.03.2023].

Aram, Elisabeth; Mücke, Stephan & Tamke, Fanny (2003). Jugendliche zwischen Entwicklung und Entfaltung: Stabilität und Veränderung von Orientierungsmustern im Längsschnitt. *Zeitschrift für Erziehungswissenschaft*, *6*(4), 571–589. Online verfügbar unter URL: https://doi.org/10.1007/s11618-003-0058-6 [letzter Zugriff 26.03.2023].

ARD | Das Erste. (2020). *Interview mit Loverboy-Opfer—Themenabend Skrupellose Loverboys*. Abgerufen 2. Oktober 2020, online verfügbar unter URL: https://www.daserste.de/unterhaltung/film/themenabend-loverboys/hintergrund/interview-opfer-100.html [letzter Zugriff 26.03.2023].

Aus- und Fortbildungszentrum für den bremischen öffentlichen Dienst im Auftrag des Senators für Finanzen. (2020). *Geschlechtersensible Sprache—Handreichung für Bremer Verwaltung*. Senator für Finanzen. Online verfügbar unter URL: https://www.senatspressestelle.bremen.de/sixcms/media.php/13/20210114_Handreichung%20Gendersensible%20Sprache%20in%20der%20Bremer%20Verwaltung.pdf [letzter Zugriff 26.03.2023].

Bachmair, Sabine; Faber, Jan; Hennig, Claudius; Kolb, Rüdiger & Willig, Wolfgang (2011). *Beraten will gelernt sein*. Beltz Verlagsgruppe.

Baier, Dirk; Hirzel, Irene & Hättich, Achim (2019). Das Loverboy-Phänomen in der Schweiz. *Kriminalistik*, *11*, 689–696.

Baier, Dirk & Pfeiffer, Christian (2015). Gewalterfahrungen und Gewaltverhalten. In Wolfgang Melzer; Dieter Hermann; Uwe Sandfuchs; Mechthild Schäfer; Wilfried Schubarth & Peter Daschner (Hrsg.), *Handbuch Aggression, Gewalt und Kriminalität bei Kindern und Jugendlichen* (S. 238–243). Bad Heilbrunn: Verlag Julius Klinkhardt.

Baldwin, Mark W. & Fehr, Beverley (1995). On the instability of attachment style ratings. *Personal Relationships*, *2*(3), 247–261.

Baldwin, Scott A. & Hoffmann, John P. (2002). The dynamics of self-esteem: A growth-curve analysis. *Journal of youth and adolescence*, *31*(2), 101–113.

Bandura, Albert (1986). *Social Foundations of Thought and Action: A Social Cognitive Theory*. Prentice-Hall. Online verfügbar unter URL: https://doi.org/10.4135/9781446221129 [letzter Zugriff: 26.03.2023].

Bannink, Fredrike P. (2012). *Praxis der positiven Psychologie*. Göttingen: Hogrefe Verlag.

Bargai, Neta; Ben-Shakhar, Gerchon & Shalev, Ariel Y. (2007). Posttraumatic stress disorder and depression in battered women: The mediating role of learned helplessness. *Journal of Family Violence*, *22*(5), 267–275.

Barnett, Ola W. (2001). Why battered women do not leave, part 2: External Inhibiting Factors—Social Support and Internal Inhibiting Factors. *Trauma, Violence & Abuse*, *2*(1), 3–35.

Barrett, Betty J. & Pierre, Melissa S. (2011). Variations in women's help seeking in response to intimate partner violence: Findings from a Canadian population-based study. *Violence against women*, *17*(1), 47–70.

Bartholomew, Kim & Horowitz, Leonard M. (1991). Attachment styles among young adults: A test of a four-category model. *Journal of personality and social psychology*, *61*(2), 226–244.

Barz, Heiner (2007). Adoleszenz und Identität im Lebenslauf. In H.-E. Tenorth & R. Tippelt (Hrsg.), *Lexikon Pädagogik* (S. 4–7). Weinheim: Beltz.

Becker, Claudia (2021). *„Loverboy"-Falle: „Habe wirklich gedacht, dass ich das freiwillig tue"—WELT*. welt. Online verfügbar unter URL: https://www.welt.de/politik/deutschland/plus228611453/Loverboy-Falle-Habe-wirklich-gedacht-dass-ich-das-freiwillig-tue.html [letzter Zugriff: 26.03.2023].

Behnke, Andrew O.; Plunkett, Scott W.; Sands, Tovah & Bámaca-Colbert, Maya Y. (2011). The relationship between Latino adolescents' perceptions of discrimination, neighborhood risk, and parenting on self-esteem and depressive symptoms. *Journal of Cross-Cultural Psychology*, *42*(7), 1179–1197.

Berlin, Lisa J.; Cassidy, Jude & Appleyard, Karen (2008). The influence of early attachments on other relationships. In Jude Cassidy & Phillip R. Shaver (Hrsg.), *Handbook of attachment: Theory, research, and clinical applications* (S. 333–347). New York: The Guilford Press.

Bierhoff, Hans-Werner (2006). *Sozialpsychologie: Ein Lehrbuch*. Stuttgart: W. Kohlhammer Verlag.

BKA (2005). *Bundeslagebild Menschenhandel 2005*. Bundeskriminalsamt. Online verfügbar unter URL: https://www.bka.de/SharedDocs/Downloads/DE/Publikationen/JahresberichteUndLagebilder/Menschenhandel/menschenhandelBundeslagebild2005.pdf?__blob=publicationFile&v=3 [letzter Zugriff: 26.03.2023].

BKA (2009). *Bundeslagebild Menschenhandel 2009*. Bundeskriminalsamt. Online verfügbar unter URL: http://www.bka.de/nn_231620/SharedDocs/Downloads/DE/Publikationen/JahresberichteUndLagebilder/Menschenhandel/menschenhandelBundeslagebild2009,templateId=raw,property=publicationFile.pdf/menschenhandelBundeslagebild2009.pdf [letzter Zugriff: 26.03.2023].

BKA (2015a). *Bundeslagebild Menschenhandel 2015*. Bundeskriminalsamt. Online verfügbar unter URL: https://www.bka.de/SharedDocs/Downloads/DE/Publikationen/JahresberichteUndLagebilder/Menschenhandel/menschenhandelBundeslagebild2015.pdf?__blob=publicationFile&v=8 [letzter Zugriff: 26.03.2023].

BKA (2015b). *Bundeslagebild Organisierte Kriminalität 2015*. Bundeskriminalsamt. Online verfügbar unter URL: https://www.bka.de/DE/AktuelleInformationen/StatistikenLagebilder/Lagebilder/OrganisierteKriminalitaet/organisiertekriminalitaet_node.html [letzter Zugriff: 26.03.2023].

BKA (2016a). *Bundeslagebild Menschenhandel 2016*. Bundeskriminalsamt. Online verfügbar unter URL: https://www.bka.de/SharedDocs/Downloads/DE/Publikationen/JahresberichteUndLagebilder/Menschenhandel/menschenhandelBundeslagebild2016.pdf;jsessionid=666159D5796DE03C18FEDFF7EDAE6FB0.live2291?__blob=publicationFile&v=2 [letzter Zugriff: 26.03.2023].

BKA (2016b). *Stellungnahme im Rahmen der Öffentlichen Anhörung im Rechtsausschuss des Deutschen Bundestages am 08.06.2016*. Online verfügbar unter URL: https://www.bundestag.de/blob/426706/38597d365a484b6d8ad0f4af3b665c11/gayer-data.pdf [letzter Zugriff: 26.03.2023].

BKA (2017). *Bundeslagebild Menschenhandel 2017*. Bundeskriminalsamt. Online verfügbar unter URL:

https://www.bka.de/SharedDocs/Downloads/DE/Publikationen/JahresberichteUndLagebilder/Menschenhandel/menschenhandelBundeslagebild2017.pdf;jsessionid=047F8F4C4A9C3E31A3F7D143F2A965B0.live0611?__blob=publicationFile&v=4 [letzter Zugriff: 26.03.2023].

BKA (2018). *Bundeslagebild Menschenhandel 2018*. Bundeskriminalsamt. Online verfügbar unter URL: https://www.bka.de/SharedDocs/Downloads/DE/Publikationen/JahresberichteUndLagebilder/Menschenhandel/menschenhandelBundeslagebild2018.pdf?__blob=publicationFile&v=4 [letzter Zugriff: 26.03.2023].

BKA (2019). *Bundeslagebild Menschenhandel 2019*. Bundeskriminalsamt. Online verfügbar unter URL: https://www.bka.de/SharedDocs/Downloads/DE/Publikationen/JahresberichteUndLagebilder/Menschenhandel/menschenhandelBundeslagebild2019.pdf?__blob=publicationFile&v=3 [letzter Zugriff: 26.03.2023].

BKA (2020). *Bundeslagebild Menschenhandel 2020*. Bundeskriminalsamt. Online verfügbar unter URL:https://www.bka.de/SharedDocs/Downloads/DE/Publikationen/JahresberichteUndLagebilder/Menschenhandel/menschenhandelBundeslagebild2020.html;jsessionid=ED0C7FBA2D6F9EC7A7E480FB224C7289.live292?nn=27956#:~:text=Herunterladen%C2%A0(PDF%2C%20934KB%2C%20Datei%20ist%20nicht%20barrierefrei) [letzter Zugriff: 26.03.2023].

BKA (2021). *Bundeslagebild Menschenhandel 2021*. Bundeskriminalsamt. Online verfügbar unter URL: https://www.bka.de/SharedDocs/Downloads/DE/Publikationen/JahresberichteUndLagebilder/Menschenhandel/menschenhandelBundeslagebild2021.pdf?__blob=publicationFile&v=2 [letzter Zugriff: 26.03.2023].

Blonigen, Danien M.; Carlson, Marie D.; Hicks, Brian M.; Krueger, Robert F. & Iacono, William G. (2008). Stability and change in personality traits from late adolescence to early adulthood: A longitudinal twin study. *Journal of personality*, *76*(2), 229–266.

Blumer, Herbert (1973). Der methodologische Standort des symbolischen Interaktionismus. In Arbeitsgruppe Bielefelder Soziologen (Hrsg.), *Alltagswissen, Interaktion und gesellschaftliche Wirklichkeit* (S. 80–146).

Bock, Astrid (2015). „Loverboys“: Erst wurde sie zur Prinzessin, dann eine Prostituierte. *DIE WELT*. Online verfügbar unter URL: https://www.welt.de/vermischtes/article140875791/Erst-wurde-siezur-Prinzessin-dann-eine-Prostituierte.html [letzter Zugriff: 26.03.2023].

Boden, Joseph M.; Fergusson, David M. & Horwood, John (2008). Does adolescent self-esteem predict later life outcomes? A test of the causal role of self-esteem. *Development and psychopathology*, *20*(1), 319–339.

Bogner, Alexander; Littig, Beate & Menz, Wolfgang (2014). *Interviews mit Experten: Eine praxisorientierte Einführung*. Wiesbaden: Springer VS.

Bogner, Alexander & Menz, Wolfgang (2001). „Deutungswissen" und Interaktion Zu Methodologie und Methodik des theoriegenerierenden Experteninterviews. *Soziale Welt*, 477–500.

Bolten, Margarete (2009). Klinische Bindungsforschung. In Silvia Schneider & Jürgen Margraf (Hrsg.), *Lehrbuch der Verhaltenstherapie: Störungen im Kindes- und Jugendalter* (Bd. 3, S. 55–76). Berlin/Heidelberg: Springer.

Botsford, Janina; Steinbrink, Maja; Steil, Regina; Rosner, Rita & Renneberg, Babette (2019). Der Wolf im Schafspelz. *Psychotherapeut*, *64*(1), 65–70.

Bovenkerk, Frank (2011). *Loverboys: Of modern pooierschap*. Atlas Contact.

Bovenkerk, Frank & Pronk, G. J. (2007). Over de bestrijding van loverboymethoden. *Justitiële verkenningen*, *5*(7), 7.

Bovenkerk, Frank & Van San, Marion (2011). Loverboys in the Amsterdam Red Light District: A realist approach to the study of a moral panic. *Crime, Media, Culture*, *7*(2), 185–199.

Bovenkerk, Frank; Van San, Marion; Boone, Miranda; Boekhout van Solinge, Tim & Korf, Dirk (2004). *„Loverboys" of modern pooierschap in Amsterdam*. Willem Pompe Instituut voor Strafrechtswetenschappen.

Bowlby, John (1969). *Attachment and Loss, Vol. I: Attachment*. Basic Books.

Bowlby, John (1995). Bindung, Kommunikation, und therapeutischer Prozess. In John Bowlby, *Elternbindung und Persönlichkeitsentwicklung. Therapeutische Aspekte der Bindungstheorie* (S. 129–144). Heidelberg: Dexter.

Bowlby, John (2001). *Frühe Bindung und Kindliche Entwicklung 4. Auflage München*. München: Ernst Reinhardt Verlag.

Boxall, Hayley & Lawler, Siobhan (2021). *How does domestic violence escalate over time?* Australian Institute of Criminology. Online verfügbar unter URL: https://doi.org/10.52922/ti78139 [letzter Zugriff: 26.03.2023].

Boxall, Hayley & Morgan, Anthony (2020). *The prevalence of domestic violence among women during the COVID-19 pandemic*. Australian Institute of Criminology. Online verfügbar unter URL: https://doi.org/10.52922/sb04718 [letzter Zugriff: 26.03.2023].

Braspenning, Cindy (2006). Human Trafficking in the Netherlands: The Protection of and Assistance to Victims in Light of Domestic and International Law and Policy. *Intercultural Human Rights Law Review*, *1*, 329.

Bürgerschaft (2012). *Antwort des Senats auf die Kleine Anfrage der Fraktion Bündnis 90/Die Grünen. Das Phänomenb „Loverboys"- Eine Form des Menschenhandels* (Drucksache 18/313). Landtag, Bremische Bürgerschaft. Online verfügbar unter URL: https://www.bremische-buergerschaft.de/drs_abo/Drs-18-313_b44.pdf [letzter Zugriff: 26.03.2023].

Breuer, Franz; Mruck, Katja & Roth, Wolff-Michael (2002). Subjectivity and Reflexivity: An Introduction. *Forum Qualitative Sozialforschung / Forum: Qualitative Social Research*, *3*(3), Art. 3. Online verfügbar unter URL: https://doi.org/10.17169/fqs-3.3.822 [letzter Zugriff: 26.03.2023].

Brisch, Karl Heinz (2010). Auswirkungen häuslicher Gewalt auf die Entwicklung von Säuglingen und Kleinkindern–Befunde aus der neurobiologischen Forschung. *MATERIALIEN ZU FRÜHEN HILFEN*, 19. Online verfügbar unter URL: https://www.fruehehilfen.de/fileadmin/user_upload/fruehehilfen.de/pdf/Fruehe_Hilfen_Haeusliche_Gewalt.pdf [letzter Zugriff: 26.03.2023].

Brown, Bradford B. (1999). "You're going out with who?": Peer group influences on adolescent romantic relationships. In W. Furman, B. B. Brown, & C. Feiring (Eds.), *The development of romantic relationships in adolescence* (pp. 291–329). Cambridge University Press. Online verfügbar unter URL: https://doi.org/10.1017/CBO9781316182185.013 [letzter Zugriff: 26.03.2023].

Brücker, Herbert; Hauptmann, Andreas & Vallizadeh, Ehsan (2013). *Zuwanderer aus Bulgarien und Rumänien—Arbeitsmigration oder Armutsmigration?* (Nr. 16; IAB-Kurzbericht). IAB. Online verfügbar unter URL: https://doku.iab.de/kurzber/2013/kb1613.pdf [letzter Zugriff: 26.03.2023].

Brzank, Petra (2012). *Wege aus der Partnergewalt: Frauen auf der Suche nach Hilfe*. Wiesbaden: Springer VS.

Bubenitschek, Günther; Kannemann, Bärbel & Wegel, Melanie (2011). Die Loverboys Methode – Ein neues Phänomen in der Jugendprostitution. *Kriminalistik*, *8–9*, 537–542.

Bullens, Ruud (1995). Der Grooming Prozeß–oder das Planen des Mißbrauchs. *Schulische Prävention gegen sexuelle Kindesmißhandlung, S*, 55–67.

Bullens, Ruud & Van Horn, Joan (2000). Daad uit liefde: Gedwongen prostitutie van jonge meisjes. *Justitiële verkenningen*, *26*(6), 25–41.

Capaldi, Deborah M.; Knoble, Naomi B.; Shortt, Joann W. & Kim, Hyoun K. (2012). A Systematic Review of Risk Factors for Intimate Partner Violence. *Partner Abuse*, *3*, 231–280. Online verfügbar unter URL: https://doi.org/10.1891/1946-6560.3.2.e4 [letzter Zugriff: 26.03.2023].

Cattaneo, Lauren B.; Stuewig, Jeffrey; Goodman, Lisa A., Kaltman, Stacey & Dutton, Mary A. (2007). Longitudinal helpseeking patterns among victims of intimate partner violence: The relationship between legal and extralegal services. *American Journal of Orthopsychiatry*, *77*(3), 467–477.

CCV (Centrum voor Criminaliteitspreventie en Veiligheid) (2012). *Handreiking aanpak loverboyproblematiek*. Centrum voor Criminaliteitspreventie en Veiligheid. Online verfügbar unter URL: https://hetccv.nl/fileadmin/Bestanden/Bestellen/Algemeen/handreiking_aanpak_loverboyproblematiek.pdf [letzter Zugriff: 26.03.2023].

Clemens, Vera; Plener, Paul L.; Kavemann, Barbara; Brähler, Elmar; Strauß, Bernhard & Fegert, Jörg M. (2019). Häusliche Gewalt: Ein wichtiger Risikofaktor für Kindesmisshandlung. *Zeitschrift für Psychiatrie, Psychologie und Psychotherapie*, *67*(2), 92–99.

Clements, Caroline M. & Sawhney, Daljit K. (2000). Coping with domestic violence: Control attributions, dysphoria, and hopelessness. *Journal of traumatic stress*, *13*(2), 219–240.

Cohn, Deborah A.; Silver, Daniel H.; Cowan, Carolyn P.; Cowan, Philip A. & Pearson, Jane (1992). Working models of childhood attachment and couple relationships. *Journal of Family Issues*, *13*(4), 432–449.

Cole, David A.; Maxwell, Scott E.; Martin, Joan M.; Peeke, Lachlan G.; Seroczynski, Alesha D.; Tram, Jane M.; Hoffman, Kit B.; Ruiz, Mark D.; Jacquez, Farrah & Maschman, Tracy (2001). The development of multiple domains of child and adolescent self-concept: A cohort sequential longitudinal design. *Child development*, *72*(6), 1723–1746.

Collins, Nancy L. & Read, Stephan J. (1990). Adult attachment, working models, and relationship quality in dating couples. *Journal of personality and social psychology*, *58*(4), 644–663.

Connolly, Jennifer; Furman, Wyndol & Konarski, Roman (2000). The role of peers in the emergence of heterosexual romantic relationships in adolescence. *Child development*, *71*(5), 1395–1408.

Council of Europe (2018). *Antwort von Deutschland auf den Fragebogen für die Evaluierung der Umsetzung des Europarats-Übereinkommens zur Bekämpfung des Menschenhandels durch die Mitgliedstaaten*. GRETA - Group of Experts on Action against Trafficking in Human Beings. Online verfügbar unter URL: http://rm.coe.int/greta-2018-3-rq2-deu-deu/168078b1a0 [letzter Zugriff: 26.03.2023].

Council of Europe (2019). *Report concerning the implementation of the Council of Europe Convention on Action against Trafficking in Human Beings by Germany*. GRETA - Group of Experts on Action against Trafficking in Human Beings. Online verfügbar unter URL: https://rm.coe.int/greta-2019-07-fgr-deu-en/1680950011 [letzter Zugriff: 26.03.2023].

Deegener, G. (2013). Kindesmisshandlung und Vernachlässigung. In Andreas Maercker (Hrsg.), *Posttraumatische Belastungsstörungen* (S. 377–397). Berlin/Heidelberg: Springer. Online verfügbar unter URL: https://doi.org/10.1007/978-3-642-35068-9_20 [letzter Zugriff: 26.03.2023].

DeGPT (o.J.). *Komplexe posttraumatische Belastungsstörung*. Online verfügbar unter URL: https://www.degpt.de/informationen/fuer-betroffene/trauma-und-traumafolgen/wie-%C3%A4u%C3%9Fern-sich-traumafolgest%C3%B6rungen/komplexe-posttraumatische-belastungsst%C3%B6rung/ [letzter Zugriff: 26.03.2023].

Deneke, Chrstiane; Thyen, Ute & Schlack, Hans G. (2009). Kinder in besonderen Familiensituationen. In Hans G. Schlack; Ute Thyen & Rüdiger von Kries (Hrsg.), *Sozialpädiatrie: Gesundheitswissenschaft und pädiatrischer Alltag* (S. 395–409). Berlin/Heidelberg: Springer. Online verfügbar unter URL: https://doi.org/10.1007/978-3-642-01477-2_14 [letzter Zugriff: 26.03.2023].

Deutscher Bundestag (2014). *Antwort der Bundesregierung auf die Kleine Anfrage der Abgeordneten Ulla Jelpke, Cornelia Möhring, Matthias W. Birkwald, weiterer Abgeordneter und der Fraktion DIE LINKE.* (Drucksache 18/1831). Online verfügbar unter URL: https://dserver.bundestag.de/btd/18/018/1801831.pdf [letzter Zugriff: 26.03.2023].

Deutscher Bundestag (2016). *Beschlussempfehlung und Bericht des Ausschusses für Recht und Verbraucherschutz zu dem GE der Bundesregierung—Drucksache 18/4613—Entwurf eines Gesetzes zur Umsetzung der Richtlinie 2011/36/EU des Europäischen Parlaments und des Rates vom 5. April 2011 zur Verhütung und Bekämpfung des Menschenhandels und zum Schutz seiner Opfer sowie zur Ersetzung des Rahmenbeschlusses 2002/629/JI des Rates* (Drucksache 18/9095). Online verfügbar unter URL: http://dip21.bundestag.de/dip21/btd/18/090/1809095.pdf [letzter Zugriff: 26.03.2023].

DIMR (Deutsches Institut für Menschenrechte) (2017). *Wie viele Menschen sind in Deutschland von Menschenhandel betroffen?* Online verfügbar unter URL: http://www.institut-fuer-menschenrechte.de/themen/menschenhandel/basisinformationen-zu-menschenhandel/wie-viele-menschen-sind-in-deutschland-von-menschenhandel-betroffen/ [letzter Zugriff: 26.03.2023].

DIMR (Deutsches Institut für Menschenrechte) (2022). *Concept for a National Rapporteur Mechanism on trafficking in human beings*. Deutsches Institut für Menschenrechte. Online verfügbar unter URL: https://www.institut-fuer-menschenrechte.de/fileadmin/Redaktion/Publikationen/Weitere_Publikationen/Concept_for_a_National_Rapporteur_Mechanism_on_trafficking_in_human.pdf [letzter Zugriff: 26.03.2023].

DIMR (Deutsches Institut für Menschenrechte) (2022a). *Berichterstattungsstelle Menschenhandel gestartet*. Deutsches Institut für Menschenrechte. Online verfügbar unter URL: https://www.institut-fuer-menschenrechte.de/aktuelles/detail/berichterstattungsstelle-menschenhandel-gestartet [letzter Zugriff: 26.03.2023].

Dlugosch, Sandra (2010). *Mittendrin oder nur dabei?: Miterleben häuslicher Gewalt in der Kindheit und seine Folgen für die Identitätsentwicklung*. Berlin/Heidelberg: Springer.

Döring, Nicola & Bortz, Jörg (2016). *Forschungsmethoden und Evaluation in den Sozial- und Humanwissenschaften* (5. Aufl.). Berlin/Heidelberg: Springer. Online verfügbar unter URL: https://doi.org/10.1007/978-3-642-41089-5 [letzter Zugriff: 26.03.2023].

Dorsch Lexikon der Psychologie (2021). 'Introjektion'. Online verfügbar unter URL: https://dorsch.hogrefe.com/stichwort/introjektion [letzter Zugriff: 26.03.2023].

Dortmunder Mitternachtsmission e.V. (2022). *Home—Beratungsstelle für Prostituierte, Ehemalige und Opfer von Menschenhandel*. Dortmunder Mitternachtsmission e. V.. Online verfügbar unter URL: http://mitternachtsmission.de/ [letzter Zugriff: 26.03.2023].

Drake, Kim E.; Bull, Ray & Boon, Julian C. (2008). Interrogative suggestibility, self-esteem, and the influence of negative life-events. *Legal and Criminological Psychology*, *13*(2), 299–307.

Duden „naiv". (2022). *naiv—Rechtschreibung, Bedeutung, Definition, Herkunft*. Online verfügbar unter URL: https://www.duden.de/rechtschreibung/naiv [letzter Zugriff: 26.03.2023].

Dutton, Donald & Painter, Susan L. (1981). Traumatic bonding: The development of emotional attachments in battered women and other relationships of intermittent abuse. *Victimology*, *6*, 139–155.

EBG (Eidgenössisches Büro für die Gleichstellung von Frau und Mann) (2020). *Häusliche Gewalt gegen Kinder und Jugendliche* (Nr. B3; Grundlagen häusliche Gewalt). Eidgenössisches Büro für die Gleichstellung von Frau und Mann EBG. Online verfügbar unter URL: https://www.ebg.admin.ch/dam/ebg/de/dokumente/haeusliche_gewalt/infoblaetter/b3.pdf.download.pdf/b3_haeusliche-gewalt-gegen-kinder-und-jugendliche.pdf [letzter Zugriff: 26.03.2023].

Egger, Theres & Schär Moser, Marianne (2008). *Gewalt in Paarbeziehungen. Ursachen und in der Schweiz getroffene Massnahme. Im Auftrag der Fachstelle gegen Gewalt des Eidgenössischen Büros für die Gleichstellung von Frau und Mann* [Schlussbericht]. Büro für arbeits- und sozialpolitische Studien BASS; Forschung und Beratung. Online verfügbar unter URL:

https://www.ebg.admin.ch/dam/ebg/de/dokumente/haeusliche_gewalt/uebersichtsstudiegewaltinpaarbeziehungen.pdf.download.pdf/uebersichtsstudiegewaltinpaarbeziehungen.pdf [letzter Zugriff: 26.03.2023].

Eilers, Rebekka & Rosner, Rita (2021). Die einfache und komplexe Posttraumatische Belastungsstörung in der Praxis. *Kindheit und Entwicklung*, *30*(3), 144–153. Online verfügbar unter URL: https://doi.org/10.1026/0942-5403/a000342 [letzter Zugriff: 26.03.2023].

Equit, Claudia (2011). *Gewaltkarrieren von Mädchen*. Wiesbaden: VS Verlag für Sozialwissenschaften. Online verfügbar unter URL: https://doi.org/10.1007/978-3-531-94090-8 [letzter Zugriff: 26.03.2023].

Erikson, Erik H. (1979). *Dimensions of a new identity*. New York: WW Norton & Company.

ERRC (European Roma Rights Centre) (2011). *Breaking the Silence A Report by the European Roma Rights Centre Aad people in need*. Online verfügbar unter URL: http://www.errc.org/cms/upload/file/breaking-the-silence-19-march-2011.pdf [letzter Zugriff: 26.03.2023].

Eschenbeck, Heike; Knauf, Rhea-Katharina & Lohaus, Arnold (2018). Entwicklungsaufgaben und ihre Bewältigung. In *Entwicklungspsychologie des Jugendalters* (S. 23–50). Berlin/Heidelberg: Springer.

Escribà-Agüir, Vicenta; Ruiz-Pérez, Isabel; Montero-Piñar, Marua I.; Vives-Cases, Carmen; Plazaola-Castaño, Juncal & Martín-Baena, David (2010). Partner violence and psychological well-being: Buffer or indirect effect of social support. *Psychosomatic Medicine*, *72*(4), 383–389.

Europäisches Parlament (2016). Bekämpfung des Menschenhandels in den Außenbeziehungen der EU - Dienstag, 5. Juli 2016. Zugriff am 15.11.2022. Online verfügbar unter URL: https://www.europarl.europa.eu/doceo/document/TA-8-2016-0300_DE.pdf [letzter Zugriff: 26.03.2023].

Fabrique, Nathalie; Romano, Stephen J.; Vecchi, Gregory M., & Hasselt, Vincent B. (2007). Understanding Stockholm Syndrome. *FBI Law Enforcement Bulletin*, *76*, 10–15.

Feeney, Judith A. & Noller, Patricia (1990). Attachment style as a predictor of adult romantic relationships. *Journal of personality and Social Psychology*, *58*(2), 281.

Felitti, Vincent J.; Anda, Robert F.; Nordenberg, Dale; Williamson, David F.; Spitz, Alison M.; Edwards, Valerie & Marks, James S. (1998). Relationship of childhood abuse and household dysfunction to many of the leading causes of death in adults: The Adverse Childhood Experiences (ACE) Study. *American journal of preventive medicine*, *14*(4), 245–258.

Filipp, Sigrun-Heide (1979). Entwurf eines heuristischen Bezugsrahmens für Selbstkonzept-Forschung: Menschliche Informationsverarbeitung und naive Handlungstheorie. *Selbstkonzept-Forschung*, 129–153.

Filipp, Sigrun-Heide & Mayer, Anne-Kathrin (2005). Selbst und Selbstkonzept. In Hannelore Weber & Thomas Rammsayer (Hrsg.), *Handbuch der Persönlichkeitspsychologie und differentiellen Psychologie* (S. 266–276). Hogrefe Verlag.

Fisher, Ronald P., & Geiselman, R. Edward (1992). *Memory enhancing techniques for investigative interviewing: The cognitive interview.* Charles C Thomas Publisher.

Flick, Ute (2022). Gütekriterien qualitativer Sozialforschung. In N. Baur & J. Blasius (Hrsg.), *Handbuch Methoden der empirischen Sozialforschung* (S. 533–547). Berlin/Heidelberg: Springer. Online verfügbar unter URL: https://doi.org/10.1007/978-3-658-37985-8_34 [letzter Zugriff: 26.03.2023].

Follmar-Otto, Petra & Rabe, Heike (2009). *Menschenhandel in Deutschland: Die Menschenrechte der Betroffenen stärken.* Berlin: Deutsches Institut für Menschenrechte.

FRA (Agentur der Europäischen Union für Grundrechte) (2014). *Gewalt gegen Frauen: Eine EU-weite Erhebung. Ergebnisse auf einen Blick.* Wien: Agentur der Europäischen Union für Grundrechte. Online verfügbar unter URL: https://fra.europa.eu/sites/default/files/fra_uploads/fra-2014-vaw-survey-at-a-glance-oct14_de.pdf [letzter Zugriff: 26.03.2023].

Fraley, R. Chris & Roisman, Glenn I. (2015). Early attachment experiences and romantic functioning. In Jeffry A. Simpson & Steven Rholes (Hrsg.), *Attachment theory and research: New directions and emerging themes* (Bde. 9–38). Guilford Press New York.

FIZ (Fraueninformationszentrum) (2021). *Wir sind eine Beratungsstelle für Migrantinnen, geflüchtete Frauen, Betroffene von Menschenhandel und Betroffene von Arbeitsausbeutung*. Verein für Internationale Jugendarbeit e.V. (VIJ). Online verfügbar unter URL: https://vij-wuerttemberg.de/fraueninformationszentrum-fiz [letzter Zugriff: 26.03.2023].

Freeman, Harry & Brown, Bradford B. (2001). Primary attachment to parents and peers during adolescence: Differences by attachment style. *Journal of Youth and Adolescence*, *30*(6), 653–674.

Friedman, Howard S.; Schustack, Miriam W.; Rindermann, Heiner; Zantop, Andreas & Steinweg-Fleckner, Elisabeth (2004). *Persönlichkeitspsychologie und differentielle Psychologie* (2. Auflage). Hallbergmoos: Pearson Studium.

Furman, Wyndol & Wehner, Elizabeth A. (1994). Romantic views: Toward a theory of adolescent romantic relationships. *Portions of this chapter were presented at the meetings of the Society for Research in Adolescence, Washington, DC.*

Furman, Wyndol & Wehner, Elizabeth A. (1997). Adolescent romantic relationships: A developmental perspective. *New directions for child and adolescent development*, *1997*(78), 21–36.

Gahleitner, Silke B.; Heiler, Roshan; Gerlich, Katharina; Schneider, Martha & Hinterwallner, Heidemarie (2021). Betroffene von Menschenhandel—Einblicke in die Situation anhand ausgewählter Fallbeispiele. In Y. Völschow & S. B. Gahleitner (Hrsg.), *Menschenhandel und Zwangsprostitution—Interdisziplinäre Perspektiven auf Prävention und Intervention* (S. 122–131). Weinheim: Beltz Juventa.

Gahleitner, Silke B.; Heiler, Roshan; Schneider, Martha; Gerlich, Katharina & Hinterwallner, Heidemarie (2021). Herausforderungen beim Beziehungs- und Vertrauensaufbau mit traumatisierten Betroffenen aus Sicht der Sozialen Arbeit. In Yvette Völschow & Silke B. Gahleitner (Hrsg.), *Menschenhandel und Zwangsprostitution—Interdisziplinäre Perspektiven auf Prävention und Intervention* (S. 150–159). Weinheim: Beltz Juventa.

Gahleitner, Silke B.; Gerlich, Katharina; Heiler, Roshan; Hinterwallner, Heidemarie; Huber, Edith; Koerner, Mascha; Pfaffenlehner, Josef & Völschow, Yvette (2017). Psychosoziale Arbeit mit Frauen aus dem Frauenhandel: Ein Plädoyer für bindungs- und traumasensible interprofessionelle Zusammenarbeit. *Trauma und Gewalt*, *11*, 22–34.

Online verfügbar unter URL: https://doi.org/10.21706/tg-11-1-22 [letzter Zugriff: 26.03.2023].

Glas, Joris; Tsokos, Michael & Etzold, Saskia S. (2021). Häusliche Gewalt– von der Entstehung zum klinischen Bild. *Notfall+ Rettungsmedizin, 24* (2), 173–183.

Gläser, Jochen & Laudel, Grit (2009). *Experteninterviews und qualitative Inhaltsanalyse: Als Instrumente rekonstruierender Untersuchungen*. Berlin/Heidelberg: Springer.

Gloor, Daniela & Meier, Hanna (2003). Gewaltbetroffene Männer–wissenschaftliche und gesellschaftlich-politische Einblicke in eine Debatte. *Die Praxis des Familienrechts*, *3*, 526–547.

Godenzi, Alberto (1993). *Gewalt im sozialen Nahraum*. Basel: Helbling und Lichtenhahn.

Grabitz, Hans-Joachim (1997). Kontrolle und Hilflosigkeit. In Dieter Frey & Siegfried Greif (Hrsg.), *Sozialpsychologie: Ein Handbuch in Schlüsselbegriffen* (S. 227–230). Weinheim: Beltz Psychologie Verlags Union.

Gracia, Enrique (2014). Intimate partner violence against women and victim-blaming attitudes among Europeans. *Bulletin of the World Health Organization*, *92*, 380–381.

Graham, Dee L.; Rawlings, Edna & Rimini, Nelly (1988). *Survivors of terror: Battered women, hostages, and the Stockholm Syndrome.*

Graham, Dee L. & Rawlings, Edna (1991). *Bonding with Abusive Dating Partners: Dynamics of Stockholm Syndrome. Dating Violence*. B. Levy, Young Women in Danger. Seattle: Seal Press.

Greber, Franziska & Kranich Schneiter, Cornelia (2013). *Häusliche Gewalt – Manual für Fachleute* (S. 130). IST Interventionsstelle gegen Häusliche Gewalt. Online verfügbar unter URL: https://www.rwi.uzh.ch/elt-lst-buechler/famr/docs/HaeuslicheGewalt_Manual.pdf [letzter Zugriff: 26.03.2023].

Großmaß, Ruth (2011). *„Klienten",„Adressaten",„Nutzer",„Kunden"– diskursanalytische Überlegungen zum Sprachgebrauch in den sozialen Berufen*. Aktuelle Fragen der Sozialen Arbeit und Pädagogik, Masterstudiengang „Praxisforschung". Online verfügbar unter URL: https://docplayer.org/35434110-Klienten-adressaten-nutzer-kunden-diskursanalytische-ueberlegungen-zum-sprachgebrauch-in-den-sozialen.html [letzter Zugriff: 26.03.2023].

Hagger, Martin S.; Biddle, Stuart J. & Wang, John C. K. (2005). Physical self-concept in adolescence: Generalizability of a multidimensional, hierarchical model across gender and grade. *Educational and psychological Measurement*, *65*(2), 297–322.

Hampel, Petra (2007). Stressbewältigungstraining im Kindesalter. *Stress und Stressbewältigung im Kindes-und Jugendalter*, 235–246.

Harnischmacher, Robert & Muether, Josef (1987). Das Stockholm-Syndrom. Zur psychischen Reaktion von Geiseln und Geiselnehmern. *Archiv für Kriminologie*, *18*(1–2), 1–12.

Hart, Daniel (1988). The Adolescent Self-Concept in Social Context. In Daniel K. Lapsley & F. Clark Power (Hrsg.), *Self, Ego, and Identity: Integrative Approaches* (S. 71–90). Berlin/Heidelberg: Springer. Online verfügbar unter URL: https://doi.org/10.1007/978-1-4615-7834-5_4 [letzter Zugriff: 26.03.2023].

Harter, Susan (1999). *The Construction of the Self: A Developmental Perspective*. New York: The Guilford Press. Online verfügbar unter URL: https://connect.springerpub.com/content/sgrjcp/15/4/383 [letzter Zugriff: 26.03.2023].

Harter, Susan (2012). *The construction of the self: Developmental and sociocultural foundations*. New York: Guilford Publications.

Havighurst, Robert J. (1948). *Developmental tasks and education.* Chicago: University of Chicago Press.

Hazan, Cindy & Shaver, Phillip (1987). Romantic love conceptualized as an attachment process. *Journal of personality and social psychology*, *52*(3), 511–524.

Helfferich, Cornelia (2011). *Die Qualität qualitativer Daten*. Manual für die Durchführung qualitativer Interviews. Wiebaden: VS Verlag für Sozialwissenschaften. Online verfügbar unter URL: https://doi.org/10.1007/978-3-531-92076-4_2 [letzter Zugriff: 26.03.2023].

Helfferich, Cornelia; Kavemann, Barbara & Lehmann, Kathrin (2004). *Platzverweis – Beratung und Hilfen. Wissenschaftliche Untersuchung zur Situation von Frauen und zum Beratungsangebot nach einem Platzverweis bei häuslicher Gewalt. Abschlussbericht im Auftrag des Sozialministeriums Baden-Württemberg*. Online verfügbar unter URL: http://www.soffi-f.de/files/u2/PV-Abschlussbericht_2004.pdf [letzter Zugriff: 26.03.2023].

Helfferich, Cornelia; Kavemann, Barbara & Rabe, Heike (2010). *Determinanten der Aussagebereitschaft von Opfern des Menschenhandels zum Zweck sexueller Ausbeutung: Eine qualitative Opferbefragung (41)*. München: Luchterhand.

Herman, Judith (2018). *Die Narben der Gewalt: Traumatische Erfahrungen verstehen und überwinden* (5. Auflage). Paderborn: Junfermann Verlag.

Hermanutz, Max & Schröder, Jochen (2015). *Leitfaden zur Vernehmung von Zeugen und Beschuldigten mit Vernehmungskarten*. Online verfügbar unter URL: https://www.hfpol-bw.de/files/pdf/hfpol/menue_infothek/fakultaet_4/Leitfaden%20zur%20Vernehmung%20von%20erwachsenen%20Zeugen%20und%20Beschuldigten.pdf [letzter Zugriff: 26.03.2023].

Herrmanns, Harry (2000). Interviewen als Tätigkeit. In Uwe Flick; Ernst von Kardorff & Ines Steinke (Hrsg.), *Qualitative Forschung - ein Handbuch*. Reinbek: rowohlt.

Herz, Annette L. (2005). *Menschenhandel: Eine empirische Untersuchung zur Strafverfolgungspraxis (129)*. Berlin: Duncker & Humblot.

Hesse, Erik & Main, Mary (2000). Disorganized infant, child, and adult attachment: Collapse in behavioral and attentional strategies. *Journal of the American Psychoanalytic Association*, *48*(4), 1097–1127.

Heubrock, Dietmar & Palkies, Petra (2008). Der Rapport—Grundlagen und Anwendung eines taktischen Kommunikationsmittels in der Beschuldigten- und Zeugenvernehmung. *Kriminalistik*, *11*, 602–608.

Higgins, E. Tory (1991). *Development of self-regulatory and self-evaluative processes: Costs, benefits, and tradeoffs*. In Megan R. Gunnar & L. Alan Sroufe (Eds.), *Selfprocesses and development*. Lawrence Erlbaum Associates. 125-165.

Hitzler, Ronald (1994). Wissen und Wesen des Experten. In *Expertenwissen* (S. 13–30). Berlin/Heidelberg: Springer.

Hoffmann, Andrea C. (2018). Journalistische Interviews mit traumatisierten Personen. *Trauma & Gewalt*, *12*(4), 352–361.

Homfeldt, Hans G.; Schröer, Wolfgang & Schweppe, Cornelia (2008). *Vom Adressaten zum Akteur: Soziale Arbeit und Agency*. Leverkusen: Barbara Budrich.

Horn, Wolf R. (2009). Spezielle jugendmedizinische Aspekte. In Hans G. Schlack, Ute Thyen, & Rüdiger von Kries (Hrsg.), *Sozialpädiatrie* (S. 412–445). Berlin/Heidelberg: Springer Medizin Verlag.

Howe, Christiane (2021). Menschenhandel im Kontext von prostitutions—Sozioökonomische und gesellschaftliche Rahmenbedingungen in den Herkunfts- und Zielländern. In Yvette Völschow & Silke B. Gahleitner (Hrsg.), *Menschenhandel und Zwangsprostitution—Interdisziplinäre Perspektiven auf Prävention und Intervention* (S. 45–66). Weinheim: Beltz Juventa.

Igney, Claudia (2008). Täterstrategien und Täter-Opfer-Dynamiken. In Claudia Fliß & Claudia Igney (Hrsg.), *Handbuch Trauma und Dissoziation* (S. 38–50). Lengerich: Pabst Science Publishers.

ILO (International Labour Office) (2014). *Profits and Poverty: The Economics of Forced Labour*. International Labour Office. Online verfügbar unter URL: https://www.ilo.org/wcmsp5/groups/public/---ed_norm/---declaration/documents/publication/wcms_243391.pdf [letzter Zugriff: 26.03.2023].

ILO (International Labour Office) (2017). *Global Estimates of Modern Slavery*. International Labour Office. Online verfügbar unter URL: http://www.ilo.org/wcmsp5/groups/public/---dgreports/---dcomm/documents/publication/wcms_575479.pdf [letzter Zugriff: 26.03.2023].

ILO (International Labour Office) (2022). *Forced labour, modern slavery and human trafficking (Forced labour, modern slavery and human trafficking)*. International Labour Office. Online verfügbar unter URL: https://www.ilo.org/wcmsp5/groups/public/---ed_norm/---ipec/documents/publication/wcms_854733.pdf [letzter Zugriff: 26.03.2023].

Impett, Emily A.; Sorsoli, Lynn; Schooler, Deborah; Henson, James M. & Tolman, Deborah L. (2008). Girls' relationship authenticity and self-esteem across adolescence. *Developmental psychology*, *44*(3), 722–733.

IOM (Internationale Organisation für Migration) (2018). *Exploitation of Victims: Trends*. Counter-Trafficking Data Collaborative (CTDC). https://www.ctdatacollaborative.org/ [letzter Zugriff: 26.03.2023].

Jungnitsch, George (2009). *Klinische Psychologie* (2. Auflage). Stuttgart: W. Kohlhammer Verlag.

Kähler, Katharina (2015). (Zwangs-)Prostitution – Zwischen Freiwilligkeit und Fremdbestimmung. Einblicke aus der Sicht der praktischen Sozialarbeit in einer Fachberatungsstelle gegen Menschenhandel. In Martin Albert & Julia Wege (Hrsg.), *Soziale Arbeit und Prostitution* (S. 195–224). Berlin/Heidelberg: Springer Fachmedien. Online verfügbar unter URL: http://link.springer.com/chapter/10.1007/978-3-658-00545-0_11 [letzter Zugriff: 26.03.2023].

Kavemann, Barbara (2016). Erinnerbarkeit, Angst, Scham und Schuld als Grenzen der Forschung zu Gewalt. In Cornelia Helfferich, Barbara Kavemann & Heinz Kindler (Hrsg.), *Forschungsmanual Gewalt: Grundlagen der empirischen Erhebung von Gewalt in Paarbeziehungen und sexualisierter Gewalt* (S. 51–67). Berlin/Heidelberg: Springer. Online verfügbar unter URL: https://doi.org/10.1007/978-3-658-06294-1_4 [letzter Zugriff: 26.03.2023].

Kieter, Ann-Christin (2017). *Zwangsprostitution statt großer Liebe: So gefährlich sind Loverboys*. UNICUM. Online verfügbar unter URL: https://www.unicum.de/de/studentenleben/zuendstoff/loverboys-zwangsprostitution-statt-grosser-liebe [letzter Zugriff: 26.03.2023].

Kindler, Heinz (2009). Risikofaktor Partnerschaftsgewalt: Chancen und Grenzen von Programmen Früher Hilfen (Forschungsüberblick). *Materialien zu frühen Hilfen*, 39. Online verfügbar unter URL: https://www.fruehehilfen.de/fileadmin/user_upload/fruehehilfen.de/pdf/Fruehe_Hilfen_Haeusliche_Gewalt.pdf [letzter Zugriff: 26.03.2023].

Kirkpatrick, Lee A. & Davis, Keith E. (1994). Attachment style, gender, and relationship stability: A longitudinal analysis. *Journal of personality and social psychology*, *66*(3), 502–512.

Klopfstein, Ursula (2015). Von der Diagnose zur Therapie. In Monika von Fellenberg & Luzia Jurt (Hrsg.), *Kinder als Mitbetroffene von Gewalt in Paarbeziehungen* (S. 231–244). eFeF. Online verfügbar unter URL: https://irf.fhnw.ch/handle/11654/11976 [letzter Zugriff: 26.03.2023].

Knop, Andrea & Heim, Christine (2019). Belastende Kindheitserfahrungen. In Günter H. Seidler; Harald J.; Freyberger, Harald; Glaesmer, Heide & Silke B. Gahleitner (Hrsg.), *Handbuch der Psychotraumatologie* (3. Auflage, S. 521–531). Stuttgart: Klett-Cotta.

Kobra e.V. (o.J.). *Beratung und Begleitung*. Kobra e.V. Hannover, Koordinierungs- und Beratungsstelle gegen Menschenhandel. Online verfügbar unter URL: https://kobra-hannover.de/ [letzter Zugriff: 26.03.2023].

KOK e.V. (o.J.). *Opferrechte und Rechte der Betroffenen in Deutschland.* KOK gegen Menschenhandel. Online verfügbar unter URL: https://www.kok-gegen-menschenhandel.de/menschenhandel/was-ist-menschenhandel/opferrechte [letzter Zugriff: 26.03.2023].

König, Eckard (1991). Interpretatives Paradigma: Rückkehr oder Alternative zur Hermeneutik. *Hoffmann (1991)*, 49–63.

Körner, Mascha (2021). Polizeiliche Ermittlungen in Loverboy-Fällen. Der Modus Operandi der „Loverboys" – Herausforderungen der Strafverfolgung im Deliktsbereich Menschenhandel. *SIAK Journal - Zeitschrift für Polizeiwissenschaft und polizeiliche Praxis*, *4*, 28–44.

Körner, Mascha & Huber, Edith (2021). Lagebeschreibung—Erkenntnisse aus dem polizeilichen Hellfeld zur Situation von Menschenhandel in Form von Zwangsprostitution in Deutschland und Österreich. In V. Yvette & S. B. Gahleitner (Hrsg.), *Menschenhandel und Zwangsprostitution—Interdisziplinäre Perspektiven auf Prävention und Intervention* (S. 67–84). Beltz Juventa.

Körner, Mascha; Radtke, Matthias & Völschow, Yvette (2021). Behördliche AkteurInnen im Deliktsfeld Menschenhandel/Zwangsprostitution—Vorbehalte und Ansätze des Sensibilisierung. In Yvette Völschow & Silke B. Gahleitner (Hrsg.), *Menschenhandel und Zwangsprostitution—Interdisziplinäre Perspektiven auf Prävention und Intervention* (S. 132–149). Beltz Juventa.

Körner, Mascha & Völschow, Yvette (2018). Lagedarstellung: Deliktsfeld Menschenhandel in Deutschland—Eine längsschnittliche Analyse polizeilicher Hellfelddaten des Delikts Menschenhandel zum Zweck sexueller Ausbeutung. *SIAK Journal - Zeitschrift für Polizeiwissenschaft und polizeiliche Praxis*, *1*, 27–42.

Köthke, Rolf (1999). „Das Stockholm-Syndrom: Eine besondere Betrachtung des Verhältnisses von Geiselnehmer und Geisel". *Praxis der Rechtspsychologie*, *9*(1), 78–85.

Kötter-Mathes, Stefanie (2020). Qualitative Datenerhebung anhand von problemzentrierten Interviews. In S. Kötter-Mathes (Hrsg.), *Leistungsbeurteilung in zentralen Prüfungen: Lehrkräftewahrnehmungen der landesweit vorgegebenen Erwartungshorizonte im Prüfungsfach Deutsch* (S. 131–160). Berlin/Heidelberg: Springer. Online verfügbar unter URL: https://doi.org/10.1007/978-3-658-31224-4_7 [letzter Zugriff: 26.03.2023].

Kramer, Franziska (2020). Mit THB LIBERI organisierten Menschenhandel bekämpfen. *Die Polizei*, *11*, 437–440.

Kuckartz, Udo (2018). *Qualitative Inhaltsanalyse. Methoden, Praxis, Computerunterstützung*. Online verfügbar unter URL: https://content-select.com/de/portal/media/view/5aa7b788-bfd0-4912-a0df-6955b0dd2d03 [letzter Zugriff: 26.03.2023].

Lampe, Astrid (2013). Warum kehren sie immer wieder zum Täter zurück? Zum Verständnis der Täter-Opfer-Bindung bei misshandelten Frauen. *Spectrum Pschiatrie*, *4*, 36–38.

Lampe, Astrid & Gahleitner, Silke B. (2018). Kehren sie immer wieder zum Täter zurück? *Trauma & Gewalt*, *12*(1), 6–12. Online verfügbar unter URL: https://doi.org/10.21706/tg-12-1-6 [letzter Zugriff: 26.03.2023].

Lang, Daniel (1974). A reporter at large: The bank drama. *New Yorker*, *25*, 56–126.

Lazarus, Richard S. (1993). *Coping theory and research: Past, present, and future*.

Lazarus, Richard S., & Folkman, Susan (1984). *Stress, appraisal, and coping*. New York: Springer publishing company.

Lazarus, Richard S., & Launier, Raymond (1981). Stressbezogene Transaktionen zwischen Person und Umwelt. *Stress. Theorien, Untersuchungen, Maßnahmen*, 213–259.

Leven, Ingo & Utzmann, Hilde (2015). Jugend im Aufbruch–vieles soll stabil bleiben. *Jugend*, *17*, 273–374.

Liebold, Renate & Trinczek, Rainer (2009). Experteninterview. In Stefan Kühl, Petra Strodtholz & Andreas Taffertshofer (Hrsg.), *Handbuch Methoden der Organisationsforschung: Quantitative und Qualitative Methoden* (S. 32–56). VS Verlag für Sozialwissenschaften. Online verfügbar unter URL: https://doi.org/10.1007/978-3-531-91570-8_3 [letzter Zugriff: 26.03.2023].

Lincoln, Yvonna S. & Guba, Egon G. (1985). *Naturalistic inquiry*. Sage Publications, Inc.

Lindberg, Sara M.; Hyde, Janet S. & McKinley, Nita M. (2006). A measure of objectified body consciousness for preadolescent and adolescent youth. *Psychology of Women Quarterly*, *30*(1), 65–76.

LKA NRW (2019). *Schriftliche Stellungnahme zur Sachverständigenanhörung des Ausschusses für Gleichstellung und Frauen am 05. Juli 2019 aufgrund eines Berichtswunsches einer Fraktion an die Landesregierung. Vorlage 17/1796 „Entwicklung der sogenannten ‚Loverboy-Methode' zur Erzwingung von Prostitution in Nordrhein-Westfalen"* (Stellungsnahme Vorlage 17/1796). Landeskriminalamt Nordrhein-Westfalen. Online verfügbar unter URL: https://www.landtag.nrw.de/portal/WWW/dokumentenarchiv/Dokument/MMST17-1657.pdf [letzter Zugriff: 26.03.2023].

Lohaus, Arnold; Vierhaus, Marc & Maass, Asja (2010). *Entwicklungspsychologie des Kindes- und Jugendalters für Bachelor*. Berlin/Heidelberg: Springer. Online verfügbar unter URL: https://link.springer.com/content/pdf/10.1007/978-3-662-45529-6.pdf [letzter Zugriff: 26.03.2023].

Lüdke, Christian & Clemens, Karin (2001). Abschied vom Stockholm-Syndrom. *Psychotraumatologie*, *2*, 12–12. Online verfügbar unter URL: https://doi.org/10.1055/s-2001-15743 [letzter Zugriff: 26.03.2023].

Ludwig-Körner, Chritiane (1992). *Der Selbstbegriff in Psychologie und Psychotherapie: Eine wissenschaftshistorische Untersuchung*. Berlin/Heidelberg: Springer.

Luthans, Fred; Youssef, Carolyn M. & Avolio, Bruce J. (2007). *Psychological capital: Developing the human competitive edge* (Bd. 198). Oxford university press Oxford.

Main, Mary & Solomon, Judith (1986). *Discovery of an insecure-disorganized/disoriented attachment pattern.*

Mandl, Sabine & Planitzer, Julia (2021). Wer ist ein Opfer? Der Opferbegriff in der Opferschutzrichtlinie. *Zeitschrift für Polizeiwissenschaft und polizeiliche Praxis*, *18*(1), 40–55. Online verfügbar unter URL: https://doi.org/10.7396/2021_1_C [letzter Zugriff: 26.03.2023].

Marsh, Herbert W. & Shavelson, Richard (1985). Self-concept: Its multifaceted, hierarchical structure. *Educational psychologist*, *20*(3), 107–123.

Marsh, Herbert W.; Smith, Ian D. & Barnes, Jennifer (1985). Multidimensional self-concepts: Relations with sex and academic achievement. *Journal of Educational Psychology*, *77*(5), 581–596.

Meier, Bernd-Dieter (2016). *Kriminologie* (5., neu bearbeitete Edition). München: C.H.Beck.

Messing, Jill T.; Patch, Michelle; Wilson, Janet S.; Kelen, Gabor D. & Campbell, Jacquelyn (2018). Differentiating among Attempted, Completed, and Multiple Nonfatal Strangulation in Women Experiencing Intimate Partner Violence. *Women's Health Issues: Official Publication of the Jacobs Institute of Women's Health*, *28*(1), 104–111. Online verfügbar unter URL: https://doi.org/10.1016/j.whi.2017.10.002 [letzter Zugriff: 26.03.2023].

Meuser, Michael & Nagel, Ulrike (1989). *Experteninterviews-vielfach erprobt, wenig bedacht: Ein Beitrag zur qualitativen Methodendiskussion*. Opladen: Westdt. Verlag.

Meuser, Michael & Nagel, Ulrike (1994). Expertenwissen und Experteninterview. In *Expertenwissen* (S. 180–192). Berlin/Heidelberg: Springer.

Meuser, M., & Nagel, U. (2009). Das Experteninterview—Konzeptionelle Grundlagen und methodische Anlage. In S. Pickel, G. Pickel, H.-J. Lauth, & D. Jahn (Hrsg.), *Methoden der vergleichenden Politik- und Sozialwissenschaft: Neue Entwicklungen und Anwendungen* (S. 465–479). VS Verlag für Sozialwissenschaften. Online verfügbar unter URL: https://doi.org/10.1007/978-3-531-91826-6_23 [letzter Zugriff: 26.03.2023].

Mey, Günter (2005). Das (Wieder-)Erfinden von Interviewverfahren: Kommentar zu „Das existenzielle Interview". *Journal für Psychologie*, *12*(3), 273–282.

Mey, Günter & Mruck, Katja (2011). Qualitative Interviews. In Gabriele Naderer & Eva Balzer (Hrsg.), *Qualitative Marktforschung in Theorie und Praxis* (S. 257–288). Wiesbaden: Gabler. Online verfügbar unter URL: https://doi.org/10.1007/978-3-8349-6790-9_14 [letzter Zugriff: 26.03.2023].

Mielke, Rosemarie (1984). *Lernen und Erwartung: Zur Selbst-Wirksamkeits-Theorie von Albert Bandura*. Huber.

Miller, Thomas W. (1988). Advances in understanding the impact of stressful life events on health. *Psychiatric Services*, *39*(6), 615–622.

Mills, Jennifer S.; Musto, Sarah; Williams, Lindsay & Tiggemann, Marika (2018). "Selfie" harm: Effects on mood and body image in young women. *Body image*, *27*, 86–92.

Milne, Rebecca & Bull, Ray (1999). *Investigative interviewing: Psychology and practice*. Wiley. Online verfügbar unter URL: https://researchportal.port.ac.uk/portal/en/publications/investigativeinterviewing(9884f7d6-10b6-4173-b408-d257c6d2f9d6).html [letzter Zugriff: 26.03.2023].

Milne, Rebecca; Clare, Isabel C. H.,& Bull, Ray (1999). Using the cognitive interview with adults with mild learning disabilities. *Psychology, Crime & Law*, *5*(1–2), 81–99. Online verfügbar unter URL: https://doi.org/10.1080/10683169908414995 [letzter Zugriff: 26.03.2023].

mpfs (Medienpädagogischer Forschungsverbund Südwest) (2021). *JIM-Studie 2021. Jugend, Information, Medien. Basisuntersuchug zum Medienumgang 12- bis 19-Jähriger*. Medienpädagogischer Forschungsverbund Südwest. Online verfügbar unter URL: https://www.mpfs.de/fileadmin/files/Studien/JIM/2021/JIM-Studie_2021_barrierefrei.pdf [letzter Zugriff: 26.03.2023].

Mullender, Audrey; Hague, Gill; Imam, Umme F.; Kelly, Liz; Malos, Ellen & Regan, Linda (2002). *Children' s Perspectives on Domestic Violence*. Sage.

Müller, Ursula & Schröttle, Monika (2004). *Lebenssituation, Sicherheit und Gesundheit von Frauen in Deutschland—Langfassung Teil 1*. Berlin: BMFSFJ. Online verfügbar unter URL: https://www.bmfsfj.de/blob/jump/84328/langfassung-studie-frauen-teil-eins-data.pdf [letzter Zugriff: 26.03.2023].

Müller-Güldemeister, Susanne (2011). *Expertise zum Thema deutsche Betroffene von Menschenhandel*. KOK – Bundesweiter Koordinierungskreis gegen Frauenhandel und Gewalt an Frauen im Migrationsprozess e.V.. Online verfügbar unter URL: http://www.kok-gegen-menschenhandel.de/uploads/media/ExpertiseDeutscheBetroffene_MH05_12_2011.pdf [letzter Zugriff: 26.03.2023].

MYRIA (Federal Migration Centre) (2015). *Trafficking and smuggling in human beings: Tightening the Links* [Annual Report]. Online verfügbar unter URL: https://www.myria.be/files/Annual-report-2015-trafficking-and-smuggling-full.pdf [letzter Zugriff: 26.03.2023].

Netzwerk gegen Menschenhandel e.V. (2020). *Allgemeine Informationen über „Loverboys“*. Liebe ohne Zwang - Startseite. Online verfügbar unter URL: https://liebe-ohne-zwang.de/loverboy-masche/ [letzter Zugriff: 26.03.2023].

Nieder, Tanja & Seiffge-Krenke, Inge (2001). Coping with stress in different phases of romantic development. *Journal of adolescence*, *24*(3), 297–311.

Outshoorn, Joyce (2012). Policy Change in Prostitution in the Netherlands: From Legalization to Strict Control. *Sexuality Research and Social Policy*, *9*(3), 233–243. Online verfügbar unter URL: https://doi.org/10.1007/s13178-012-0088-z [letzter Zugriff: 26.03.2023].

Peichl, Jochen (2010). Innerer Kritiker, Innerer Verfolger und Täterintrojekt. *Trauma & Gewalt*, *4*(4), 304–314.

Peichl, Jochen (2011). Destruktive Paarbeziehungen: Wie entsteht die Spirale der Gewalt? *Blickpunkt EFl-Beratung*, *Oktober*, 6–16.

Pence, Ellen; Paymar, Michal & Ritmeester, Tineke (1993). *Education groups for men who batter: The Duluth model*. New York: Springer Publishing Company.

Pfadenhauer, Michaela (2009). Das Experteninterview. In Renate Buber & Hartmut H. Holzmüller (Hrsg.), *Qualitative Marktforschung: Konzepte – Methoden – Analysen* (S. 449–461). Wiesbaden: Gabler. Online verfügbar unter URL: https://doi.org/10.1007/978-3-8349-9441-7_28 [letzter Zugriff: 26.03.2023].

Pistole, M. Carole (1989). Attachment in adult romantic relationships: Style of conflict resolution and relationship satisfaction. *Journal of social and personal relationships*, *6*(4), 505–510.

Prasad, Nivedita (2014). *Mythen und Realitäten in Bezug auf Menschenhandel zum Zwecke der sexuellen Ausbeutung in der BRD*. Heinrich Böll Stiftung - Migrationspolitisches Portal. Online verfügbar unter URL: https://heimatkunde.boell.de/2014/12/08/mythen-und-realitaeten-bezug-auf-menschenhandel-zum-zwecke-der-sexuellen-ausbeutung-der [letzter Zugriff: 26.03.2023].

Prichard, Ivanka; Kavanagh, Eliza; Mulgrew, Kate E.; Lim, Megan S. & Tiggemann, M. (2020). The effect of Instagram# fitspiration images on young women's mood, body image, and exercise behaviour. *Body Image*, *33*, 1–6.

Rabe, Heike & Tanis, Naile (2013). *Menschenhandel als Menschenrechtsverletzung: Strategien und Maßnahmen zur Stärkung der Betroffenenrechte; Handreichung*. Berlin: Dt. Inst. für Menschenrechte.

Rack, Stefanie & Sauer, Fabian (2020). *Selfies, Sexting, Selbstdarstellung—Arbeitsmaterial für den Unterricht* (Heft 3; Mobile Medien - Neue Herausforderungen). Online verfügbar unter URL:

https://www.klicksafe.de/fileadmin/media/documents/pdf/klicksafe_Materialien/Lehrer_Always_On/KMA10_Selfies_Sexting_Selbstdarstellung_Mobile_Medien_3.pdf [letzter Zugriff: 26.03.2023].

Raevuori, Anu; Dick, Danielle M.; Keski-Rahkonen, Anna; Pulkkinen, Lea; Rose, Richard J.; Rissanen, Aila; Kaprio, Jaakko; Viken, Richard J. & Silventoinen, Karri (2007). Genetic and environmental factors affecting self-esteem from age 14 to 17: A longitudinal study of Finnish twins. *Psychological Medicine*, *37*(11), 1625–1633.

Rauthmann, John F. (2017). Ansätze der Persönlichkeitspsychologie. In John F. Rauthmann (Hrsg.), *Persönlichkeitspsychologie: Paradigmen – Strömungen – Theorien* (S. 25–62). Berlin/Heidelberg: Springer. Online verfügbar unter URL: https://doi.org/10.1007/978-3-662-53004-7_2 [letzter Zugriff: 26.03.2023].

Renzikowski, Joachim (2017). Die Reform der §§ 232 ff. StGB. *KriPoZ*, *6*, 358–366.

Richter, Jörg (1995). *Komplexität von Depressivität.* Münster: Waxmann Verlag.

Riegler, Romana (2012). *Roma aus (Süd-)Osteuropa als Betroffene von Frauenhandel: Eine Untersuchung der Vulnerabilitätsfaktoren*. Online verfügbar unter URL: http://www.kok-buero.de/fileadmin/user_upload/medien/Downloads/Roma_als_Betroffene_von_Frauenhandel_-_Ausarbeitung.PDF [letzter Zugriff: 26.03.2023].

Riegler, Romana (2014). Roma aus (Süd-)Osteuropa als Betroffene von Frauenhandel. Eine Untersuchung der Vulnerabilitätsfaktoren. *Heinrich Böll Stiftung, Welcome to Germany IV Menschenhandel in Deutschland. Berlin*, 100–127.

Robins, Ricard W. & Trzesniewski, Kali H. (2005). Self-esteem development across the lifespan. *Current directions in psychological science*, *14*(3), 158–162.

Robins, Richard W.; Trzesniewski, Kali H.; Tracy, Jessica L.; Gosling, Samuel D. & Potter, Jeff (2002). Global self-esteem across the life span. *Psychology and aging*, *17*(3), 423–434.

Roe-Sepowitz, Dominique E.; Hickle, Kristine E.; Dahlstedt, Jaime & Gallagher, James (2014). Victim or whore: The similarities and differences between victim's experiences of domestic violence and sex trafficking. *Journal of Human Behavior in the Social Environment, 24*(8), 883–898.

Rogers, Carl R. (1977). *Therapeut und Klient*. Frankfurt am Main: Fischer Taschenbuch Verlag.

Rosenblum, Gianine D. & Lewis, Micheal (1999). The relations among body image, physical attractiveness, and body mass in adolescence. *Child development*, *70*(1), 50–64.

Ruvolo, Ann P.; Fabin, Lisa A., & Ruvolo, Catherine M. (2001). Relationship experiences and change in attachment characteristics of young adults: The role of relationship breakups and conflict avoidance. *Personal Relationships*, *8*(3), 265–281.

Sandmeier Rupena, Anita (2010). *Psychische Gesundheit und Lebensbewältigung vom Jugendalter ins frühe Erwachsenenalter: Der Einfluss von Beziehungserfahrungen auf die Entwicklung von Ich-Stärke* [PhD Thesis]. University of Zurich.

Schaarschuch, Andreas (2008). Vom Adressaten zum „Nutzer "von Dienstleistungen. In *Soziale Arbeit in Gesellschaft* (S. 197–204). Berlin/Heidelberg: Springer.

Scharlaken Koord (2019). *Loverboy 3.0*. THDV Scharlaken Koord. verklaart je de liefde. Online verfügbar unter URL: https://scharlakenkoord.nl/nl/nieuws/50/loverboy-3.0 [letzter Zugriff: 26.03.2023].

Scheele, Brigitte & Groeben, Norbert (1988). *Dialog-Konsens-Methoden zur Rekonstruktion Subjektiver Theorien: Die Heidelberger Struktur-Lege-Technik (SLT), konsuale Ziel-Mittel-Argumentation und kommunikative Flußdiagramm-Beschreibung von Handlungen*. Tübingen: Francke. Online verfügbar unter URL: https://www.ssoar.info/ssoar/handle/document/1029 [letzter Zugriff: 26.03.2023].

Scheer, Guntram & Dufner, Nathalie (2015). Deutsche Opfer des Menschenhandels zur sexuellen Ausbeutung. *Kriminalistik*, *1*, 17–25.

Schickedanz, Harald & Plassmann, Reinhard (2019). Belastende Kindheitserfahrungen und körperliche Erkrankungen. In Günter H. Seidler; Harald J. Freyberger; Heide Glaesmer, & Silke B. Gahleitner (Hrsg.), *Handbuch der Psychotraumatologie* (3. Auflage, S. 435–449). Stuttgart: Klett-Cotta.

Schilling, Susanne R.; Sparfeldt, Jörn R. & Rost, Detlef H. (2006). Facetten schulischen Selbstkonzepts: Welchen Unterschied macht das Geschlecht? *Zeitschrift für pädagogische Psychologie*, *20*(1/2), 9–18.

Schmid, Gabriella (2010). Die Situation von Frauen, die Gewalt in Paarbeziehungen erleben. In *Häusliche Gewalt erkennen und richtig reagieren. Handbuch für Medizin, Pflege und Beratung* (2. überarb. Auflage), 37–52.

Schone, Reinhold; Gintzel, Ullrich; Jordan, Erwin; Kalscheuer, Mareile & Münder, Johannes (1997). *Kinder in Not. Vernachlässigung im frühen Kindesalter und Perspektiven sozialer Arbeit.* Votum.

Schröttle, Monika (2017). *Gewalt in Paarbeziehungen. Expertise für den Zweiten Gleichstellungsbericht der Bundesregierung.* (S. 1–20). Institut für Sozialarbeit und Sozialpädagogik e.V.. Online verfügbar unter URL: https://doi.org/10.25595/1364 [letzter Zugriff: 26.03.2023].

Schröttle, Monika & Ansorge, Nicole (2008). *Gewalt gegen Frauen in Paarbeziehungen. Eine sekundäranalytische Auswertung zur Differenzierung von Schweregraden, Mustern, Risikofaktoren und Unterstützung nach erlebter Gewalt.* Online verfügbar unter URL: https://www.bmfsfj.de/resource/blob/93968/f832e76ee67a623b4d0cdfd3ea952897/gewalt-paarbeziehung-langfassung-data.pdf [letzter Zugriff: 26.03.2023].

Schröttle, Monika & Khelaifat, Nadia (2008). Gesundheit–Gewalt–Migration: Eine vergleichende Sekundäranalyse zur gesundheitlichen und sozialen Situation und Gewaltbetroffenheit von Frauen mit und ohne Migrationshintergrund in Deutschland. *Im Auftrag des Bundesministeriums für Frauen, Familie, Senioren und Jugend. Berlin,* online verfügbar unter URL: *https://www.bmfsfj.de/resource/blob/93964/588d6d5da075d2803f8696dfbbe3d35c/gesundheit-gewalt-migration-langfassung-studie-data.pdf* [letzter Zugriff: 26.03.2023].

Schuer, Sigrid (2017). Die miesen Tricks der Loverboys. *WESER-KURIER vom 23.10.2017*. Online verfügbar unter URL: https://www.weser-kurier.de/bremen/bremen-stadt_artikel,-die-miesen-tricks-der-loverboys-_arid,1661234.html [letzter Zugriff: 26.03.2023].

Schulte-Trux, Marite (Regisseur). (2022). VOX Inside—In den Fängen der Loverboys (Nr. 4). In *RTL+ (ehemals TVNOW) Mediathek vom 26.10.2022*. Online verfügbar unter URL:

https://www.tvnow.de/serien/vox-inside-21080/staffel-1/episode-4-vox-inside-in-den-faengen-der-loverboys-5242708 [letzter Zugriff: 26.03.2023].

Schulze, Erika; Novo Canto, Sandra I.; Mason, Peter & Skalin, Maria (2014). *Sexuelle Ausbeutung und Prostitution und ihre Auswirkung auf die Gleichstellung der Geschlechter*. Europäisches Parlament, Fachabteilung C: Bürgerrechter und konstitutionelle Angelegenheiten. Online verfügbar unter URL: https://www.europarl.europa.eu/RegData/etudes/STUD/2014/493040/IPOL-FEMM_ET(2014)493040_DE.pdf [letzter Zugriff: 26.03.2023].

Schütz, Alfred (1972). Der gut informierte Bürger. In *Gesammelte Aufsätze* (S. 85–101). Berlin/Heidelberg: Springer.

Schütze, Fritz (1993). *Die Fallanalyse. Zur wissenschaftlichen Fundierung einer klassischen Methode der Sozialen Arbeit*. In Thomas Rauschenbach, Friedrich Ortmann & Maria-Eleonora Karsten, Der sozialpädagogische Blick: lebensweltorientierte Methoden in der Sozialen Arbeit. Weinheim: Juventa. Online verfügbar unter URL: https://www.ssoar.info/ssoar/handle/document/5308 [letzter Zugriff: 26.03.2023].

Seiffge-Krenke, Inge (2003). Testing theories of romantic development from adolescence to young adulthood: Evidence of a developmental sequence. *International journal of behavioral development*, *27*(6), 519–531.

Seiffge-Krenke, Inge & Shulman, S (2012). Transformations in heterosexual romantic relationships across the transition into adolescence. *Relationship pathways: From adolescence to young adulthood*, 157–189.

Seligmann, Martin E. (1975). *Helplessness: On depression, development and death*. San Francisco, WHO Freeman.

Shavelson, Richard J.; Hubner, Judith J. & Stanton, George C. (1976). Self-concept: Validation of construct interpretations. *Review of educational research*, *46*(3), 407–441.

Shaver, Phillip R. & Brennan, Kelly A. (1992). Attachment styles and the" Big Five" personality traits: Their connections with each other and with romantic relationship outcomes. *Personality and social psychology bulletin*, *18*(5), 536–545.

Siegler, Robert; Eisenberg, Nancy; DeLoache, Judy & Saffran, Jenny (2016). Bindung und die Entwicklung des Selbst. In Robert Siegler,

Nancy Eisenberg, Judy DeLoache, Jenny Saffran, & Sabrina Pauen (Hrsg.), *Entwicklungspsychologie im Kindes- und Jugendalter* (S. 397–438). Berlin/Heidelberg: Springer. Online verfügbar unter URL: https://doi.org/10.1007/978-3-662-47028-2_11 [letzter Zugriff: 26.03.2023].

Simpson, Jeffry A. Collins; W. Andrew; Tran, SiSi & Haydon, Katherine C. (2007). Attachment and the experience and expression of emotions in romantic relationships: A developmental perspective. *Journal of personality and social psychology*, *92*(2), 355–367.

Sprondel, Walter M. (1979). „Experte" und „Laie ": Zur Entwicklung von Typenbegriffen in der Wissenssoziologie. *Alfred Schütz und die Idee des Alltags in den Sozialwissenschaften*, 140–154.

Stahlke, Iris (2018). *Gewalt in Teenagerbeziehungen: Erlebnisperspektiven von Jugendlichen*. Verlag Barbara Budrich.

Stark, Evan (2012). Looking Beyond Domestic Violence: Policing Coercive Control. *Journal of Police Crisis Negotiations*, *12*, 199–217. Online verfügbar unter URL: https://doi.org/10.1080/15332586.2012.725016 [letzter Zugriff: 26.03.2023].

Steur, Jessica (2012). *Chatten met een stoere jongen: Een inventarisatie van en theorie toepassing op literatuur omtrent loverboys op het internet en preventiemogelijkheden* [B.S. thesis]. University of Twente.

Stines, Sharie (2018). Why Stockholm Syndrome Happens and How to Help. *GoodTherapy.Org Therapy Blog*. Online verfügbar unter URL: https://www.goodtherapy.org/blog/why-stockholm-syndrome-happens-and-how-to-help-0926184 [letzter Zugriff: 26.03.2023].

Sundermann, Imke; Oelkers, Nina & Sabla-Dimitrov, Kim-Patrick (2021). Spezialisierte Unterstützungsmöglichkeiten durch Fachberatungsstellen. In Yvette Völschow & Silke B. Gahleitner (Hrsg.), *Menschenhandel und Zwangsprostitution—Interdisziplinäre Perspektiven auf Prävention und Intervention* (S. 160–172). Weinheim/Basel: Beltz Juventa.

Terpstra, Linda E., van Dijke, Anke & Brinkman, Frans (2005). *Loverboys: Feiten en cijfers: een quick scan*. SWP.

Thomsen, Tamara; Lessing, Nora; Greve, Werner & Dresbach, Stefanie (2018). Selbstkonzept und Selbstwert. In *Entwicklungspsychologie des Jugendalters* (S. 91–111). Berlin/Heidelberg: Springer.

Thyen, Ute; Schlack, Hans G.; Mößle, Thomas; Kolossa-Gehring, Marike & Twardella, Dorothee (2009). Umwelteinflüsse und Lebenswelten. In *Sozialpädiatrie* (S. 25–62). Berlin/Heidelberg: Springer.

Tiggemann, Marika; Hayden, Susannah; Brown, Zoe & Veldhuis, Jolanda (2018). The effect of Instagram "likes" on women's social comparison and body dissatisfaction. *Body image*, *26*, 90–97.

Tiggemann, Marika & Zaccardo, Mia (2018). 'Strong is the new skinny': A content analysis of# fitspiration images on Instagram. *Journal of health psychology*, *23*(8), 1003–1011.

Trinczek, Rainer (1995). Experteninterviews mit Managern: Methodische und methodologische Hintergründe. In Christian Brinkmann, Axel Deeke & Brigitte Völkel (Hrsg.), *Experteninterviews in der Arbeitsmarktforschung. Diskussionsbeiträge zu methodischen Fragen und praktischen Erfahrungen* (S. 59–67). Nürnberg: Institut für Arbeitsmarkt- und Beratung.

Trzesniewski, Kali H.; Donnellan, M. Brent; Moffitt, Terrie E.; Robins, Richard W.; Poulton, Richie & Caspi, Avshalom (2006). Low self-esteem during adolescence predicts poor health, criminal behavior, and limited economic prospects during adulthood. *Developmental psychology*, *42*(2), 381–390.

UBSKM (Unabhängiger Beauftragter für Fragen des sexuellen Kindesmissbrauchs) (2021). Cybergrooming. Zugriff am 2.4.2021. Online verfügbar unter URL: https://beauftragter-missbrauch.de/praevention/sexuelle-gewalt-mittels-digitaler-medien/cybergrooming [letzter Zugriff: 26.03.2023].

United Nations (2000). United Nations Protocol to prevent, suppress and punish trafficking in persons, especially women and children, supplementing the United Nations Convention against transnational organized crime. Online verfügbar unter URL: https://www.ohchr.org/sites/default/files/ProtocolonTrafficking.pdf [letzter Zugriff: 26.03.2023].

Valkenburg, Patti M. & Peter, Jochen (2011). Online communication among adolescents: An integrated model of its attraction, opportunities, and risks. *Journal of adolescent health*, *48*(2), 121–127.

Van Ijzendoorn, Marinus H.; Schuengel, Carlo & Bakermans–Kranenburg, Maria J. (1999). Disorganized attachment in early childhood: Meta-analysis of precursors, concomitants, and sequelae. *Development and psychopathology*, *11*(2), 225–250.

van San, Marion & Bovenkerk, Frank (2013). Secret Seducers. True Tales of Pimps in the Red Light District of Amsterdam. *Crime, Law and Social Change*, *60*(1), 67–80.

Verhoeven, Maite; Van Gestel, Barbara; De Jong, Deborah & Kleemans, Edward (2015). Relationships between suspects and victims of sex trafficking. Exploitation of prostitutes and domestic violence parallels in Dutch trafficking cases. *European Journal on Criminal Policy and Research*, *21*(1), 49–64.

Verwijs, Rianne; Mein, Arnt; Goderie, Marjolein; Harreveld, Chella; Jansma, Anna & medewerking van Lisanne Drost, Met (2011). *Loverboys en hun slachtoffers. Inzicht in aard en omvang problematiek en in het aanbod aan hulpverlening en opvang*. Verwey-Jonker Instituut. Online verfügbar unter URL: https://www.verwey-jonker.nl/doc/vitaliteit/Loverboys_en_hun_slachtoffers_7210_web.pdf [letzter Zugriff: 26.03.2023].

Vierhaus, Marc & Wendt, Eva-Verena (2018). Sozialbeziehungen zu Gleichaltrigen. In *Entwicklungspsychologie des Jugendalters* (S. 139–167). Berlin/Heidelberg: Springer.

Vitaro, Frank; Brendgen, Mara; Pagani, Linda; Tremblay, Richard E. & McDuff, Pierre (1999). Disruptive behavior, peer association, and conduct disorder: Testing the developmental links through early intervention. *Development and psychopathology*, *11*(2), 287–304.

Vogeler, Lena (2018). *Rechtliche Prävention von Menschenhandel zum Zweck der sexuellen Ausbeutung—Ein Rechtsvergleich unter besonderer Berücksichtigung der Prostitutionspolitiken Deutschlands und Schwedens*. Universität Tübingen.

Vogt, Ralf (2021). 10 Täterübertragungen, Täterintrojekte und Täterbindungen in der neuen Begrifflichkeit des SPIM-30-Behandlungsmodells. In *Die Täter-Opfer-Wippe* (S. 177–212). Gießen: Psychosozial-Verlag.

Völschow, Yvette; Janßen, Wiebke & Gahleitner, Silke B. (2021). *Die Folgen sind für die Opfer dramatisch*. Forschung & Lehre. Online verfügbar unter URL: https://www.forschung-und-lehre.de/zeitfragen/die-folgen-sind-fuer-die-opfer-dramatisch-3897 [letzter Zugriff: 26.03.2023].

Wagner, Leonie (2017). Who is who?: Klient_in, Betroffene, Adressat_in, Nutzer_in... Über einige Begriffe und ihre Bedeutung. *Sozial Extra*, *41*(3), 6–10. Online verfügbar unter URL:

https://doi.org/10.1007/s12054-017-0042-7 [letzter Zugriff: 26.03.2023].

Walby, Sylvia & Allen, Jonathan (2004). *Domestic violence, sexual assault and stalking: Findings from the British Crime Survey*. Home Office. Online verfügbar unter URL: https://openaccess.city.ac.uk/id/eprint/21697/ [letzter Zugriff: 26.03.2023].

Walker, Lenore E. (1977). Battered women and learned helplessness. *Victimology*, *2*(3–4), 525–534.

Walker, Lenore E. (1979). *Battered Woman*. Harper and Row.

Walker, Lenore E. (1994). *Warum schlägst Du mich?: Frauen werden mißhandelt und wehren sich; eine Psychologin berichtet*. München: Piper.

Walker, L. E. (2009). *Abused Women And Survivor Therapy Practical Guide for the Psychotherapist*. American Psychological Association.

Walker, Lenore E. (2016). *The battered woman syndrome* (Fourth Edition). New York: Springer Publishing company.

Wallace, Pat (2007). How can she still love him? Domestic violence and the Stockholm Syndrome. *Community Practitioner*, *80*, 32–34.

Wallerstein, Judith S.; Lewis, Jula M. & Blakeslee, Sandra (2002). Scheidungsfolgen—Die Kinder tragen die Last. Eine Langzeitstudie über 25 Jahre. Münster: Votum. Online verfügbar unter URL: https://repository.difu.de/jspui/handle/difu/279612 [letzter Zugriff: 26.03.2023].

Walper, Sabine & Kindler, Heinz (2015). Partnergewalt. In Mechthild Schäfer, Uwe Sandfuchs, Peter Daschner & Wilfried Schubarth (Hrsg.), *Handbuch Aggression, Gewalt und Kriminalität bei Kindern und Jugendlichen* (S. 226–233). Julius Klinkhardt.

Warnath, Stephan (2007). Examining the intersection between trafficking in persons and domestic violence. *Washington DC: United States Agency for International Development*.

Waters, Everett; Hamilton, Claire E. & Weinfield, Nancy S. (2000). The stability of attachment security from infancy to adolescence and early adulthood: General introduction. *Child development*, *71*(3), 678–683.

Waters, Everett; Merrick, Susan; Treboux, Dominique; Crowell, Judith & Albersheim, Leah (2000). Attachment security in infancy and early adulthood: A twenty-year longitudinal study. *Child development*, *71*(3), 684–689.

Watson, Dorothy & Parsons, Sara (2005). *Domestic abuse of women and men in Ireland: Report on the national study of domestic abuse*. Government Publications Office. Online verfügbar unter URL: https://www.lenus.ie/bitstream/handle/10147/296804/?sequence=1 [letzter Zugriff: 26.03.2023].

Weber, Hannelore & Rammsayer, Thomas (2005). *Handbuch der Persönlichkeitspsychologie und Differentiellen Psychologie*. Göttingen: Hogrefe Verlag.

Weinberger, Sabine (1994). *Klientenzentrierte Gesprächsführung: Eine Lern-und Praxisanleitung für helfende Berufe*. Weinheim: Beltz.

Weinfield, Nancy S.; Sroufe, L. Alan & Egeland, Byron (2000). Attachment from infancy to early adulthood in a high-risk sample: Continuity, discontinuity, and their correlates. *Child development*, *71*(3), 695–702.

WHO (2022). *6B41 Complex post traumatic stress disorder*. ICD-11 for Mortality and Morbidity Statistics. Online verfügbar unter URL: https://icd.who.int/browse11/l-m/en#/http://id.who.int/icd/entity/585833559 [letzter Zugriff: 26.03.2023].

Wilimzig, Claudia & Nielsen, Karl (2017). NLP and Psychological Research: Rapport, Reframing and Eye Accessing Cues. *Journal of Experiential Psychotherapy/Revista de PSIHOterapie Experientiala*, *20*(3).

Wilson, Thomas P. (1973). Theorien der Interaktion und Modelle soziologischer Erklärung. In *Alltagswissen, Interaktion und gesellschaftliche Wirklichkeit* (S. 54–79). Reinbek.

Witzel, Andreas (1985). Das problemzentrierte Interview. In Gerd Jüttemann (Hrsg.), *Qualitative Forschung in der Psychologie: Grundfragen, Verfahrensweisen, Anwendungsfelder* (S. 227–255). Weinheim: Beltz.

Witzel, Andreas (2000). The Problem-centered Interview. *Forum Qualitative Sozialforschung / Forum: Qualitative Social Research*, *1*(1), Art. 1. Online verfügbar unter URL: https://doi.org/10.17169/fqs-1.1.1132 [letzter Zugriff: 26.03.2023].

Wood, John A. (2006). NLP revisited: Nonverbal communications and signals of trustworthiness. *Journal of Personal Selling & Sales Management*, *26*(2), 197–204.

Wulff-Besold, Christina S. (2020). *Wenn aus Liebe Prostitution wird—Die Opfer der Loverboy-Methode. Risikofaktoren und Handlungsmöglichkeiten für die Soziale Arbeit* [Bachelorthesis]. Berner Fachhochschule.

Zentner, Katarzyna (2009). *Mensch im Dunkel: Eine qualitative Fallstudie zu osteuropaischen Opfern von Frauenhandel : ein Beitrag zur Psychotraumatologie.* Frankfurt am Main: Lang.

Ziegenhain, Ute & von Kries, Rüdiger (2009). Seelische Entwicklung und ihre Störungen in der frühen Kindheit. In Hans G. Schlack, Ute Thyen, & Rüdiger von Kries (Hrsg.), *Sozialpädiatrie: Gesundheitswissenschaft und pädiatrischer Alltag* (S. 133–155). Berlin/Heidelberg: Springer. Online verfügbar unter URL: https://doi.org/10.1007/978-3-642-01477-2_6 [letzter Zugriff: 26.03.2023].

Zietlow, Bettina & Baier, Dirk (2018). *Menschenhandel zum Zweck sexueller Ausbeutung in Deutschland: Ergebnisse einer Aktenanalyse zu polizeilich registrierten Fällen der Jahre 2009 bis 2013.* Online verfügbar unter URL: https://kfn.de/wp-content/uploads/Forschungsberichte/FB_136.pdf [letzter Zugriff: 26.03.2023].

Zietlow, Bettina & Baier, Dirk (2021). Die TäterInnen des Menschenhandels zum Zweck der sexuellen Ausbeutung—Merkmale, Tatstrategien und Strafverfolgung. In Yvette Völschow & Silke B. Gahleitner (Hrsg.), *Menschenhandel und Zwangsprostitution—Interdisziplinäre Perspektiven auf Prävention und Intervention* (S. 104–121). Weinheim: Beltz Juventa.

Zimmerman, Marc A.; Copeland, Laurel A.; Shope, Jean T. & Dielman, Terry E. (1997). A longitudinal study of self-esteem: Implications for adolescent development. *Journal of youth and Adolescence*, *26*(2), 117–141.

Zühlke, Leonie; Kühne, Grit & Kirch, Wilhelm (2012). Auswirkungen des Menschenhandels auf die Gesundheit von betroffenen Frauen und mögliche Handlungsoptionen. *Prävention und Gesundheitsförderung*, *7*(4), 302–307. Online verfügbar unter URL: https://doi.org/10.1007/s11553-012-0356-z [letzter Zugriff: 26.03.2023].